dans les sciences de l’homme (XIXe-XXe siècles)

Inspiratrices, collaboratrices ou créatrices ?

Histoire, cultures et sociétés

Collection dirigée par Fabrice d'Almeida
et Hélène d'Almeida-Topor

Liliane Hilaire-Pérez, *L'Expérience de la mer – Les Européens et les espaces maritimes au XVIIIe siècle* (préface de Daniel Roche), 1997

Fabrice d'Almeida (dir.), *La Question médiatique – Les enjeux historiques et sociaux de la critique des médias*, 1997

François Guedj et Stéphane Sirot (dir.), *Histoire sociale de l'Europe – Industrialisation et société en Europe occidentale 1880-1970* (préface d'Antoine Prost), 1998

Florence Vidal, *Histoire industrielle de l'Italie de 1860 à nos jours*, 1998

Pierre Cosme, *L'État romain entre éclatement et continuité – L'Empire romain de 192 à 325*, 1998

Guy Richard, *Éléments d'histoire rurale en France et en Angleterre (De 1600 à 1800)*, 1999

Jean-Philippe Genet, *La Mutation de l'éducation et de la culture médiévales – Occident chrétien (XIIe siècle-milieu du XVe siècle)*, 2 vol., 1999

Pierre Guidoni et Robert Verdier, *Les Socialistes en Résistance (1940-1944) – Combats et débats* (préface de Laurent Fabius), 1999

Nadine Bernard, *À l'épreuve de la guerre – Guerre et société dans le monde grec, V^{e} et IVe siècles avant notre ère*, 2000

Philippe Buton, *Une histoire intellectuelle de la démocratie – 1918-1989*, 2000

Natacha Coquery, *L'Espace du pouvoir. De la demeure privée à l'édifice public. Paris 1700-1790*, 2000

Thomas Bouchet, *Le Roi et les barricades. Une histoire des 5 et 6 juin 1832*, 2000

Catherine Bustany et Noëlle Géroudet, *Rome, maîtrise de l'espace, maîtrise du pouvoir. De César aux Antonins*, 2001

Patrick Cabanel, *Trames religieuses et paysages culturels dans l'Europe du XIXe siècle*, 2002

Henri Bresc, Fabrice d'Almeida et Jean-Michel Sallmann (dir.), *La Circulation des élites européennes, Entre histoire des idées et histoire sociale*, 2002

Philippe Buton (dir.), *La Guerre imaginée*, 2002

Yves Santamaria, *L'Enfant du malheur. Le Parti communiste français dans la Lutte pour la paix (1914-1947)*, 2002

Éric Vial, *Guerres, sociétés et mentalités. L'Italie au premier XXe siècle*, 2003

Anne-Claude Ambroise-Rendu, *Petits récits des désordres ordinaires. Les faits divers dans la presse française des débuts de la IIIe République à la Grande Guerre*, 2004

Élise Feller, *Histoire de la vieillesse en France – 1900-1960 – Du vieillard au retraité*, 2005

Les femmes dans les sciences de l'homme (XIXe-XXe siècles)

Inspiratrices, collaboratrices ou créatrices ?

Sous la direction de
Jacqueline Carroy, Nicole Edelman,
Annick Ohayon et Nathalie Richard

Ouvrage publié avec le soutien de l'European Science Foundation,
de la Société Française pour l'Histoire des Sciences de l'Homme
et du Centre Alexandre Koyré d'histoire des sciences et des techniques

Seli Arslan

Éditions Seli Arslan
14 rue du Repos
75020 Paris

Illustration de la couverture :
« Étudiant » (Bibliothèque Marguerite Durand, Paris, sans date, probablement début du XXe siècle). Cette carte postale faisait partie d'une série humoristique intitulée *Les Femmes de l'Avenir* qui représentait des femmes dans des rôles, des grades ou des métiers réservés aux hommes et orthographiés toujours au masculin. La *Femme de l'Avenir* était ainsi non seulement « étudiant » mais encore « conscrit », « garde-champêtre », « gendarme », « petit-tambour », « zouave », « sous-off », « sous-lieutenant », « général », « maître d'arme », « jockey », « rapin », « journaliste », « maire » ou « député ».

ISBN : 2-84276-108-1

Sommaire

Introduction

Poser la question des rôles des femmes dans l'histoire des sciences de l'homme permet d'interroger d'une autre manière le problème d'un accès différencié au savoir et à sa production[1]. C'est aussi une forme de contribution à une histoire du genre qui vient prolonger les nombreux travaux portant sur la construction du masculin et du féminin dans et par la science. Le paradigme naturaliste de la différence des sexes ainsi que les modalités de sa diffusion vers certaines sciences de l'homme, telles que l'anthropologie ou la criminologie, et sa transposition dans les pratiques sociales ont été en effet déjà en partie étudiés.

Les XIXe et XXe siècles voient l'institutionnalisation des sciences humaines et une large redéfinition de la place des femmes dans les sociétés occidentales. Adoptant une perspective qui est toujours historiquement située, les articles réunis dans cet ouvrage tentent de comprendre comment, dans ces contextes renouvelés, une femme devient une intellectuelle ou une productrice de savoir. Ils présentent des trajectoires singulières et collectives qui illustrent les diverses manières dont les femmes deviennent alors « savantes », incarnent différents rôles, de l'auteure à la muse, en passant par la collaboratrice dévouée, et sont parfois considérées comme venant faire concurrence à la science la plus instituée. Dans le même temps, ils s'interrogent sur une éventuelle spécificité de la contribution des femmes aux sciences de l'homme.

Ce faisant, plusieurs articles font pénétrer dans des espaces qui sont peut-être autant de laboratoires invisibles : ceux du privé par opposition au public, ceux de la pratique par opposition à la théorie, ceux de l'amateurisme par opposition au professionnalisme. Autant d'espaces où entrent en jeu l'affectif comme le rationnel, l'inconscient comme le conscient, le religieux comme le laïc. À ne considérer que les espaces officiels de la production du savoir, on a sans doute sous-évalué la place des femmes dans la construction des sciences de l'homme.

Toutes les femmes dont il est question dans cet ouvrage ont eu l'expérience commune d'avoir à affronter ou à contourner des obstacles

---

1. Ce livre collectif reprend en grande partie les contributions à un colloque international, « Construire les sciences de l'homme : quels rôles pour les femmes ? », qui s'est tenu en juin 2001 à Paris sous l'égide de l'European Science Foundation, avec le soutien de la Société Française pour l'Histoire des Sciences de l'Homme et du Centre Alexandre Koyré d'histoire des sciences et des techniques.

liés aux pratiques discriminantes propres à la société dans laquelle elles vivaient. Elles ont de ce fait sans doute été plus que d'autres affrontées au paradoxe de sciences qui se réfèrent à l'Homme comme à un universel tout en construisant dans la théorie et dans la pratique une inégalité entre les sexes. Certaines ont pris conscience de ce paradoxe soit pour en jouer au nom d'une égalité de tous les êtres humains, soit pour le dénoncer. D'autres semblent l'avoir ignoré ou bien encore avoir accepté une répartition des rôles entre les hommes et les femmes. Se sont alors constitués des domaines réservés à la « science féminine » qui peuvent apparaître comme autant de ghettos, mais qui sont aussi parfois des lieux créateurs où se sont renouvelées les méthodes et les problématiques de l'ensemble de certaines disciplines. Les sciences de l'enfance sont ainsi très vite apparues comme une création et un apanage des femmes.

Les articles réunis dans cet ouvrage mettent en lumière l'importance des contextes politiques, sociaux, culturels et religieux, ainsi que la diversité des situations disciplinaires et des trajectoires individuelles : il y aurait sans doute peu de points communs entre une miraculée de Lourdes et la « pédologue » scientiste Iosefa Ioteyko, entre une modeste enquêtrice sociale et la célèbre pédagogue Maria Montessori. Ces récits et ces portraits peuvent toutefois se rassembler autour de trois thèmes.

Des femmes ont pu faire carrière dans les institutions de la science officielle. Certaines y sont devenues des grands noms de leur discipline, mais dans des domaines réservés, telles Maria Montessori (Valeria Paola Babini, « Maria Montessori, scientifique et féministe ») et Ellen Key (Dominique Ottavi, « Ellen Key et le "puérocentrisme" »). D'autres ont eu pour un temps une autorité contestée, telle Iosefa Ioteyko (Kaat Wils, « Le génie s'abritant sous un crâne féminin ? La carrière belge de Iosefa Ioteyko »). D'autres encore se sont à ce point pliées aux règles et aux préjugés de la profession que leurs noms ont été oubliés, telles les premières femmes médecins françaises (Nicole Edelman, « Premières femmes médecins en France : un rôle particulier dans la construction d'une science médicale »). Certaines enfin ont été cantonnées aux rôles subalternes d'assistantes, de collectrices d'information, comme les enquêtrices qu'étudie Antoine Savoye (« Les enquêtrices sociales, pionnières de la sociologie empirique [France, 1900-1914] »), ou d'auxiliaires des médecins, comme les « demoiselles des nerfs » dépeintes par Catherine Fussinger (« Du rôle des femmes et des hommes dans le développement de la pédopsychiatrie en Suisse romande [1930-1950] »).

Un contrepoint évoque de manière plus générale les parcours féminins dans les facultés et les académies des sciences en Allemagne (Annette

Vogt, « Le rôle des femmes scientifiques dans les universités et les institutions académiques en Allemagne de 1919 à 1945 »).

Plus nombreuses en réalité semblent avoir été celles qui ont œuvré aux confins des espaces publics et privés, contribuant à produire des savoirs qui s'appuient sur des expériences intimes. Certaines sont devenues des objets d'observation, d'amour et d'inspiration pour des savants qui étaient leurs pères, leurs maris ou leurs amants, telles les filles d'Alfred Binet (Élisabeth Chapuis-Ménard, « L'entourage féminin d'Alfred Binet ») et la prostituée viennoise qui servit de modèle au thème de la femme-enfant pour Wittels et Freud (Françoise Couchard, « Freud, le narcissisme et la "femme-enfant" »). D'autres ont parfois revendiqué leur contribution à l'œuvre de leur grand homme et se sont érigées en détentrices d'un héritage intellectuel, comme les filles du criminologue Cesare Lombroso qu'évoque Jean-Christophe Coffin (« Science et parcours féminin en 1900 : l'exemple des sœurs Lombroso »). Certaines ne se sont pas contentées de leur statut d'inspiratrice et ont tenté d'affirmer leur autonomie créatrice, telle Clotilde de Vaux, la « muse » d'Auguste Comte (Annie Petit, « Un "ange inspirateur" : Clotilde de Vaux »). D'autres ont pris appui sur des compétences socialement acceptables dans le domaine de la philanthropie pour acquérir une modeste reconnaissance académique, telles les lauréates des concours de l'Académie des sciences morales et politiques évoquées par Corinne Delmas (« Entre public et privé : la participation des femmes aux travaux de l'Académie des sciences morales et politiques »). Pour d'autres encore, il n'y eut pas d'autre choix pour accéder aux études universitaires et pour satisfaire leur désir de savoir que d'y subordonner leur vie intime, comme les étudiantes russes du XIXe siècle qu'étudient Irina Sirotkina et Roger Smith (« Le savoir vécu comme une passion : le combat des femmes pour l'enseignement supérieur au XIXe siècle en Russie »). Certaines, enfin, ont parfois réussi à se faire un prénom à côté de celui qui leur a donné un patronyme ; ainsi Bianca Zazzo évoquée dans l'article d'Annick Ohayon (« L'autobiographie des psychologues au féminin et au masculin : Bianka et René Zazzo... »).

Moins visibles ou moins nombreuses, des femmes ont produit des savoirs qui se situent « aux marges ». Certaines sont entrées en concurrence volontaire avec les discours officiels d'une science qu'elles jugeaient toute orientée par des préjugés masculins, telles les historiennes féministes du Second Empire qu'analyse Alice Primi (« Écriture et relecture de l'histoire par les "féministes" du Second Empire »). D'autres ont tenté de rendre compte d'expériences impensables par la science de leur temps (Ruth Harris, « Les miraculées de Lourdes »). D'autres encore ont été jugées dangereuses pour avoir maîtrisé des savoirs considérés comme réservés aux hommes, telle la « criminelle » Mathilde Frigard dans l'article de Jacqueline Carroy et Nathalie Richard (« Mathilde Frigard, femme savante et criminelle… »).

Les différentes contributions ainsi réunies posent, nous semble-t-il, la question de l'articulation entre trajectoires individuelles et destins collectifs. Le parcours de celles qui apparaissent comme des « pionnières » ouvre-t-il effectivement la voie à d'autres femmes ? Ces pionnières sont-elles plutôt des ancêtres « mythiques » pour des militantes ultérieures qui invoquent leurs noms sans nécessairement suivre leurs traces ? Le risque serait de prendre pour acquise la représentativité de ces trajectoires qui ont laissé dans l'histoire plus de traces que d'autres. Il serait aussi de substituer à une histoire des « grands hommes », à juste titre critiquable, une histoire des « femmes illustres ». Dans cet ouvrage toutefois, certaines contributions pondèrent l'attention légitime et inévitable portée à ces femmes célèbres, soit qu'elles portent sur des groupes féminins engagés collectivement dans une pratique de savoir, soit qu'elles fassent apparaître des femmes « périphériques » ou cachées, dont le rôle a été jusque-là sous-estimé ou ignoré. Sans doute était-il important de ne pas isoler des pionnières, mais de mettre aussi en relation portraits individuels et portraits de groupe, trajectoires célèbres et trajectoires obscures.

Il resterait enfin à s'interroger sur le rôle des historiens et des historiennes actuels. En élisant telles ou telles femmes et en leur donnant ainsi une dignité nouvelle ou renouvelée, ils et elles participent d'un projet tout à la fois scientifique et militant, historien et mémorialiste. Les questions qu'ils et elles posent à leurs sources sont souvent orientées par le présent. Comment concilier une visée historienne qui chercherait à capter le passé dans sa singularité et un usage, inévitable et stimulant, de l'anachronisme ?

Jacqueline Carroy
Nicole Edelman
Annick Ohayon
Nathalie Richard

Des pionnières

Maria Montessori, scientifique et féministe

Valeria Paola Babini

« *The most interesting woman of Europe* »

L'importance du rôle de Maria Montessori dans la construction des sciences humaines est incontestable. On lui doit la découverte d'une pédagogie qui, depuis son apparition, en 1909, s'est prodigieusement diffusée dans des cultures et des pays parfois même éloignés, comme les États-Unis et l'Inde. Écrit en 1909 à Città di Castello durant un court séjour dans la villa des barons Alice et Leopoldo Franchetti, *Il Metodo della pedagogia scientifica* (*La Méthode de la pédagogie scientifique*) est connu en une dizaine d'années pratiquement dans le monde entier. En 1912, l'œuvre est traduite aux États-Unis, en Angleterre et en France ; en 1913 voient le jour les éditions allemande, polonaise et russe ; et en 1914-1915, les éditions japonaise, roumaine, irlandaise, espagnole et hollandaise, auxquelles s'ajoute en 1917 la traduction danoise. Le premier Cours international de formation que Montessori donne dans son domicile romain au cours de l'hiver 1913 est également à la source du succès mondial de la scientifique italienne et de sa méthode : plus de cent éducateurs, provenant de pays européens et d'Amérique, d'Inde, d'Afrique et d'Australie, y participent.

Au début du siècle, cette femme médecin est déjà très appréciée par le public américain[1] : lorsque, le 3 décembre 1913, elle débarque à

---

1. À Washington, conquise par le projet et les techniques éducatives contenues dans son œuvre, la famille d'Alexander Graham Bell, l'une des plus en vue de la capitale à cause surtout de la notoriété de son fondateur (l'inventeur du téléphone, qui, avant de s'occuper d'éditions de vulgarisation, s'était intéressé à l'éducation des sourds-muets), avait créé, dès janvier 1913, un Comité américain Montessori. Au printemps 1913 s'était constituée une Association éducative Montessori, reconnue par la pédagogue comme centre autorisé à diffuser ses idées aux États-Unis ; les premiers qui la

New York, les journalistes américains la saluent comme *« the most interesting woman of Europe »*. De son livre sur la méthode pédagogique des Case dei Bambini (Maisons des enfants) ont été imprimées et vendues six éditions en l'espace de quelques mois. Par ailleurs, entre 1909 et 1914, ont été publiées en langue anglaise 200 études (livres et articles) sur le « phénomène » Montessori. En effet, de nombreux aspects de la pédagogie montessorienne étaient à même de passionner le public des États-Unis.

En premier lieu, les recherches de Maria Montessori ont porté sur le domaine de la marginalisation mentale : les premiers élèves de Maria Montessori avaient été les petits phrénasténiques. Elle leur avait appris à lire et à écrire avec des résultats surprenants. Cette première méthode éducative s'était inspirée des enseignements du médecin français Itard, l'éducateur du sauvage de l'Aveyron, et de son élève Séguin. Celui-ci avait mis au point sa méthode expérimentale en France sur un groupe de petits débiles mentaux, mais il avait dû ensuite partir aux États-Unis pour poursuivre son travail. C'est là qu'il avait fondé de nombreux instituts et écrit son œuvre majeure : *Idiocy : and its treatment by the physiological method* (New York, 1866). La méthode se raccrochait à cette première expérience sur les jeunes débiles, et en l'appliquant de façon originale aux enfants défavorisés du quartier San Lorenzo, elle réactualisait son sens de la rédemption sociale. Cet objectif n'était pas loin des intérêts des pédagogues américains préoccupés par l'isolement des minorités ethniques, à intégrer par l'« américanisation ». C'est surtout la discipline de la liberté, point central de la méthode, qui a pu susciter l'enthousiasme. Selon Montessori, la méthode pédagogique de l'observation avait pour base « la liberté de l'enfant », et l'on peut penser que cet idéal de liberté recherché de façon scientifique grâce à de nouvelles modalités de discipline peut avoir touché les aspirations américaines à la démocratie et la liberté (Montessori, 1909, p. 63). *« Life, liberty and the pursuit of happiness »* dit la constitution de 1776.

Le fait que Maria Montessori a obtenu dans ses écoles la lecture et l'écriture précoces a aussi pu intéresser l'opinion publique américaine. Pris par l'enthousiasme de l'apprentissage, les enfants, âgés d'à peine plus de trois ans, avaient été jusqu'à écrire sur la « croûte de pain » (Montessori, 1909, p. 234). Aux États-Unis, il fallait alors enseigner la langue parlée et écrite à des peuples de cultures et d'ethnies les plus diverses ; un apprentissage accéléré pouvait donc faciliter la réalisation de cet objectif et rendre le procès d'américanisation plus simple.

---

soutinrent furent rejoints par les représentants de la *jet-set* de la capitale, parmi lesquels la fille du président Wilson qui venait d'être élu.

Il est certain que, pour l'Europe de ces années-là (et pas seulement pour l'Italie), Maria Montessori peut être considérée comme une exception en tant que femme de science[1] et, plus encore, en tant qu'auteur d'une méthode qui prétendait rénover l'humanité. Dans le cadre italien, il faut ajouter que l'idéologie culturelle et scientifique dont elle est une illustre représentante n'y est plus celle dominante à ce moment-là. Cette considération est utile pour mieux comprendre pourquoi cette *« most interesting woman of Europe »* reçut un accueil froid chez elle[2]. En effet, en Italie, idéalisme et idéologies antidémocratiques ont commencé à attaquer le front du positivisme laïque progressiste : la théorie des *élites* trouve son expression dans les *Elementi di scienza politica* (1896) de Gaetano Mosca, tandis que la critique des *Systèmes socialistes* de Pareto voit le jour en 1902. Un an plus tard, trois nouvelles revues s'imposent dans le panorama culturel italien : *Il Regno* de Corradini qui glorifie le nationalisme et la guerre ; *La Critica* de Croce qui se réfère de façon polémique à un « parti positiviste » ; et *Leonardo* sur les pages duquel les pragmatistes Papini et Prezzolini indiquent parmi les ennemis : le positivisme, l'art vériste, la méthode historique, le matérialisme, et « les variétés bourgeoises et collectivistes de la démocratie » (Bobbio, 1969).

Au contraire, l'œuvre pour laquelle Maria Montessori a été invitée aux États-Unis et applaudie à New York, Washington et Boston montre déjà dans son titre (*La Méthode de la pédagogie scientifique*) l'importance de son message scientifique. La pédagogie que Montessori apporte aux États-

---

1. En Italie, l'accès des femmes à l'Université date officiellement de 1874 et, au moment de la première année d'études universitaires de Montessori, en 1890, cinq femmes seulement ont déjà obtenu le diplôme de docteur en médecine. Bien que, dans tous les pays européens, les études de médecine aient favorisé l'entrée des femmes dans les universités, il serait inexact de penser que les obstacles furent pratiquement inexistants. Il est certain que, par rapport à d'autres professions, comme celle d'avocat par exemple, à laquelle les femmes n'étaient pas admises, l'exercice de la médecine rencontra moins de résistance dans la société masculine, au moins au niveau théorique. Mais la carrière médicale, au moins en Italie et d'un point de vue professionnel, ne fut pas un choix simple pour les femmes. Un des freins importants à l'inscription aux études de médecine était le fait qu'à l'époque les administrations des hôpitaux et des autres instituts de soins répugnaient à accepter des femmes dans le corps de la santé. Ainsi, lorsque Maria Montessori, en 1892, commence à fréquenter les cours, une seule femme a été diplômée en médecine à Rome : de son inscription jusqu'à la fin 1900, Montessori y sera la seule femme.
2. Lorsqu'en 1913 Maria Montessori débarque à New York, les premières attaques catholiques ont déjà commencé en Italie. En 1910, *Civiltà cattolica* la critique ; elle est accusée de vouloir rompre avec « les principes immuables de la pédagogie classique » ; est aussi raillée une méthode éducative qui a la prétention de vouloir former « les héros et héroïnes de l'avenir ».

Unis, avec les films dans lesquels sont montrées les « merveilles » de sa nouvelle méthode[1], est fille de la science et de ce positivisme dont la culture italienne est en train de s'éloigner définitivement. Une pédagogie inspirée par la médecine sociale, construite sur les résultats de la nouvelle science anthropologique (Manouvrier, Broca, Sergi, Lombroso, De Giovanni) et débitrice de la psychiatrie française (Itard, Séguin, Bourneville). Internationalisme culturel, positivisme scientifique et féminisme sont les coordonnées à l'intérieur desquelles la pédagogie montessorienne a été conçue ; et ce sont ces racines de la méthode que la culture idéaliste, dominante dans la période fasciste, ne pourra pas oublier. Dans un volume de 1994 sur *La pedagogia scomoda*, Giacomo Cives dédiait justement un paragraphe aux « Racines non libérales de la résistance italienne à Montessori ».

Le peu de sympathie que la méthode Montessori a suscité en Italie s'est reflété aussi dans l'historiographie de l'histoire des femmes. Jusqu'à des temps récents, l'image de Maria Montessori a été celle, conventionnelle, transmise par la littérature montessorienne et construite à partir de sources essentiellement autobiographiques, sans tenir compte du fait que ces brèves anecdotes remplissent tout au plus une fonction rhétorique à côté des argumentations scientifiques de Montessori, particulièrement lorsque celles-ci illustrent ses « découvertes » pédagogiques.

La seule exception est la biographie écrite par l'américaine Rita Kramer en 1978. Attentive et documentée, surtout à propos de l'impact que la méthode a eu sur la culture américaine, le livre de Kramer en dit en revanche peu sur la formation de Montessori et les débuts de sa carrière, laissant inexplorées les raisons de sa renommée fulgurante, ainsi que les causes de l'extraordinaire succès éditorial de son œuvre. Dans un récent travail monographique consacré à Maria Montessori, nous avons, avec Luisa Lama, démontré que la première phase de sa formation intellectuelle et scientifique est à l'origine de sa découverte pédagogique, et que le pas-

1. Le 6 décembre 1913, trois jours après son arrivée, Maria Montessori tenait sa première conférence américaine au Temple maçonnique de Washington. L'oratrice fascine le public, au sein duquel sont présentes toutes les personnalités les plus importantes de la capitale ; il ne manque que le président Wilson, absent à cause d'une indisposition. Dès que la conférencière abandonne l'estrade, une ovation inattendue s'élève ; mais la soirée n'est pas encore finie. Tout à coup, les lumières s'éteignent et, sur un écran, apparaissent les visages harmonieux et sereins des enfants de San Lorenzo. La grâce exprimée dans leurs gestes, le sérieux qu'ils mettent à leurs travaux conquièrent les spectateurs, convaincus, peut-être, d'assister aux essais de jeunes enfants extraordinaires, éduqués par une pédagogie apte à conjuguer tradition et modernité, connaissances anciennes et exigences d'une démocratie avancée.

sage de Montessori de la médecine à la pédagogie doit être vu comme le résultat logique de sa formation « militante ». En acceptant la version littéraire et autobiographique fournie par Montessori elle-même dans ses œuvres, l'historiographie a décrit ce passage comme le résultat d'une « intuition » toute « interne » à l'activité scientifique que la jeune Montessori effectuait auprès des petits faibles d'esprit de l'École orthophrénique de Rome (1900). De là serait partie la « découverte » de la méthode, qui ne serait donc à peine plus que l'extension aux enfants normaux de la pédagogie spéciale déjà expérimentée avec succès chez les débiles mentaux. Sur la base d'une recherche historique plus approfondie, nous pouvons au contraire soutenir que le point de départ de ce passage à la pédagogie est justement la qualité particulière de l'expérience professionnelle et intellectuelle de Maria Montessori, une qualité consistant en une alliance de la médecine, de la politique sociale et du féminisme pratique dont l'expérience de la Casa dei Bambini et, par conséquent, le début de la méthode peuvent être considérés comme l'heureux achèvement.

Entre science et émancipation : une formation militante

De l'engagement féministe de Montessori, on ne connaissait que peu de choses. Les chercheurs demeuraient de fait complice, probablement, de la pédagogue elle-même qui s'éloigna ensuite de cette première inspiration et préféra en taire le rôle. Mais il n'est pas dit que Maria Montessori ait été (ou ait voulu être) consciente du poids déterminant que la formation politique eut sur son parcours intellectuel et scientifique, comme l'a démontré notre recherche. De sa première vocation féministe — dès ses études universitaires — découlent aussi bien l'œuvre de Montessori consacrée à la médecine sociale dans les premières années de sa carrière, que son approche de l'expérience pédagogique. Le cœur même de sa pédagogie scientifique remonte à ce militantisme politique : le concept de la liberté comme autonomie et la valeur de la paix dans le monde — qui étaient si importants pour celles qui défendaient l'émancipation féminine au début du XIXe siècle — deviennent les repères à partir desquels construire une humanité nouvelle. En outre, le militantisme politique dans les rangs du féminisme mit sans aucun doute Montessori en contact avec un groupe de femmes puissantes, épouses de politiciens et de diplomates, qui se vouaient, dans le cadre des activités du « féminisme pratique », particulièrement actif à Rome, à l'assistance sanitaire et sociale auprès des femmes et des enfants. Ces femmes étaient non seulement Italiennes, mais aussi Allemandes et Américaines, souvent de religion juive, ce qui contribua à insérer le mouvement féministe romain dans une atmosphère cosmopolite. Grâce à ses liens avec les « philanthropes » du féminisme pratique, Maria Montessori eut la possibilité de fréquenter dès ses années à l'université des milieux qui influencèrent sa formation intellectuelle et qui contribuèrent ensuite énormément à la divulgation de sa méthode.

Ainsi, la jeune médecin, au début de sa carrière, réussit à vivre harmonieusement travail scientifique et militantisme politique. Comme elle s'occupait alors principalement des maladies infantiles, elle aborda les thèmes chers au féminisme pratique, qui plaçait au centre de ses intérêts les droits des faibles, et donc le droit à la santé des femmes et des enfants. Dans le cadre de son engagement féministe, elle s'occupa plus spécifiquement de gagner les femmes à la cause de la science, le rôle émancipateur attribué à la connaissance scientifique constituant le caractère original du féminisme de Montessori, au moins dans le panorama italien.

Formée à l'école de Jacob Moleschott et Guido Baccelli[1], Maria Montessori partageait la confiance dans le pouvoir social de la science qui caractérisa l'esprit du positivisme en Italie, encore vivant dans les facultés scientifiques de l'Université italienne, où étaient divulgués la « doctrine de la mission sociale et nationale de la médecine » et le mythe de la science comme instrument efficace de résolution des problèmes sociaux du pays (Pogliano, 1994). Dans ce contexte de confiance envers les capacités rédemptrices de la science, de nombreux chercheurs en pointe de la médecine adhérèrent alors à des positions démocratiques et socialistes. Toutefois, à la différence de ses collègues masculins, Maria Montessori voit dans la science non seulement une force de régénération sociale, mais aussi un moyen d'émancipation pour les femmes.

Par ailleurs, ses débuts en public avaient été politiques : la participation au congrès international féministe de Berlin, en 1896, lui avait conféré une notoriété internationale. Les journalistes étrangers avaient alors été littéra-

1. La question alimentaire et le lien nutrition/travail était le « fil rouge » de l'œuvre de Jacob Moleschott ; son traité sur l'alimentation, dès sa parution en 1850, avait été défini par Ludwig Feuerbach comme un écrit « révolutionnaire aussi bien sur les plans philosophiques qu'éthiques, et même que politiques ». Le physiologiste hollandais avait été appelé à l'Université de Turin directement par le ministre Francesco De Sanctis qui voulait ouvrir l'université italienne aux courants de pensée européens les plus avancés. De Turin ensuite, Moleschott, devenu sénateur de l'État italien, était passé à l'Université de Rome. Clinicien de renommée internationale, Guido Baccelli entra officiellement dans la vie politique en 1875. Au Parlement, il s'inscrivit dans les rangs de la gauche constitutionnelle. Il fut quatre fois ministre de l'Éducation, de 1881 à 1890. Il fut partisan de la « médecine sociale », section où des disciplines médicales différentes comme la physiologie, l'anthropologie et l'hygiène trouvaient une inspiration réformatrice commune et faisaient la promotion d'une dénonciation des injustices sociales.

lement fascinés par la présence et l'éloquence de la « belle Italienne » ; à partir de ce moment-là, la jeune Montessori ne quitte plus l'estrade de conférencière.

En outre, Maria Montessori revendique les capacités intellectuelles des femmes et leur vocation à les faire respecter. Pour ne citer que quelques événements : le choix d'assister, en 1893, alors qu'elle est la seule femme parmi un groupe d'élèves, à la crémation et la veille du corps du professeur Jacob Moleschott ; l'inscription en 1897 à l'Association féminine romaine et les apparitions publiques suivantes au Congrès international de Berlin (1898) et de Londres (1899) ; la décision de se spécialiser en psychiatrie[1] et celle de poursuivre dans la recherche scientifique.

Même sa relation professionnelle et affective avec son collègue Ferruccio Montesano peut être lue comme le signe de la réalisation de ses idéaux de parité intellectuelle et juridique entre homme et femme. Lors du travail effectué avec Montesano au sein de la Ligue pour l'éducation des déficients, Maria Montessori ne joue pas un rôle marginal ou ancillaire ; au contraire, elle en est l'âme inspiratrice et le guide. Enfin, le fait d'avoir obtenu de Montesano la reconnaissance du fils né de leur union libre[2] peut sans aucun doute être considéré comme une victoire féministe.

Le « féminisme scientifique »

Dans les dernières années du XIXe siècle, Maria Montessori effectue son assistanat auprès de la clinique psychiatrique de l'Université de Rome. À cette époque, en Italie, se tient un débat sur le problème des « phrénasténiques » ou faibles d'esprit. Maria Montessori en a fait sa cause. Comme elle a déjà abordé ce sujet lors de ses études, on lui demande de s'en occuper de façon plus spécifique lorsque, assistante à la Clinique psychiatrique, elle doit procurer au titulaire de la chaire quelques cas d'enfants

1. Il faut rappeler qu'à la fin du siècle la clinique psychiatrique était le lieu de formation des médecins qui allaient par la suite exercer leur profession dans les asiles, pour devenir directeurs. Cette carrière nécessitait que l'on possédât les capacités d'organiser et de diriger, qui n'étaient alors pas reconnues aux femmes.
2. Né le 31 mars 1898, Mario est reconnu légalement par son père en septembre 1901. Pendant toute la durée de cette relation (de 1898 à 1901), qui est aussi celle de leur lien scientifique et intellectuel, leur fils, reconnu à la naissance sous le nom de Pipilli, vit dans le village de Vicovaro dans la campagne romaine. Ce n'est que plus tard, à l'adolescence, que Maria Montessori le fait venir pour qu'il vive avec elle. Présenté au monde comme son neveu, Mario M. Montessori (comme il préfère s'appeler, effaçant presque complètement le nom de son père) voue sa vie professionnelle à la promotion et au développement de la pédagogie montessorienne.

débiles pour ses leçons universitaires. Ceux qui s'occupent du problème du handicap psychomoteur de l'enfant sont alors psychiatres, hygiénistes, anthropologues, instituteurs, pédagogues, hommes politiques, mus par des objectifs et des curiosités qui diffèrent, même si parfois ils coexistent. Les enfants affectés de handicap mental et moteur remplissent les asiles psychiatriques italiens, ce qui alourdit les bilans des provinces. On se demande s'il est juste et/ou productif que les phrénasténiques moins graves restent (non reconnus) au milieu des autres dans les classes scolaires communes, ou s'il ne serait pas préférable de recourir à des institutions spéciales et, dans ce dernier cas, il s'agit de savoir qui assurerait les frais. Ce problème est tout à la fois médical, social et éducatif. Les questions que la science se pose concernent la classification de ces malades sous la rubrique de la pathologie ; mais à la question d'ordre nosographique (le débile mental est-il un malade mental ?), s'ajoutent le problème urgent du traitement (le débile mental doit-il être « soigné » ou « éduqué » ?), ainsi que celui de leur place dans la société. Des choix pratiques s'imposent qui touchent un point central, celui du rôle de la santé et de l'éducation dans la formation d'un peuple. Les phrénasténiques seraient les derniers échelons d'une « dégénérescence de la race » que la science médicale se charge d'endiguer. C'est pour répondre concrètement à ces questions scientifiques, pédagogiques et sociales, que naît le mouvement de la Ligue pour l'éducation des déficients. Fondée en 1899 et dirigée de fait par la jeune Montessori, la Ligue est appuyée par le ministre de l'Éducation, le clinicien Guido Baccelli, et présidée par un comité qui inclut des représentants de la politique, des personnages de l'aristocratie et un nombre conséquent de femmes. Ce sont les philanthropes du « féminisme pratique » romain.

Dans le cadre des activités de la Ligue, Maria Montessori fait en sorte d'intéresser la population au problème de la dégénérescence et aussi d'atteindre un public féminin encore éloigné du monde scientifique. Elle décide donc de faire quelques conférences dans les principales villes italiennes (Rome, Milan, Turin, Gênes, Padoue, Venise), abordant conjointement le problème de la dégénérescence et celui de la « femme nouvelle ». Elle s'appuie sur l'idée que la société ne réussira à vaincre la dégénérescence que grâce à une active participation féminine : d'un côté la science médicale a besoin des femmes, de l'autre le féminisme pourra trouver une nouvelle force dans l'idéologie scientifique.

L'importance de la divulgation scientifique, comprise aussi bien comme diffusion des connaissances utiles à la population que comme promotion de la fonction sociale de la science, confère à la pratique scientifique de Montessori une coloration militante dans laquelle se ressentent les échos de l'enseignement de la médecine sociale de ses maîtres

Moleschott et Baccelli ainsi que l'esprit du positivisme de Comte. Mais il est difficile d'en saisir pleinement le sens sans remonter au mouvement du « féminisme pratique ou social » auquel la jeune femme médecin participe activement depuis l'Université.

Le féminisme pratique italien adopte, au début du XXe siècle, un changement de stratégie politique par rapport au premier mouvement d'émancipation des femmes, qui avait misé principalement sur la revendication des droits : il choisit de s'engager dans le domaine social et de la santé, avec l'intention de démontrer que les femmes sont capables de remplir les rôles d'autorité publique, dont elles étaient comme exclues à cause d'une sorte d'inadéquation « congénitale ». Tout en poursuivant ses efforts pour obtenir les droits et le suffrage des femmes, ce féminisme propose à toutes les femmes une plus grande présence dans la vie publique ainsi qu'une participation concrète à la vie sociale, dans le but d'attirer l'attention aussi bien sur les manques et les inobservations de la politique sociale, que sur les moyens (et les aptitudes) des femmes à un rôle public.

Caractérisé par sa non-appartenance à un parti, le nouveau féminisme pratique ou « philanthropique » était soutenu par des dames de l'aristocratie et de la haute bourgeoisie romaine. Une de celles-ci, la comtesse Lavinia Taverna, contactée par la déléguée de l'International Council — la Canadienne Sofia Sandford, arrivée en Italie au printemps 1898 pour solliciter l'intervention des Italiennes au congrès international de Londres —, avait constitué à Rome le Comité provisoire de la Fédération romaine des œuvres d'activité féminine. Au sein du Conseil du Comité ne figuraient, à l'exception de Virginia Nathan (épouse du futur maire de Rome), que des femmes de l'aristocratie : la comtesse Taverna, fondatrice et présidente, Donna Giacinta Marescotti, la comtesse Maria Pasolini et la princesse Teresa di Venosa, sœur de Giacinta Marescotti. Ces dames, quelques mois avant le congrès, avaient créé l'Unione materna, une association constituée pour la protection des institutrices et particulièrement de celles des écoles rurales. Actif dans le domaine de la santé, le féminisme pratique trouva en Maria Montessori une représentante particulièrement convaincue et — chose rare alors — scientifiquement compétente pour intervenir en faveur des femmes et de l'enfance. Nous pouvons imaginer que sa candidature au congrès pédagogique de Turin et à la conduite de la Ligue ne fut pas seulement le fruit de ses capacités naturelles et de sa forte détermination, mais aussi le résultat d'une unanimité de cette base élitiste à l'égard de sa candidature.

De même, ce ne fut certainement pas un hasard si la jeune femme médecin choisit de représenter, à l'intérieur de ce mouvement, la figure d'une « femme nouvelle » qui faisait de la science son propre étendard. Elle s'offrit comme modèle d'un professionnalisme élevé, non subalterne par rapport au « monopole masculin » (ainsi, dans ses conférences, elle ne manqua pas de s'opposer aux thèses scientifiques sur l'infériorité féminine soutenues par des collègues illustres comme Cesare Lombroso, Giuseppe Sergi, Paolo Mantegazza), mais elle s'occupa aussi de faire connaître la valeur cognitive et sociale de la science auprès d'un public féminin encore lié principalement à la culture et à la morale catholique. À un moment où, l'opportunité du vote des femmes étant débattue, les représentants les plus en vue de la politique et de la culture italiennes se divisaient entre ceux qui prévoyaient que le vote féminin redoublerait le vote masculin — tenant pour acquis la dépendance intellectuelle et idéologique des femmes envers les hommes de leur famille — et ceux qui au contraire appréhendaient une augmentation du vote clérical, Maria Montessori invita les femmes à se rapprocher de la science, en tant qu'unique connaissance objective, digne guide du comportement. Il s'agissait donc de remplacer l'autorité du mari et/ou de l'Église par cette liberté de penser que seuls science et rationalisme pouvaient garantir.

Le choix d'affronter, dans ses conférences publiques, le problème de la dégénérescence à côté de celui de la « femme nouvelle » ne doit pas être interprété comme le reflet de la présence dans la vie intellectuelle de Montessori de deux fortes passions (la science et l'émancipation féminine), mais comme l'intuition politique de la nécessité de relier la résolution du « mal du siècle » (la dégénérescence) à la participation active et responsable des femmes. Lors de ses conférences, Montessori expliquait aux femmes, futures mères, la cause et les effets de la dégénérescence, à laquelle on devait ces stigmates qui pouvaient marquer de façon anthropologique leurs enfants puis les générations futures ; quelles étaient les conséquences fâcheuses et le prix social à payer ; quels étaient alors les risques à éviter en recourant à une éducation sexuelle scientifique que les femmes surtout pouvaient (et devaient) s'approprier. La connaissance scientifique, surtout à propos de thèmes comme l'hérédité et la dégénérescence, touchant à la sphère privée et affective, était considérée comme la voie royale vers une autonomie de pensée qui, avec la liberté économique, était pour Montessori l'indispensable arme d'émancipation du monde féminin.

En mettant les raisons de l'eugénisme avant celles de la morale et en octroyant à la science le rôle, traditionnellement réservé à l'Église, de guider les femmes, Maria Montessori s'opposait à la culture catholique. Du reste, le laïcisme n'était plus une nouveauté dans la médecine italienne qui avait combattu toute forme de superstition religieuse et avait introduit de nouvelles normes de vie grâce à l'alphabétisation hygiénique. Mais

Maria Montessori dépassait le simple conflit entre la médecine militante et la culture catholique en introduisant subrepticement le thème du choix sexuel, car, justifié par un scrupule eugéniste, le « choix conscient et libre » du compagnon, qui était présenté comme la contribution que les femmes pouvaient donner à l'opération de « régénération de la race », se révélait de fait un instrument d'autonomie offert aux femmes du futur[1]. Sur ce thème, le projet eugéniste se colorait de nuances nietzschéennes : la femme nouvelle, capable de conduire l'homme vers des destinations inexplorées et de faire de lui un « homme moral », évoque la « mère du sur-homme » qui demande à son fils d'être « digne », un homme « fort », « robuste », « victorieux sur lui-même », « maître de son âme » (Montessori, 1908, p. 280).

En ce qui concerne le problème de la dégénérescence, dont on débattait alors dans toute l'Europe, « apporter la science aux femmes » signifiait aussi les rendre conscientes de l'importance du rôle social de la maternité. De fait, selon Montessori, le pas décisif pour entrer dans l'ère de la femme nouvelle serait un changement radical dans la conception de la maternité : « après avoir avancé à la conquête du travail social — écrivait-elle —, la femme nouvelle fera un pas en plus : elle ira à la conquête de *son* travail biologique, qui est la véritable fin du féminisme, à la conquête de ses enfants » (Montessori, 1902). C'était là le véritable objectif du féminisme en tant que commencement d'une révolution pédagogique qui modifierait à la racine les rapports entre les deux sexes et, à partir de là, la société. Maria Montessori pensait en effet que les femmes, « destinées par nature » à la maternité, portaient en elles une inclination tout aussi naturelle à s'occuper des autres qui en faisait, pour ainsi dire, les ambassadrices de toute l'humanité. Si d'un côté la maternité devait être protégée, d'un autre côté il fallait la dépasser (la sublimer, dirions-nous aujourd'hui) pour une « maternité sociale » : l'amour maternel se développerait au-delà des murs domestiques pour devenir un sentiment moteur et rénovateur de la société future.

Dans *L'Antropologia pedagogica* (1910), Maria Montessori formule son utopie scientifique en se référant plus explicitement à l'avènement d'une époque nouvelle : finalement, on déchiffrerait l'énigme de la supériorité anthropologique des femmes ; depuis toujours, les femmes étaient les gardiennes du sentiment, de la morale et de l'« amour humain », mais

1. Le thème de la maternité comme choix fut pratiquement absent du débat politique italien et aussi du féminisme de cette époque, à tel point qu'il ne fut exprimé que par une minorité même à l'intérieur du parti anarchiste, seul parti toutefois qui en fit un objet de discussion.

la civilisation n'était prête qu'alors à recevoir et à universaliser leurs valeurs.

Ainsi, « régénérer la race » signifiait d'un côté contrer la dégénérescence biologique, et de l'autre s'investir activement pour l'humanité. Maria Montessori invitait donc les femmes à prendre soin d'autrui ; plus particulièrement, elle les incitait à éduquer leurs enfants en vue de l'« homme nouveau » de demain.

Engagement politique et activité didactique

L'originalité de l'approche de Maria Montessori du problème de la dégénérescence tient non seulement à son interprétation du rôle des femmes, mais aussi à l'aspect pratique qui distingua toujours son activité scientifique. Ses connaissances se traduisirent immédiatement en une praxis de divulgation et de sensibilisation, en même temps qu'en une activité effective sur le terrain. Ainsi, les conférences qu'elle donna en Italie rapportèrent argent et consensus à la cause de l'éducation des déficients et à la fondation d'instituts médicaux-pédagogiques. Par ailleurs, Montessori intervint au sein de l'École orthophrénique — qui avait été créée à Rome en 1900 et qui servait à former des enseignants spéciaux pour enfants affectés de handicap — à la fois comme professeur d'anthropologie et comme directrice de l'école d'apprentissage où elle expérimenta, réalisa et enseigna une méthode qui s'imposa à l'opinion publique. Son exigence de traduire dans la pratique les idées sur la dégénérescence nées au sein des milieux scientifiques européens (notamment en France), exigence accompagnée de la volonté d'« apporter la science » aux femmes, définie comme un instrument d'émancipation puissant et d'avenir, fit donc de Montessori une représentante tout à fait originale de la psychiatrie italienne de cette époque. Preuve en est l'attention constante que lui réservèrent les journalistes — qui la suivirent dans ses conférences, dans ses activités publiques pour le féminisme international et dans ses voyages d'études à l'étranger —, mais aussi le succès auprès du public, ou encore le choix de l'Institut des biens immobiliers de Rome de lui confier l'entreprise, « toute à inventer », des écoles maternelles du quartier mal famé de San Lorenzo. Dans ce projet, les idéaux de Montessori purent s'exprimer pleinement par l'invention à la fois concrète et expérimentale des Case dei Bambini.

L'activité didactique que Montessori entreprit à partir de 1900 comme professeur auprès du Magistère féminin de Rome se fit aussi sous le signe du militantisme intellectuel et féministe. Elle avait obtenu cette charge grâce à l'intérêt direct de l'une des plus influentes suffragistes, l'aristocrate Giacinta Marescotti Martini. Des lettres d'octobre 1899, recueillies aux Archives nationales de Rome, montrent clairement que Marescotti demanda directement au ministre Baccelli une place pour le médecin Maria Montessori, qui avait tant travaillé à Rome pour l'enfance malade. L'enseignement au Magistère féminin lui garantit finalement un salaire fixe, et lui fournit en outre l'occasion de pouvoir influencer la formation scientifique et non scientifique de nombreuses étudiantes, soit directement par l'enseignement de l'hygiène et de l'anthropologie pédagogique qui touchait aussi à des thèmes comme la maternité et la sexualité, soit par son exemple personnel, comme le voulait l'esprit du « féminisme pratique » de ces années. Le milieu culturel du Magistère féminin était non seulement arriéré d'un point de vue scientifique, mais aussi imbibé de moralisme, puisqu'il avait pour fin de former les enseignantes des écoles féminines. Au cours de ces années, de plus, il y avait peu de personnalités parmi les professeurs du Magistère, mis à part quelques enseignants de matières littéraires, parmi lesquels les écrivains Pirandello et Capuana. Il est donc facile d'imaginer que Maria Montessori dut sembler un élément potentiel de désordre, plus que de rupture idéologique. Représentante d'une culture médico-scientifique qui était en train de gagner la pédagogie à une conception matérialiste de l'homme, en tant que militante féministe, elle avait sur les femmes et leur position sociale des idées très éloignées de l'esprit de la loi constitutive des Magistères[1]. Ne serait-ce que par sa vie privée, dont quelques éléments avaient sans doute été ébruités, elle faisait preuve de choix un peu trop « libérés » pour l'époque.

Le Magistère fut pour Maria Montessori un lieu idéal où diffuser ses idées sur la femme nouvelle et ses droits, ainsi qu'un lieu de recrutement de jeunes femmes disposées à lutter pour l'émancipation et le vote. Dans les années 1905-1906, les féministes italiennes avaient fait preuve d'une énergie extraordinaire en donnant vie à un kaléidoscope d'idées, d'expériences et de batailles militantes. Montessori intervint elle-même directement dans la campagne pour le vote des femmes en participant à la Pétition des femmes italiennes au Parlement, signée par une trentaine de femmes illustres par leur noblesse et leur intelligence, et en créant une société féminine, Pensée et action, constituée par des jeunes filles des lycées et de l'Université. Le programme de la jeune société se fondait sur deux objectifs prioritaires : rendre visible le rôle des femmes intellectuelles, et organiser leur travail par le biais d'actions solidaires. Pensée et

1. La loi constitutive établissait, par exemple, que, pour obtenir l'une des quelques places mises à la disposition des étudiantes défavorisées, il fallait présenter, entre autres, le certificat de moralité délivré par la municipalité ou l'autorité politique.

action fut à l'initiative d'un *Manifeste* signé par Montessori et affiché clandestinement sur tous les murs de Rome, dans lequel les femmes étaient incitées à s'inscrire sur les listes électorales. Mais plus originale encore fut l'initiative de la société pour pénétrer dans le monde de la culture et pour offrir de nouvelles opportunités au prolétariat intellectuel féminin, grâce à la fondation d'un Bureau des travaux intellectuels : les femmes qui y adhéraient étaient prêtes à fournir des textes de conférence, des traductions de langues étrangères, des cours particuliers, des recherches bibliographiques pour des journaux, des revues et des bibliothèques.

Parallèlement à cet engagement politique, entre 1901 et 1906, Montessori entreprit des recherches anthropologiques sur l'enfance et les femmes. Il s'agit plus précisément de deux travaux scientifiques qui concernent respectivement le rapport entre l'intelligence et le développement volumétrique du crâne, et entre l'intelligence et les conditions sociales chez un échantillon de 70 élèves des écoles élémentaires de Rome. Elle réalisa aussi la recherche qui lui avait été attribuée par la Commission pour le « libre enseignement » en anthropologie : *Caractères physiques des jeunes femmes du Latium (tirés de l'observation d'au moins 100 sujets)*. Stephen J. Gould, qui a consacré aux travaux anthropologiques de Montessori une page de son livre *The mismeasure of man* (1981), la compte parmi les « mesureurs » et commet quelques inexactitudes. Bien sûr, Maria Montessori appartient à son temps ; elle suit donc les règles et les méthodes de recherche de sa communauté scientifique d'appartenance. Pourtant, il est possible de trouver dans ses contributions scientifiques des notes critiques à l'égard de la science anthropologique ainsi qu'un point de vue féminin. Plus récemment, Jennifer Michael Hecht a justement placé le travail de Maria Montessori dans la ligne de la *vigilant anthropology* de Léonce Manouvrier.

Si l'appartenance de Maria Montessori à la science de son temps est attestée par l'obtention du « libre enseignement » d'anthropologie, il n'est pas non plus rare de trouver entre les lignes de ses travaux anthropologiques des pages de journalisme scientifique qui offrent un panorama désolant des conditions sociales et des habitudes (même mentales) des populations examinées. Les observations sur les habitudes peuvent être considérées comme une caractéristique « normale » de l'anthropologie italienne — pour ne citer que Cesare Lombroso — ; ce qui est plus particulier, c'est l'espace que Montessori consacre à la description des conditions difficiles dans lesquelles a lieu la recherche scientifique sur le terrain, surtout si elle est effectuée par une femme. De ce point de vue, l'étude anthropologique qu'elle a menée sur les femmes de la région du Latium fut en quelque sorte un banc d'essai démontrant combien la science était encore mal vue en Italie, et à quel point une femme scientifique rencontrait des difficultés presque insurmontables en entreprenant une recherche sur le terrain. Ce travail sur les femmes du Latium était sans doute l'un des premiers en Italie sur les caractères d'une population vivante ; en effet, les études, classiquement, y étaient élaborées principalement à partir d'os et en particulier de crânes. On peut présumer que la Commission d'examen avait voulu profiter de l'occasion fournie par cette chercheuse à ses yeux sûrement trop ambitieuse ; justement parce qu'elle était une femme, Maria Montessori pourrait fournir à la Société italienne d'anthropologie une enquête scientifique sur la population féminine, qui était peu encline, par pudeur, à accepter le contact avec le médecin « mesureur » et, pour cette raison, encore inconnue d'un point de vue anthropologique. Soit que la Commission lui ait attribué ce travail de recherche pour profiter de cette situation, soit au contraire qu'elle l'ait fait pour décourager la candidate d'obtenir ce diplôme insolite pour une femme, Montessori s'en était en tout cas allée dans les campagnes romaines, comme une pionnière, à la recherche de ses cent sujets à examiner. Une entreprise scientifique en bonne et due forme, à laquelle ne manquèrent ni les difficultés ni les problèmes.

> Que la population du Latium se trouve dans un état de remarquable infériorité civile — écrit-elle dans la publication (Montessori, 1906, p. 42) — me fut manifeste dans la lutte que je dus mener pour étudier d'une façon anthropologique les jeunes femmes. Devant ces gens je n'étais plus ni une dame, ni un médecin : ma demande, incompréhensible, les stupéfiait ; médecin... pourquoi est-ce que je cherchais les femmes belles, jeunes et saines ? Non. Jeteuse de sorts, sorcière, accapareuse de jeunes pour les lupanars, espionne des prisons, fabricante de cartes postales illustrées — voilà ce que je devenais à leurs yeux brouillés par le préjugé de l'ignorance. Et en tant qu'ennemie et souteneuse, ils me traitaient avec leur hostilité souvent brutale.

Même en cette occasion, la bataille fut gagnée grâce au solide réseau de solidarité féminine que Montessori entretenait ; ainsi s'étaient gentiment offertes comme sujets les sœurs de la Récréation féminine du Trastévère, les élèves du Magistère, les clientes privées, les dames amies de la bourgeoisie, lui apportant aussi réconfort et approbation. Montessori déclara ce fait ouvertement, et avec un certain orgueil, dans le travail rédigé rendu à la Commission d'examen. Il n'est donc pas exagéré d'affirmer que cette réussite professionnelle fut obtenue et vécue comme une conquête féministe.

La Casa dei Bambini : « laboratoire » social et pédagogique

L'expérience des Case dei Bambini fut le couronnement de cet engagement pour la science, le militantisme politique et le féminisme qui, depuis des années, animaient la vie tout entière de Maria Montessori. Au moment où, au début du XXe siècle, fut entrepris l'assainissement de plusieurs édifices du quartier populaire de San Lorenzo, l'ingénieur Edoardo Talamo, président de l'Institut romain pour les biens immobiliers, pensa que l'école maternelle devait être une cellule d'un système éducatif plus ample destiné à l'élévation et la rédemption d'un sous-prolétariat urbain marqué par la misère économique et morale. Il s'agissait donc de mettre sur pied quelque chose d'original, inspiré par des critères non seulement pédagogiques, mais aussi et surtout hygiéniques et sanitaires ; il fallait, en outre, disposer d'une capacité d'organisation et d'une certaine dose d'inventivité et d'initiative. Son expérience scientifique, son militantisme dans les rangs du féminisme dans une Rome qui s'était familiarisée avec l'apport des femmes à l'assainissement médical et social de la ville, ainsi que son activité comme journaliste en 1906 sur les thèmes de la dégénérescence et de la délinquance juvénile firent de Maria Montessori la candidate idéale pour ce projet. Depuis l'époque de la Ligue, Montessori connaissait en plus des politiciens et des dames influentes et actives dans le féminisme international, qui furent les sponsors de l'expérience des Case dei Bambini. Montessori connaissait aussi très certainement l'ingénieur Talamo, l'un des premiers adhérents inscrits à la Ligue, avec Ernesto Nathan. Celui-ci, devenu en 1907 maire de Rome, aurait plus que soutenu cette originale expérience pédagogique et sociale qui fit le tour du monde et qui porta le nom de Montessori. Par ailleurs, l'expression « Casa dei Bambini », au lieu de l'appellation, plus courante, d'Asilo, a été suggérée à Montessori par son amie Olga Lodi, journaliste engagée dans la campagne du vote des femmes, ce qui montre, une fois de plus, que, derrière l'œuvre de Montessori, étaient mis en œuvre des projets et des intentions partagés par un groupe de personnes influentes dans la vie sociale et politique de la capitale comme de la nation. Il n'est pas non plus à exclure que — lasse du seul enseignement — Montessori ait senti le besoin de revenir à une expérience concrète où elle pouvait se mesurer, se mettre à l'épreuve et, surtout, retrouver une inspiration politique.

L'approche de Montessori de la pédagogie ne représente pas seulement une nouvelle « mission » scientifique et sociale à laquelle elle doit dédier du temps et de l'énergie ; c'est aussi le résultat d'un détachement progressif des certitudes qui l'avaient accompagnée jusqu'alors, ou pour le moins d'un changement de stratégie politique. C'est dans une conférence sur l'éducation et la morale sexuelle, présentée au Premier congrès des femmes italiennes, qui se tint à Rome en 1908, que Montessori manifesta la volonté de relancer son utopie politique. Dans le climat fervent et animé du congrès, où les femmes italiennes réunies démontrèrent qu'elles savaient affronter de façon compétente tous les thèmes sociaux les plus brûlants du moment, mais aussi qu'elles risquaient d'être partagées (comme l'avenir le montra) sur la question de l'éducation religieuse dans les écoles, Montessori décida donc de présenter une conférence sur la nécessité de l'éducation sexuelle. La démarche était gênante, sinon provocatrice, car d'une part elle entrait en opposition avec les opinions de l'Église et avec les féministes catholiques, et d'autre part, elle assignait à la libération de la femme, par rapport à l'esclavage moral et sexuel, le rôle de tournant nécessaire à la promotion de nouvelles valeurs éducatives pour toute l'humanité. Après avoir parlé à ce congrès féminin, Maria Montessori ne garde pas l'habitude de militer aux côtés des autres femmes :

> aujourd'hui — écrit-elle dans la *Méthode* —, ce qui nous importe dans l'éducation est l'intérêt de l'humanité et de la civilisation, devant lequel il n'existe qu'une patrie : le monde. (Montessori, 1908, p. 8)

L'expérience de San Lorenzo n'a pas provoqué de changements inattendus seulement chez les petits occupants des Case dei Bambini ; au cours de cette expérience sociale et pédagogique, même Maria Montessori a changé d'horizon : son regard s'est déplacé de la collectivité présente à l'humanité future. C'est un élargissement des confins qui lui semble inévitable : « la seule issue pour les individus, écrit-elle dans *L'Autoeducazione* (1916), est que toute l'humanité soit sauvée ». Pour que cela ait lieu, il nous faut une révolution pédagogique profonde, qui ait des retombées sur la relation interpersonnelle constitutive de la société, c'est-à-dire le rapport entre les deux sexes. Au centre de ses intérêts s'inscrit désormais le destin de l'enfant, et, par là même, celui de l'humanité future. La libération des femmes demande une transformation totale de la société que seule une pédagogie nouvelle pourra promouvoir.

C'est à cette entreprise qu'elle s'est vouée lorsqu'elle a décidé de s'occuper personnellement de l'œuvre de rédemption sociale du quartier San Lorenzo à Rome. Projet à la fois concret et utopique, cette expérience permet à Maria Montessori d'exprimer tous ses idéaux : féminisme, médecine sociale, utopie politique et instance pédagogique animent le discours d'inauguration qu'elle prononce en avril 1907 et qui est reproduit intégralement dans la première édition de *La Méthode*. San Lorenzo lui offre l'opportunité d'intervenir concrètement sur la réalité sociale, ce qui satisfait aussi son esprit humanitaire et philanthropique. Mais cette fois-ci, c'est par l'intermédiaire d'un travail éducatif au sens large, qui puisse plus précisément rayonner au-delà des limites matérielles et temporelles de son domaine d'application : des petits occupants des Case dei Bambini à leurs familles, puis à tout le quartier ; mais aussi de l'enfance à l'humanité du futur. En fait, contribuer à élever cette partie du monde abandonnée et rejetée est seulement le premier niveau de réalisation de l'expérience. La Casa dei Bambini se présente comme un véritable laboratoire politique où il s'agit de mettre au point une méthode pédagogique par laquelle sauver l'humanité future et pas seulement l'humanité souffrante de San Lorenzo. Pensée comme un pont entre la maison et la rue, l'école de San Lorenzo se transforme, sous la direction de la femme médecin, en une véritable expérience qui ne manque pas de produire une découverte inattendue. Instituée pour combattre la dégénérescence morale et sociale, apporter l'instruction, l'éducation et la morale, la Casa dei Bambini devient un lieu d'observation des jeunes enfants dans leurs expressions les plus libres. D'ailleurs, c'est une structure totalement différente des asiles et des écoles traditionnels, où les enfants restent fixés sur les bancs « comme des papillons embrochés sur une aiguille » (Montessori, 1909, p. 15). Maria Montessori sait que, dans la pratique scientifique, la prédisposition du milieu est une condition essentielle pour la bonne réussite de l'expérience. Dans la Casa dei Bambini, école libérée des structures coercitives et lieu d'expérimentation, le maître, que Montessori appelle « savant de l'humanité », circule en observateur silencieux et avisé ; tout est fait pour ne pas « déranger » et « dévier » le « phénomène ». C'est ainsi qu'à chaque fois, la « découverte » se renouvelle : libres d'exprimer leurs inclinations, les enfants négligent le jeu pour la « connaissance », démontrant que cet amour du « savoir » qui est à la racine du progrès civil de l'humanité est instinctif (*ibid.*, p. 276).

RÉFÉRENCES

Atti del I Congresso Nazionale delle Donne Italiane, Roma, Stabilimento Tipografico Società Editrice Laziale, 1912.

Babini Valeria Paola, *La questione dei frenastenici. Alle origini della psicologia scientifica in Italia,* Milano, Angeli, 1996.

Babini Valeria Paola, « Science, feminism and education: the early work of Maria Montessori », *History Workshop Journal*, 49, 2000, p. 45-67

Babini Valeria Paola, Lama Luisa, *Una « donna nuova ». Il femminismo scientifico di Maria Montessori,* Milano, Angeli, 2000.

Babini Valeria Paola, Minuz Feranda, Tagliavini Annamaria, *La donna nelle scienze dell'uomo. Immagini del femminile nella cultura scientifica italiana di fine secolo*, Milano, Angeli, 1986.

Bertoni Iovene Dina, *Funzione emancipatrice della scuola e contributo della donna all'attività educativa,* in AA.VV., *L'emancipazione femminile in Italia,* Firenze, La Nuova Italia, 1963.

Bobbio Norberto, « Profilo ideologico del Novecento », *in Storia della letteratura italiana. Il Novecento*, Milano, Garzanti, 1969, p. 121-228.

Bonetta Gaetano, « L'educazione sessuale della donna fra Otto e Novecento », *in* Covato Carmela, Luzzi Maria Cristina, *E l'uomo educò la donna* , Roma, Editori Riuniti, 1989.

Bonetta Gaetano, *Corpo e nazione. L'educazione ginnastica, igienica e sessuale nell'Italia liberale*, Milano, Angeli, 1990.

Bortolotti Pieroni Franca, *Alle origini del movimento femminile in Italia (1848-1892)*, Torino, Einaudi, 1963.

Bortolotti Pieroni Franca, *Socialismo e questione femminile in Italia 1892-1922*, Milano, Mazzotta, 1974.

Bortolotti Pieroni Franca, *La donna, la pace, l'Europa*, Milano, Angeli, 1985.

Buttafuoco Annarita, « La filantropia come politica. Esperienze dell'emancipazionismo italiano nel Novecento », *in* Ferrante Luisa, Palazzi Maura, Pomata Gianna (dir.), *Ragnatele di rapporti. Patronage e reti di relazione nella storia delle donne*, Torino, Rosenberg & Sellier, 1988, p. 166-87.

Buttafuoco Annarita., « Tra cittadinanza politica e cittadinanza sociale. Progetti ed esperienze del movimento politico delle donne nell'Italia liberale », *in* Bonacchi Gabriella, Groppi A., *Il dilemma della cittadinanza. Diritti e doveri delle donne*, Bari, Laterza, 1993.

Carroy Jacqueline., Richard Nathalie, *La Découverte et ses récits en sciences humaines. Champollion, Freud et les autres*, Paris, L'Harmattan, 1998.

Catarsi Enzo, *La giovane Montessori,* Ferrara, Corso Editore, 1995.

Coffin Jean-Christophe, « Le diagnosi mediche sulla società di Bénédict-Augustin Morel e Cesare Lombroso », *Annali della Fondazione Einaudi*, vol. XXV, 1991, p. 391-420.

De Giorgio Michela, « Italiane fin de siècle », *Rivista di Storia Contemporanea*, 1987, 2.

De Giorgio Michela, « Donne e professioni », *in Storia d'Italia. Annali 10. I professionisti*, Torino, Einaudi, 1996.

De Longis Rosanna, « Scienza come politica : "Vita femminile" (1895-1897) », *Nuova DWF*, 21, 1982.

Detti Tommaso, « Medicina, democrazia e socialismo in Italia tra '800 e '900 », *Movimento Operaio e Socialista*, II, 1979.

Garin Eugenio, « La questione femminile nelle varie correnti ideologiche degli ultimi cento anni », in AA.VV., *L'emancipazione femminile, op. cit.*

Gould Stephen Jay, *The mismeasure of man*, New York, Norton, 1981.

Hecht J.M., « A vigilant anthropology : Léonce Manouvrier and the disappearing numbers », *History of the Behavioral Sciences*, 1997, XXXIII, 3, p. 221-240.

Kramer Rita, *Maria Montessori. A biography*, New York, Putnam, 1976.

Manfredi Mario, Mangano Ada, *Alle origini del diritto femminile*, Bari, Dedalo, 1983.

Montessori Maria, « La via e l'orizzonte del femminismo », *Cyrano de Bergerac*, II, 6, 1902.

Montessori Maria, « Influenza delle condizioni di famiglia sul livello intellettuale degli scolari. Ricerche d'igiene e antropologia pedagogiche in rapporto all'educazione », *Rivista di Filosofia e Scienze Affini,* vol. II, 3-4, 1904, p. 234-284.

Montessori Maria, « Sui caratteri antropometrici in relazione alle gerarchie intellettuali dei fanciulli nelle scuole. Ricerche di antropologia pedagogica », *Archivio per l'Antropologia e l'Etnologia*, XXXIV, fasc. 2, 1904, p. 243-300.

Montessori Maria, « Caratteri fisici delle giovani donne del Lazio (desunti dall'osservazione di 200 soggetti) », *in Atti della Società Romana di Antropologia,* XII, fasc. 1, 1906.

Montessori Maria, *Antropologia pedagogica,* Milano Vallardi, s.d. [1910].

Montessori Maria, « La morale sessuale nell'educazione » (1908), *in Atti del I Congresso Nazionale delle Donne Italiane, op. cit.*

Montessori Maria, *Il metodo della pedagogia scientifica applicato all'educazione infantile nelle Case dei bambini,* Città di Castello, Lapi, 1909.

Pesci Furio, « L'istruzione superiore nei magisteri femminili dal 1878 al 1923 », *Educazione e Scuola*, 32, 1989.

Pick Daniel., *Faces of degeneration. A European disorder c. 1848-c. 1918,* Cambridge, Cambridge University Press, 1989.

Pogliano Claudio, « L'utopia igienista (1870-1920) », *Storia d'Italia, Annali 7,* Torino, Einaudi, 1984, p. 587-631

Pogliano Claudio, « Discorsi inaugurali nelle facoltà mediche italiane, 1875-1925 », *Nuncius*, a.9, fasc. 1, 1994.

Porciani Ilaria, *Le donne a scuola. L'educazione femminile nell'Italia dell'Ottocento*, Firenze, Il Sedicesimo, 1987.

Puccini Sandra, « Condizione della donna e questione femminile (1892-1922) », *Problemi del Socialismo*, 4, 1976.

Pycior H.M., Slack N.G., Abir-Am Pnina G. (eds), *Creative couples in the sciences*, New Brunswick, Rutgers University Press, 1996.

Scocchera Augusto, *Maria Montessori. Quasi un ritratto*, Firenze, La Nuova Italia, 1990.

Soldani Simonetta (dir.), *L'educazione delle donne. Scuole e modelli di vita femminili nell'Italia dell'800*, Milano, Angeli, 1989.

Ellen Key et le « puérocentrisme »

Dominique Ottavi

L'usage du néologisme de « puérocentrisme » s'est imposé dans les années 1990 dans un contexte généralement polémique. Il désigne une attitude qui consiste à vouloir régler l'éducation sur la nature de l'enfant, ou à vouloir organiser l'école autour des besoins de l'enfant. Derrière ce mot, on retrouve toujours l'idéal d'une révolution copernicienne de la pédagogie, dont la première formulation revient au pédagogue suisse Édouard Claparède, selon lequel il est nécessaire de libérer l'enfant de l'oppression des adultes, de leurs normes éducatives[1]. Ainsi, l'éducation aurait toujours été régie par des idéaux adultes, et il faudrait maintenant prendre pour base la nature de l'enfant, nature rendue de plus en plus transparente et maîtrisable par la science. Une telle idée mobilise autant d'hostilité que de passion chez certains. Notamment, en 1996, dans *Frankenstein pédagogue*, Philippe Meirieu se défend de préconiser « un puérocentrisme naïf » alors qu'il assimile la relation pédagogique traditionnelle à la manipulation du Docteur Frankenstein[2]. À l'opposé, le philosophe Robert Redeker critique le « puérocentrisme, pivot de toutes les réformes récentes », et stigmatise la perte d'ambition du système éducatif[3]. Notre objet n'est pas de discuter directement la valeur ou les enjeux de cette référence à l'enfant[4], mais de jeter quelque lumière sur son histoire, ce qui est l'un des moyens de préciser son contenu. Car, que l'on utilise le terme de « puérocentrisme » ou un autre, cette idée joue de toute façon un rôle important dans la culture contemporaine.

Or, la féministe suédoise Ellen Key (1849-1926), dont la pensée a connu un certain rayonnement au début du XXe siècle, est réputée pour avoir contribué à installer dans le paysage intellectuel et dans les mentalités l'idée que l'éducation doit être centrée sur l'enfant et non sur les

1. Daniel Hameline a repéré le premier emploi du néologisme « puérocentrisme » sous la plume de Jean Vial, dans le *Traité des sciences pédagogiques*, 2 : *Histoire de la pédagogie*,Paris, PUF, 1971, p. 379-511 ; *Cf.* Christiane Perregaux, Laurence Rieben et Charles Magnin, *Une école où les enfants veulent tout ce qu'ils font. La Maison des Petits aujourd'hui*, Lausanne, LEP, 1996, p. 33.
2. Philippe Meirieu, *Frankenstein pédagogue*, Paris, ESF, 1996.
3. Robert Redeker, « L'École contre la république », *Marianne*, octobre 1999.
4. *Cf.* Marie-Claude Blais, Marcel Gauchet et Dominique Ottavi, *Pour une philosophie politique de l'éducation, six questions d'aujourd'hui*, Paris, Bayard, 2002.

« idéaux de l'adulte », l'idée que l'éducation et la pédagogie doivent être orientées vers le développement de l'enfant plutôt que vers l'inculcation de normes provenant de l'histoire ou de la société. Cela s'exprime dans le titre de son livre le plus connu : *Le Siècle de l'enfant*[1], publié en 1900.

Les ouvrages d'Ellen Key ont connu une grande diffusion ; ainsi, *Le Siècle de l'enfant* fut traduit en français en 1900, en anglais en 1909 ; 26 000 exemplaires furent vendus en Allemagne, 28 000 pour *De l'amour et du mariage*. Ellen Key a été souvent citée par des auteurs représentatifs de l'éducation nouvelle, tels qu'Adolphe Ferrière[2] ou Édouard Claparède. Ce succès est-il à mettre au compte d'un talent d'anticiper sur le progrès en cours ; ou de la montée en puissance de l'intérêt pour l'enfant ? Pour élucider cette nouvelle valeur qu'est le puérocentrisme, il faut plutôt se donner pour tâche d'interpréter ce succès. Il faut en effet s'interroger sur ce fait contradictoire : les auteurs qui se sont référés à Ellen Key en ont tiré à peu près le contraire de ce qu'elle a réellement affirmé. Sa représentation de l'intérêt de l'enfant passe par la protection de la famille et du rôle éducatif de la femme, et pour cette raison, elle n'accorde que peu de confiance à l'école. En vraie libertaire, elle assimile l'école à l'armée. Son féminisme est donc très différent de celui qui s'est imposé dans la suite du XXe siècle.

Notre hypothèse est qu'Ellen Key, qui connaissait bien le développement des sciences humaines de son temps, a bâti une théorie cohérente et qui s'appuie sur le mouvement des idées en matière sociale et éducative. Cela donne à ses ouvrages une force qui leur a permis de s'imposer au sein de l'éducation nouvelle comme une référence voire un réservoir de slogans, alors même que son œuvre a été « mal » lue. Le fait qu'elle est une femme n'est sans doute pas étranger à ce destin. Force est de reconnaître, en effet, que la psychologie de l'enfant à ses débuts, de même que la psychopédagogie qui en est issue sont affaires d'hommes. De Wilhelm Preyer à Édouard Claparède en passant par Alfred Binet, ces inventeurs sont tous des hommes, et il faut regarder du côté des États-Unis pour trouver des étudiantes de Stanley Hall et de ses disciples fournissant des contributions scientifiques à la psychologie de l'enfant. Ellen Key s'oppose à cet état de fait d'abord par sa propre production théorique, mais aussi parce qu'elle milite pour une vision globale de l'éducation qui n'exclut pas l'éducation familiale et le rôle de la mère. La pensée d'auteurs tels que Claparède est entièrement mobilisée par la réforme de l'école ; Ellen Key, au contraire, réclame la prise en compte dans l'éducation des

1. Ellen Key, *Le Siècle de l'enfant*, 1900, trad. fr. Paris, Flammarion, 1910.
2. Adolphe Ferrière, « Ellen Key », *L'Éducateur Moderne*, 1912, p. 299-311.

conditions de vie de l'enfant à côté du milieu scolaire. Cela la rapproche d'une autre grande figure de ce type de résistance, Maria Montessori.

Après avoir donné quelques repères biographiques, nous examinerons les caractéristiques de la pensée d'Ellen Key ainsi que la réception de son œuvre, pour mieux en apprécier la place dans l'histoire des idées, et lui rendre justice malgré le rejet légitime des théories eugénistes engendré par l'histoire du XXe siècle.

Repères biographiques

Ellen Key est issue d'un milieu social très aisé et même aristocratique par sa mère. Son père était de famille écossaise ; il fut chef du parti libéral en Suède et membre de la Diète à Stockholm. La légende familiale raconte que le père d'Ellen fut prénommé Émile en l'honneur de Rousseau, admiré de l'arrière-grand-père libre penseur. Pour cette raison sans doute, la petite fille fut éduquée à la campagne sans leçons régulières. Sa mère semblait tenir à l'épanouissement des talents individuels, et elle est très peu allée à l'école. À 16 ans, elle se dit attristée parce que Dieu ne garantit pas l'harmonie entre les hommes ; elle prend conscience de l'inégalité des conditions. Elle renonce à ses recherches sur le peuple qui l'avaient d'abord attirée, disant que sa mère lui a insufflé l'idée que la vie, l'évolution de l'âme sont « la question capitale ». Cela la mène, ainsi que son expérience, à l'idée centrale de son individualisme : il n'y a pas de contradiction entre l'intérêt individuel et l'intérêt général, l'individualiste a la passion d'être lui-même et est fécond dans l'intérêt des autres. Le sacrifice de soi n'apporte rien. C'est pourquoi la jeune fille s'est tournée vers l'éducation : le libre développement de la personnalité est le principe fondamental de l'éducation et du progrès social et politique.

À l'âge de vingt ans, Ellen Key fait office de secrétaire pour son père, membre de la Diète. Elle rédige des articles pour lui. À Stockholm, elle s'instruit par des conférences et rencontre de cette façon Sophie Adlersparre, revendicatrice principale des droits de la femme, qui lui demande d'écrire dans son journal. Elle étudie en vue de devenir directrice d'école primaire, projet qui demeure sans suite. Cependant, elle devient en 1880, après la crise politique qui met fin à la carrière de son père, professeur dans un collège de filles dans la première école libre de Stockholm, fondée par Mlle Whitlock.

Son expérience décisive a lieu en 1883 lorsqu'elle enseigne à l'Institut ouvrier fondé par le Dr Antoine Nystroem, socialiste. Elle y occupe une chaire d'histoire de la civilisation de la Suède (elle conserve toujours une admiration pour la civilisation préhistorique de la Suède). Elle est pendant vingt ans conférencière pour les ouvriers puis pour le grand public. En1892, elle fonde (à l'image de ce qui existe en Angleterre) avec d'autres femmes la Société des douze qui organise des discussions avec les ouvrières, pour rapprocher les classes — une sorte de club d'éducation populaire pour les femmes. Apparemment, elle y enseigne l'art et la littérature, pensant qu'il ne faut pas restreindre l'éducation des femmes à la formation professionnelle. Elle aurait entendu une jeune ouvrière déclarer que si elle enviait les riches, ce n'était pas à cause de leur argent mais des jouissances intellectuelles auxquelles ils peuvent accéder.

Ellen Key semble avoir toute sa vie souffert d'une tendance à la dépression, et elle fait une tentative du suicide après la mort de sa mère en 1884. Après avoir perdu son père, elle se retire en 1903 à la campagne chez son frère quand elle ne voyage pas pour faire des conférences dans toute l'Europe.

L'œuvre d'Ellen Key

En 1889, le premier ouvrage d'Ellen Key est rédigé pendant une période d'agitation liée à la commémoration de la Révolution de 1789 ; il s'intitule *Les Causes des réactions*. Mais ce sont les ouvrages sur la cause des femmes et l'éducation qui constituent l'essentiel de son œuvre. Ellen Key a aussi rédigé des manuels à l'intention des parents, ce qui constitue à cette époque une innovation appréciable, et est tout à fait cohérent avec l'ensemble de sa théorie. Cette dernière est organisée autour de l'amour, à la fois en tant que sentiment et en tant que pulsion sexuelle ; tout est suspendu à son rôle central. On pense alors évidemment à une influence de Fourier ; en effet, Ellen Key, comme ce dernier, voit dans l'amour l'expression d'une force naturelle et un principe de régénération sociale. Cependant, le paradigme qui inspire leur doctrine n'est pas le même. Fourier s'inspire de Newton et de l'idée d'attraction ; Ellen Key s'inspire de l'évolutionnisme et, au-delà, du matérialisme moniste. Elle est remarquablement au fait des théories biologiques de son temps, même si elle ne possède pas le degré de spécialisation nécessaire pour en faire la critique. Elle en a tiré une doctrine qui accorde une place centrale à la sexualité, et un projet de révolution des mœurs. Elle n'est pas, loin de là, la seule féministe du XIXe siècle à avoir trouvé dans la théorie de l'évolution une nouvelle forme d'argumentation en faveur de la cause des femmes ; un autre exemple en est Clémence Royer, la première traductrice en français de *L'Origine des espèces* de Darwin. Cependant, la place accordée non seulement à la femme, mais encore à l'enfant et à son éducation dans ce contexte féministe singularise sa pensée.

Un monisme philosophique

Ellen Key connaissait également parfaitement le monisme philosophique et son histoire. Si elle n'y consacre pas de développement explicite, elle s'y réfère comme à un arrière-plan omniprésent de ses prises de position sociales et politiques. Pour légitimer le nouveau « culte de l'amour » qu'elle espère, elle se réfère à Spinoza, le philosophe qui assimile Dieu à la Nature : « la joie, c'est la perfection » ; « Si ce mot de Spinoza, commente Ellen Key, nous révèle le sens de la vie, notre regard embrasse tout l'ensemble de la vie... » Le principal représentant du courant philosophique moniste au XIXe siècle est le philosophe allemand Louis Büchner (1824-1899). Büchner est souvent considéré comme un matérialiste « vulgaire » suite aux critiques de Marx. Un autre moniste déclaré est le physiologiste Ernst Haeckel (1834-1919), auteur d'une articulation entre évolutionnisme et monisme, et d'une synthèse avec la pensée de Darwin. Sa théorie, moins prudente et nuancée que celle de Darwin, englobe l'animalité, l'espèce humaine, les langues et les civilisations dans un même processus d'évolution. L'idée centrale de ce courant de pensée est qu'il y a du *progrès* dans la nature. Pour Haeckel et ses disciples, la science, au travers de l'évolutionnisme, est appelée à remettre en question notre vision du monde, à le « désenchanter » en quelque sorte. La loi d'évolution répond aux énigmes métaphysiques, elle dit le pourquoi et le comment, elle assigne à la vie un but qui est son développement infini. Cette doctrine, qui congédie les explications religieuses du monde comme le fondement religieux de la morale, ainsi que les philosophies qui composent avec la vision religieuse du monde, propose une autre morale, dont la liberté de l'esprit qui perce à jour les lois de la nature est le premier pas. Comme le disait Gabriel Monod, l'entreprise d'Épicure trouve là une continuation ; il s'agit de libérer l'homme de la croyance en un dogme et dans les obligations qui en découlent.

C'est à ce système complexe et bien constitué qu'adhère Ellen Key, à travers sa psychologie selon laquelle l'esprit appartient à la nature et est produit par l'évolution. Elle sait très bien que c'est dans le sillage des psychologues monistes que certains des fondateurs de la psychologie de l'enfant ont développé leur science. L'hypothèse nouvelle d'une apparition progressive de la conscience et de l'intelligence marque de son sceau la psychologie de l'enfant élaborée par Wilhelm Preyer, par exemple, qu'Ellen Key avait lu[1]. Elle rend aussi possible, à la même époque, l'idée d'une parenté entre la pensée de l'homme et celle de l'animal, comme elle

1. Ellen Key, *Le Siècle de l'enfant, op. cit.*, p. 178.

permet d'argumenter l'explication de la psychologie du criminel comme retour à un état primitif. « Notre développement est déterminé par l'hérédité, le milieu et le moment », dit Ellen Key, dans une sorte de profession de foi formulée dans les termes mêmes d'Hippolyte Taine. Elle propose un résumé très documenté de l'évolution des idées dans ce domaine dans *Le Siècle de l'Enfant*[1], résumé qu'elle reprend dans un autre ouvrage, *The Education of the child*[2], en 1901. Elle mentionne par exemple Montaigne, mais aussi, avec enthousiasme, Herbert Spencer (1820-1903)[3], qui prétend réactualiser les idées de Rousseau. Ellen Key relate ensuite la formation, après Darwin, de la psychologie de l'enfant, à partir du principe que, dans le développement de l'individu, se répète le développement de l'espèce.

La place particulière qu'elle réserve à Spencer rend nécessaires quelques précisions sur la doctrine de l'éducation de ce dernier. Spencer peut être considéré comme le fondateur de l'évolutionnisme. En effet, il a employé le terme d'évolution dans son sens moderne dès 1852. En tout cas, l'application de la théorie de l'évolution aux rapports sociaux, la place qu'il accorde à la concurrence généralisée dans l'organisation sociale font que Daniel Becquemont et Laurent Mucchielli[4] peuvent lui attribuer l'invention de ce qu'on nomme le darwinisme social et qui existait donc avant Darwin si l'on considère que les premières formulations de la doctrine de Spencer ont été faites dès 1855.

Son ouvrage, intitulé *L'Éducation intellectuelle, morale et physique*, développe une théorie de l'éducation en harmonie avec cette théorie de l'évolution, bien qu'elle soit revêtue des apparences et de l'autorité de Johann Heinrich Pestalozzi et de Jean-Jacques Rousseau. En effet, l'éducation doit, pour Spencer, respecter la nature de l'enfant, parce que sa fonction est avant tout de révéler les différences entre les individus et de les valoriser en vue de la concurrence vitale. Cette doctrine relève d'un lamarckisme total, parce qu'elle compte sur la transmission héréditaire des qualités ainsi exaltées (en toute rigueur, on ne parle de néo-lamarckisme qu'après 1892). Darwin lui-même, tout en continuant à accorder une fonction à l'hérédité de l'acquis, introduisit le nouveau concept de sélection naturelle. Ce dernier subordonne la transmission d'une qualité à la survie de l'individu qui la possède jusqu'à l'âge adulte et à la reproduction biologique ; cela recelait en germe la réfutation de l'hérédité de l'acquis, mais pendant longtemps encore, la différence entre les deux concepts

1. *Ibid.*, p. 172 *sq.*
2. Ellen Key, *The Education of the child*, New York-Londres, 1910.
3. *L'Éducation intellectuelle, morale et physique*, 1861, trad. fr. 1879.
4. Daniel Becquemont et Laurent Mucchielli, *Le Cas Spencer*, Paris, PUF, 1998.

n'apparut pas clairement, pas plus pour Ellen Key que pour ses contemporains.

Le libéralisme spencérien, qui met en avant essentiellement la lutte pour la vie et la concurrence entre les individus, a des accents libertaires. Mais cet espoir dans l'amélioration de la race par la concurrence a aussi des conséquences extrêmement cruelles sur le plan politique. En éducation, Spencer croit au respect des jeux et, plus généralement, de la liberté de l'enfant, qui doit avoir une « vie complète ». Cette idée a apparemment rejoint la recherche d'harmonie d'Ellen Key, qui adopte en même temps tout l'individualisme spencérien. C'est ainsi qu'elle peut écrire :

> On peut résumer ainsi les principes de l'individualisme : la loi dont l'effet est de rendre la vie de l'homme, comme celle de la race, plus saine et plus belle est utile, même si elle apporte une restriction transitoire à la liberté. Mais au contraire, toute loi qui est décrétée en vue des mineurs moraux et intellectuels et qui, à cause d'eux, prive les personnes dont la volonté et l'intelligence sont mûres, de la liberté qu'elles emploient bien, cette loi est un détour ou un recul que fait l'évolution[1].

Cet individualisme exacerbé va réserver cependant un sort tout à fait important à la femme. Le fait d'accorder une place éminente à l'évolution de la vie va conduire Ellen Key à faire l'éloge de la sexualité, liée à la reproduction, et à exalter le rôle de la femme, et avant tout celui de la mère. Cette logique apparaît principalement dans *De l'amour et du mariage*[2], et constitue l'apport vraiment personnel d'Ellen Key à l'élaboration d'une vision du monde matérialiste et évolutionniste.

La doctrine morale

Ellen Key décrit « l'évolution de la morale sexuelle », et ce vocabulaire même révèle un important déplacement : la sexualité devient source de la morale. C'est en effet à la sexualité que revient cette vertu cardinale de développer la Vie ; c'est donc là ce qui doit orienter la volonté humaine. Ellen Key dessine une vision de l'évolution de la sexualité qu'elle reprend et approfondit dans *The Woman movement*[3], en 1909, où il est montré que l'évolution de la sexualité est en même temps évolution du statut de la femme, vision dont nous tenterons de présenter les grandes lignes.

L'idéal monogamique a été utile en favorisant la protection de la femme et de l'enfant. Mais rien ne prouve que cela doive rester ainsi. Un

1. Ellen Key, *L'Individualisme*, Paris, Flammarion, 1910, p. 198.
2. Ellen Key, *De l'amour et du mariage*, Paris, Flammarion, 1907.
3. Ellen Key, *The Woman movement*, New York, Putnam's Sons, 1912, préface de Havelock Ellis ; 1ère éd. en Suède : 1909.

idéal évolue, il n'est pas d'origine divine. Voilà comment se résume l'évolution de l'amour : la doctrine chrétienne considère le mariage comme un pis-aller et valorise le célibat ; dans le mariage, elle impose la monogamie. Un moment significatif du progrès du statut de la femme est l'invention de la morale chrétienne, et de l'idée d'égalité de l'âme de l'homme et de la femme. Mais le mariage est considéré comme inférieur à la virginité car l'amour est sainteté. Luther représente un moyen terme entre le monisme et la doctrine de l'Église : il reconnaît en effet la puissance de la nature (mariage des prêtres) et cette reconnaissance de l'instinct conduit à des concessions morales. Mais le mariage sans amour est presque recommandé car il préserve l'amour pour Dieu : la sanctification du mariage ne repose alors que sur sa fonction reproductrice. L'idéal d'une personnalité pleinement développée n'apparaît qu'à la Renaissance, avec le culte des arts. Il ressurgit dans le véritable esprit du protestantisme qui influence les revendications féministes aux XVIIIe et XIXe siècles, lorsque Milton défend le droit au divorce, Defoe le droit des femmes. Cet idéal agit encore dans les Salons en France et les espérances d'émancipation révolutionnaires.

Ellen Key voit, à l'issue de ce processus historique, dans Spencer et dans le romantisme deux aspects différents d'une même évolution de la pensée : l'amour romantique est un modèle moral, la théorie de la descendance évolutionniste le légitime rationnellement. D'un point de vue comme de l'autre, les deux sexes participent à l'universel humain, et la particularité de chaque individu prend sens dans l'évolution générale. L'amour romantique, en effet, est l'accomplissement du sentiment de l'amour par l'élection d'un unique partenaire, le sentiment d'infini qui s'y attache. Il doit être complété par l'évolutionnisme scientifique, qui rattache ce sentiment subjectif au mouvement de l'évolution de la vie. La philosophie moniste, justement, que vient couronner la conception évolutionniste de la vie, peut ainsi concilier l'intérêt personnel et le progrès de l'espèce :

> Une nouvelle conception morale naît de la foi en la perfectibilité de la race humaine. La forme de la vie sexuelle qui favorisera le mieux le progrès de la race deviendra la loi de la vie morale nouvelle[1].

L'amour personnel, tel que la civilisation occidentale l'a développé, constitue dans ce cadre « une grande valeur vitale qui augmente ou diminue les autres ». Contrairement à l'amour chrétien, il ne tolère plus une union pérennisée sans le sentiment, ou sans la fécondité. La morale évoluée est donc une morale du sentiment et du désir, la sainteté rêvée hors de la sexualité par les chrétiens étant atteinte dorénavant par la sexualité. Par

1. *Ibid.*, p. 9.

la même occasion, Ellen Key considère comme atteint le stade de l'individualisme ; elle tient en effet à distinguer individualisme et subjectivisme : le subjectivisme est une confiance illimitée en la conscience, qui vient de Luther. L'individualisme est la poursuite du désir individuel dans l'intérêt supérieur de l'espèce, qu'elle ne distingue pas de l'intérêt de la société.

La vie commune seule peut montrer son aptitude à perfectionner les conjoints et la « race ». Le couple prouve la légitimité morale de son union par le fait qu'elle résulte du désir. Le critère de cette morale moniste n'est pas de savoir si une union a été la première ou la seule mais de savoir si la personnalité des conjoints s'y est impliquée tout entière : la véritable immoralité réside dans un mariage maintenu sans amour.

Il faut ajouter que, pour Ellen Key, la bonne marche de l'évolution morale nécessite l'existence d'une élite qui joue un rôle moteur dans l'histoire, par son audace et sa capacité de subversion. L'évolution entraîne en effet la disparition de ce qui a été viable, et qui constitue pour les masses un point d'appui alors même que la minorité s'en est affranchie. Le devoir de cette élite, tel que le décrit Ellen Key du point de vue que nous avons préalablement défini, est de détruire le mariage :

> La révolte est le fondement de la loi morale de la prochaine génération. Il appartient aux innovateurs, individualistes anticonformistes, d'en jeter les bases[1].

Dans ce cadre, la reproduction relève de l'intérêt général, l'amour du sentiment privé, et les deux s'harmonisent. La morale évolutionniste identifie le bonheur de l'individu et de l'humanité ; c'est ainsi qu'elle réalise, pour Ellen Key, la formule de Spinoza : « la joie, c'est la perfection ».

La libération de la femme

La libération des femmes ne peut pas, pour Ellen Key, venir d'un féminisme ayant seulement des revendications juridiques ; la reconnaissance du droit des femmes à la propriété, du droit de vote, de leur liberté dans le mariage n'est pas un aboutissement mais un point de départ. Le féminisme doit être aussi porteur d'une libération affective. La libération du sentiment va de pair avec le recul du mariage d'intérêt comme de la prostitution. Dans *L'Individualisme*, Ellen Key va jusqu'à faire du féminisme une étape de l'évolution de la femme : la question de la femme n'a atteint que son premier stade ; le développement individuel de la femme sera suivi par d'autres stades comme l'épanouissement de sa sexualité, qui mène au perfectionnement de la « race ». Dans cette logique, la femme a un rôle émi-

1. *Ibid.*, p. 186.

nent dans le progrès biologique de l'espèce. C'est pourquoi le coup de force effectué par Ellen Key, qui révoltait, et peut encore révolter, un féminisme plus « classique », a été d'associer, en raison de ce fondement biologique de sa théorie, la défense des femmes au statut de l'enfant et à la question de la maternité. Cela la conduit à des positions plutôt hérétiques dans le contexte de l'essor des revendications féministes au XIXe siècle : elle critique par exemple la revendication du droit au travail. Cette revendication se fonde sur deux illusions : celle de pouvoir s'affranchir de la nature, pour la femme, de la maternité ; et celle, qui y est liée, de la liberté totale de l'individu. Cette liberté en effet doit être considérée comme bornée par les lois, plus hautes, de la nature.

L'argumentation d'Ellen Key, cependant, se fait aussi l'écho du mouvement ouvrier ; ce « droit de l'individu » est jugé absurde dans une société qui préconise la grande industrie. La mortalité dans les cités ouvrières, qu'Ellen Key dénonce souvent dans ses écrits, suffit à dénoncer l'hypocrisie de cette société. Cette logique conduit à faire de la femme un « troisième sexe », à la réduire sous prétexte de liberté à être objet d'exploitation[1]. La solution envisagée par Ellen Key est d'intégrer une composante nouvelle au mouvement ouvrier, qui, contrairement au mouvement féministe, a intégré la « solidarité sociale » dans ses préoccupations, et d'associer féminisme et socialisme. Il faut inclure dans la défense des travailleurs la spécificité de la femme et en particulier de la mère. Elle voit la solution aux problèmes posés avec raison par le féminisme dans une législation sociale protectrice[2].

On ne joue pas avec la nature : telle pourrait être l'affirmation centrale de la philosophie d'Ellen Key. Cela implique-t-il, pour elle, de réduire la femme au rôle de mère, et de n'envisager qu'un seule manière de se réaliser pour une femme ? Étant elle-même un contre-exemple de ce qu'elle présente comme l'épanouissement de la femme, elle admet aussi que, si donner la vie est un droit, c'est un droit aussi de ne pas la donner[3] ; certaines femmes peuvent ne pas s'en sentir capables ou ne pas le désirer. Cela doit se faire dans l'amour et l'harmonie, et il est d'autres tâches dignes d'être accomplies… Quoi qu'il en soit, dans ces exigences concernant la procréation, elle trouve encore d'autres arguments favorables à la libération affective des femmes : avoir des enfants dans de bonnes conditions implique de libérer les femmes de la sujétion des hommes et des conventions sociales — obéissance, mariages d'intérêt, etc. Donc, la libé-

1. Ellen Key, *Le Siècle de l'enfant*, *op. cit.*, p. 44.
2. *Ibid.*, p. 62.
3. *Ibid.*, p. 34.

ration de la femme est affective et sexuelle avant d'être politique et sociale. Néanmoins, Ellen Key est consciente des obstacles qui peuvent s'opposer à une harmonie durable du couple. Cela la conduit à une revendication plus radicale encore que la libération sexuelle : elle envisage alors que l'évolution puisse se diriger vers une nouvelle forme de matriarcat, où la femme ayant procréé selon ses désirs serait un chef de famille, aidée dans le cas où le mari serait absent par des dispositifs d'aide sociale et de garde des enfants. C'est donc à l'organisation sociale dans son ensemble et à l'État qu'il revient de garantir la présence de la mère auprès de ses enfants et les conditions de leur bonne éducation, sans associer cette aide à la conservation de la vie familiale traditionnelle.

L'éducation des enfants

La « sollicitude pour la génération nouvelle » est une priorité évolutionniste ; la société doit être résolument préoccupée par le sort des enfants. Il ne s'ensuit pas cependant pour Ellen Key que l'éducation doive être collectiviste. Elle ne préconise pas, pour cette raison, le système des crèches : « il ne faut pas remplacer le foyer par la caserne[1] ». Pour elle, le plus grand inconvénient de la prise en charge collective des enfants est qu'elle s'oppose à l'épanouissement de leur singularité, les plie obligatoirement à une norme qui va étouffer en eux les germes d'originalité. Or, l'enfant a besoin d'être considéré comme un individu :

> La plupart des hommes vivent tout autant des intérêts que du capital de l'éducation qui en a peut-être fait un jour des enfants modèles, mais qui leur a enlevé le désir de se former eux-mêmes. Ce n'est pourtant qu'en s'entretenant soi-même dans un développement constant, ce n'est qu'en maintenant un échange incessant avec ce qu'il y a de meilleur dans l'époque où l'on se trouve que l'on devient peu à peu une assez bonne société pour ses enfants[2].

Les conseils donnés par Ellen Key s'adressent de préférence aux parents, interlocuteurs qu'elle préfère aux enseignants. Elle conseille, en particulier, aux adultes d'être « une bonne société » pour un enfant.

Ellen Key est également attentive à prévenir l'excès d'éducation familiale, que cela se traduise par la tendresse ou la brutalité. Nous dirions aujourd'hui qu'elle se méfie du surinvestissement parental dans l'éducation des enfants[3]. Elle semble faire la critique des nouvelles mœurs bourgeoises : les femmes ont une activité au-dehors, des réunions, elles font la

---

1. *Ibid.*, p. 65.
2. *Ibid.*, p. 92.
3. *Ibid.*, p. 152 *sq.*

charité, ce qui a, pour l'enfant, les mêmes effets que le travail féminin des ouvrières. Dans le monde bourgeois, les enfants sont isolés de leur mère (ils sont plus traditionnellement isolés de leur père) et ils se retrouvent dans une société d'enfants ; elle déplore ces « bals d'enfants » qu'elle voit se développer, elle y voit l'image des occupations mondaines des adultes dans la classe bourgeoise. Il y a là une critique d'une mentalité puérocentriste dans la classe bourgeoise, dans laquelle elle ne reconnaît pas du tout sa manière de mettre l'enfant au premier plan des préoccupations sociales.

Quant aux ouvriers, l'isolement de l'enfant engendre pour eux le besoin d'école et de jardins d'enfants. Elle a des mots très durs pour les institutions collectives : elle utilise le terme probablement nietzschéen de « troupeau », et parle de « meurtres d'âmes dans les écoles »[1]. L'âme de l'enfant mérite en effet plus d'égards que l'imposition d'un programme scolaire ; elle oppose ainsi le « fantôme » de l'instruction généralisée au développement de l'individu. Dans une certaine mesure, cela conduit à préférer la mauvaise école à la bonne, celle où l'on fait trop de pédagogie, où l'on prétend se soucier des besoins et des motivations de l'enfant ; l'emprise de l'institution n'en est que plus grande. L'école autoritaire et traditionnelle respecte davantage la rêverie, la liberté de penser que l'enfant retrouve dans ses loisirs ou dans les moments qu'il soustrait à l'emprise de l'institution.

Comme pour la défense de la femme, l'explication ultime de cette position est d'ordre biologique : l'enfant, par son être biologique, possède des particularités qu'il convient de respecter et même d'encourager : il faut que leur manifestation soit provoquée et influencée, mais seulement dans la mesure où elles pourront donner à l'évolution de la « cohésion et de l'énergie ». D'une manière qui rappelle le début de *L'Émile* de Rousseau, Ellen Key accorde à la mère la responsabilité de la bonne éducation. Comme chez Rousseau également, la portée morale de la maternité fait que le rôle de la mère ne s'arrête pas aux soins mais va jusqu'à l'éducation. Ellen Key considère cependant que le rôle d'éducatrice de la mère peut s'exercer sans inconvénient jusqu'à la fin de l'enfance, alors que Rousseau recourt à la fiction d'un précepteur pour assurer une éducation philosophique. Contre l'éducation en commun, pour une culture individuelle, l'art de l'éducation consiste donc, pour Ellen Key, à prévoir l'apport futur de l'enfant à la progression de l'espèce. Cet art ne peut s'exercer sans l'instauration d'une éducation poussée pour les femmes : il faut que les mères soient au courant des découvertes de la psychologie de l'enfant, qu'elles soient prêtes elles aussi à observer leurs enfants pour

1. *Ibid.*, p. 193 et 223.

pouvoir stimuler leur activité et leur développement autonome, attitude qu'elle imagine complétée par le recours à la pédagogie d'Herbert Spencer, par exemple. Ellen Key reste, en disant cela, fidèle aux premiers psychologues de l'enfant, qui pratiquaient l'observation monographique. Elle ne prend pas conscience de l'importance conquise par la psychologie scolaire, qui est en train de devenir pourtant un instrument de rationalisation de l'école[1].

Que préconise finalement Ellen Key ? Cette phrase qu'elle a reprise plusieurs fois exprime son rêve :

> Si, devant les mondes inconnus qui se montrent à elle dans les profonds regards de l'enfant, la mère est pénétrée du même respect que lui inspirent les mondes dont les blanches floraisons se répandent dans le bleu sombre du ciel, si le père considère en son fils l'enfant royal qu'il doit servir en humilité, de toutes ses forces les meilleures, alors l'enfant voit ses droits reconnus[2].

Il faut que l'enfant ne soit pas séparé de l'adulte, mais qu'il ne soit pas non plus étouffé par le puérocentrisme, que ce dernier conduise au surinvestissement parental ou à la surscolarisation. Que l'enfant soit intégré dans le monde adulte et qu'il y ait imprégnation, ou alors échange sur le mode traditionnel : contes qui développent d'autant plus l'imaginaire qu'on ne les explique pas, dispensés avec patience par des anciens disponibles. Il convient aussi de conserver des moments où l'on ne s'occupe pas de l'enfant ; des moments également où on lui confie de véritables responsabilités.

Dans la mesure où elle reconnaît malgré tout que l'école satisfait un besoin social pour les ouvriers, Ellen Key souhaite que ce soit une « école nouvelle » dont les pierres angulaires seraient :

– une spécialisation qui laisse place aux dispositions personnelles ;

– la concentration sur certaines matières à certaines époques (contre les « programmes concentriques » ;

– du travail personnel pendant tout le temps d'école ;

– des contacts avec la réalité durant toutes les études scolaires.

Il faut également respecter cet esprit :

> Le but de l'école — comme celui de la maison et de la société — devrait être d'activer par une force toujours plus grande, par un combat incessant contre toutes les influences amoindrissant, l'évolution de la vie vers des formes toujours supérieures[3].

---

1. *Cf.* Dominique Ottavi, « L'Étude monographique de l'enfant : de Taine à Binet », *Les Études Sociales*, n° 133, 1er semestre 2001, p. 27-45.
2. Ellen Key, *Le Siècle de l'enfant*, *op. cit.*, p. 169.
3. *Ibid.*, p. 239.

C’est là probablement l’explication d’une surprenante contradiction. Les pédagogues, en effet, auraient tout de même dû tenir compte du fait que, pour Ellen Key, l’école n’était qu’un pis-aller. Mais ils en ont surtout retenu son plaidoyer en faveur du bonheur de l’enfant, sa prophétie de l’avènement du « siècle de l’enfant » !

Lectures de l’œuvre d’Ellen Key

Les biographes d’Ellen Key ont eu conscience de contribuer à populariser une œuvre provocatrice, anticonformiste ; ils ont eu à cœur de définir l’enjeu de ses écrits, et quelquefois de s’en distancier. Nous examinerons leurs lectures avant de revenir à celles des « pédagogues ».

Marie Léra a composé sous le pseudonyme de Marc Hélys une biographie de son amie Ellen Key[1]. Elle nomme sa doctrine la doctrine du « grand amour », en insistant sur le fait qu’il s’agit d’une conception de l’amour distincte de l’« amour libre ». Ellen Key, très exigeante vis-à-vis de l’éducation des enfants, n’acceptait pas le désordre de la vie privée qui résulte de l’amour dit libre. Au-delà de ces nuances, elle met cependant la révolution des mœurs au centre de l’évolution sociale. Marie Léra résume ainsi les rapports conflictuels d’Ellen Key avec les féministes, et définit en même temps son attitude dans sa vie privée : pour lutter contre l’asservissement du mariage, les féministes suédoises choisissent le célibat et deviennent, d’après Ellen Key, des viragos. La répression des instincts est le résultat de leur morale fondée sur la science comme de la morale chrétienne. Ellen Key, au contraire, veut le plein épanouissement de la nature féminine, et elle met la maternité au centre de la révolution des mœurs. Les « Mères de l’Église féministe » réprouvent donc Ellen Key. Cette dernière, commente Marie Léra, avait subi leur influence et tenté de leur ressembler pendant sa jeunesse. C’est donc à un âge déjà avancé, seulement après s’être émancipée de cette influence, qu’elle aurait formulé sa propre doctrine, ne pouvant ainsi se l’appliquer à elle-même…

L’historien Gabriel Monod, préfacier du *Siècle de l’enfant*, trouve dangereuse cette doctrine audacieuse qu’il résume ainsi : développer l’individu, c’est développer l’univers ; dans un épicurisme renouvelé, Ellen Key trouve les arguments du bonheur individuel et de la liberté retrouvée, par-delà l’institution du mariage et son hypocrisie. L’évolution de la morale sexuelle, la liberté dans l’amour, l’union libre sont les conditions de ce bonheur. L’historien marque des réserves face à ce ferment de

1. Marc Hélys, *À travers le féminisme suédois*, Paris, Plon, 1906.

désordre, et sa critique est de bon sens : il est dangereux, dit-il, de mettre l'inspiration à la place de la loi ; la mystique du grand amour est exagérée ; le devoir est nécessaire pour la stabilité du mariage… Mais Gabriel Monod refuse ainsi d'examiner le fondement philosophique de cette doctrine qu'il approuve dans sa dénonciation de l'hypocrisie. Il faut la reconstituer dans sa cohérence pour expliquer les prises de position intempestives d'Ellen Key, ce caractère intempestif lui donnant un intérêt dans le contexte actuel.

Pour nous, l'intérêt le plus visible d'Ellen Key tient sans doute au rôle qu'elle a joué dans la popularisation de l'idée-force selon laquelle l'enfant doit être mis « au centre du processus éducatif ». Ainsi, Claparède la cite dans *Psychologie de l'enfant et pédagogie expérimentale*, malgré l'ambiguïté de cette référence. Il est intéressant de noter que Claparède mentionne Ellen Key en tant que critique de l'éducation traditionnelle[1], et en tant que représentante de la science de l'enfant en Suède[2]. Il la cite dans sa revue des principales innovations du siècle en matière de pédologie[3].

Adolphe Ferrière, dans l'introduction qu'il a rédigée au texte d'Ellen Key, « L'éducation de l'individualité », dans *L'Éducateur Moderne*, en 1912[4], fait une présentation du texte d'Ellen Key, et entreprend de répondre aux reproches qui ont été adressés à cette dernière, notamment de laisser faire ce qu'il veut à « l'enfant-roi ». Adolphe Ferrière met en avant deux choses : l'usage fait par Ellen Key de la biologie, car cela fait écho à sa propre théorie du développement psychologique ; sa dénonciation de l'autoritarisme étroit, c'est-à-dire le fait qu'elle recommande de connaître l'enfant plutôt que le contraindre. Elle a, dit-il, « une âme de prophète ». Le contenu du texte publié par Ferrière représente un effort d'Ellen Key pour quitter le terrain politique et se situer sur le terrain psychopédagogique, et pour défendre le projet d'une éducation qui corresponde à l'évolution psychologique de l'enfant. Contre la morale kantienne et la notion du devoir qui y est attachée, elle met en avant le rôle de l'habitude, d'autant plus que cette habitude est, dans un cadre de références néo-lamarckien, supposée se transmettre héréditairement. Elle tente également, sur le modèle de la psychologie génétique naissante, dans le sillage de Wilhelm Preyer, d'esquisser une description des étapes du développement de l'enfant, qui mène de la maîtrise de soi à la découverte de l'activité personnelle en passant par la découverte de la solidarité. L'idéal de

1. Édouard Claparède, *Psychologie de l'enfant et pédagogie expérimentale*, Genève, Kündig, 1905, p. 239.
2. *Ibid.*, p. 83.
3. *Ibid.*, p. 98.
4. Ellen Key, « L'éducation de l'individualité », introduction d'Adolphe Ferrière, *L'Éducateur Moderne*, 1912.

l'éducation est de conduire à une « morale organique » qui consiste à obéir spontanément, non au caprice, mais à ce qu'il y a de meilleur au fond de sa nature.

Une autre lecture enfin, qui, elle, ne concerne pas la pédagogie mais l'hygiène et l'eugénique, elle aussi susceptible d'influencer la réception d'Ellen Key, fut proposée par le médecin hygiéniste Sicard de Plauzoles[1] en 1908. Son ouvrage concerne principalement la santé publique, la police des mœurs, l'eugénique, et se réclame explicitement d'Ellen Key. Il offre un mélange de pensée libertaire, d'évolutionnisme spencérien et de solidarisme, espérant que la morale opère d'une façon immanente à partir du moment où la nature est reconnue libre de s'épanouir. « Si nous rejetons la morale orthodoxe et traditionnelle, il est de toute nécessité de lui substituer une éthique rationnelle appuyée sur les données de la science[2] », affirme-t-il. On retrouve aussi la théorisation de l'amour comme évolution, et l'idéal de la sainteté par la fécondité. L'ordre social est responsable du désordre des mœurs, il fait obstacle à la sélection naturelle, par le mariage d'intérêt, l'ignorance ; pour pouvoir choisir un reproducteur, il faut que la femme soit indépendante économiquement et qu'elle ait une éducation sexuelle. À cette condition, l'amour libre ne conduira pas à la prostitution et peut être intégré à la nouvelle morale.

Sicard de Plauzoles s'oppose à une prise en charge collective des enfants, telle qu'elle avait été réalisée par exemple à New Lanark, en Écosse. Rappelons que l'industriel philanthrope Robert Owen (1771-1858) y avait réalisé, en faveur des ouvriers de sa fabrique de tissus, une expérience sociale qu'il devait poursuivre aux État-Unis dans la communauté de New Harmony. Sicard de Plauzoles critique ce type de solution parce qu'il juge que l'éducation collective des enfants se rapproche trop de la charité, à laquelle il préfère la mise en place d'une protection légale de la mère et de l'enfant, l'instauration de congés de maternité. Il reprend aussi l'idée que la femme doit assumer les responsabilités de chef de famille, va jusqu'à proposer des unions monogamiques plutôt que des mariages, et envisage que les enfants portent le nom de la mère.

Il est probable que ce genre de lecture, beaucoup plus fidèle d'ailleurs à la véritable pensée d'Ellen Key, ait représenté un frein à son intégration dans la série des « grands ancêtres » de la pédagogie moderne, pourtant tentée par Claparède.

---

1. Sicard de Plauzoles, *La Fonction sexuelle au point de vue de l'éthique et de l'hygiène sociales*, Paris, V. Giard et E. Brière, 1908 ; nous remercions Antoine Savoye d'avoir attiré notre attention sur ce disciple d'Ellen Key.
2. *Ibid.*, p. 37.

La pensée d'Ellen Key, finalement, a été, et demeure intempestive. À son époque, elle a exprimé des opinions à contre-courant. Aujourd'hui, on peut la considérer comme inquiétante ou périmée, mais là n'est pas l'essentiel. L'intérêt de cette œuvre, du point de vue de l'histoire des idées, est d'avoir exprimé des modifications de longue durée dont nous subissons toujours les effets.

Sa critique de la défense des droits des femmes, tout d'abord, n'a pas perdu sa capacité critique par rapport aux mouvements féministes orthodoxes qui réclament une identité de traitement entre la femme et l'homme. L'égalité des droits des deux sexes, pour Ellen Key, n'a pas de sens dans une société où l'économie dicte sa propre loi ; du moins, la reconnaissance de ces droits ne peut suffire à émanciper la femme. L'origine de cette critique du droit formel rappelle celle de Marx ; elle trouve de même son origine dans un matérialisme anticapitaliste. L'influence du marxisme sur le XXe siècle a sans doute occulté l'autre orientation du matérialisme, le monisme, qui s'articule à un individualisme libertaire aussi bien qu'à une morale de l'épanouissement personnel. Pour Ellen Key, la Nature et ses lois retrouvent la fonction critique qu'elles ont déjà dans la philosophie de Rousseau ; c'est en leur nom que la liberté de l'individu est revendiquée, notamment par son appartenance sexuelle.

C'est pourquoi cette morale peut se vouloir scientifiquement fondée : la morale moniste s'appuie sur la biologie, au regard de laquelle la vie sexuelle est la Vie par excellence, le triomphe sur la mort, la conquête de la durée. Le Bien n'est pas à chercher ailleurs que dans cette vie qui n'a d'autre finalité qu'elle-même. L'épanouissement naturel de la liberté sexuelle retrouvée transcende en même temps qu'elle les satisfait les intérêts de l'individu, puisque de sa libération dépend l'avenir de l'espèce. C'est ainsi qu'un eugénisme sans contrainte constitue l'horizon de cette nouvelle morale individualiste.

On pourrait certes remarquer que la sexualité a été mise au premier plan par la psychanalyse, et qu'en 1908 déjà, Freud avait pu écrire *La Morale sexuelle civilisée et la maladie nerveuse des temps modernes*, en développant une réflexion sur la nécessité de la répression des pulsions comme de leur satisfaction. On pourrait invoquer aussi son disciple Wilhelm Reich qui devait articuler la revendication de l'épanouissement sexuel à la révolution politique. Cependant, privilégier *a priori* l'autorité des psychanalystes par rapport à la théorie peu scientifique à nos yeux d'Ellen Key masquerait un fait d'importance du point de vue de l'histoire des idées : la prise de conscience des forces de la sexualité et la réflexion sur leur articulation à la civilisation est un mouvement de grande ampleur, qui dépasse la psychanalyse, même si cette dernière en représente la forme scientifiquement la plus aboutie. Nous avons affaire ici à une théorisation de la révolution sexuelle en dehors de cette autre grande théorie organisatrice de la pensée du XXe siècle que constitue la psychanalyse. Ellen Key nous place, d'une autre manière que Freud, devant le problème des fondements de la morale moderne, car ces fondements existent, en dépit des plaintes réitérées au sujet de la disparition des repères moraux. Nous avons simplement un peu de mal à les identifier. Elle nous montre avec netteté que nous sommes tous des monistes, que la morale contemporaine est implicitement tissée de cet idéal. Le fait que Freud lui-même ait montré les limites de la revendication d'un épanouissement sexuel, au nom de la complexité du rôle de la sexualité dans la vie psychique, ne change rien à l'influence de cette croyance dans notre civilisation, ni à la victoire de ce qu'on pourrait nommer un hédonisme matérialiste de masse.

Le mélange d'archaïsme théorique et de modernité morale d'Ellen Key ne doit pas non plus cacher qu'elle a formulé, qu'on le veuille ou non, et même si c'est sur un mode optimiste et de façon très marquée par l'espérance placée en une utopie libertaire, certains problèmes majeurs de notre société, tel le développement de la famille monoparentale, qu'elle interprétait comme un nouveau matriarcat lié au déclin du patriarcat. Elle a théorisé le « puérocentrisme » en mettant en évidence les contradictions entre l'individualisme et l'éducation, entre le développement et l'apprentissage, entre la nature de l'enfant et l'imposition des normes sociales, contradictions qui produisent des tensions dans notre système éducatif et habitent toujours les actuels débats sur l'éducation.

Est-il si simple de trier le bon grain de l'ivraie ? La notion de vie qui est au cœur de la doctrine d'Ellen Key lui confère une grande cohérence, et avant d'avoir cette prétention, il faudrait pouvoir mettre au jour les valeurs profondes qui commandent notre morale, notre représentation du bien et de la norme dans les rapports sociaux… Laissons-lui le dernier mot en matière de morale, en songeant à ce que devient sous nos yeux la procréation médicalement assistée[1] et le rapport parent-enfant :

Les dix commandements concernant ce sujet [le couple et la procréation] ne seront pas dictés par un fondateur de religion, mais bien par un savant naturaliste[2].

1. *Cf*. pour cette question Laurence Gavarini, *La Passion, de l'enfant*, Toulouse, Erès, 2001.
2. Ellen Key, *Le Siècle de l'enfant*, *op. cit.*, p. 9.

Le génie s'abritant sous un crâne féminin ? La carrière belge de la physiologiste et pédologue Iosefa Ioteyko

Kaat Wils

> Une femme qui se passionne pour les formules mathématiques serait bien improductive si elle s'employait à gratter le fond des casseroles, et une société qui l'astreindrait à ces besognes ne serait pas moins que criminelle. (Ioteyko, 1909a, p. 411)

Ainsi s'exprimait la pédologue d'origine polonaise Iosefa Ioteyko en 1909 dans le compte rendu de l'ouvrage d'un collègue proche, le pédologue anversois Médard Schuyten. Dans ce livre, intitulé *L'Éducation de la femme*, Schuyten venait notamment d'argumenter sur le fait que l'enseignement ne devrait en aucun cas demander de grands efforts intellectuels aux jeunes filles, à cause de leur « coefficient de résistance aux agents extérieurs », qui serait différent de celui des garçons (Schuyten, 1908, p. 199).

L'incident révèle les tensions qui traversèrent la carrière de Ioteyko. En effet, Schuyten était un des rares partisans de la pédologie en Belgique, et il militait au coude à coude avec Ioteyko en faveur de la reconnaissance académique de ce domaine nouveau d'étude intégrale et expérimentale de l'enfant. Ils partagèrent de grandes espérances vis-à-vis de la pédologie, qui devait révéler les lois du développement de l'enfant et indiquer ainsi le chemin d'une pédagogie rationnelle et moderne. Pourtant, Ioteyko, qui travaillait également comme chercheuse en physiologie et en psychologie expérimentale — des secteurs qui jouissaient déjà d'un certain droit d'existence au sein du monde académique —, éprouva des difficultés à trouver un poste universitaire à part entière. Il est certain que les diatribes de son collègue contre tout ce qu'il associait au « féminisme » l'ont gravement affectée. Alors que l'intrication de la recherche scientifique et d'un programme politique personnel était une pratique quotidienne dans son entourage, il apparut comme une nécessité pour elle aussi.

Une carrière européenne

Iosefa Ioteyko est née en 1866 en Ukraine. Elle passa la plus grande partie de sa jeunesse à Varsovie en Pologne, où elle reçut une instruction primaire et secondaire dans le cercle familial. L'accès à l'Université de Varsovie étant interdit aux femmes, elle se rendit, au milieu des années 1880 et encouragée par sa mère, à Genève, où un membre de sa famille résidait. Ioteyko y devint étudiante et assistante à la Faculté des sciences, où elle obtint le grade de bachelier en sciences physiques et naturelles en 1888. Elle s'inscrivit ensuite à la Faculté de médecine de l'Université libre de Bruxelles et plus tard à Paris, où elle termina ses études de médecine en 1896, donc à l'âge de 30 ans. Sa thèse traitait de la réparation de la fatigue musculaire, une étude physiologique qu'elle put publier dans la collection du laboratoire de physiologie de Charles Richet, le promoteur de sa thèse. Ce dernier, qui comptait plusieurs femmes parmi ses élèves, restera d'ailleurs conseiller, collaborateur et ami dans les années à suivre. En 1900, il l'invita, entre autres, à écrire l'article sur la fatigue dans son imposant *Dictionnaire de physiologie ;* une contribution qu'il qualifiera plus tard comme « un des meilleurs articles de mon Dictionnaire ». De plus, les deux physiologistes partagèrent au cours de leurs carrières un engagement pacifiste et une croyance à l'eugénique (Ioteyko, 1896, 1905, 1913a, 1913b ; Richet, 1933, p. 81 ; Wolf, 1993, p. 67-71 et 113).

Après avoir pratiqué la médecine pendant deux ans à Paris, Ioteyko se rendit en 1898 de nouveau à Bruxelles, afin de continuer ses recherches physiologiques sur la fatigue. Elle y devint attachée à l'Institut de physiologie Solvay et plus tard au laboratoire d'énergétique d'Ernest Solvay, des instituts privés étroitement liés à l'université — le dernier ayant un programme scientifique et scientiste très particulier, prescrit par l'industriel, homme politique libéral-progressiste, mécène et amateur de sciences Ernest Solvay. Dans les années suivantes, Ioteyko élargit sa première piste de recherche dans les directions neurologiques et hygiéniques, pour aboutir à une physiologie du travail, incorporant les questions de l'organisation du travail (Ioteyko, 1906, 1917). Dès son arrivée à Bruxelles, elle fut également nommée adjointe — et, cinq ans plus tard, directrice — du laboratoire de psychophysiologie qui venait d'être fondé par Hector Denis, professeur de psychologie à la faculté des sciences. Ioteyko s'y consacrait à la recherche (concernant la douleur, entre autres), mais y donnait également un cours pratique de psychologie expérimentale aux étudiants de Denis (*Rapport*, p. 82 ; « Le docteur J. Yoteyko », p. 23).

En 1906, Ioteyko fut nommée professeur dans les écoles normales provinciales du Hainaut, à Charleroi et à Mons. Elle y devint responsable d'un cours de psychologie expérimentale et de pédologie pour les élèves-instituteurs et institutrices. L'étude expérimentale de l'enfance connaissait à ce moment-là en Belgique, d'une façon parallèle à la France, un développement modeste depuis une dizaine d'années. En Belgique, elle se manifestait en premier lieu sous la forme de la « pédologie ». Cette discipline nouvelle se présentait comme une science expérimentale, visant à intégrer les données scientifiques sur l'enfance apportées par des sciences aussi diverses que la biologie, la physiologie, la psychologie, la pédagogie, la criminologie, la sociologie et l'anthropologie. Le terme avait été introduit en 1896 par l'américain Oscar Chrisman, un élève de Granville Stanley Hall, la figure de proue de la *child study* anglo-saxonne — bien que son approche fût jugée trop peu scientifique par les pédologues ambitieux. Le terme fut ensuite introduit dans les pays francophones par Eugène Blum, qui devint, tout comme Georges Persigout, un des défenseurs de la pédologie en France. Bien que la nouvelle science fût accueillie avec enthousiasme par ceux qui rêvaient de se distinguer de l'ancienne pédagogie dite dogmatique et non scientifique, le projet ne sut point acquérir de cohérence, chaque participant ayant son propre domaine scientifique. Une des ambiguïtés inhérentes au projet fut notamment le degré d'orientation vers la pratique pédagogique. En Belgique, le terme de « pédotechnie » fut introduit pour marquer la différence entre l'approche dite purement scientifique de la pédologie, et celle plus orientée vers l'application pratique. Néanmoins, malgré son discours pompeux sur la science comme base de réformes sociales, la distance qui séparait le mouvement pédologique de la pédagogie scolaire resta grande (Depaepe, 1993, p. 84-95, 1997, De Vroede, 1977).

Le représentant belge le plus connu de la pédologie était à cette époque Médard Schuyten, qui travaillait depuis 1899 dans un laboratoire de pédologie annexé aux écoles communales d'Anvers (Depaepe, 1998). Bien que la pédologie fut quasi nouvelle pour Ioteyko, elle y déploya très tôt un dynamisme. Elle disposait également de deux laboratoires pédologiques, à Mons et à Charleroi, où elle entama des recherches sur — entre autres — la force musculaire, la sensibilité tactile, la mémoire et la fatigue mentale des élèves. Elle créa un forum pour ses recherches en fondant, en 1909, *La Revue Psychologique*, dans laquelle la plupart des chercheurs belges actifs dans les domaines de la psychologie expérimentale et de l'étude expérimentale de l'enfance allaient publier.

La même année, Ioteyko essaya également de faire pénétrer la pédologie à l'Université de Bruxelles, en y dispensant un séminaire d'été qui réunissait des pédagogues de divers pays. Deux ans plus tard, elle organisa à Bruxelles, en collaboration avec Médard Schuyten et Ovide Decroly, médecin, réformateur de l'enseignement et spécialiste de l'enfance anormale, un congrès international de pédologie, auquel participèrent plusieurs centaines de personnes. Une des plus importantes recommandations du congrès concernait la généralisation de l'enseignement de la pédologie. Ioteyko elle-même y plaida pour la fondation d'une faculté internationale où la pédologie serait enseignée pour la première fois au niveau universitaire. Un an plus tard, en 1912, elle mit ce vœu en pratique en fondant une Faculté internationale de pédologie à Bruxelles. Cette faculté, qui restait une initiative privée, fonctionna pendant deux ans, jusqu'à ce que Ioteyko quitte la Belgique occupée en 1915 (Depaepe, 1987a, 1990). Elle regagna Paris, où elle fut invitée par Pierre Janet à donner une série de conférences sur « La fatigue dans la fonction motrice » au Collège de France. Ce fut la première fois qu'une femme y monta à la tribune. Après la guerre, Ioteyko retourna en Pologne libérée, où elle enseigna la psychologie pédagogique aux élèves-instituteurs et, plus tard, la psychologie à la Faculté de médecine de Varsovie. Elle y continua sa croisade en faveur de l'initiation des milieux pédagogiques à l'étude expérimentale de l'enfant.

La carrière « belge » de Ioteyko peut sans doute être considérée comme un succès. Elle fut la première femme à avoir obtenu un poste d'assistant dans une université belge, et il faut attendre les années 1920 pour voir d'autres femmes accéder au corps enseignant universitaire (Despy-Meyer, 1989, p. 54). De plus, elle reçut plusieurs marques de reconnaissance scientifique non négligeables. Elle fut, par exemple, le premier membre correspondant féminin de l'Académie royale de médecine de Belgique ; elle présida en 1905 la Société belge de neurologie et le premier Congrès belge de psychiatrie, et fut cinq fois lauréate de l'Académie des sciences de Paris.

Néanmoins, sa position à l'Université de Bruxelles restait assez marginale, ce qui la mettait dans l'obligation de chercher un poste plus lucratif ailleurs. Son patron bruxellois Denis, craignant de la voir quitter la Belgique, se mit à chercher une situation extra-universitaire. Ancien recteur et membre du parlement belge — où il siégeait comme socialiste modéré en s'appuyant d'ailleurs de temps à autre sur les travaux physiologiques d'Ioteyko dans ses propositions de réformer les conditions de travail —, Denis disposait d'une autorité qui semblait être garante de succès (Denis, 1909, p. 45-47). Sa motivation tenait sans doute aussi à son engagement féministe, qu'il partageait avec sa femme et qui inspirait également son soutien à d'autres féministes belges comme Isabelle Gatti de Gamond (Wils, 1999, p. 427-429). Toutefois, il ne réussit pas à lui trouver une position dans la capitale — il reçut plusieurs réactions particulièrement négatives (De Coster, 1970) —, et finit par faire nommer Ioteyko aux écoles provinciales du Hainaut pour un cours de psychologie expérimentale et de pédologie.

Bien qu'elle pût à ce moment se vanter de plus de cent publications scientifiques en physiologie et psychologie, Ioteyko n'était guère familiarisée avec le domaine pédagogique. Sa sincère vocation ultérieure comme pédologue fut donc au moins partiellement dictée par les circonstances. Néanmoins, la perspective pédologique se situait dans le prolongement de ses recherches antérieures. La pédologie était un mouvement aux ambitions médicalisantes — aboutissant souvent à l'eugénisme (Depaepe, 1985, p. 23) — et dans lequel, à côté d'instituteurs, des médecins comme Ovide Decroly occupèrent une position importante. L'orientation de la pédologie sur « l'anormalité » fut d'ailleurs manifeste, comme en témoigna la fondation d'une Association médico-pédagogique en Belgique (De Vroede, 1977, p. 374). Ioteyko elle-même présentait la pédiatrie comme une partie intégrante de la pédologie, et accordait un rôle primordial aux médecins scolaires dans la pédologie scolaire, tout en situant l'origine de la pédologie, science qu'elle définissait comme science de laboratoire, dans la psychologie expérimentale.

Pour Ioteyko, le modèle fut incontestablement Alfred Binet. Bien que ce dernier n'ait pas été médecin de formation et qu'il n'ait pas partagé la vision scientiste du monde de Ioteyko, ses projets scientifiques ne pouvaient qu'inspirer quiconque cherchait à instaurer une science de l'enfant. Ses recherches craniométriques sur les enfants parisiens — recherches par rapport auxquelles il prit ses distances plus tard — furent un modèle pour Ioteyko. Mais surtout, Binet insistait, contre le psychologue allemand Wundt, sur le fait qu'il fallait intégrer des processus psychiques supérieurs comme la pensée et la mémoire dans la recherche de psychologie expérimentale ; cette orientation inspirera Ioteyko dans ses propres recherches. De plus, la perspective différentielle de Binet répondait aux aspirations des pédologues, qui voulaient pouvoir évaluer les différences d'intelligence entre les enfants. C'est d'ailleurs également sous l'influence de Binet que de plus en plus de méthodes de recherche directes sous forme de tests s'introduisirent dans la pédologie (Depaepe, 1990, p. 212, 224).

La pédagogie expérimentale de Binet ne s'est pourtant jamais confondue avec la pédologie telle que Ioteyko et Schuyten la comprenaient. Pour Binet, la pédagogie était une discipline axée sur la *pratique* de l'éducation qui devait garder une certaine autonomie vis-à-vis, entre autres, de la tendance en vogue à réduire tout problème d'éducation à un problème médical. « Nous ne voulons pas que le moraliste s'efface constamment devant le médecin », soulignait-il dans *Les Idées modernes sur les enfants*, un ouvrage dans lequel il intégrait les résultats de ses recherches expérimentales à une didactique scolaire. Il n'est donc pas étonnant de le voir sceptique à l'égard de la pédologie, soucieuse de se présenter comme une science pure, non appliquée. Bien qu'il évoque dans sa correspondance en termes très critiques la qualité des travaux et le « carriérisme » de Schuyten, qui insistait sur la séparation institutionnelle de la pédologie et de la pédagogie expérimentale, il ne semble pas avoir eu des conflits directs avec Ioteyko (Avanzini, 1969, p. 170 ; Binet, 1927, p. 307 ; Ioteyko, 1907-1908, 1908a ; Depaepe, 1987b, p. 295-298).

En l'absence de sources décisives, il est difficile de cerner l'impact respectif de différentes sortes de réticences qui s'exercèrent à l'encontre de Ioteyko : étaient-elles dues à son sexe, à sa nationalité, à la qualité de ses recherches ou à la réputation matérialiste et « positiviste » de son œuvre scientifique ? En effet, depuis ses publications inscrites dans le projet intellectuel tracé par Solvay, Ioteyko ne cessait de souligner la relation intime et directe entre divers facteurs physiques d'une part, et des caractéristiques psychiques et même sociales d'autre part. Cette attitude la mena dans ses écrits pédologiques à faire, de façon relativement naïve (mais peu différente de l'attitude d'autres promoteurs de la pédologie), de la craniométrie et même de la physiognomonie des sciences de base pour évaluer les aptitudes des enfants (Ioteyko, 1909b).

Il est probable qu'un homme avec les mêmes antécédents et les mêmes publications que Ioteyko aurait eu des problèmes identiques pour trouver une position à l'extérieur de l'Université de Bruxelles. La différence se situe plutôt dans le fait que cet homme n'aurait *peut-être* pas été forcé de chercher un poste lucratif ailleurs. Les facultés de médecine et de sciences naturelles et les instituts financés par Solvay formaient en Belgique les institutions académiques les plus ouvertes aux tendances matérialistes. Au cours des années 1880, les cours de philosophie et de psychologie avaient même été dédoublés, afin de permettre à la Faculté des sciences de choisir un professeur qui s'écarterait du spiritualisme philosophique et psychologique régnant à la Faculté des lettres. La méfiance vis-à-vis de la physiologie, perçue comme la science matérialiste par excellence, était également grande dans ces milieux (Noël, 1988, p. 37-43 ; Daled, 1998 ; Wils, 2000, p. 447-480 ; Wils, 2001, p. 315-316).

Même si l'atmosphère intellectuelle à l'université de Bruxelles penchait plus vers le matérialisme que dans d'autres universités belges, la position de la psychologie expérimentale proprement dite n'y était pas plus forte qu'ailleurs. Lorsqu'en 1893 un laboratoire de psychologie expérimentale y fut fondé sous l'impulsion de Denis, il faut remarquer que de tels laboratoires existaient depuis deux ans à l'Université d'État de Gand et depuis un an à l'Université catholique de Louvain. Dans ces deux dernières institutions, dirigées respectivement par les catholiques Armand Thiéry et Jules-Jean van Biervliet, l'influence du modèle de Wundt était dominante. Leurs recherches se référaient également aux études antérieures de leurs compatriotes Joseph Plateau et Joseph Delboeuf dans le domaine des illusions optiques. Le terrain de recherches relativement technique de la psychologie de la perception favorisait pour ces catholiques une approche de la science expérimentale « modeste », ne visant pas à produire une vision globale du monde. Van Biervliet menait aussi des études de pédagogie expérimentale. Il jouissait en ceci de l'appui du gouvernement catholique, qui le nomma président de l'Institut national belge de pédologie, une institution qui fut créée en 1909 à Bruxelles pour attirer sur la nouvelle science l'attention des instituteurs. Il reprenait l'approche de Binet, tout en qualifiant de naïve celle des pédologues plus scientistes et ambitieux comme Schuyten, qui visaient, selon lui, à édifier la pédologie sur le modèle de la physique et de la chimie (Van Outryve d'Ydewalle, 2001 ; Depaepe, 1987b, p. 295-298).

Des stratégies professionnelles

Bien que Ioteyko, qui adhérait incontestablement au paradigme de la pédologie critiquée par Van Biervliet, n'atteignît pas tout ce qu'elle avait sans doute espéré atteindre, il n'en reste pas moins qu'elle réussit à conquérir une place dans le monde masculin de la science et de l'enseignement supérieur. Il est évident que son dynamisme et sa productivité étonnante y furent pour beaucoup. De plus, elle bénéficia du soutien d'hommes jouissant d'une autorité aussi bien scientifique qu'institutionnelle comme Richet, futur lauréat d'un prix Nobel de médecine, et Denis, homme politique et ancien recteur de l'Université de Bruxelles.

Pourtant, Ioteyko n'a pas recherché la collaboration exclusive d'hommes. Il est même frappant de constater à quel point elle arriva tout au long de sa carrière à collaborer avec des femmes. En premier lieu, son amie et compatriote Micheline Stefanowska, docteur en sciences, publia avec elle plusieurs études physiologiques sur la douleur. Les deux femmes avaient vécu ensemble pendant leurs études à Paris et devinrent ensuite collègues à l'Institut de physiologie Solvay — Stefanowska étant pendant cette période également chargée de cours à l'Université de Genève. En 1908, Stefanowska retourna en Pologne, où elle devint enseignante en physiologie à l'Université de Varsovie. Elle y répandit également les idées pédologiques de son amie (*Rapport quinquennal*, 1903 ; *Nouvelles*, 1908 ; Ioteyko, 1911a, p. 5). Peu avant le départ de Stefanowska, d'autre part,

Ioteyko se lia à une autre femme de science d'origine est-européenne, Varia Kipiani. Son père, un écrivain géorgien, résidait également en Belgique, où il participait au mouvement féministe (Kipiani, 1908). Étudiante au laboratoire bruxellois de psychophysiologie, Varia Kipiani devint secrétaire de rédaction de *La Revue Psychologique* et, plus tard, assistante au laboratoire pédologique de la Faculté internationale de pédologie. Les deux femmes ne collaboraient pas seulement dans le cadre de leurs recherches sur la mémoire, elles partageaient également une passion pour le végétarisme, thème sur lequel elles publièrent plusieurs études. Kipiani ne fut d'ailleurs pas la seule étudiante de Denis et Ioteyko à publier les résultats de ses recherches dans *La Revue Psychologique* ; les deux professeurs supervisaient plusieurs projets de recherche de femmes qui étudiaient le fonctionnement de la mémoire chez des écoliers.

La présence de femmes frappe aussi dans les autres initiatives de Ioteyko. Au Congrès international de pédologie, 30 % des personnes inscrites étaient des femmes (chiffre sans doute lié à la grande présence de femmes dans l'enseignement primaire) ; à la Faculté internationale de pédologie, la moitié des diplômes fut délivrée à des femmes, tandis que leur participation aux études universitaires régulières demeurait toujours très faible. Néanmoins, la faculté ne compta pas de professeurs féminins autre que Ioteyko et Kipiani (Depaepe 1987a : 32 ; *Le Paedologium*, 1914, p. 68).

Sur la question des stratégies que Ioteyko engageait en vue de forcer l'estime de son entourage scientifique, il est également intéressant de noter qu'elle ne reculait pas devant l'emploi de méthodes clairement destinées à se mettre sur le devant de la scène. Elle n'avait pas seulement l'habitude de publier plusieurs fois les mêmes résultats scientifiques : son auto-propagande allait tellement loin qu'elle publiait dans sa *Revue Psychologique* des comptes rendus de sa main sur ses propres publications (Ioteyko, 1910-1911). De plus, elle était clairement sur le qui-vive en ce qui concernait sa réputation scientifique, voyant de la critique envers elle là où il n'y en avait pas forcément. À un article bienveillant d'un collègue exprimant ses attentes à propos des nouveaux laboratoires pédologiques de Mons et Charleroi, elle répondit immédiatement d'une manière défensive, expliquant qu'il était trop tôt pour se prononcer en cette matière (Ioteyko, 1906-1907).

L'habitude qu'avait Ioteyko de publier beaucoup et le plus vite possible, et sa tendance à se répéter ne sont d'ailleurs pas passées inaperçues de ses contemporains. Ainsi, l'ouvrage sur la psychophysiologie de la douleur qu'elle rédigea en 1909 avec Stefanowska est décrit dans la *Revue de l'Université de Bruxelles* de la façon suivante par un auteur anonyme :

> Les répétitions sont presque continuelles. [...] Enfin l'ouvrage n'est pas seulement écrit avec négligence, on serait tenté de dire qu'il n'est pas écrit ! On croirait souvent se trouver en présence d'un ensemble de notes d'où il serait possible de tirer les éléments d'un bon livre. (Compte rendu, 1909-1910, p. 395)

De surcroît, la personnalité de Ioteyko et sa façon de procéder pour parvenir à ses fins provoquèrent des résistances (Depaepe, 1987b, p. 293-294). Lorsqu'elle invita l'échevin bruxellois d'Instruction publique, qui avait l'année auparavant prononcé le discours d'ouverture du Congrès international de pédologie, à rejoindre le comité de patronage (déjà assez impressionnant, d'ailleurs) de sa Faculté internationale de pédologie qui ferait évidemment concurrence à l'enseignement existant, le conseiller de l'échevin nota sur le dossier :

> Monsieur l'échevin accepte-t-il ? Je le mets en garde contre cette contrefaçon d'université que cette impératrice de l'intrigue qui s'appelle Mlle Joteyko veut établir (AVB).

Même si Ioteyko fut une femme désagréable dans le contact professionnel, il reste intéressant de noter qu'elle ait été qualifiée d'une façon aussi sexuée.

À l'Université de Bruxelles, enfin, son collègue Georges Dwelshauvers, qui enseigna la psychologie à la Faculté des lettres, n'avait pas d'elle une opinion très favorable. Lorsqu'il voulut, en 1903, mettre fin à sa fonction de critique dans une revue de culture générale, sa réponse au rédacteur en chef, qui venait de proposer Ioteyko pour lui succéder, révèle une aversion tellement grande que celle-ci semblait se situer également à un niveau personnel :

> Je ferai ce qui sera possible pour que cette chronique ne tombe pas aux mains de quelqu'un d'aussi médiocre que la personne que vous me désignez, et à laquelle, dans l'intérêt de votre revue, je me garderai bien de remettre les livres (IISG).

Dans la communauté scientifique publique, Dwelshauvers se montra néanmoins beaucoup plus bienveillant envers les projets scientifiques de Ioteyko (Dwelshauvers, 1909-1910). Son appréciation négative renvoie sans doute, outre à des incompatibilités personnelles, à une aversion pour l'approche réductrice, anti-métaphysique de Ioteyko, et à une fascination personnelle de plus en plus importante pour l'inconscient et pour la philosophie de Bergson et de Nietzsche (Ioteyko, 1909d). Pourtant, Dwelshauvers avait connu des difficultés lors de sa soutenance de thèse et de sa nomination au début des années 1890, notamment à cause de sa sympathie pour la psychologie expérimentale de Wundt. Dès le début de sa carrière officielle de philosophe et de psychologue, Dwelshauvers devint cependant un représentant typique de la Faculté des lettres, attaché qu'il était à une métaphysique « idéaliste » et à une culture intellectuelle très différente de la culture scientiste de ses collègues médecins et scientifiques (Wils, 2000, p. 454-457).

Le projet scientifique de Ioteyko

De pareilles critiques envers Ioteyko étaient probablement en partie inspirées par des raisons personnelles et peut-être par des positions misogynes. Mais certaines de ses publications en matière de psychologie et de pédologie suscitèrent également des critiques sur le plan du contenu et des méthodes. Quoique les ambitions exagérées de la pédologie comme science intégrale de l'enfant n'aient été définitivement remises en question qu'après la Première Guerre mondiale, certaines de ses méthodes furent jugées trop réductrices bien avant (Depaepe, 1990, p. 229-230). Ainsi, dans le cadre de ses recherches sur la distinction entre mémoire auditive et mémoire visuelle, Ioteyko dut affronter une critique acerbe de son supérieur, le directeur de l'École normale de Charleroi. Le projet de recherche en question reposait sur l'opinion largement répandue selon laquelle la mémorisation s'effectue sur la base de stimuli visuels ou auditifs. C'était, notamment, l'analyse de Binet à propos de la mémoire des « surdoués du calcul » (Depaepe 1990, p. 226). Il s'agissait d'un projet de deux étudiantes, dirigées par Ioteyko, qui avaient présenté aux enfants un texte lu ou écrit, la présentation du texte lu étant regardée comme une épreuve de mémoire verbale auditive, celle du texte écrit comme une épreuve de mémoire verbale visuelle. La conclusion du travail était que la mémoire auditive prédomine chez les filles et la mémoire visuelle chez les garçons. Le critique remarqua tout d'abord que, chez l'enfant, il se passait autre chose qu'une succession de sons ou une succession d'images visuelles. Chaque texte évoquait une série d'actes dont la succession, naturelle et logique, incitait l'imagination reproductrice ou créatrice de l'enfant. Il s'agissait, selon lui, plutôt d'une épreuve d'intelligence que d'une épreuve de mémoire sensorielle. De plus, les textes utilisés étaient incomparables (Nellen et Marchal, 1908, 1909 ; Lorent, 1909). Bien que Ioteyko développât également des méthodes plus complexes en la matière, certaines d'entre elles auraient pu provoquer des critiques du même ordre (Depaepe, 1990, p. 226).

Néanmoins, ses recherches n'étaient guère plus naïves que celles de ses collègues pédologues comme Schuyten. Les ambitions de la pédologie étaient en effet diverses et démesurées, et le modèle des sciences de la nature y exerçait toute sa séduction. Le désir d'acquérir d'une façon rapide des résultats clairs qui seraient applicables à l'organisation concrète de l'enseignement et de la vie scolaire était également manifeste. Dans ce contexte, Ioteyko était convaincue que la pédologie et, plus spécifiquement, la mesure expérimentale des aptitudes, formeraient la base d'un système d'éducation scientifique. La détermination de types et de différences individuelles — un procédé qu'elle nomma « anthropométrie mentale » en se référant aux méthodes de l'anthropométrie physique de Bertillon et qui devait même permettre d'établir une « photographie morale de l'individu » (Ioteyko, 1907-1908, p. 291) — pouvait mener, par exemple, à la formation de classes scolaires homogènes. Elle éclairait son propos de la manière suivante :

> Il faut sortir de cette médiocratie qui nous étouffe et où chacun est façonné d'après le même moule, ayant reçu le même niveau d'éducation. (Ioteyko, 1908b, p. 5)

Le programme pédologique de Ioteyko fut donc souvent plus large et plus politique qu'il ne le semblait sur la base de son dispositif expérimental.

Ce fut d'ailleurs aussi le cas de ses autres activités intellectuelles. Ainsi, ses études sur la physiologie du travail entraient dans le programme « productiviste » de l'industriel Solvay, qui cherchait un système économique dans lequel l'emploi des forces de travail serait optimisé. Éviter le « surmenage », qui signifiait une perte d'énergie pour la « machine humaine », en employant chacun selon ses aptitudes, devint en la matière la devise de Ioteyko, qui voyait là la garantie d'un « progrès » de l'industrie aussi bien que celle d'un progrès de l'ouvrier (De Bont, 2002a). De même, elle montrait, en physiologiste, que le végétarisme assure une meilleure résistance à la fatigue physique (Ioteyko et Kipiani, 1907), mais elle allait plus loin et soulignait également les salutaires influences de ce régime sur le caractère. Dans la perspective matérialiste de Ioteyko, il s'agissait évidemment d'une relation logique, démontrée par la science. Ainsi, concernant les enfants végétariens, soutenait-elle que

> la pédologie est venue nous montrer les rapports qui unissent le côté physique au côté mental ; d'une bonne nourriture, associée à d'autres procédés de l'hygiène physique, dépend souvent l'intelligence des enfants. L'éducation physique est, entre certaines limites, une éducation intellectuelle et morale en même temps. (Ioteyko, 1911a, p. 120)

Les femmes, les hommes et le féminisme

Ioteyko présentait la question du féminisme comme un problème qui pouvait être résolu par la science. Fulminant contre la médiocratie qui façonne tout le monde dans le même moule, Ioteyko soutenait en 1908 devant un public de neurologues :

> C'est la détermination des aptitudes qui permettra aussi la solution de la question du féminisme. Il est probable, qu'en raison des aptitudes différentes des deux sexes, la coéducation dans les écoles primaires et secondaires sera condamnée par la psychologie expérimentale. Et, si l'accès de certaines carrières sera déconseillé aux femmes, ce sera aussi en vertu de ses aptitudes spéciales ou de son manque d'aptitude, et non à cause des idées préconçues ou des préjugés. (Ioteyko, 1908b, p. 5)

Ensuite, elle fit l'éloge des grandes capacités scientifiques des femmes, qui, dans le passé, avaient été sous-estimées systématiquement. Elle présenta, dans sa propre *Revue Psychologique,* la coéducation et l'accès libre à toutes les carrières comme d'urgentes mesures féministes, tout en répétant ce plaidoyer d'une façon plus nuancée au Congrès international de pédologie (Ioteyko, 1909a, p. 91 ; Ioteyko, 1912). Ioteyko modulait ainsi ses positions en fonction des contextes et des publics.

Dans ses recherches psychophysiologiques et pédologiques, Ioteyko avait d'ailleurs régulièrement prêté attention aux différences entre hommes et femmes. Ainsi, la plus grande sensibilité tactile de la femme fut un thème récurrent de plusieurs de ses publications. Bien que Ioteyko ait affirmé, avec d'autres chercheurs, qu'une plus grande sensibilité indiquait en général une plus grande intelligence, elle se gardait d'en conclure que les femmes sont plus intelligentes, le sexe constituant une variable toujours inconnue. La mesure de la fatigue intellectuelle au moyen de la sensibilité tactile montrant que les filles se fatiguaient plus que les garçons, elle en concluait qu'« il est permis de croire qu'elles sont plus attentives » (Ioteyko, 1909c, p. 54).

Concernant la sensibilité à la douleur, ses recherches algométriques allaient dans le même sens : les femmes étaient plus sensibles. Ce domaine de recherches était néanmoins plus « politisé ». Lombroso, et après lui plusieurs autres chercheurs, considérait notamment la plus grande capacité de résistance à la douleur chez les femmes comme un signe d'une moindre sensibilité liée à un niveau d'intelligence plus bas. Ioteyko et Stefanowska en tirèrent une autre conclusion : la femme jouissait d'une force de volonté plus développée, une interprétation confirmée à leurs yeux par le pourcentage plus petit de suicides féminins dus à des douleurs physiques (Ioteyko et Stefanowska, 1909, p. 155-157). Concernant l'illusion musculaire selon laquelle deux objets de même poids ne semblent pas également lourds quand ils n'ont pas le même volume, Ioteyko constata également une plus grande sensibilité chez les femmes, comme chez les enfants intelligents. Bien que Ioteyko ne se présentât pas du tout comme féministe dans de semblables études, les données qui concernaient les femmes et les hommes d'une façon différentielle apparaissaient donc chaque fois plutôt « flatteuses » pour les femmes. De même, une petite enquête qu'elle mena chez ses élèves de l'École normale sur le sentiment de la justice révéla que les filles avaient en général moins souvent l'impression d'avoir été punies injustement, et elle en concluait que cette différence tenait à la diversité du jugement, « les garçons étant plus portés à l'égoïsme et faisant plus de cas de leur personne » (Ioteyko, 1911b, p. 59).

Une autre question scientifique qui sembla troubler Ioteyko sous ce rapport fut celle du génie. Le concept médicalisé de « génie » comme être anormal fut canonisé par *L'uomo di genio* de Lombroso, ouvrage traduit en français et préfacé élogieusement par Richet dès 1889. Le livre affirmait sans équivoque que la génialité ne se retrouvait pas chez les femmes ; tout au plus pouvait-on parler pour elles de talents (Lombroso, 1896, p. 219-230). Dans le milieu intellectuel scientiste auquel Ioteyko appartenait, cette vision lombrosienne selon laquelle le génie serait une qualité masculine trahissant des signes de dégénérescence fut amplement discutée et plus ou moins acceptée (De Bont, 2002b, p. 49-61).

Ioteyko elle-même partageait cette fascination générale pour la relation entre aptitudes extraordinaires et signes de dégénérescence physique ou mentale, comme en témoignent ses articles sur deux « calculateurs prodiges » (qui avaient d'ailleurs peu avant déjà été étudiés par Binet). Ainsi, elle remarqua, devant un public de médecins, que le calculateur Inaudi « présent[ait] quelques signes de dégénérescence, mais peu nombreux et peu importants » (Ioteyko, 1907, p. 446). Dans un article sur le calculateur Diamandi qu'elle avait examiné elle-même avec Kipiani, la vision du monde (plutôt féministe) du calculateur fut analysée en détail et restituée de la manière suivante :

> C'est grâce à sa mémoire visuelle prodigieuse que Diamandi est arrivé à une conception si intéressante de la vie. [...] Conception qui lui a été inspirée par ses aptitudes toutes particulières, parmi lesquelles l'aptitude au calcul ne joue qu'un rôle infime ! (Ioteyko et Kipiani, 1908, p. 23)

Ioteyko, notons-le, soulignait la différence entre calculateurs et mathématiciens : seuls ces derniers bénéficiaient de talents scientifiques. Elle ne parla donc pas de « génies » dans ce contexte, mais d'« hypernormaux ». Cette approche semble lui avoir permis de tenir exactement le même discours lorsqu'elle examina et présenta la sœur de Diamandi, qui fut également une « calculatrice prodige » (Ioteyko, 1910).

Ioteyko se référa au concept de « génie » à propos des grands mathématiciens. Ainsi, elle publia en 1904 un article dans *La Revue Scientifique* dans laquelle elle réagissait contre un auteur qui, après avoir rappelé les mérites des femmes mathématiciennes illustres, avait plaidé contre l'accès des femmes aux études supérieures. Une des questions qu'elle s'y posait était de « savoir si le génie peut aussi s'abriter sous un crâne féminin et dans quelle mesure » (Ioteyko, 1904, p. 12). Tout en se référant à Lombroso, elle cherchait à en retourner les perspectives. Et Ioteyko affirma :

> Quand on envisage que la femme, par sa nature, est portée à tous les élans de tendresse et de dévouement, on comprend que ces nobles qualités lui soient souvent un obstacle à s'élever à son juste niveau ; mais ceci n'est nullement une réfutation de son talent, ni même de son génie ; au contraire, cela explique peut-être que le rôle de la femme, dans la science, paraît moindre qu'il ne l'est en réalité. (Ioteyko, 1904, p. 14)

Elle poursuivait par un éloge de la science non officielle dans laquelle les femmes avaient joué un rôle important, en ayant souvent été à la source des plus hautes conceptions scientifiques (comme le magnétisme et l'hypnotisme). Elle concluait en soulignant que le rôle scientifique joué par les femmes dans le passé avait été dissimulé derrière les personnalités de leurs maris et de leurs frères.

Dans sa *Revue Psychologique*, Ioteyko revint plusieurs fois sur cette thématique, entre autres en réponse à l'anti-féminisme virulent de son collègue Schuyten, qui attribuait l'exclusivité du génie aux hommes (Schuyten, 1908, p. 123-135). Ici comme dans l'article précédent, elle semblait — consciemment ou non — combiner deux stratégies : d'une part, elle essayait de retourner la pensée biologiste traditionnellement antiféministe dans un sens féministe, tout en restant cependant tributaire du même paradigme naturaliste. D'autre part, elle formulait des critiques contre cette manière de penser, en introduisant un raisonnement plus sociologisant. Ainsi, elle liait le nombre inférieur d'inventions féminines à la faible scolarisation des femmes, mais elle différenciait également un génie masculin et féminin, qualifiant ce dernier de « moins personnel ». Elle soulignait l'équivalence biologique entre l'homme et la femme, mais elle prédisait également qu'apparaîtraient d'autres signes différentiels des sexes dès lors que la nature de la femme ne serait plus modifiée par des conditions domestiques et sociales fâcheuses, et que l'assujettissement féminin ne serait plus une évidence pour l'homme (Ioteyko, 1909a, p. 401-404). Dans ses plaidoyers pour la coéducation, elle envisageait la possibilité de cours spéciaux pour les filles, tels que les travaux manuels et l'enseignement ménager, mais soulignait la nécessité d'organiser des cours ménagers à l'intention de tous, particulièrement des hommes célibataires. Enfin, elle formula son opinion sur l'éducation scientifique des filles de la manière suivante :

> La méfiance nous prend dès qu'on parle de « féminiser » la physique, la chimie, les mathématiques. En réalité, « féminiser » veut dire : abréger, diminuer, supprimer, et l'éducation de la femme n'en fait que souffrir. Certes, même dans les sciences, il existe des notions qui touchent la femme de près, mais l'éducation doit-elle se borner à donner des notions pratiques et utiles ? (Ioteyko, 1909e, p. 91)

Par ce biais, elle critiquait implicitement les projets d'enseignement supérieur pour femmes que les féministes les plus radicales de Belgique comme Isabelle Gatti de Gamond (qui partageait pourtant sa vision scientiste du monde) avaient réalisés et dans lesquels l'hygiène, par exemple, était présentée comme « la science féminine par excellence » (Wils, 1999, p. 434).

L'engagement personnel de Ioteyko fut évidemment très grand en la matière. Sa défense acharnée du célibat féminin en témoigne. Au lieu de considérer le célibat comme dangereux ou anormal, il était temps, argumentait-elle, de voir combien il était nécessaire… pour que toutes les femmes qui ne pouvaient se passer du mariage puissent trouver un mari. Et dans son article sur les femmes mathématiciennes du passé, dont plusieurs avaient sacrifié leur carrière et leur renommée scientifique au profit de leurs proches, elle conclut :

> On peut se demander si la femme restera toujours l'éternelle dévouée ? Il est probable que celles qui, de plus en plus nombreuses, entrent de pied ferme dans le domaine de la science officielle, ne suivront plus l'exemple d'une Caroline Herschel ni d'une Sophie Kovalewski, mais qu'elle sauront vivre pour elles-mêmes et pour leurs idées. (Ioteyko, 1904, p. 15)

C'est sans doute ce que Iosefa Ioteyko, qui se considérait comme une représentante de la science officielle, a essayé de mettre en pratique. Cette attitude n'a probablement pas plu à tous ses collègues. Lorsqu'après la guerre, la pédagogie fut institutionnalisée à l'université bruxelloise, cela se fit sans elle, même si l'esprit de la tradition expérimentale et surtout pédologique y survécut (Depaepe, 2001). Toutefois, la pédologie à strictement parler, comme science unifiée de l'enfance, avait entre-temps disparu. Des sous-disciplines pédagogiques plus spécialisées remplacèrent cette discipline aux ambitions intégratives dont le nom même disparut du vocabulaire pédagogique en Belgique. Lorsque Binet écrivit que « la pédologie a l'aspect d'une machine de précision, une locomotive mystérieuse, brillante, compliquée, et qui au premier aspect frappe d'admiration ; mais les pièces semblent ne pas tenir les unes aux autres, et la machine a un défaut, elle ne marche pas » (1911, p. 340-341), il semble avoir fait une bonne analyse. La pédologie n'a finalement jamais vraiment fait partie de la science officielle, quoique Ioteyko en ait pensé.

Conclusion

Au terme de cette étude sur la carrière belge de Iosefa Ioteyko, on ne peut que souligner les contradictions multiples d'une trajectoire liée à un statut de pionnière. Ioteyko a cherché à se frayer — ou plutôt à se forcer — une position et une légitimité. L'entreprise s'est soldée par des réussites, mais aussi par des échecs. Ioteyko n'a pas vraiment réussi à être une scientifique reconnue. Elle a attiré sur elles des critiques et des animosités qui tenaient à ses pratiques scientifiques, à ses choix scientistes et aux aspérités de son personnage, mais qui étaient aussi probablement d'autant plus fortes qu'elle était une femme.

À ces contradictions ont fait écho les contradictions scientifiques et intellectuelles de Ioteyko elle-même. Malgré son analyse remarquablement aiguë du caractère masculin de l'histoire des sciences, et malgré son féminisme radical et égalitariste, elle resta en effet prisonnière d'un paradigme lombrosien qui déniait la possibilité même de tout ce à quoi elle aspirait en tant que femme de science. Cette ambiguïté était inévitable chez une femme de sa génération participant d'une culture intellectuelle masculine et scientiste.

RÉFÉRENCES

Publications

Avanzini, Guy, 1969, *La Contribution de Binet à l'élaboration d'une pédagogie scientifique*, Paris.

Binet, Alfred, 1927, *Les Idées modernes sur les enfants*, Paris [1911].

« Compte rendu de Iosefa Ioteyko et Micheline Stefanowska, *Psycho-physiologie de la douleur*, (Paris, 1910) », 1909-10, *Revue de l'Université de Bruxelles*, 15 : 395.

Daled Pierre, 1998, *Spiritualisme et matérialisme au XIXe siècle. L'Université libre de Bruxelles et la religion*, Bruxelles.

De Bont Raf, 2002a, « Energie op de weegschaal. Vermoeidheidsstudie, psychotechniek en biometrie in België (1900-1945) » [Énergie sur la balance. Les études de la fatigue, la psychotechnique et la biométrie en Belgique], présenté en vue de publication à la *Revue Belge d'Histoire Contemporaine*.

De Bont Raf, 2002b, « "Onbeschaamde geleerden hebben zijn naaktheid betast." Het vertoog over genialiteit, waanzin en degeneratie in België omstreeks 1900 » [Le discours sur la génialité, la folie et la dégénérescence en Belgique autour de 1900], *Bijdragen en Mededelingen betreffende de Geschiedenis der Nederlanden*, 117, p. 46-74.

De Coster Sylvain, 1970, « Joteyko (Josefa), ou Ioteyko (Iosefa) », *Biographie Nationale,* Bruxelles, 30, p. 479-484.

Denis Hector, 1909, « De la limitation des heures de travail dans les mines. Extraits du discours prononcé à la Chambre », *La Revue Psychologique*, 2, p. 37-53.

Depaepe Marc, 1985, « Science, technology and paedology : the concept of science at the "Faculté Internationale de Pédologie" in Brussels (1912-1914) », *Scientia Paedagogica Experimentalis*, 22, I, p. 14-29.

Depaepe Marc, 1987a, « Le premier (et dernier) congrès international de pédologie à Bruxelles en 1911 », *Bulletin de la Société Alfred Binet et Théodore Simon*, 87, p. 28-54.

Depaepe Marc, 1987b, « Social and personal factors in the inception of experimental research in education (1890-1914) : an exploratory study », *History of Education*, 16, p. 275-298.

Depaepe Marc, 1990, « La Pédologie comme base d'un monde meilleur. J. Ioteyko et la science de l'enfant au début du XXe siècle », *in* Y. Fumat, A. Guillain et P.A. Sigal (eds.), *Les Enjeux éducatifs. Émergence–permanence–récurrence,* Montpellier, p. 211-235.

Depaepe Marc, 1993, *Zum Wohl des Kindes ? Pädologie, pädagogische Psychologie und experimentelle Pädagogik in Europa und den USA, 1890-1940*, Weinheim/Leuven.

Depaepe Marc, 1997, « The heyday of paedology in Belgium (1899-1914) : a positivistic dream that did not come true », *International Journal of Educational Research*, 27, p. 687-697.

Depaepe Marc, 1998, « The pedologist Medard Carolus Schuyten : a crazy positivist or just a starry-eyed idealist ? », *in* P. Drewek et Ch. Lüth (eds.), *History of educational studies. Geschichte der Erziehungswissenschaft. Histoire des sciences de l'éducation,* Gand, p. 209-229.

Depaepe Marc, 2001, « La Pédagogie », *in* Robert Halleux, Jan Vandersmissen, Andrée Despy-Meyer et Geert Vanpaemel (eds), *Histoire des sciences en Belgique 1815-2000*, Bruxelles, p. 329-342.

Despy-Meyer Andrée, 1989, « Les Femmes dans le monde universitaire », *in* A. Morelli et Y. Mendes da Costa (eds.), *Femmes, libertés, laïcité*, Bruxelles, p. 47-58.

De Vroede Maurice, 1977, « Pedologie : de aanzet tot de experimentele pedagogiek in België, ca. 1895 tot 1914 » [Pédologie : les débuts de la pédagogie expérimentale en Belgique], *Pedagogische Studiën*, 54, p. 373-385.

Dwelshauvers Georges, 1909-1910, « Compte rendu de *La Revue psychologique*, 1908-1909 », *Revue de l'Université de Bruxelles*, 15, p. 771-773.

Ioteyko Iosefa, 1896, *La Fatigue et la respiration élémentaire du muscle*, Travaux du laboratoire de Physiologie de Ch. Richet, 4.

Ioteyko Iosefa, 1904, « Les Femmes mathématiciennes », *Revue Scientifique*, 2 janvier, p. 12-15.

Ioteyko Iosefa, 1905, *Entrainement & fatigue au point de vue militaire*, introduction par Charles Richet, Bruxelles/Leipzig. Instituts Solvay, *Travaux de l'Institut de Sociologie, Actualités Sociales*, 9.

Ioteyko Iosefa, 1906, *Résumé des travaux scientifiques (période décennale 1896-1906),* Gand.

Ioteyko Iosefa, 1906-1907, « À propos du dossier médico-pédagogique des écoles normales du Hainaut », *L'École Nationale*, 6, p. 623.

Ioteyko Iosefa, 1907, « Présentation de M. Diamandi, calculateur du type visuel », *Journal de Neurologie*, 12, p. 445-451.

Ioteyko Iosefa, 1907-1908, « La Pédologie », *Revue de l'Université de Bruxelles*, 13, p. 279-315.

Ioteyko Iosefa, 1908a, « Le Mouvement pédologique », *Le Scalpel*, p. 434-437.

Ioteyko Iosefa, 1908b, *La Conception idéo-énergétique et la psychomécanique*, Bruxelles.

Ioteyko Iosefa, 1909a, « Bibliothèque biologique et sociologique de la femme », *La Revue Psychologique*, 2, p. 382-415.

Ioteyko Iosefa, 1909b, « Compte rendu de L.A. Vaught, *Lecture pratique du caractère*, trad. Institut de Culture humaine, Bruxelles, 1908 », *La Revue Psychologique*, 2, p. 146-148.

Ioteyko Iosefa, 1909c, *Aide-mémoire de psychologie expérimentale et de pédologie*, Bruxelles.

Ioteyko Iosefa, 1909d, « Compte rendu de Georges Dwelshauvers, *M. Bergson et la méthode intuitive (Les méthodes de la psychologie)*, 1907 », *La Revue psychologique*, 2, p. 416-418.

Ioteyko Iosefa, 1909e, « Revue générale des travaux récents sur la psychologie et la pédagogie des sexes », *La Revue Psychologique*, 2, p. 84-96.

Ioteyko Iosefa, 1910, *Les Calculateurs prodiges (Avec présentation de Mlle Uranie Diamandi)* et Kipiani Varia, 1910, *Visualisation colorée et sens chromatique chez Mlle. Uranie Diamandi*, Bruxelles.

Ioteyko Iosefa, 1910-1911, « Autour de la pédologie », *L'École Nationale*, p. 166-168.

Ioteyko Iosefa, 1911a, *L'Enfance végétarienne. (Enquête sur 170 enfants végétariens)*, Bruxelles.

Ioteyko Iosefa, 1911b, « Rapport sur le sentiment de justice », *La Revue Psychologique*, 4, p. 55-69.

Ioteyko Iosefa, 1912, « La Coéducation dans l'enseignement supérieur », *in id.* (ed.), *Premier Congrès International de Pédologie tenu à Bruxelles, du 12 au 18 août 1991*, t. I, Bruxelles, p. 416.

Ioteyko Iosefa, 1913a, « Le But et les tendances de la Faculté internationale de Pédologie de Bruxelles », *Le Paedologium. Bulletin Trimestriel de la Faculté Internationale de Pédologie de Bruxelles, affiliée à l'Office Central des Institutions Internationales*, 1, p. 18-26.

Ioteyko Iosefa, 1913b, « Jubilé du professeur Charles Richet », *Le Paedologium*, 1, p. 77-80.

Ioteyko Iosefa, 1917, *La Science du travail et son organisation*, Paris.

Ioteyko Iosefa et Kipiani Varia, 1907, *Enquête scientifique sur les végétariens de Bruxelles. Leur résistance à la fatigue étudiée à l'ergographe. La durée de leurs réactions nerveuses. Considérations énergétiques et sociales*, Bruxelles-Paris.

Ioteyko Iosefa et Kipiani Varia, 1908, « Étude psychologique sur le calculateur P. Diamandi (contribution à l'étude des hypernormaux) », *La Revue Psychologique*, 1, p. 10-28.

Ioteyko Iosefa et Stefanowska Micheline, 1909, *Psycho-physiologie de la douleur*, Paris.

Joséphine Joteyko. Sa vie et son œuvre scientifique. Le livre commémoratif, 1929, Varsovie.

Kipiani Nicolas, 1908, « La Femme nouvelle dans l'Inde », *La Revue Psychologique*, 1, p. 243-260.

« Le docteur J. Yoteyko », 1929, *Bulletin Trimestriel de l'Office Intercommunal pour l'Orientation Professionelle*, 9, p. 22-27.

Lombroso Cesare, 1896, *L'Homme de génie* (1889), trad. de la 6e éd. italienne par Fr. Colonna d'Istria et M. Calderini, Paris.

Lorent H., 1909, « Réflexions à propos d'expériences sur la mémoire », *La Revue Psychologique*, 2, p. 366-369.

Nellen Lea et Marchal Lucy, 1908, 1909, « Nouvelles expériences sur la mémoire chez l'enfant », *La Revue Psychologique*, 1, p. 222-229 ; 2, p. 228-237.

Noël, Francine, 1988, *1894 : L'Université libre de Bruxelles en crise*, Bruxelles.

« Nouvelles. Hommage à Mlle Dr. Stefanowska », 1908, *La Revue Psychologique*, 1, p. 60-61.

Rapport quinquennal (1898-1903) sur les travaux du laboratoire psychologique Kasimir (Université de Bruxelles), 1903, Bruxelles.

Rapport sur l'année académique 1900-1901, 1901, Université libre de Bruxelles, Bruxelles.

Richet Charles, « Préface », 1896, *in* Cesare Lombroso, *L'Homme de génie* (1889), trad. sur la 6e éd. italienne par Fr. Colonna d'Istria et M. Calderini, Paris : V-XVIII.

Richet Charles, 1933, *Souvenirs d'un physiologiste*, Paris.

Schuyten Médard, 1908, *L'Éducation de la femme*, Paris, Bibliothèque Biologique et Sociologique de la Femme, 14.

Smorscek Eugène, 1966, « Le Centenaire de la naissance de Jozefa Joteyko », *Bulletin de Psychologie Scolaire et d'Orientation*, 15, p. 45-50.

Van Outryve d'Ydewalle, Géry, 2001, « La Psychologie », *in* Robert Halleux, Jan Vandersmissen, Andrée Despy-Meyer et Geert Vanpaemel (eds), *Histoire des sciences en Belgique 1815-2000*, Bruxelles, p. 323-328.

Wils Kaat, 1999, « Science, an ally of feminism ? Isabelle Gatti de Gamond on women and science », *Revue Belge de Philologie et d'Histoire*, 77, II, p. 416-439.

Wils Kaat, 2000, *De omweg van de wetenschap. Het positivisme en de Belgische en Nederlandse intellectuele cultuur, 1845-1914* [*Le Détour de la science. Le positivisme et la culture intellectuelle en Belgique et aux Pays-Bas*], thèse doctorale inédite, département d'Histoire, Université de Leuven.

Wils, Kaat, 2001, « La Sociologie », *in* Robert Halleux, Jan Vandersmissen, Andrée Despy-Meyer et Geert Vanpaemel (eds), *Histoire des sciences en Belgique 1815-2000*, Bruxelles, p. 305-322.

Wolf Stewart, 1993, *Brain, mind and medicine : Charles Richet and the origins of physiological psychology*, New Brunswick.

Archives

Archives de l'Université libre de Bruxelles, Bruxelles, Dossier personnel Josepha Joteyko (AULB).

Archives de la Ville de Bruxelles, Bruxelles, Fonds Instruction Publique, II, 1758 : lettre imprimée de Ioteyko adressé à E. Jacqmain, 5 août 1912 (AVB).

Internationaal Instituut voor Sociale Geschiedenis, Amsterdam, Fonds Augustin Hamon, Lettre de Georges Dwelshauvers à Augustin Hamon, 17 octobre 1903 (IISG).

Premières femmes médecins en France : un rôle particulier dans la construction d'une science médicale

Nicole Edelman

Cet article s'organise autour des discours et des pratiques des premières femmes médecins françaises du début des années 1870 à la guerre de 1914-1918. Il en questionne le rôle dans la construction d'une science de l'homme, la médecine, considérée comme telle puisqu'à la fois science expérimentale et *art* depuis la révolution clinique ; une science qui a l'homme pour objet d'étude scientifique. Il ne s'agit cependant pas de concevoir une intrusion dans l'abstrait d'un champ médical mais au contraire de montrer les liens entre ces discours, ces pratiques et l'ensemble de la société des débuts de la IIIe République. Ces décennies sont un moment de reconstruction des valeurs et des normes sociales ; les hommes du gouvernement de la République reconfigurent les relations entre les hommes et les femmes tout comme le rapport à la religion et à la morale : les filles doivent dorénavant recevoir un enseignement primaire (lois J. Ferry, 1881-1882) et éventuellement pouvoir accéder à des études secondaires. La loi Camille Sée de 1880 crée les premiers lycées de filles qui ne sont cependant pas l'équivalent des lycées de garçons, en particulier parce que la fin des études féminines n'est pas sanctionnée par le baccalauréat mais par un diplôme de fin d'étude.

Que faire alors de l'infériorisation intellectuelle et physique des femmes construite tout au long du siècle par les médecins ? Comment concilier ces nouvelles exigences d'éducation avec le maintien des femmes-épouses au foyer dans un rôle maternel ? Comment, dans une société laïcisée, maintenir des hiérarchies et des complémentarités auxquelles le pouvoir des hommes du gouvernement de la IIIe République peut s'adosser ? De tout cela, que font les premières femmes médecins[1] ? Il semble en effet pertinent de les penser en tant que *femmes–médecins* car les femmes médecins ne sont pas des médecins comme les autres. Et pour-

1. Les premières femmes médecins sont : en 1870, Elizabeth Garett avec une thèse sur la migraine ; en 1871, Mary Putman avec une thèse sur la graisse et les acides gras ; et la première française, en 1875, Madeleine Brès, née Gebelin, avec une thèse intitulée : *De la mamelle et de l'allaitement*.

tant ces femmes reconduisent très largement les représentations du corps et de l'esprit des femmes déjà construites par leurs confrères ; elles surenchérissent même sur l'existence d'une essence féminine, d'une *nature de la femme,* prédestinée à la maternité et au mariage sauf exception. Certaines dérogent pourtant à la règle mais elles sont bien peu nombreuses.

Les femmes médecins ne sont pas des médecins comme les autres

Les premières femmes médecins ont passé et obtenu les baccalauréats qui ne leur sont normalement pas destinés et sont entrées à la Faculté de médecine par dérogation. Leurs compétences universitaires et leur soutenance d'une thèse de médecine impliquent un parcours absolument original. Parcours qui induit une double remarque contradictoire : pour s'intégrer au corps médical intégralement masculin, ces premières femmes médecins doivent se couler dans les moules proposés et respecter les modèles dominants, suivre au plus près les théories de leurs maîtres ; parallèlement, le fait même qu'elles soient capables de parcourir ce cursus avec succès met en question l'infériorité intellectuelle des femmes encore prônée par beaucoup, si ce n'est la majorité des hommes en ces années 1870.

D'une certaine façon, leur présence même oblige les médecins, particulièrement les anthropologues et les neurologues, à repenser leurs conceptions de *la* femme. Conceptions déjà remises en cause par les féministes qui toujours l'incluent dans leurs propos, qu'ils soient politiques, culturels ou sociaux, et par quelques médecins. Or, plus elles graviront les échelons qui font accéder aux postes des élites et de l'excellence médicales, et donc au pouvoir, plus cette remise en cause sera nécessaire. Ainsi, Madeleine Brès avait tenté d'accéder à l'internat en 1871 mais elle s'y était heurtée à des refus insurmontables. Dix ans plus tard, en décembre 1881, Blanche A. Edwards et Augusta Klumpke réussissent en revanche à obtenir l'autorisation de s'inscrire à ce concours qui donne accès aux postes prestigieux de l'hôpital, et passent avec succès le concours en octobre 1882. Puis elles forcent l'accès à l'internat en juillet 1885 et Augusta Klumpke devient la première interne femme, titulaire des hôpitaux de Paris en 1886 ; B.A. Edwards n'est qu'interne provisoire. L'internat des asiles ne fut ouvert qu'en 1903. Madeleine Pelletier et Constance Pascal furent les premières à le tenter, de même que pour le clinicat des hôpitaux en 1911 ; Marie-Joseph Long-Landry y accéda la première[1]. Enfin, en

1. *Cf.* D. Lorillot, *La Féminisation du corps médical en France,* thèse EHESS, Paris, 1981 ; G. Ausserre, *Les Premières femmes médecins à Paris à la fin du XIXe siècle*

1908, Constance Pascal parvint au médicat des internats d'asiles, poste qui permet de diriger un asile. M. Pelletier y avait échoué en 1906.

Après de tels parcours, sauf exception, il n'est pas étonnant que la plupart aient intériorisé les normes et les valeurs dominantes, d'autant que ce cursus universitaire est particulièrement difficile et se fait dans une hostilité qui pèse très lourd sur leur apprentissage. Rien, généralement, ne leur est épargné pour marquer et souligner l'écart entre un homme et une femme et, le plus souvent, les relations des futurs médecins avec leurs futures collègues oscillent entre humiliation et séduction.

Pourtant, au moment de la soutenance des thèses, pas un mot sur ces conditions, bien au contraire. Nécessité ? Intériorisation ? Réelle admiration des patrons ? Toutes saluent, remercient, adressent leur respect à leur directeur et à ceux avec lesquels elles ont travaillé. Par ailleurs, les thèses sont impeccablement construites et rédigées ; elle doivent prouver des compétences sans faille, en particulier dans l'observation clinique à l'hôpital. La thèse de Madeleine Brès, *De la mamelle et de l'allaitement*[1] est ainsi composée de deux parties, clinique et théorique, fondées sur « des chiffres et des faits rigoureusement observés[2] ». Blanche A. Edwards, qui soutient sa thèse en 1889, remercie son père le « Dr Edwards, professeur agrégé de l'université de Paris, qui malgré une longue maladie, s'est consacré à mon instruction et seul m'a préparée aux baccalauréats et dirigée pendant mes premières années de médecine[3]. » Madeleine Brès « témoigne de sa vive gratitude pour le bienveillant accueil » du doyen Wurtz qui lui a permis de s'inscrire à la Faculté de médecine et de « tous les professeurs de la faculté[4] ». La seule qui n'adresse aucun remerciement, si ce n'est à son excellente mère, est Augusta Déjerine-Klumpke dont l'originalité est par ailleurs, on le verra, remarquable.

(1866-1905), Université Paris X-Nanterre, 1997, sous la dir. de F. Demier et N. Edelman. *Cf.* aussi les travaux d'Y. Kniebiehler et C. Fouquet ; en particulier, *La Femme et les médecins*, Paris, Hachette, 1983. Le clinicat donne accès au poste de chef de clinique, médecin qui, à l'issue de l'internat, est désigné pour assurer l'instruction des stagiaires inscrits dans les services de clinique (médicale, chirurgicale ou pédiatrique/obstétricale). Le chef de clinique dépend de la faculté de médecin.

1. M. Brès, *De la mamelle et de l'allaitement,* thèse soutenue le 3 juin 1875, Paris, Delahaye, 1875. M. Brès dédie sa thèse au baron de Larrey (sans doute Hippolyte de Larrey, 1808-1895, professeur au Val de Grâce, chirurgien consultant de Napoléon III) et rend hommage aux personnalités qui l'ont soutenue : la baronne de Rothshild et Henri Sainte Claire Deville.
2. *Ibid.*
3. B.A. Edwards, *De l'hémiplégie dans quelques affections nerveuses*, thèse de médecine, Paris, 1889.
4. M. Brès, *De la mamelle et de l'allaitement*, *op. cit.*

Devenues médecins, elles doivent rester sur un territoire spécifique : celui de la médecine des femmes et des enfants. Elles y sont assignées par leurs confrères, ceux du moins qui ont accepté leur accession à la médecine, position qui a donné lieu à de larges et violents débats[1]. La plupart acceptent cette injonction ; elles n'ont certes guère le choix de faire autrement pendant ces premières décennies, mais certaines semblent vraiment intérioriser cette obligation. Elles doivent donc, au moins jusqu'au début du XXe siècle, affirmer ne vouloir s'intéresser qu'aux femmes et aux enfants. Nombre de thèses concernent ainsi des sujets touchant aux maladies de femmes ou aux problèmes d'allaitement et de grossesse.

Madeleine Brès rappelle dans la préface de sa thèse que son « intention a toujours été de s'occuper d'une manière exclusive des maladies des femmes et des enfants ». Aussi, écrit-elle, n'a-t-elle fréquenté que les services qui pouvaient lui être utiles, en particulier les salles d'accouchement, pour étudier l'alimentation des enfants. Quelques années plus tard, elle souligne à nouveau ce rôle, « une mission » qui est celle de toutes les femmes médecins dont l'exercice doit être « exclusivement consacré aux maladies des femmes et des enfants[2] ». Cette remarque est fréquente dans les introductions de thèses et répond à une quasi-exigence de la part des membres du jury. Ainsi, B. Edwards doit affronter, de la part de son président Charcot, ses remarques et ses questions qui sont la règle et non pas l'exception. Il lui aurait dit : « Vous êtes parmi les meilleurs docteurs, vous avez subi vos examens d'une façon particulièrement brillante, toutefois je ne vois pas très clairement quelle sera la sanction de ces travaux si consciencieux. Que vous proposez-vous de faire ? » À quoi B. Edwards aurait répondu : « Je me propose de soigner tous les gens qui sont malades mais je me consacrerai particulièrement aux femmes et aux enfants et je me vouerai à leur santé[3]. » À la soutenance de Caroline Schulze en 1888, Landouzy, membre du jury, aurait regretté qu'elle n'ait pas affirmé clairement son engagement à ne soigner que les femmes et les enfants.

Les premières femmes médecins ne sont donc pas des docteurs comme les autres ; elles s'engagent à ne soigner qu'une catégorie particulière de population, la leur. On leur attribue très vite, semble-t-il, le titre de doctoresse, utilisé jusqu'aux années 1960, comme s'il fallait montrer cette parti-

---

1. Lisibles dans les journaux médicaux : *Gazette des hôpitaux, Progrès médical, Semaine médicale* par exemple.
2. *L'Hygiène de la Femme et de l'Enfant,* mai 1883. La collection de cette revue que possède la Bibliothèque interuniversitaire de médecine (BIUM) est incomplète ; c'est toutefois celle que j'ai consultée. Le dernier numéro date de février 1895.
3. *Le Droit des femmes,* 3 février 1889, cité dans F. Leguay et C. Barbizet, *B. Edwards-Pillet, femme et médecin*, Cénomane, 1988, p. 53.

cularité. Elles y semblent pourtant opposées et titrent leur enseigne ou leur carte de visite par un « docteur », ainsi B. Edwards ou M. Pelletier. La plupart des premières médecins acceptent cependant cette assignation de la part de leurs confrères et s'occupent des femmes ; en effet, les enfants semblent plus volontiers confiés à des médecins hommes : après tout, pour la moitié ce sont de futurs hommes…

Dans ce cadre, leur pratique et leurs écrits diffèrent-ils de celles des hommes médecins ? Modifient-elles la clinique et la représentation des corps et des compétences intellectuelles des femmes construites depuis près d'un siècle ? Toutes, à l'instar des hommes, exaltent la *nature* des femmes en la magnifiant.

Exalter la nature des femmes

Madeleine Brès inaugure cette attitude de supériorité et de condescendance « maternelle » face à ses patientes. Elle publie pendant douze ans, de 1883 à 1895, une revue mensuelle, vendue 1 franc, dont elle est « rédacteur en chef » et unique journaliste, intitulée *L'Hygiène de la Femme et de l'Enfant*. La couverture annonce symboliquement la destinée des femmes : elle représente un bel enfant rond et éveillé sortant d'un œuf dont la coquille est brisée. Il naît au monde. Elle indique aussi une distanciation de la réalité triviale de la physiologie. Dans sa revue, Madeleine Brès transcrit et adoucit la dureté des choses de la vie corporelle. Elle donne tout autant des conseils en matière d'hygiène, d'alimentation, d'observation, de beauté qu'en matière de préventions ou de soins médicaux. Si elle n'ignore pas les classes ouvrières puisqu'elle ouvre une crèche aux Batignolles, inaugurée le 13 juin 1893, elle s'adresse toutefois à des femmes des classes moyennes ou supérieures inaugurant une longue tradition conservatrice qui mène jusqu'à nos jours. Son ton est souvent ironique et protecteur — « mes toutes belles lectrices » —, mais elle ne converse pas vraiment avec elles puisqu'elle supprime le courrier des lectrices qu'elle remplace par « les causeries maternelles ». Elle les valorise cependant volontiers — « si vous saviez ce que peut être une mère pour la santé de son enfant[1] » —, les rassure par ses conseils, les encourage à trouver du bonheur dans leur tâche quotidienne. Elle fait confiance à leur nature de femme mais à condition qu'elles soient éduquées. Ainsi, l'enseignement populaire de l'éducation du nourrisson et de l'enfant du premier âge est une des tâches assignées à la crèche qu'elle a créée. Son propos est, en cela, conforme au discours dominant des années 1880-1890.

1. *Le Droit des femmes*, 15 janvier 1885.

En effet, si les femmes sont mères par nature, elles n'en sont pas pour autant capables d'élever leurs enfants. Ces années sont un moment où on met au jour les limites de l'« instinct maternel ». Au moment où s'ouvrent les écoles « maternelles », Pauline Kergomard remarque que

> comme la nature humaine fait, jour par jour, son évolution vers le mieux, l'instinct fait peu à peu place au sentiment, et à son tour le sentiment s'éclaire, s'épure, de sorte que plus une femme est vraiment cultivée, plus elle est mère dans le sens élevé du mot. L'amour maternel tel que nous le comprenons se développe en raison directe de la civilisation[1].

L'encadrement voire la surveillance des femmes pauvres, des mères sans éducation, le plus souvent des ouvrières, deviennent donc nécessaires. Le pouvoir politique prend conscience au même moment de la baisse démographique, craint les dangers d'une dégénérescence de la race française, alerté par la défaite de 1870 ; les mères allemandes sont ainsi valorisées dans bien des discours médicaux masculins au détriment des mères françaises. Les femmes médecins, et leurs confrères, valident cette prise en main d'une catégorie de la population et présentent cet encadrement comme nécessaire au bien-être des enfants ainsi qu'au bonheur de leur mère.

Pour les mêmes raisons et comme ses confrères, Madeleine Brès incite les mères à allaiter leurs enfants. Dans sa thèse, *De la mamelle et de l'allaitement,* après un exposé sur l'anatomie du sein et des observations de cas, elle compare l'allaitement artificiel à l'allaitement naturel, comparaison dont il ressort que l'allaitement artificiel équivaut à tuer le nouveau-né : « le biberon doit être proscrit des hôpitaux [...] Le tolérer, c'est absoudre l'infanticide[2] ». Les travaux de Pasteur sont encore peu appliqués, il est vrai. Elle ne se distingue de ses collègues masculins que par le souci qu'elle a de « l'attitude de la mère donnant à téter [...] chose dont on ne se préoccupe pas assez d'ordinaire[3] », c'est-à-dire la posture physique dans laquelle elles allaitent. En même temps, Madeleine Brès rassure les femmes qui ne peuvent plus être mères ; elle démystifie le profil de « l'âge critique » de ménopause : « attendez avec confiance l'âge qui — croyez-m'en — vous donnera une seconde jeunesse qui vaut bien la première[4] ».

Le ton de la *Revue Scientifique des Femmes*, publiée en 1888 et janvier 1889, de Céline Renooz (1840-1928) est proche de celui de Madeleine Brès dans sa volonté d'exalter la nature féminine et dans sa confiance

---

1. Cité dans Y. Knibiehler et C. Fouquet, *L'Histoire des mères du moyen âge à nos jours,* Paris, Montalba, 1981, p. 297.
2. M. Brès, *De la mamelle et de l'allaitement*, *op. cit.*
3. *Ibid.*
4. *Ibid.*, septembre 1884 repris intégralement en février 1892.

portée aux femmes auxquelles elle attribue des qualités spécifiques. Mais elle est beaucoup plus critique sur de nombreux points ; elle estime en particulier que la supériorité des femmes doit s'affirmer dans tous les domaines. Elle n'est cependant pas médecin ; sa revue a des ambitions scientifiques et féministes et veut promouvoir les femmes de science : elle s'intéresse aux sciences physiques, naturelles, médicales, philosophiques et sociales. Céline Renooz s'appuie ainsi sur la collaboration de quelques-unes des premières femmes médecins dont Madeleine Brès mais d'autres aussi[1], dont elle fait en même temps connaître les travaux ; elle propose des comptes rendus de leurs thèses et leur ouvre les colonnes de sa revue.

Par ailleurs, à l'encontre de Madeleine Brès, Céline Renooz ne pense pas que les femmes médecins doivent rester cantonnées aux soins donnés aux femmes et aux enfants. Lors du compte rendu qu'elle rédige de la soutenance de thèse de Blanche Edwards, en janvier 1889, elle stigmatise ainsi les remarques désobligeantes que Charcot aurait faites à propos de *ces nouvelles doctoresses :*

> Les femmes médecins ne seraient jamais qu'une exception, exception plus ou moins brillante, aurait-il dit, mais enfin une exception […] elles constituaient *une variété* dans l'espèce *médecin* [revenant] sur son thème favori, la spécialisation dans laquelle il veut que la femme se tienne, ne se vouant qu'aux femmes et aux enfants. [Ajoutant] qu'il ne voyait pas très bien une femme faisant une opération à la hanche d'un homme, oubliant [et c'est C. Renooz qui parle cette fois] qu'un médecin n'a pas de sexe, car s'il en a un il est tout aussi inconvenant, et même plus, qu'un homme fasse une opération à la hanche d'une femme[2] […]

Ce thème est repris à propos de la soutenance d'autres thésardes, thème récurrent jusqu'au XXe siècle dont l'ambiguïté est grande puisque cette volonté de restreindre le champ thérapeutique des femmes médecins dévalorise doublement l'ensemble des femmes, d'une part en les concevant comme inaptes à soigner les hommes et d'autre part en considérant la médecine des femmes et des enfants comme finalement une sous-médecine, une médecine à part. Ce que remarque et dénonce Céline Renooz en notant qu'on a l'impression « que la santé de la femme et de l'enfant [a] une moindre valeur que celle de l'homme[3] ».

Ce n'est pas l'argumentation de Madeleine Brès. Comme la plupart de ses consœurs, elle développe au contraire l'idée que la femme médecin acquiert les connaissances nécessaires à l'exercice de son métier comme

---

1. « Mesdemoiselles » Bradley, Mesnard et « Mesdames » Conta, Kraft et Perrée.
2. « Les Nouvelles doctoresses », *Revue Scientifique des Femmes*, janvier 1889.
3. *Ibid.*, décembre 1888.

ses confrères, en particulier par la pratique clinique, *au lit du malade*, en hôpital, mais qu'elle possède en plus, comme femme, comme mère, la patience, le langage qu'il convient de tenir aux petits malades pour leur donner confiance. Son diagnostic en devient plus précis puisque l'enfant, voyant en elle sa mère, répondra plus volontiers, sans crainte ni résistance. Conception essentialiste de la femme s'il en est.

Céline Renooz défend aussi l'idée d'une essence féminine mais non exclusivement maternelle à l'encontre de Madeleine Brès. Mettant une fois encore Charcot sur la sellette — accusé d'ailleurs de n'avoir pas lu la thèse de son impétrante Caroline Schulze —, Céline Renooz lui reproche d'argumenter contre les femmes médecins à raison des multiples indispositions auxquelles la femme serait sujette et de sa physiologie spéciale qui « n'étant pas apte à faire la guerre, à vivre dans les casernes… ne peut être médecin[1] ». À quoi elle rétorque que ce genre d'argument n'est pas avancé lorsque les femmes exercent un métier qui fait d'elles une bête de somme, lorsque les femmes vont laver le linge dans les bateaux-lavoirs, lorsqu'elles labourent la terre, descendent dans les mines ou simplement se livrent à toutes les occupations domestiques d'une maison.

Ce que dénie au même moment sa consœur Madeleine Brès dont la vision de l'anatomie féminine est absolument conforme à la vision la plus traditionnelle, celle du début du XIXe siècle. En octobre 1884, elle écrit :

> La femme *vraie,* la femme utile, la femme anatomiquement constituée pour être mère, est une *sublime déformée* sans parler de l'emmanchement de ses clavicules qui nuit au mouvement de ses bras — et pour cause — la conformation de son bassin, beaucoup plus large que celui de l'homme — et toujours pour cause — amène la tendance forcée des genoux à rentrer en dedans d'où une démarche tout à fait caractéristique et spéciale de la femme[2].

En 1906, Marthe Francillon, dans sa thèse de doctorat en médecine, *Essai sur la puberté chez la femme. Psychologie, physiologie, pathologie*[3], débute son travail en se référant à Roussel, médecin du XVIIIe siècle, connu pour son ouvrage *Système physique et moral de la femme* publié en 1775 et sa conception d'une femme profondément différente de l'homme :

> l'élégance des formes et la légèreté des mouvements de la femme, écrit-elle comme lui, [sont dues] à l'organisation particulière du tissu cellulaire qui embrasse toutes les parties constitutives de son corps[4].

---

1. *Ibid.*
2. *L'Hygiène de la Femme et de l'Enfant*, octobre 1884.
3. M. Francillon, *Essai sur la puberté chez la femme. Psychologie, physiologie, pathologie,* Paris, Alcan, 1906.
4. *Ibid.*, p. 3.

Pourtant, au début du XXe siècle, si la femme est toujours vue comme différente par nature, beaucoup de femmes médecins la réinsèrent dans une normalité saine ; elle n'est plus l'éternelle malade idolâtrée par Michelet. Cette représentation construit au contraire une femme dynamique, active en son foyer, proche de son époux et de ses enfants. Dans sa thèse, Marthe Francillon replace ainsi la menstruation dans les fonctions normales et non pathologiques des femmes. Anna Fischer, dans un ouvrage publié au début du XXe siècle, s'inscrit aussi en faux contre la conception pathologique des hémorragies mensuelles. Elle estime qu'à ces moments les femmes peuvent sortir, se baigner sans qu'il n'en résulte aucun malaise ; « il est tout à fait abusif de considérer comme *indisposée* la femme au moment de ses règles ; car cela n'est pas[1] ». En revanche, elle conseille de se laver soigneusement à l'eau, afin d'éviter les odeurs nauséabondes, de porter des bandages légers, confectionnés avec des tissus de coton lavables facilement, attachés à des ceintures de tissu. Il s'agit là de conseils pratiques et efficaces. Aussi, la femme n'est « salie ni extérieurement, ni intérieurement » par ses époques[2].

Tous ces éléments tendent à réinsérer le corps de la femme dans une normalité saine dont il avait été largement écarté par le discours masculin au profit d'une représentation pathologique, à le réhabiliter en prêtant attention à la santé et au bon fonctionnement de ses fonctions sexuelles.

Cependant, *in fine*, la seule mission de la femme demeure pour toutes ces médecins la maternité.

Des femmes destinées au foyer et à la maternité

La maternité est pour Madeleine Brès comme pour une majorité de médecins et d'hommes dans ces années 1880-1890 l'unique destination de la femme, sauf exception.

En 1898, Georgette Déga soutient à Bordeaux, devant les professeurs Morache et Pitres, sa thèse pour le doctorat en médecine : *Essai sur la cure préventive de l'hystérie féminine par l'éducation*. Ce travail est ambigu quant à l'enjeu de ses propos : l'hystérie semble n'être qu'un prétexte pour défendre un point de vue personnel sur l'éducation des filles et la place des

1. A. Fisher-Dückelmann, *La Femme, médecin du foyer. Ouvrage d'hygiène et de médecine familiale concernant particulièrement les maladies des femmes et des enfants, les accouchements et les soins à donner aux enfants,* Paris, Muller, s.d., 2 vol. (il est hautement probable qu'il ait été édité entre 1900 et 1905 ; il est réédité presque à l'identique en 1949), p. 277, t. 1.

2. *Ibid.*, p. 281.

mères. Elle n'étudie en effet que les « novices de l'hystérie », c'est-à-dire les jeunes filles qui, « à la moindre émotion, à la moindre contrariété, croi[en]t devoir s'abandonner aux douceurs d'une attaque de nerfs[1] ». Hystérie légère donc, sans grand danger, qui peut être prévenue par une bonne éducation, ce qui n'est certainement pas le cas des hystéries graves liées à de lourdes hérédités ou à des « déformations morales et psychiques » acquises depuis trop longtemps. Georgette Déga insiste ainsi sur la nécessité de faire de la femme, un « être intellectuel et pensant »[2] qui raisonne, qui maîtrise les mathématiques, qui sait argumenter, qui peut penser avec intensité, qui a de la volonté. À ces conditions, la femme ne sera pas hystérique. À l'encontre de Charcot et retrouvant l'idée jamais vraiment abandonnée d'une hystérie féminine, elle pense « qu'une bonne moitié de l'humanité de l'espèce humaine paraît livrée à une sorte de décadence nerveuse[3] » ; les médecins se doivent donc de prévenir ce qu'elle n'hésite pas à nommer une catastrophe et de mettre fin au fait de ce qu'il est de bon ton d'appeler « avoir ses nerfs » pour une jeune fille. L'hystérie légère peut en effet dégénérer en une vraie maladie de la plus haute gravité. Et cette mode est d'autant plus nocive qu'elle touche « nos futures mères de famille sur les genoux desquelles doivent se former nos prochaines générations d'honnêtes hommes et d'honnêtes femmes[4] » ; et de citer longuement Michelet sous la bannière duquel elle se place dès l'introduction de sa thèse, par une phrase notée en épigraphe : « Je ne sais s'il est indispensable que la mère allaite de son sein. Il l'est, j'en suis sûr, qu'elle allaite de son cœur. » La seconde longue citation de Michelet ne laisse guère de doute sur la conception de la femme de Georgette Déga, proche à cet égard de celle de Madeleine Brès ou de sa contemporaine Marthe Lobre-Francillon :

> Élever une fille, c'est élever la société elle-même. La société procède de la famille dont l'harmonie est la femme. Élever une fille, c'est une œuvre sublime et désintéressée, car tu ne la crées, ô mère, que pour qu'elle puisse te quitter et te faire saigner le cœur. Elle est destinée à *un autre*. Elle vivra *pour les autres,* non pour toi, non pour elle. [...] Elle est la flamme d'amour et la flamme du foyer. Elle est le berceau d'avenir, elle est l'école, autre berceau. D'un seul mot, *elle est l'autel*[5].

---

1. G. Déga, *Essai sur la cure préventive de l'hystérie féminine par l'éducation*, Paris, Alcan, 1898, p. 10. Sur cette thèse, *cf.* J. Carroy, « Le Noviciat de l'hystérie selon G. Dega », *Psychanalyse à l'Université,* janvier 1987, p. 141-152.
2. G. Déga, *Essai sur la cure préventive*..., *op. cit.,* p. 72.
3. *Ibid.*, p. 12.
4. *Ibid.*, p. 13.
5. *Ibid.*

Georgette Déga plaide donc, et cette fois à la manière de Jules Ferry, pour que les mères soient de « bonnes et vigoureuses éducatrices, et cela non seulement au nom de la science, mais encore et surtout au nom du salut mental et psychique de la Patrie et de l'Humanité[1]. »

Dans les années 1910, Marthe Francillon-Lobre souligne toujours que « c'est la maison [...], le *home* qui est, pourrait-on dire, le centre d'action de la femme[2]. »

Et la prometteuse et brillante Blanche A. Edwards (1858-1941), première à avoir été reçue à l'internat, nous l'avons vu, qui avait pourtant choisi la neurologie pour premier terrain de recherche, ne tient guère un autre discours. Elle consacre, en janvier 1889, sa thèse à des affections nerveuses : *De l'hémiplégie dans quelques affections nerveuses*[3]. Elle a pour président de thèse Jean Martin Charcot, dans les services duquel elle a travaillé six mois en tant qu'externe, en 1884-1885, et qu'elle remercie pour ses leçons et pour « la libéralité avec laquelle il permet à ses élèves de puiser dans cette mine si riche de La Salpêtrière[4] ». Ses travaux sont en effet dans la droite ligne de ceux de Charcot et de ses disciples, en particulier de ses études de cas de paralysies hystériques masculines. Après ces travaux qui auraient dû la mener vers une spécialisation dans le domaine des maladies nerveuses, elle ne poursuit pas en ce domaine, même si, en s'installant à Paris, elle a d'abord pour carte de visite et enseigne : *Docteur Blanche Edwards, maladie des femmes et des enfants, maladies nerveuses* ; elle supprime ensuite la mention *maladies nerveuses*. Il est sans doute impensable de travailler en tant que femme neurologue dans le service de Charcot à cette date : on se souvient des remarques de ce dernier plus que désobligeantes à son égard.

Blanche A. Edwards ouvre donc un cabinet de consultation. Mariée en 1891 au médecin Alexandre Pilliet (1861-1898), elle continue cependant à exercer, d'autant qu'elle se retrouve veuve avec trois enfants en 1898. Elle cumule alors les charges : elle reçoit dans son cabinet des malades trois après-midi par semaine, elle est aussi médecin d'une consultation de nourrissons et d'un foyer maternel, d'une crèche ; elle assure encore les visites médicales du personnel des PTT, dispense des cours à l'école d'infirmières de La Salpêtrière, et des cours d'hygiène et de puériculture aux lycées Lamartine puis Victor Duruy où elle est médecin. Elle abandonne donc

1. *Ibid.*, p. 14.
2. M. Francillon, *Essai sur la puberté chez la femme, op. cit.*, p. 168.
3. B.A. Edwards, *De l'hémiplégie dans quelques affections nerveuses (ataxie locomotrice progressive, sclérose en plaque, hystérie, paralysie agitante),* sous la présidence de Charcot, janvier 1889, thèse de médecine, Paris, Le Progrès Médical–Lecrosnier.
4. *Ibid.*, p. 11.

toute recherche en neurologie et défend un certain nombre de positions féministes modérées puisqu'elle est membre de la Ligue française pour le Droit des femmes, fondée par Léon Richer en 1882, qui, au début du XXe siècle, est républicaine, libre-penseuse et pacifiste. Cependant, comme les républicains du gouvernement, elle pense que la place de la femme est au foyer auprès de ses enfants ; une femme bien éduquée cependant afin que veuve ou célibataire, elle puisse travailler.

Ainsi, la maternité apparaît comme une des raisons majeures pour laquelle il faut prendre soin de la santé et du corps des femmes. Des discours pléthoriques et répétitifs se développent alors contre le corset et pour une hygiène corporelle raisonnable des petites et jeunes filles. Madeleine Brès, après certains de ses confrères, prête attention aux dangers du corset pour les futures mères dont le corps se trouve déformé par ce vêtement. Le port du corset est jugé indispensable en raison de la nécessité d'attacher les jupons et les jupes dont les liens couperaient la peau s'ils étaient attachés directement sur elle. Madeleine Brès propose soit de porter un corset plus souple (certains vont jusqu'à provoquer des croûtes sur les côtes tant ils sont rigides et serrés, à estropier les mamelons des seins), soit une ceinture hypogastrique afin d'éviter que les intestins ne pèsent sur l'utérus. En 1895, J. Gaches-Sarraute stigmatise, elle aussi, les effets déplorables du corset sur le corps des femmes. Elle invente alors un nouveau corset s'arrêtant à la taille qui soutient le dos et le ventre mais laisse l'estomac et les seins libres, ce qui est préférable puisqu'ils « ont un rôle très important à remplir [...] et du reste, il sera très facile de les soutenir, s'il en est besoin, à l'aide d'une simple brassière en toile[1]. »

En 1909, Blanche Edwards, soutenue par la ligue des mères de famille, publie une brochure intitulée : *Pour la beauté de la femme, contre la mutilation de la taille par le corset*, et fait circuler une pétition pour l'interdire. Elle se bat aussi pour que les jeunes filles, futures mères, pratiquent des exercices physiques, à l'adolescence. Après une diatribe violente contre l'absence d'hygiène corporelle des pensionnats religieux, elle conseille « un bain par mois pour le primaire, le secondaire et l'enseignement supérieur. En été, natation, bain froid ; douches en toutes saisons[2]. »

Dans le même ordre d'idée, ces médecins s'insurgent contre le voyage de noce que Madeleine Brès accuse de tous les maux. En effet, lors du mariage, la jeune-fille subit déjà

1. « Étude du corset au point de vue de l'hygiène du vêtement de la femme », *Revue d'Hygiène*, Paris, Masson, 1895, t. XVII, n° 5.
2. Déclaration faite au Congrès international des œuvres et institutions féminines de 1889, cité dans F. Leguay et C. Barbizet, *B. Edwards-Pilliet, femme et médecin*, *op. cit.*, p. 98-99.

un vrai traumatisme qui ébranlera tout son être et c'est ce moment qu'on choisit pour ajouter aux incitations conjugales de l'organe, les trépidations du chemin de fer, les courses fatigantes [...] Avez-vous songé aux embarras et dans certains cas aux tortures physiques que vous infligez à une jeune femme ignorante encore des nécessités vulgaires et basses de la vie, soumises comme nous tous, à des obligations journalières dont la pudeur s'effarouche [...] On pourrait citer ici de nombreux exemples de malheureuses qui pendant 12 à 15 jours, ont retenu des besoins naturels que la honte les avait empêchées de satisfaire[1].

Elle dénonce aussi les conséquences fréquentes de ces voyages de noces : inflammation de la matrice, fausses couches et finalement regrette que la jeune-fille soit « laissée trop ignorante des vraies fonctions de la femme[2] ». Marthe Francillon-Lobre, pourtant d'une autre génération, s'en plaint encore avant 1914 et dans les mêmes termes. Elle ajoute que « l'importance de la fonction de reproduction est assez grande pour qu'on ne néglige sous aucun prétexte des conseils qui peuvent préserver tout l'avenir d'un ménage[3] ».

Toutefois, ni l'une ni l'autre ne tentent de proposer une quelconque initiation sexuelle destinée à ces jeunes filles. Sont-elles pour autant contre toute éducation sexuelle ?

En 1900, au deuxième Congrès des œuvres et institutions féminines (sous la présidence de Sarah Monod), réunion féministe très modérée comme son nom l'indique, Blanche Edwards propose la création d'un cours sur le développement de l'enfant et sur l'embryogenèse donné aux mères et aux futures mères. La discussion est alors houleuse voire hostile et l'amendement d'abord voté est ensuite annulé. Seule Madeleine Pelletier propose en 1914 une éducation sexuelle même si elle encourage plutôt à la chasteté :

> si la jeune fille préfère rayer de sa vie le chapitre de la sexualité, on l'encouragera dans cette voie. Les lois et les mœurs asservissent la femme et elle ne peut guère trouver un peu de liberté qu'en se privant d'amour[4].

L'éducation sexuelle doit donc demeurer une affaire privée que seule la mère est habilitée à pratiquer dans le cadre familial. La crainte d'une émancipation sexuelle des jeunes filles, la nécessaire maternité des femmes et leur place au sein du foyer demeurent des idées hégémoniques défendues par la plupart des femmes médecins.

---

1. *L'Hygiène de la Femme et de l'Enfant*, mai 1884.
2. *Ibid.*, mai 1884.
3. *Ibid.*, p. 124.
4. M. Pelletier, *in L'Éducation féministe des filles et autres textes*, Paris, Syros, 1978, p. 71.

Hors les femmes et la maternité, n'y a-t-il donc point de salut pour les femmes médecins ? Quelques exceptions, quelques femmes questionnent le corps et son fonctionnement en tant que tels ; elles sont souvent chercheurs plutôt que praticiennes. Proportionnellement à leur très petit nombre global, ces femmes médecins hors norme ne sont d'ailleurs pas moins nombreuses que leurs confrères à découvrir et innover en matière de science médicale ou à avoir des pratiques différentes.

Quelques exceptions qui confirment la règle ?

Les questions de l'avortement et de la contraception sont des sujets très délicats à traiter. Ainsi, les premières femmes médecins n'abordent pas, sauf exception, ce problème. Avant la Grande Guerre, l'avortement médicalisé est encore difficile à penser pour l'ensemble des médecins et peu de féministes, même parmi les plus radicales, en défendent la possibilité. Madeleine Pelletier (1874-1939)[1] est de celles-là. Exceptionnelle par son parcours scolaire et universitaire, elle passe successivement les deux parties du baccalauréat (1896-1897), malgré sa pauvreté et sans doute grâce au soutien du médecin anthropologue Charles Letourneau qui l'avait aidée à obtenir une bourse de la ville de Paris. Elle achève ses études de médecine en un temps extrêmement court (par rapport aux hommes) puisqu'elle soutient sa thèse de doctorat en 1903, cinq ans après son baccalauréat. Entre-temps, elle a été interne suppléante à l'asile de Villejuif en 1901-1902 et a fait fonction d'externe à la maison d'accouchement Baudelocque pendant l'automne 1902.

Médecin absolument singulière, elle publie en 1911 une brochure diffusée par le mouvement néo-malthusien, *Le Droit à l'avortement*[2]. Elle rappelle — précaution indispensable sans doute — que « le but naturel de l'amour, c'est la reproduction de l'espèce », qu'élever un enfant est un bonheur ; mais elle ajoute que « la maternité fait de l'amour une véritable

1. *Cf.* C. Maignien et Ch. Sowerwine, *Madeleine Pelletier, une féministe dans l'arène*, Paris, Éditions Ouvrières, 1992 ; Ch. Letourneau, *La Condition de la femme dans les diverses races et civilisations,* 1908. *Cf.* aussi F. Gordon, *Feminism and medicine : the medical ideas and practice of Dr Madeleine Pelletier, 1879-1939*, M.A. thesis, Norwich University, 1985, et *The integral feminist : M. Pelletier,* Londres Polity Press, 1990. *Cf.* aussi, J.-Ch. Coffin, « La Doctoresse Madeleine Pelletier et les psychiatre » *in* Ch. Bard (dir.), *Madeleine Pelletier (1874-1939). Logique et infortunes d'un combat pour l'égalité,* Paris, Côté-Femmes, 1992, p. 51-62.
2. M. Pelletier, *Le Droit à l'avortement,* Paris, Librairie Internationale d'Édition Scientifique, 1911 et 1913 ; *Pour l'abrogation de l'article 317, le droit à l'avortement,* Paris, Éditions du Malthusien, 1913.

duperie pour la femme » et donc que si la femme ne désire pas d'enfant, elle doit avoir droit à la contraception dont rien n'interdit encore la publicité et, éventuellement, à l'avortement qui, elle le souligne bien, n'est qu'un pis-aller. « L'enfant qui est né est un individu mais le fœtus au sein de l'utérus n'en est pas un, il fait partie du corps de la mère » ; or le droit de chacun sur son corps est absolu puisqu'il va jusqu'au suicide[1]. Aussi préconise-t-elle l'avortement libre dans un cadre médical jusqu'à la fin du troisième mois. Elle stigmatise l'article 317 du Code pénal qui le rend illégal et l'avortement clandestin dont elle évoque la violence à travers les instruments utilisés : canules à lavement (malpropres, provoquant des septicémies), tringles à rideaux, aiguilles à tricoter, épingles à chapeau, tire-boutons, tisonniers (perforations, hémorragies, stérilité, au mieux).

Au début des années 1900, un livre écrit par le Dr Anna Fisher-Dückelmann est traduit en français par deux femmes médecins, Louise Azéma et Mina Kaplan. Il s'intitule *La Femme, médecin du foyer…*[2] Il propose un chapitre sur « la vie sexuelle » dont le contenu est dissonant sur bien des aspects par rapport au discours dominant des médecins hommes ou femmes français. Les organes génitaux des hommes et des femmes y sont certes présentés comme ayant pour but *la propagation de l'espèce*, mais ils sont décrits anatomiquement avec précision et plusieurs schémas les représentent clairement. Le plaisir sexuel, loin d'être passé sous silence, est magnifié : « Le coït ou *copulation*, lorsqu'on s'y livre à l'âge adulte, en pleine vigueur, réalise pour les deux sexes la joie suprême de la vie[3]. » Rien de moins ! Madeleine Pelletier rappelait, elle aussi, l'existence d'un instinct sexuel chez les femmes[4]. Anna Fisher-Dückelmann propose, elle, « des moyens préventifs de la grossesse », annonçant d'emblée que « le procédé le plus radical pour éviter la grossesse, sans blesser les sentiments intimes, consiste *dans l'abstinence complète pendant le mariage*[5]. » Précaution oratoire ? Peut-être, mais ce n'est pas sûr ; elle insiste en effet sur le but normal d'un rapport sexuel qui est de faire un enfant :

1. M. Pelletier, « Le Droit à l'avortement, *in L'Éducation féministe des filles…*, *op. cit.*, p. 137.
2. Anna Fisher-Dückelmann, *La Femme, médecin du foyer. Ouvrage d'hygiène et de médecine familiale concernant particulièrement les maladies des femmes et des enfants, les accouchements et les soins à donner aux enfants,* Paris, Muller, s.d., 2 vol. (il est hautement probable qu'il ait été édité entre 1900 et 1905 ; il est réédité presque à l'identique en 1949).
3. *Ibid.*, p. 262.
4. M. Pelletier, « Le Droit à l'avortement », art. cité, p. 124.
5. Anna Fisher-Dückelmann, *La Femme, médecin du foyer…*, *op. cit.*, p. 289.

> *On doit et on devra toujours considérer comme immoral* tout rapport sexuel dont on interrompt l'achèvement normal par un moyen artificiel. Il faut toujours regarder comme un symptôme lugubre de décadence sociale le fait que l'on en vient à considérer comme un malheur la mise au monde d'enfants et qu'on est contraint d'en limiter le nombre pour des raisons matérielles ou de santé[1].

Elle décrit cependant les différents préservatifs dont elle explique le mode d'emploi, les avantages et les inconvénients. Elle conseille enfin de n'avoir de rapports sexuels que pendant la troisième semaine du cycle, moment infécond affirme-t-elle.

Souci des femmes et aussi souci des soins donnés aux malades hospitalisés, mais les conseils viennent cette fois d'Angleterre et s'adressent aux infirmières et aux gardes-malades[2]. Par ailleurs, les maladies nerveuses attirent quelques-unes des premières femmes médecins. Spécialité nouvelle, les maladies nerveuses touchent beaucoup les femmes mais ouvrent aussi sur des questionnements et des champs de recherche novateurs. De plus, les neurologistes font partie de ceux qui acceptent l'existence de femmes médecins, même si c'est à certaines conditions, on l'a vu. Charcot attire ainsi un grand nombre de thésardes, en particulier étrangères, sa renommée étant internationale et particulièrement grande dans les États de l'Europe orientale, Russie en particulier. Au sein de ces maladies nerveuses, l'étude de l'hystérie en attire beaucoup. Cinq thèses de médecine sont ainsi soutenues sur cette maladie de 1888 à 1899. La première, en 1888, est l'œuvre d'une très jeune femme de 23 ans, Hélène Goldspiegel, d'origine polonaise. Son travail est une *Contribution à l'étude de l'hystérie chez les enfants,* avec pour président Charcot dont elle se distingue d'ailleurs par quelques points, mais elle ne poursuit pas de travaux dans son service. En 1894, elle travaille sur les maladies de femmes et publie un *Traitement des maladies de femmes par la méthode Thuré-Brandt*. Glafira Abricossoff, Russe, soutient sa thèse en 1897, un historique de *l'hystérie aux XVIIe et XVIIIe siècles* qui se termine au XIXe siècle avec pour apogée l'hystérie charcotienne. La même année, Olga Conta, Roumaine, propose une *Contribution à l'étude du sommeil hystérique* dont les femmes seraient essentiellement affectées. Deux ans plus tard, Marie Goldman, d'origine russe, dans sa thèse intitulée *Confusion mentale chez les hystériques,* soutenue en 1899 à La Salpêtrière, estime que les femmes sujettes à la confusion mentale et à l'hystérie sont celles qui sont oisives ou qui n'ont que

1. *Ibid.*, p. 293.
2. *Cf.* E. Diebolt, « Les gardes malades hospitalières » et « Protestantisme, enseignement infirmier et pratique professionnelle. les gardes-malades hospitalières et visiteuses » dans *Ouverture,* n° 40, 4e trimestre, 1985.

des occupations médiocres : « ce sont des créatures rétrécies[1] ». Pour pallier ces risques, il serait nécessaire, affirme-t-elle, « de modifier les conditions sociales de la femme », et que ses facultés morales et intellectuelles soient développées de telle sorte « qu'elle puisse se tracer un but dans des moments critiques et, pleine de fierté, se créer une vie indépendante[2] ».

Aucune de ces femmes ne devient cependant chercheur ; aucune ne poursuit un cursus hospitalier. Seule Augusta Klumpke (1859-1928), d'origine américaine, née à San Fransisco, poursuit une « vraie » carrière. Elle est la première femme à réussir l'internat des hôpitaux de Paris, on s'en souvient, en même temps que Blanche Edwards. Elle accomplit, qui plus est, son internat en médecine et chirurgie. Avant sa soutenance de thèse, elle publie huit articles, essentiellement d'anatomopathologie, dans la *Revue de Médecine* et la *Revue de Chirurgie,* sur les contractures hystériques, les paralysies radiculaires du plexus brachial, une fracture insolite du crâne, une malformation du cœur, des lésions nécrosiques, etc. En 1889, elle soutient sa thèse intitulée *Contribution à l'étude des polynévrites en général et des paralysies et atrophies saturnines en particulier*[3]. Elle y confirme, dans une polémique alors ouverte entre neurologues, la possibilité d'une pathologie indépendante des lésions de leurs centres trophiques des nerfs périphériques. Un an auparavant, elle a épousé Jules Déjerine (1849-1917) qui est alors médecin à Bicêtre. Elle ne travaille alors presque plus qu'avec son mari. Elle semble se mettre dans son ombre, observe une position de collaboratrice et c'est en tant que telle qu'elle est reconnue. Certains des disciples du couple soulignent même ses qualités d'« excellente maîtresse de maison » et sa présence toujours efficace auprès des thésards qui lui demandent aide et dont elle semble contrôler l'ensemble des travaux[4]. En 1928, à sa mort, onze ans après celle de Jules Déjerine, André Thomas affirme dans *L'Encéphale* :

> ce serait se représenter très incomplètement l'œuvre de Mme Déjerine que de se reporter exclusivement aux travaux publiés en collaboration avec M. Déjerine ou avec des élèves. Sa participation anonyme à de nombreux travaux ou à des thèses exécutés dans des laboratoires est considérable[5].

---

1. M. Goldman, *Confusion mentale chez les hystériques,* Paris, Imprimerie de la Faculté de Médecine, 1899, p. 13.
2. *Ibid.*, p. 44-45. Elle cite par ailleurs dans sa bibliographie Breuer et Freund (*sic*) pour un article de 1899 et Breuer (seul) pour ses *Studien über hysterie* (1895).
3. Mme Déjerine-Klumpke, ancienne interne en médecine et chirurgie, lauréate de l'Académie de Paris, (prix Godard 1886), médaille de bronze de l'A.P, *Contribution à l'étude des polynévrites en général et des paralysies et atrophie saturnines en particulier, étude linique et anatomo-pathologique,* Paris, Alcan, 1889.
4. *Éloge de Mme Déverine,* Paris, Masson, 1929.
5. *Ibid.*, p. 16.

Elle n'a pourtant de poste de direction qu'au moment de la guerre ; elle organise ainsi le service des grands infirmes de l'hôpital des Invalides qui est confié à P. Régnard, la paix revenue. Elle préside la Société de neurologie de 1914 à 1915. Enfin, si elle est nommée officier de la légion d'honneur, elle n'est pas élue à l'Académie de médecine (malgré le projet que les académiciens en auraient eu après sa mort).

Il est ainsi difficile de discerner son propre travail de celui de son mari et de ses élèves. Son mari vivant, elle ne publie pourtant qu'un article qu'elle signe seule en 1908. On lui attribue cependant les parties techniques des travaux :

> le choix des coupes, la disposition des planches, toute la partie iconographique [...] C'est sous sa direction qu'ont été exécutés les magnifiques dessins [...] qui illustrent *l'Anatomie des centres nerveux*. Mme Déjerine excellait dans l'art de construire un schéma qui résume toute une documentation [...][1]

Mais elle participe pleinement, semble-t-il, aux recherches et aux publications concernant la pathologie nerveuse organique. *L'Anatomie des centres nerveux*, somme de travaux consacrés à cette discipline, est ainsi, en 1895, publiée sous le nom Jules Déjerine « avec la collaboration de Mme Déjerine-Klumpke ». Ce dernier rédige l'introduction totalement à la première personne, indiquant cependant que « cet ouvrage est le fruit de la collaboration assidue de plusieurs années : ma chère femme, Mme Déjerine-Klumpke, y a contribué pour une large part, aussi ai-je tenu, et ce n'est que justice, à ce qu'il fut publié sous nos deux noms », suivent les noms des multiples autres collaborations[2]. Par ailleurs, le nombre des publications neurologiques d'Augusta Déjerine-Klumpke « en collaboration » est impressionnant. Tous les témoignages insistent sur l'impossibilité de distinguer le rôle de chacun dans les travaux communs ; en même temps, tous soulignent une complémentarité des tâches : Jules écrit, Augusta supervise les schémas et les dessins, se préoccupant des détails de présentation, se dirigeant « essentiellement vers l'observation mophologique[3] ». Cette complémentarité est emblématique du rapport homme-femme. Au bilan pourtant, il semble qu'Augusta Déjerine-Klumpke participe pleinement à l'approfondissement de la physiopathologie nerveuse, périphérique en particulier (les paraplégies par exemple), liée aux blessures de guerre qu'elle eut à soigner, et globalement à la mise au jour de l'anatomie du système nerveux. Ses recherches, ses travaux la situent, me

1. *Ibid.*, p. 18.
2. En revanche, Jules Déjerine mène seul ses travaux sur les psycho-névroses.
3. *Éloge de Mme Déjerine*, *op. cit.*, p. 30.

semble-t-il, comme une scientifique à part entière. Ces mots, écrits à sa fille à la fin de sa vie, sont exemplaires de cette démarche :

> Voir confirmer ses recherches et les conclusions d'un travail que l'on craignait d'affirmer trop audacieusement et, lorsqu'on suit une piste que l'on croit très sûre, la voir contrôler par ses recherches personnelles et par les recherches des maîtres dans la carrière, est certes une des plus grandes jouissances scientifiques que peut éprouver un jeune auteur[1].

Cependant, tous les dictionnaires ne la citent qu'en tant qu'épouse de Jules Déjerine.

Madeleine Pelletier, quant à elle, a-t-elle apporté des contributions scientifiques novatrices à l'anthropologie, voie qu'elle avait d'abord choisie ? Au début du XXe siècle, « l'anthropologie générale est la biologie du genre humain[2] ». Science de médecins, elle s'appuie en particulier sur la craniométrie, étude et mesure quantitative du crâne. L'ensemble de ses chercheurs estiment que les individus d'intelligence supérieure ont la tête plus grosse que ceux d'intelligence inférieure ; les femmes sont donc dans l'ensemble moins intelligentes que les hommes. Certains sont cependant plus nuancés ; ainsi Charles Letourneau qui pense que l'infériorité intellectuelle des femmes n'est que le fruit de l'histoire et que l'évolution de la société permettra d'atteindre une réelle égalité. Confrontée à ces idées reçues, Madeleine Pelletier poursuit des travaux personnels ou en collaboration avec Nicolas Vaschide. Elle semble chercher les moyens de contredire ou, au moins, de contester ces conclusions. Son premier article, publié en 1900, une étude « des indices pondéreux du crâne et des principaux os longs », lui permet notamment d'établir que les femmes ont des indices (rapport entre poids du fémur et du crâne) moins élevés (ce qui veut dire meilleur) que les hommes[3]. En 1901, dans une « étude de la phylogenèse du maxillaire inférieur », elle conclut par ces mots :

> Quand on dit qu'une race est supérieure, on veut exprimer seulement ce fait que, en moyenne, les individus qui lui appartiennent ont plus de caractères de supériorité évolutive que les exemplaires des autres races[4].

---

1. « Lettre de Mme Déjerine à sa fille Mme Sorrel-Déjerine », Thalgut, le 7 octobre 1927, *ibid*.
2. P. Broca, art. « anthropologie », *Dictionnaire encyclopédique de la médecine*, Dechambre.
3. M. Pelletier, « Recherches sur les indices pondéreux du crâne et des principaux os longs », *Bulletin de la Société d'Anthropologie*, novembre 1900.
4. M. Pelletier « Contribution à l'étude de la phyllogenèse du maxillaire inférieur », *Bulletin et Mémoires de la Société d'Anthropologie,* mai 1901, cité *in* C. Maignan et Ch. Sowerwine, *Madeleine Pelletier…*, *op. cit.*, p. 36.

En 1904, une recherche faite avec Nicolas Vaschide est publiée. Si les conclusions rejoignent les idées dominantes de la pensée anthropologique de cette époque, elles sont cependant nuancées. L'article s'appuie sur une étude des crânes de 80 garçons et 60 filles d'un groupe scolaire de Villejuif, donc des enfants de milieux sociaux équivalents (ce qui est nouveau : on confrontait alors plutôt savants et gens incultes ou *races* différentes), afin de comparer leurs crânes à leur intelligence, estimée par leurs instituteurs. La publication est bardée de mesures des crânes sous toutes leurs faces et de tableaux statistiques (Madeleine Pelletier excellait en mathématique). Il en ressort que « le cerveau croît comme l'intelligence (et comme la taille) », que plus la tête est grosse, plus il est probable que l'intelligence est grande mais que ce n'est qu'un facteur parmi d'autres :

> Il semble résulter que le développement céphalique des sujets intelligents se comporte anthropologiquement d'une manière autre que celui des sujets non intelligents en dehors de toute considération de race, d'âge, de taille[1].

Les recherches anthropologiques déçoivent-elles Madeleine Pelletier ? Fondée essentiellement à cette époque sur des calculs de volumes, des mesures, des tableaux comparatifs, cette science humaine dessine une humanité hiérarchisée que Madeleine Pelletier, à son niveau d'étude, peut sans doute difficilement contester. De fait, elle s'en écarte pour s'intéresser à la psychologie naissante[2], lors du travail à l'asile de Villejuif qu'elle pratique en tant qu'interne suppléante en 1901-1902 puis interne titulaire. En 1902, elle décide de tenter le concours de l'internat des asiles de la Seine. Refoulée de la salle, parce que femme — et donc ne possédant pas les droits civiques —, soutenue par de nombreux médecins et par la plupart des féministes, elle fait appel et obtient l'autorisation de passer le concours en 1903, concours auquel elle est reçue avec Constance Pascal (1877-1937).

La même année, elle soutient sa thèse intitulée *L'Association des idées dans la manie aiguë et dans la débilité mentale* sous la présidence d'Alix Joffroy (1844-1908), neurologue plus qu'aliéniste, médecin à Sainte-Anne où elle avait fait un stage. Dans ce travail, à la fois théorique et clinique, elle montre sa conviction que la psychologie naissante est une science

1. Nicholaes (*sic*) Vaschide et Madelaine (*sic*) Pelletier, *Recherche expérimentale sur les signes physiques de l'intelligence,* La Chapelle-Monlijeron, 1904, p. 63. A été publié dans la *Revue Philosophique,* octobre 1903-février 1904.
2. *Cf.* J.-C. Coffin, « Sexe, hérédité et pathologie, hypothèses, certitudes et interrogations de la médecine mentale, 1850-1900 », *in* D. Gardey et I. Löwy, *L'Invention du naturel, les sciences et la fabrication du féminin et du masculin (XIX-XX*e *siècles)*, Paris, Archives Contemporaines, 2000, p. 159-186.

comme les autres dont on découvrira les lois. Elle ne pense cependant pas dans des cadres organicistes rigides mais en terme d'évolution selon les âges de la vie et en terme d'influence du milieu, « au cours de l'évolution psychique de chaque individu, les états de conscience s'organisent en des systèmes dont la nature varie selon le milieu » ; ainsi, une paysanne ne verra pas le soleil comme un astronome. Elle estime de plus que « les systèmes psychiques ne sont pas immuables[1] ». Très influencée par l'associationnisme de John Stuart Mill qu'elle a dû lire aussi en tant que défenseur du droit des femmes, Madeleine Pelletier cherche à mettre au jour la place des associations d'idées dans le mécanisme de la pensée et montre que, quel que soit le mode d'activité psychique, normal ou non, les lois de ressemblance, de contraste, de contiguïté, etc., en sont toujours la base. Sa thèse est à la fois une réflexion générale sur l'association d'idées à l'état normal — partie qui s'appuie sur de nombreuses lectures : en sus de Mill, elle se réfère à Spencer, Janet et Paulhan — et une étude clinique. Elle étudie 16 cas de débiles et maniaques, 8 hommes et 8 femmes. Sa pratique est originale puisqu'elle se contente d'écouter parler ces malades en prenant en note leurs discours afin de saisir leur mode d'associations d'idées, les interrompant seulement parfois, pour réveiller une « idée directrice » ou poser brusquement la question, « *n'êtes-vous pas toqué*[2] *?* » Sa soutenance est brillante — le jury est extrêmement satisfait — et remarquée : sa thèse est éditée l'année suivante.

Ses recherches concernent dorénavant la psychologie. Elle est interne en asile, et ce jusqu'en 1908 : successivement à Ville-Évrard avec Paul-Maurice Legrain (1860-1939), à Villejuif dans les services d'Édouard Toulouse (1865-1947) et d'Auguste Marie (1865-1934), et enfin à Sainte-Anne avec Paul Dubuisson (1847-1908). Elle se sentit certainement intellectuellement à l'aise avec ces hommes, tous matérialistes, anticléricaux et darwinistes, certains attentifs aux problèmes des femmes. Ainsi en 1906, Édouard Toulouse, après que Madeleine Pelletier a eu accès au concours de l'adjuvat de médecin des asiles, met au jour les contradictions du Code civil. Au poste d'adjuvat, le médecin gère en effet un personnel nombreux, en majorité masculin, un budget important et, bien sûr, est responsable des malades hospitalisés. Or si c'est une femme mariée, comme la loi l'autorise dorénavant, qui occupe cette direction, elle reste pourtant chez elle, dans son ménage, « incapable » civilement. Toulouse remarque aussi

1. M. Pelletier, *L'Association des idées dans la manie aiguë et dans la débilité mentale*, Paris, J. Rousset, 1903, p. 7.
2. Cité *in* Ch. Sowerwine, « Madeleine Pelletier, femme, médecin, militante », *L'Information Psychiatrique,* n° 9, novembre 1988, p. 1187.

ironiquement que « les premiers hommes qu'auront à diriger des femmes fonctionnaires seront des aliénés[1] ».

L'expérience clinique de Madeleine Pelletier a probablement été tout aussi marquante pour elle, d'autant plus que ce fut une période exceptionnellement sans problème matériel puisqu'elle était payée en tant qu'interne[2].

Le 6 mai 1904, elle fait un exposé à la Société de psychologie sur « l'écho de la pensée et la parole intérieure » devant un parterre de médecins dont certains fort connus : Dumas, Janet, Manouvrier, Séglas, Sollier... Dans cette communication, elle cherche à comprendre ce qu'est la parole intérieure à la fois chez l'homme normal, qui l'utilise peu, estime-t-elle, dans la pensée ordinaire, chez le psychasthénique, qui rumine ses problèmes, et chez le persécuté, qui objective cette parole jusqu'à l'hallucination[3]. Ses réponses aux questions posées, son raisonnement et son argumentation s'y révèlent très sûrs. Mais ses recherches tournent court : en mars 1906, elle se propose de passer le concours d'adjuvat pour devenir médecin adjoint des asiles d'aliénés. Sa demande est rejetée pour la raison que le candidat devait disposer des droits civiques. Elle demande alors une dérogation mais, craignant de ne pouvoir passer que le concours suivant prévu seulement pour 1908 et devant gagner sa vie, elle dépose une candidature pour être médecin des postes. Or sa dérogation est acceptée assez vite pour qu'elle puisse se présenter au concours d'adjuvat de 1906 ; elle y échoue, n'étant probablement pas prête. Elle devient donc médecin des postes et médecin de quartier, de nuit ; elle ne publie plus en tant que médecin psychiatre.

Cependant, ces années d'internat, son engagement politique et son militantisme féministe lui permettent de voir la psychiatrie « comme une tentative de compréhension des malades » ; elle se dit « habituée à interroger des fous dans la peau desquels il faut entrer si l'on veut savoir quelque chose[4] ». Ses analyses sociales sont, je crois, profondément marquées par cette réflexion et cette expérience psychiatrique et anthropologique. Elle lutte contre les interprétations en termes d'hérédité et de pathologie de

---

1. « Les femmes et la fonction publique », Dossier M. Pelletier, Bibliothèque M. Durand, s.d.
2. Legrain avec certitude puisqu'il la persuade de se faire initier dans une loge franc-maçonne mixte. *Cf.* Ch. Sowerwine, « Madeleine Pelletier, femme, médecin, militante », art. cité, p. 1187-1188.
3. M. Pelletier, « L'Écho de la pensée et la parole intérieure », *Bulletin de l'Institut Général Psychologique*, 1904, p. 449-473.
4. *Ibid*. La citation de M. Pelletier est dans « Être Apache », *La Guerre Sociale*, 9 juin 1909.

l'état d'infériorité dans lequel vivent les ouvriers, et particulièrement les ouvrières, qu'elle ne rapporte qu'à des causes économiques et sociales.

Quant à Constance Pascal (1877-1937), d'origine roumaine, elle bénéficie des combats féministes de Madeleine Pelletier. Elle passe avec elle l'internat, soutient sa thèse, *Les Formes atypiques de la paralysie générales*, en 1906 avec Paul Sérieux (1864-1947), et réussit en 1908 le médicat des asiles. Elle publie en 1911 un ouvrage sur *La Démence précoce* et beaucoup d'autres travaux après la première guerre. Elle aussi semble une médecin-chercheur à part entière dont les travaux sont reconnus. Comme Madeleine Pelletier, elle a ainsi une entrée dans le *Dictionnaire biographique de la psychiatrie* (de P. Morel), mais elle est restée célibataire.

La très grande majorité des quelques dizaines de femmes médecins dont j'ai pu lire et suivre les travaux demeurent donc dans le rôle que leurs confrères leur ont assigné. L'ouverture de la médecine aux femmes s'était accomplie sur des bases claires de complémentarité hiérarchique des rôles et des compétences. La santé des hommes ne leur était pas accessible. Leurs domaines étaient celui des femmes puis celui des fous[1]. Formées dans des facultés d'hommes, à un savoir pensé par des hommes, et soumises à des examens et des concours corrigés et jugés par des hommes dans une société où elles étaient largement pensées comme inférieures intellectuellement, comment pouvaient-elles montrer une originalité quelconque, comment pouvaient-elles se distinguer ?

Elles ont, dans l'ensemble, cherché à se couler dans le moule masculin et à s'y montrer les meilleures ; c'est sans doute cette capacité même d'excellence qui a le plus contribué à modifier bien des conceptions de la science médicale. Quelquefois pourtant, elles ont glissé ici et là quelques innovations scientifiques et quelques gauchissements des représentations dominantes.

1. *L'Égalité des chances entre les hommes et les femmes à l'université*, Université Lille 3, travaux de la journée d'étude du 5 février 2001, CEGES, 2001, p. 14. Ces travaux montrent que la médecine demeure encore extrêmement ségrégative pour les postes hospitaliers de haut niveau de responsabilité.

Les enquêtrices sociales, pionnières de la sociologie empirique (France, 1900-1914)

Antoine Savoye

La pratique des « enquêtes sociales[1] », déjà ancienne si l'on songe, pour le domaine français, aux travaux impulsés, sous la Monarchie de Juillet, par l'Académie des sciences morales et politiques (Louis-René Villermé, Adolphe Blanqui, Eugène Buret) ou par les *Annales d'hygiène publique et de médecine légale* (Parent-Duchâtelet, Villermé, Mélier)[2], ou bien, dans un autre registre, à ceux de Flora Tristan ou encore des ouvriers réunis autour du journal *L'Atelier*, prend un nouvel essor au tournant du XIXe et du XXe siècles. Partagée par des individus et des groupements aux statuts et aux finalités variés[3], cette pratique diffuse et prend les dimensions — mêmes modestes — d'un mouvement intellectuel producteur d'une connaissance nouvelle de la société. Ce mouvement constitue un des épisodes fondateurs de la sociologie empirique au cours duquel se répand l'idée que les « questions sociales » doivent être étudiées *de visu*, auprès de, et parfois même, avec ceux qui les vivent, selon un principe méthodologique d'observation directe des faits sociaux[4].

---

1. Les « enquêtes sociales » sont des études portant sur des professions, des institutions sociales (famille, entreprise, école, syndicat), des agrégats sociaux territorialisés (quartier, ville, pays, régions, secteurs industriels ou agricoles), selon des techniques d'investigation directe (questionnaire, entretiens, observation). Articulant l'économique et le social, elles ont pour objet central les populations des groupements sociaux considérés (conditions de travail, mode de vie, organisation sociale, etc.). « Enquête sociale », appellation que nous avons conservée, est le terme courant pour désigner ce type de recherche à une époque où « l'enquête sociologique » n'est pas encore définie.
2. Sur les enquêtes sociales dans le premier XIXe siècle, *cf.* Hilde Rigaudas-Weiss, *Les Enquêtes ouvrières en France entre 1830 et 1848*, Paris, Alcan, 1936 ; Antoine Savoye, *Les Débuts de la sociologie empirique. Études socio-historiques 1830-1930*, Paris, Méridiens Klincksieck, 1993.
3. Même si les enquêtes sociales ne se confondent pas avec les monographies sociales qui en constituent un type particulier, pour saisir cette multiplicité et cette diversité, on peut se rapporter à Antoine Savoye, « La Monographie sociologique : jalons pour son histoire 1855-1914 », *Les Études Sociales*, n° 131-132, 2000, p. 11-46.
4. Ce principe de méthode a été formulé, pour la première fois et dans ces termes, par F. Le Play en 1855. Aussi est-il courant dans le monde des enquêteurs de se référer à l'auteur des *Ouvriers européens*, sans pour autant nécessairement partager ses idées sociales ou celles de ses continuateurs déclarés.

Plusieurs femmes participent à ce mouvement des enquêtes sociales et donc, par là, à la construction de la sociologie[1]. Notre propos est d'abord de caractériser quelles furent ces femmes enquêtrices, pour la plupart encore méconnues, en fonction de leurs objets d'étude, de leurs démarches de recherche et de la finalité de leurs enquêtes, puis d'examiner la portée de leurs travaux. Nous nous cantonnerons à une période courte mais significative, d'une quinzaine d'années, allant du début du siècle à la Première Guerre mondiale.

Portrait de groupes

Les enquêtrices sociales que nous avons pu repérer à travers leurs travaux publiés ne sont pas nombreuses : une trentaine de noms seulement se dégage. Ce chiffre relativement faible est cependant significatif, rapporté au nombre total d'individus qui, à cette époque, adoptent ce mode de recherche original. En effet, ils ne sont pas légion les intellectuels d'un type nouveau qui, rompant avec la pensée sociale abstraite, confinée en cabinet, se risquent à aller examiner en direct la réalité concrète des phénomènes sociaux qu'ils étudient. Dans leur grande majorité, ces enquêtrices partagent un même objet d'étude : la condition des ouvrières, plus spécialement des travailleuses de l'industrie et du commerce, ainsi que des domestiques. De ce point de vue, leurs travaux constituent un ensemble relativement homogène mais qui se différencie si l'on considère le type d'enquêtes entreprises et la finalité que leurs auteures leur assignent.

On peut répartir celles-ci en deux groupes suivant que leurs enquêtes sont plutôt tournées vers l'action sociale immédiate ou plutôt orientées vers la production d'une connaissance scientifique de type sociologique ou socio-économique. Même si, on le verra, il y a interférence entre les deux objectifs et porosité d'un groupe à l'autre.

Les enquêtrices militantes, l'exemple de la Ligue sociale d'acheteurs

Le premier groupe rassemble des « militantes sociales » dont les enquêtes ont pour but de faire connaître des situations d'exploitation concrètes afin

1. Nous ne pouvons rappeler, dans le cadre de cette contribution, le contexte qui a permis à des femmes de rejoindre ce mouvement et d'y tenir une place éminente. Énumérons toutefois quelques conditions qui ont été autant de facteurs facilitateurs et déclencheurs : du point de vue idéologique et social, l'essor du syndicalisme et du féminisme (particulièrement de sa variante « sociale »), l'évolution de la doctrine de l'Église catholique appelant à un engagement des femmes dans la vie de la Cité ; du point de vue institutionnel, la multiplication de groupements et d'institutions se donnant pour objet l'étude des questions sociales et l'émergence d'une assistance sociale renouvelée recourant, sur le modèle américain (*social settlement*, *survey*), à l'enquête.

d'y remédier soit par une intervention directe, soit par une action à plus long terme de caractère éducatif ou politique. Au premier rang de ce groupe, on trouve des femmes investies dans le socialisme et/ou le féminisme comme Aline Valette, Marie Bonnevial ou, plus tardivement, Marcelle Capy[1]. Dans la ligne d'un journalisme d'investigation engagé, pratiqué à la même époque par le *Cri du Peuple* ou *La Petite République* (Émile Degay) ou les *muckrakers* américains, voire Jack London et son *Peuple de l'abîme* (1903), leurs enquêtes sont de brefs tableaux décrivant des conditions de travail ou d'existence localisées, et non pas des études approfondies et systématiques comme en entreprennent les frères Pelloutier[2]. La fonction dénonciatrice ou d'« agit-prop » prime sur la visée scientifique. Avec son projet d'Office du travail féminin (1907), Marguerite Durand s'efforce de promouvoir une autre orientation, plus constructive et organisée, mais sans succès[3]. Après avoir amorcé quelques enquêtes, cet Office dont le secrétariat général est confié à Mme J. de Maguerie[4], fait long feu.

---

1. Aline Valette (1850-1899), enseignante puis inspectrice du travail féminin de la Ville de Paris, membre du Parti ouvrier français de Jules Guesde, publie régulièrement dans *La Fronde* — journal fondé par la féministe Marguerite Durand — à partir de 1897 le résultat de ses enquêtes sur le monde ouvrier féminin. Marie Bonnevial (1840-1918) qui fut institutrice, première femme nommée au Conseil supérieur du travail, lui succède et tient une « Tribune du travail ». Quant à Marcelle Capy, elle tient, en 1913 et 1914, dans la *Bataille Syndicaliste*, une rubrique permanente sur les conditions du travail des femmes reposant, elle aussi, sur des enquêtes. Emule de Mme Van Vorst qui, pour son *Ouvrière aux États-Unis* (1903), travaille dans une usine durant plusieurs mois, et de Jacques Valdour qui pratique l'« *observation vécue* », forme d'observation participante avant la lettre, Marcelle Capy tentera sans succès de se faire embaucher dans une raffinerie des Sucres Lebaudy. Une sélection de textes a été publiée dans Marcelle Capy et Aline Valette, *Femmes et travail au XIXe siècle*, présentation et commentaires de E. Diebolt et M.H. Zylberberg-Hocquard, Paris, Syros, 1984.
2. Il est significatif de cette différence que Fernand et Maurice Pelloutier publient leur *Vie ouvrière en France* (1900) dans la « Bibliothèque Internationales des Sciences Sociologiques » de l'éditeur Schleicher Frères et non pas dans un cadre militant.
3. Justifiant sa création par le fait que les intérêts des travailleuses sont différents de ceux des travailleurs, Marguerite Durand attend de cet Office que « par ses enquêtes, sa documentation, ses statistiques, ses consultations fréquentes des intéressées », il informe les « législateurs soucieux de se renseigner sur la situation exacte des travailleuses, sur leur desiderata » (lettre circulaire aux sénateurs, s.d., dossier Office du travail féminin, Bibliothèque Marguerite Durand, Paris).
4. Mme de Maguerie, militante féministe qui est candidate aux élections de 1910, assure un cours sur « les œuvres sociales dans l'industrie » au Collège libre des sciences sociales à partir de 1907. Un temps membre de la Société d'économie sociale, elle a été une des principales animatrices de son congrès annuel de 1901 consacré à la condition féminine. À la demande du Musée social, elle étudie la « situation des femmes employées en France et en Belgique » (1905).

Idéologiquement différente mais partageant la même stratégie d'action dont l'enquête est la pierre angulaire, la Ligue sociale d'acheteurs (LSA), fondée en 1902[1], connaît, en revanche, une réussite remarquable. Groupement dirigé par des femmes liées, pour la plupart, au « catholicisme social », la LSA, sur le modèle américain de la National Consumers' League, a pour objectif de faire connaître aux consommateurs (en fait, ce sont les consommatrices qui sont les premières visées) les conditions de travail dans lesquelles sont fabriqués et commercialisés les produits qu'ils achètent afin de leur faire prendre conscience de la surexploitation des ouvriers et des employés. La LSA attend des acheteurs ainsi éclairés qu'ils agissent contre cette exploitation en se fournissant chez des fabricants et des commerçants recommandés pour leurs rapports avec leurs salariés. Cette mobilisation active des consommateurs suppose une connaissance exacte des conditions de travail des ouvriers et employés, d'où le recours à l'enquête. En 1905, par exemple, Mme Brunhes proclame dans le *Guide social* publié par l'Action populaire :

> Notre méthode première, notre méthode par excellence, est la méthode souveraine de toutes les sciences d'observation : la LSA tourne le plus qu'elle peut les efforts de tous ses membres vers les enquêtes personnelles. Nous ne cessons de dire : mettez vous au régime de l'enquête incessante.

Ces enquêtes concernent des groupes professionnels proches des militantes de la LSA qui appartiennent, en général, à la grande et la moyenne bourgeoisie. Ainsi, sont d'abord étudiés les salariés du commerce et des services de luxe : blanchisseuses, couturières, modistes, pâtissiers, coiffeurs, ainsi que les domestiques. Ces dernières moins pour le travail *stricto sensu* que pour leurs conditions d'habitation (promiscuité redoutée des chambres de bonnes du « 6e étage »). Puis viendront les garçons de café et de restaurant, les ouvriers boulangers (en raison du travail de nuit) et, surtout, les ouvriers et les ouvrières à domicile, en particulier dans le secteur de l'habillement, la Ligue participant activement aux débats sur le travail à domicile qui s'engagent nationalement à partir de 1904-1905. D'autres questions feront aussi l'objet d'enquêtes dans le but, cette fois, de contrôler l'application de réglementations récentes comme la « loi des sièges » (1900) pour les vendeuses des grands magasins.

Les enquêtes s'insèrent dans la stratégie d'action de la Ligue, nourrissant la réflexion de ses groupes d'étude spécialisés, essentiellement com-

---

1. L'initiative en revient à Henriette Hoskier-Brunhes (1872-1914), épouse du géographe Jean Brunhes, qui rend public son projet devant l'Office central des œuvres de bienfaisance en décembre 1902. *Cf. La Réforme Sociale*, 16 mars 1903, p. 442.

posés de femmes[1] qui se lancent alors, pour la plupart d'entre elles, en autodidactes dans l'étude et l'action sociales. S'appuyant sur l'expérience des institutions et groupements qui suivent aussi la voie de l'enquête et de la réflexion sociales, la LSA s'inspire des travaux et des publications de la Société d'économie sociale (SES) des continuateurs de Frédéric Le Play ; des « Semaines sociales » fondées par le juriste catholique Boissard et Marius Gonin (1904) ; de l'Action populaire du père jésuite Desbuquois (1903) ; de l'Association française pour la protection légale des travailleurs. Plus directement, elle fait appel à la collaboration d'enquêteurs chevronnés tels que Georges Alfassa (bientôt recruté par l'Office du travail), Georges Blondel ou l'abbé Mény. À son lancement (1903-1904), elle organise même une formation spéciale destinée à ses adhérents, confiée à Pierre du Maroussem et intitulée « L'éducation de l'acheteur par l'enquête[2] ». En retour, la LSA qui a, par ailleurs, son propre bulletin et ses congrès internationaux, rend publics ses travaux dans ces cercles où ses membres interviennent régulièrement[3]. La Ligue s'inscrit donc clairement à la fois dans le réseau du catholicisme social et les milieux des sciences sociales émergentes[4]. Les enquêtes les plus remarquables, si l'on en croit Georges Mény[5] en 1909, ont pour auteurs Mmes Piot et Lerolle

1. Le caractère d'organisation féminine de la LSA tient non seulement à ses fondatrices, mais aussi à la place que les femmes y tiennent à tous les niveaux de sa structure. Ainsi, le Conseil de la Ligue (dite de Paris car la LSA se veut un mouvement décentralisé avec des ligues ou sections dans chaque grande ville) comprend douze femmes sur quinze membres et son comité directeur quatre femmes sur six. Les femmes adhérentes sont souvent appuyées dans leur action par leurs maris (Blondel, Brunhes, Goyau, Jay, Juillerat, Lerolle, Piot, Turmann), eux-mêmes engagés dans le catholicisme social. Notons que le Conseil de perfectionnement de la LSA est, en revanche, entièrement masculin en 1908, composé notamment de professeurs des Facultés de droit (Cauwès, Jay, Saleilles) auxquels s'est joint A. Keufer.
2. Pierre du Maroussem (1862-1937), docteur en droit, formé à la science sociale leplaysienne, chargé d'un cours libre par la Faculté de droit de Paris à partir de 1892, enquêteur pour l'Office du travail, est un des représentants de la science sociale empirique les plus remarquables de son temps. Il est l'auteur d'*Enquêtes. Pratique et théorie*, Paris, Alcan, 1900.
3. Ainsi, Henriette Brunhes collabore-t-elle à *La Réforme sociale*, la *Quinzaine*, aux publications de l'Action populaire, etc., mais aussi intervient aux congrès annuels ou lors des conférences mensuelles de la SES (dont elle fut un temps membre), participe aux Semaines sociales, etc.
4. De ce point de vue, il n'est pas indifférent de remarquer que le secrétaire de la LSA de Paris (la plus importante en France), Joseph Bergeron, est, par ailleurs, secrétaire du Collège libre des sciences sociales.
5. Georges Mény, « Les Enquêtes sociales féminines », *Semaines sociales de France (VIe session, Bordeaux, 1909)*, p. 391-407. L'abbé Georges Mény est lui-même un enquêteur social hors pair, auteur d'un ouvrage consacré au « travail à bon marché »

(« Blanchisserie parisienne »), Henriette Brunhes (« Conditions de travail de la femme dans l'industrie, à l'usine et à domicile »), la baronne Brincard (« Petits marmitons et pâtissiers de Paris »), Mme Froment (« Les ouvrières de l'Équipement militaire à Paris »), Marthe Jay (« Le travail de nuit des femmes »). On pourrait y ajouter celles d'Élise Chalamet, une pionnière des écoles maternelles[1], membre de la LSA, sur le logement des domestiques.

À la base de ces enquêtes, on trouve un questionnaire, plus ou moins détaillé selon les cas, portant généralement sur les conditions de travail (durée journalière et répartition hebdomadaire ou mensuelle, travail de nuit, succession des tâches, salaires, rapports avec la clientèle). Ainsi, l'enquête générale sur les blanchisseries, animée par Mmes Piot et Lerolle, a pour instrument un questionnaire divisé en trois volets (direction, travail ouvrier, relation avec la clientèle), un quatrième volet étant réservé à des propositions de « réformes » (allant dans le sens d'une amélioration des conditions de travail) auxquelles pourrait participer la clientèle. Cette enquête mobilise, sur le terrain, onze enquêtrices (dont Mme Taine, la veuve du philosophe), renforcées de trois hommes (dont G. Alfassa et G. Benoit-Lévy, le propagandiste des cités-jardins). Ses résultats, fondés sur l'étude d'une trentaine de blanchisseries représentatives de trois types bien déterminés, la blanchisserie familiale, la grande blanchisserie, la petite blanchisserie de quartier[2], sont transmis aux groupes d'étude qui les discutent

---

dans les secteurs du jouet, du meuble, du vêtement, du linge de maison, etc. *Cf. Le Travail à bon marché. Enquêtes sociales*, préf. de l'abbé Lemire, Paris, Bloud, 1907. Dans sa préface, l'abbé Lemire salue la méthode suivie par Mény : « Ce que vous avez fait : lire consciencieusement tout ce qui a été écrit sur la matière que vous traitez, interroger toutes les personnes compétentes et à même de vous renseigner, suivre dans leur atelier ou leur logement les ouvriers et les ouvrières des articles à bon marché ; peser, compter, calculer, mettre dans les phénomènes de la production et de la vente la précision d'un statisticien, la délicatesse d'un psychologue, c'était la grande et bonne méthode de cet observateur de génie qu'on appelle Le Play… » (p. VI). Mény consacre sa thèse pour le doctorat en droit au *Travail à domicile* (Paris, Marcel Rivière, 1910).

1. *Cf.* Raoul Gout, *L'Apostolat intellectuel et social d'Élise Chalamet 1848-1925*, Alençon, Imprimerie Corbière et Jugain, 1949. E. Chalamet, d'une famille protestante de l'Ardèche très républicaine, est l'auteur de plusieurs enquêtes sur le logement ouvrier soit dans le cadre de la LSA, soit avec le soutien du Musée social. Sa présence permet de relativiser le caractère catholique de la Ligue, de même qu'elle confirme l'interpénétration des milieux et groupements générant des enquêtes sociales (Musée social, Office du travail, LSA, etc.).
2. On retrouve là les principes d'échantillonnage enseignés par Pierre du Maroussem. En revanche, Mmes Lerolle et Piot récusent l'approche progressive prônée dans *Les Enquêtes…*, *op. cit.* : « Nous nous sommes d'abord embarrassées d'une foule de précautions que nous croyions nécessaires… conversations avec les personnes éclairées

et en tirent des conclusions pratiques : actions de propagande immédiate (faire figurer certaines blanchisseries sur la « Liste blanche » des établissements recommandés) ou lobbying auprès de parlementaires en vue d'obtenir des changements réglementaires ou législatifs. Partisanes de la « propagande par l'enquête », les enquêtrices de la LSA passent ainsi, sans solution de continuité, de la connaissance à l'action.

Les enquêtrices savantes

Le deuxième groupe est composé des femmes enquêtrices dont les travaux ont moins pour but d'étayer une intervention sociale immédiate, que d'établir une connaissance rigoureuse, de nature scientifique, sur laquelle se fondera éventuellement une action. Qu'ils traitent du travail féminin (par exemple, le travail à domicile) ou de situations économiques et sociales impliquant des femmes (par exemple, les petites industries rurales), ces travaux ont l'ambition de rendre compte de la réalité étudiée selon des cadres et des principes d'analyse qui marquent une avancée scientifique (représentativité de l'échantillon, variables d'âge, de situation familiale, de secteurs industriels, de métiers ou de régions ; mise en relation des faits relevés, etc.). Ils sont traversés, de ce fait, par les clivages méthodologiques des sciences sociales de leur temps[1] et se différencient en fonction des méthodes mises en œuvre par les enquêtrices.

Tout d'abord, il y a des *enquêtes extensives (générales)* sur des secteurs industriels où la main-d'œuvre est massivement féminine, réalisées à la demande d'organismes comme l'Office du travail, service rattaché au ministère du Commerce et institué en 1891, ou le Musée social, fondation privée créée en 1894[2]. Ces recherches, effectuées à des échelles qui diffèrent selon les moyens qui leur sont consacrés, combinent, dans des proportions variées, la compilation de statistiques et de travaux faisant auto-

et compétentes, recommandations pour les syndicats. Nous avons bientôt reconnu qu'en réalité cela ne nous servait de rien, et nous nous sommes mises rapidement à l'ouvrage, en regardant les choses par nous mêmes » (cité par Georges Mény, « Les Enquêtes sociales féminines », art. cité, p. 394). Ce conflit de méthode renvoie, à mon sens, à la finalité de l'enquête différente chez du Maroussem et les enquêtrices de la LSA : celles-ci, toutes à leur objectif d'intervention sociale en faveur des ouvrières, ne visent pas une étude globale et savante de l'industrie de la blanchisserie.

1. Sur les débats entre partisans de la statistique et tenants de la monographie, *cf.* Alain Desrosières, *La Politique des grands nombres*, Paris, La Découverte, 1993.
2. Sur le Musée social, *cf.* Colette Chambelland (dir.), *Le Musée social en son temps*, Paris, Presses de l'ENS, 1998, Janet Horne, *Le Musée social. Aux origines de l'État providence*, Paris, Belin, 2004, et sur l'Office du travail, Isabelle Moret-Lespinet, *Théories et pratiques républicaines de réforme sociale : l'Office du Travail 1891-1914*, thèse pour le doctorat d'histoire, Université Paris X-Nanterre, 1997, 2 vol.

rité sur la question avec des enquêtes personnelles, effectuées directement auprès des ouvrières et de leurs patrons, ainsi que d'informateurs privilégiés (responsables syndicaux ou dirigeants patronaux).

Citons, parmi les principaux auteurs de ce type d'enquête, dans l'ordre chronologique :

– Käthe Schirmacher, intellectuelle allemande, débute par une étude générale sur le travail des femmes en France (1902) réalisée pour le Musée social, avant de publier un ouvrage très original sur les travailleurs étrangers à Paris (1908)[1], fruit d'une enquête *in vivo* approfondie.

– Caroline Milhaud, enquêtrice à l'Office du travail, publie un ouvrage de synthèse sur *L'Ouvrière en France* (1907), avant d'être co-auteur de deux vastes recherches sur le travail à domicile (1913 et 1914)[2]. Lors de la première enquête, Caroline Milhaud conduit les investigations sur le terrain à Paris durant trois années (1908-1911), recourant à trois techniques : des entretiens avec des fabricants, des questionnaires et des monographies pour ce qui concerne les ouvrières et les petits entrepreneurs. Elle justifie ce dernier choix dans les termes suivants :

> Pour rendre compte des renseignements recueillis sur les entrepreneurs, la forme monographique a paru seule possible ; le questionnaire d'atelier était, en effet, tout à fait impropre à les encadrer [...] les résultats de cette partie de l'enquête étaient trop nombreux et trop divers pour un cadre aussi rigide[3].

Ces monographies, bien que beaucoup plus restreintes que celles évoquées plus loin, permettent à la différence du questionnaire d'intégrer dans l'enquête le point de vue des ouvrières (dont les propos sont cités), et des

---

1. Käte Schirmacher, *La Spécialisation du travail par nationalité à Paris*, Paris, A. Rousseau, 1908. K. Schirmacher (1859-1930), de nationalité allemande, docteur ès-lettres, est une féministe déclarée, engagée dans la défense de l'homosexualité féminine. Dès 1899, elle publie une étude sur le salaire des femmes dans la *Revue de Morale Sociale* (Genève). Remarquons également son enquête sur les travailleurs du bois de la ville de Dantzig (1905), publiée elle aussi par le Musée social.
2. Office du travail, *Enquête sur le travail à domicile dans l'industrie de la fleur artificielle*, Imprimerie nationale, 1913 ; *Enquête sur le travail à domicile dans l'industrie de la chaussure*, *ibid.*, 1914. Dans sa lettre-préface au premier volume, Arthur Fontaine précise que Caroline Milhaud en est la rédactrice.
3. Cité par Isabelle Moret-Lespinet, *Théories et pratiques républicaines...*, *op. cit.*, p. 371. I. Lespinet signale également la participation de quatre femmes à l'enquête nationale sur la lingerie (1905) : Mmes Lefèvre et Crehange dans l'Oise, Odette (ou Odile ?) Laguerre et Marie-Louise Rochebillard, organisatrice du syndicalisme des employés du commerce et de l'industrie, dans la région lyonnaise. Nouvel exemple de la fluidité du milieu des enquêtrices sociales en cette période pionnière, en vue de cette enquête dont la direction est confiée à G. Alfassa, l'Office du travail sollicite également les membres de la LSA. H. Brunhes répond avec empressement, proposant même que des ouvrières soient associées au recueil des données. *Cf. Bulletin de la LSA*, 2e trim. 1905, p. 76-84.

descriptions relatives au logement, à la situation personnelle et familiale de l'enquêtée, etc. Soulignons que Caroline Milhaud est parmi les toutes premières à avoir alerté l'opinion sur l'intérêt de telles enquêtes générales[1].

– Claire Gérard enquête elle aussi sur les ouvrières de l'industrie de la fleur artificielle (1909), mandatée par le Musée social pour le compte duquel elle se rend également en Angleterre afin d'étudier le système des assurances chômage pour les ouvrières anglaises (1909)[2].

– Mlle Bressac et Louise Zeys, dans le cadre de la Ligue pour le relèvement des petites industries rurales et agricoles, étudient les industries féminines à la campagne, en France et à l'étranger (1907-1914), avec le soutien du Musée social[3].

Dans un autre domaine, celui du travail domestique, il faut mentionner Augusta Moll-Weiss qui concentre ses enquêtes sur les « gens de maison » et l'enseignement ménager, qu'il soit destiné aux jeunes bourgeoises ou aux domestiques[4]. Promotrice de l'enseignement ménager en France, créatrice de l'École des mères à Bordeaux (1897) qu'elle transporte à Paris en 1903, activement soutenue par les milieux du Musée social, Augusta Moll-Weiss devient une spécialiste internationalement reconnue de l'éducation familiale (économie domestique, hygiène, puériculture, pédagogie enfantine). Elle intervient régulièrement à la LSA et à la SES.

La séparation entre la production d'une connaissance scientifique et l'action sociale est souvent particulièrement ténue, l'enquête étant située délibérément à l'interface des deux domaines. Mlle Bressac, fondatrice de la Ligue dont le but est de lutter contre la désertification des campagnes par une relance des industries domestiques, les lie explicitement :

---

1. Caroline Milhaud, « De la nécessité d'une enquête officielle... », *Revue Politique et Parlementaire,* 18 décembre 1903. I. Lespinet remarque, à propos de C. Milhaud qu'elle qualifie de socialiste, qu'en dépit de l'importance de ses travaux qui la situe parmi les pionnières de la sociologie empirique, elle est « étrangement absente des ouvrages sur les féministes ou les femmes socialistes » (*op. cit.*, p. 245).
2. Claire Gérard, « Condition de l'ouvrière parisienne dans l'industrie de la fleur artificielle », *Mémoires et documents*, Paris, Musée social, 1909, p. 1-23 ; « Les industries féminines anglaises. La lutte contre le chômage », *ibid.*, p. 133-167.
3. Mlle Bressac, *L'Industrie du tissage au métier en Auvergne*, Paris, Musée social, 1907 ; Louise Zeys, « Le Prélèvement de l'industrie rurale », *Revue des Deux Mondes,* 1er mars 1911, et *Les Petites industries rurales et leur évolution*, préf. du comte d'Haussonville, Paris, Bloud et Gay, 1914.
4. Retenons d'Augusta Moll-Weiss : *Les Écoles ménagères à l'étranger et en France*, (avec la collaboration de Mmes Jean Brunhes et de Gottrau-Watteville), préface de E. Cheysson, Paris, A. Rousseau, 1908, et *Gens de maison*, préface de Raphaël-Georges Lévy, Paris, Jouven, 1927. Ce dernier ouvrage est paru dans la « Bibliothèque Sociale des Métiers », créée par Georges Renard, professeur d'histoire du travail au Collège de France, après la guerre.

> Ce qui est utile et possible partout, c'est la création de comités d'études qui prépareraient le terrain et assembleraient les documents nécessaires à toute tentative d'entreprise industrielle[1].

À ces enquêtes extensives ou globalisantes, des enquêtrices opposent des *études quasi ethnographiques*, focalisées sur une unité familiale et donnant lieu à des monographies approfondies et détaillées, sur le modèle des enquêtes de Frédéric Le Play. Trois enquêtrices se distinguent particulièrement par leurs travaux publiés par la Société d'économie sociale dans sa série *Les Ouvriers des mondes* :

– Marie-Louise de Maillard étudie deux familles. Premièrement, un ménage de quatre ouvrières de l'industrie de la porcelaine à Limoges, composé d'une veuve et de ses trois filles (âgées respectivement de 34, 30 et 22 ans, au moment de l'enquête c'est-à-dire en 1901). Deuxièmement, un ménage de cinq personnes composé des parents et de leurs trois enfants travaillant dans l'industrie de la ganterie à Saint-Junien (Haute-Vienne), étudié en 1904-1905[2].

– Fernande Lebrun enquête auprès d'ouvrières à domicile, une veuve et ses deux filles, travaillant pour l'industrie de la lingerie et résidant dans la banlieue parisienne au Raincy (actuel département de la Seine-Saint-Denis) en 1904-1905[3].

– Marie-Louise Bérot-Berger qui, avec F. Lebrun, est l'auteure d'une monographie d'une famille nombreuse, comprenant onze membres dont le père, tisseur en usine à Saint-Quentin (Aisne), est au chômage à la date de l'enquête (1908)[4].

1. Cité par Mme G. Leroy-Liberge, « La Ligue nationale… », *La Réforme Sociale*, 1er décembre 1909, p. 684.
2. M.-L. de Maillard, « Décoreuse de porcelaine de Limoges… »,*Les Ouvriers des Deux Mondes*, Paris, Société d'économie sociale, 1903, p. 394-434 ; "Teinturier de ganterie et gantières de Saint-Junien…", *ibid.*, 1906, p. 257-298. Notons que les titres de ces monographies ne correspondent pas strictement au chef de famille officiel, contrairement à l'usage en science sociale leplaysienne. La décoreuse est la fille aînée qui « conduit en fait… la sorte de communauté » que constitue ce ménage de femmes. De même, pour la famille de Saint-Junien, le père, teinturier, est mis sur le même plan que sa femme (« âme de la maison ») et sa fille aînée, gantières.
3. Mme P. Lebrun, « Corsetière du Raincy … », *ibid.*, 1907, p. 377-431. Mme Lebrun, qui semble proche des milieux du catholicisme social, a une activité publique non négligeable. Elle participe activement à la SES (dont elle est membre) intervenant régulièrement, à partir de 1907, lors de ses conférences mensuelles ou de ses congrès annuels, et contribuant fréquemment à *La Réforme Sociale* (18 contributions entre 1907 et 1914).
4. Mme Bérot-Berger et Mme Lebrun, « Tisseur d'usine de Saint-Quentin… », *ibid.*, 1910, p. 77-109. Mme Bérot-Berger n'est pas une inconnue. Fondatrice de la Mutualité maternelle civile et militaire de Saint-Quentin (Aisne) en 1906, administratrice de la Caisse des écoles, membre de la SES, professeur d'économie et d'hygiène sociales à

Vis-à-vis des enquêtes évoquées précédemment, aussi bien les travaux de la LSA que les recherches de l'Office du travail, ces monographies présentent une indéniable spécificité. Comparées aux premières qui sont tournées vers l'action militante directe, elles ont une visée essentiellement cognitive, sans verser cependant dans l'abstraction généralisante des enquêtes catégorielles. L'optique de leurs auteurs est, en effet, de comprendre comment les communautés familiales étudiées, dont les figures dominantes sont des femmes, se constituent, s'organisent et vivent alors qu'elles sont confrontées à des conditions économiques et sociales très précaires. Cette visée, que l'on pourrait qualifier en termes modernes de compréhensive, ne se satisfait pas d'une approche superficielle, à la manière d'un reportage hâtif, fondé sur une brève visite et quelques témoignages. Elle suppose une enquête méthodique et positive, conforme à la démarche monographique définie par Le Play et que perpétuent ses continuateurs de la SES. Chaque famille choisie est donc étudiée sous plusieurs angles : composition, histoire et rang social, moyens de subsistance, mode d'existence de la famille, système social et institutionnel dans lequel elle s'inscrit, ressources et dépenses annuelles mises en forme dans un budget général et exhaustif, et dans des tableaux comptables spéciaux pour les industries familiales. Cette radioscopie conduit à une intelligibilité globale articulant les différentes dimensions de la réalité sociale ainsi mises au jour. Cette démarche où la commisération se fait discrète ne va pas sans une profonde empathie, voire une admiration à l'égard des personnes étudiées, tout spécialement, dans les cas qui nous intéressent, des femmes qui jouent un rôle central dans la famille. Cette empathie est d'ailleurs comme nécessitée par la méthode de recherche, laquelle implique que s'institue une collaboration étroite et volontaire entre la famille et l'enquêteur. Comment, sinon, celui-ci parviendrait-il à recueillir tous les renseignements d'ordre privé, et parfois touchant à l'intimité, dont il a besoin pour comprendre la réalité qu'il étudie ?

Ce sentiment transparaît, par exemple, dans le portrait que F. Lebrun fait de la « corsetière du Raincy », une femme de 48 ans, au paragraphe consacré à l'« hygiène et service de santé » de sa famille :

---

l'Association polymathique, au moment de son enquête monographique, elle a déjà publié trois ouvrages et sa bibliographie continue de s'enrichir jusqu'en 1937. Ses publications, à destination des femmes dont elle veut valoriser la fonction sociale, relèvent de l'éducation familiale (hygiène domestique, formation ménagère, puériculture) et d'un féminisme modéré qui ne l'empêche pas d'être en relations amicales avec M. Durand. Elle est éditrice du *Journal des Travailleuses* depuis 1907 et de la « Bibliothèque du Bonheur Social » (source : dossier Mme Bérot-Berger, Bibliothèque Marguerite Durand, Paris). Sur ces enquêtrices, *cf.* Françoise Battagliola, « Femmes auteurs de monographies ouvrières », *Les Études Sociales*, n° 138, II-2003, p. 55-72.

Mme G. est grande et bien faite, mais non à la façon des coquettes aveugles qui déforment leurs corps et ruinent leurs organes pour diminuer leur taille de quelques centimètres… Il y a quelque chose de mâle dans toute sa personne, ce qui ne l'empêche pas d'avoir conservé une élégance véritable. La simplicité et l'aisance des robes de maison lui siéent mieux que le costume de ville endossé un peu à la hâte… Mais il serait injuste de faire de notre ouvrière une beauté. Je ne crois pas que le travail acharné de près de trente ans permette à une femme d'être tout à fait belle, alors qu'elle approche de la cinquantaine, à moins qu'on veuille bien considérer la force, le bon état et l'harmonie des membres, des traits assez réguliers, une expression noble, loyale et affectueuse comme la véritable beauté de cet âge.

On pourrait multiplier les citations de cet ordre empruntées aux quatre monographies, qui recèlent, au fil de leurs différentes rubriques (histoire familiale, logement, travail, hygiène et alimentation, religion, loisirs, institutions locales), maintes notations témoignant de la profondeur d'analyse de leurs auteures. Celles-ci se montrant capables, jusqu'à un certain point — qui tient à la fois à leur idéologie et à la coopération des enquêtés — de pénétrer le système de vie des familles pour en restituer les ressorts.

Même sommairement brossés et fatalement incomplets[1], ces « portraits de groupes » nous montrent la part prise par des femmes au mouvement des enquêtes sociales. Elles y ont occupé une place certes minoritaire mais de premier plan aussi bien pour les enquêtes militantes que savantes. De plus, elles n'ont pas fait que participer à un mouvement déjà lancé ; elles l'ont développé, entreprenant des enquêtes dans des secteurs qui, jusque-là, n'avaient pas été encore étudiés. Elles semblent s'y être mieux insérées que dans les cercles de la sociologie naissante, comme la Société de sociologie de Paris de René Worms ou l'équipe de l'*Année sociologique* réunie autour d'Émile Durkheim[2], très réservée à l'égard de l'enquête.

---

1. En marge de ces deux groupes, il faudrait mentionner des personnalités un peu atypiques qui, si elles ne se consacrent pas à l'étude du monde des ouvrières, n'en sont pas moins des enquêtrices sociales dignes d'être mentionnées. Par exemple, Lucie Achalme et ses travaux sur les communautés paysannes d'Auvergne (1907) ou les populations des îles d'Houat et Houedic (1909). Auteur de romans sociaux, L. Achalme intervient à la SES (dont elle est membre), ainsi qu'à la Société de sociologie de Paris. Mais les grandes absentes de mon échantillon sont certainement les institutrices. Il est très probable, en effet, qu'à l'instar de leurs collègues masculins, certaines se livrent elles aussi à des enquêtes — sans doute plutôt socio-géographiques que « sociales ».
2. On ne relève pas une seule femme parmi les quarante-six collaborateurs de l'*Année sociologique* (1898-1913). *Cf*. Philippe Besnard, « La Formation de l'équipe de l'*Année sociologique* », *Revue Française de Sociologie*, XX-1, janvier-mars 1979, p. 7-31. Ce phénomène semble perdurer lorsqu'on constate que, vingt ans plus tard, sur les trois cent quatre-vingt ouvrages recensés par C. Bouglé et M. Déat dans leur *Guide de*

Faut-il voir là l'indicateur d'une compatibilité particulière entre la praxis féminine d'alors et les recherches empiriques ? Ou bien le signe d'un moindre sexisme chez les leplaysiens que chez les durkheimiens, chez les chrétiens sociaux que chez les intellectuels socialisants, chez les réformateurs sociaux que chez les néo-sociologues ? Questions difficiles à trancher sachant qu'*in fine*, ce sont moins des individus qui sont en cause que les institutions où ils œuvrent. Que les durkeimiens (tous agrégés ou docteurs) aient privilégié la voie universitaire pour développer la sociologie ne pouvait qu'écarter de leurs rangs les femmes encore peu acceptées par l'Alma mater[1], au contraire de sociétés savantes ou d'institutions de recherche comme la SES, le Musée social ou l'Office du Travail qui, à la même époque, commencent à se féminiser peu à peu.

Quoi qu'il en soit des raisons pour lesquelles on trouve les premières intellectuelles « sociologues » du côté des recherches sociales empiriques, c'est bien là qu'il faut porter notre regard pour mieux saisir la part qu'elles ont prise à la construction de la sociologie.

La portée de l'œuvre des enquêtrices sociales

Rétrospectivement, il apparaît que l'œuvre des enquêtrices sociales a eu une portée à trois niveaux de la sociologie naissante. Au niveau le plus général, celui de l'institutionnalisation de la sociologie, les travaux réalisés par les enquêtrices viennent renforcer son pôle « empirique ». Face aux patientes élaborations théoriques et méthodologiques des durkheimiens ou aux synthèses parfois hâtives des organicistes wormsiens, les femmes qui ont choisi l'enquête optent pour une science de la société concrète et utile, pensent-elles, à la résolution des questions sociales du moment. Sans doute est-ce leur désir d'intervention sociale qui les entraîne dans cette voie. En tout cas, cela fait d'elles, à côté des représentants de la science sociale leplaysienne (du Maroussem, Rousiers, etc.), de la sociologie catholique (abbé Mény, H. Lorin), mais aussi d'un Léon de Seilhac ou d'un Maurice Halbwachs, des contributrices non négligeables à une sociologie empirique dont on sait qu'après bien des avatars, elle finira par s'imposer comme une des composantes d'une discipline sociologique enfin installée sinon stabilisée[2]. Plus précisément, elles étendent le champ des recherches sociales à

---

l'étudiant en sociologie (Marcel Rivière, 1931, 3e éd.), trois seulement ont pour auteur des femmes (B. Potter-Webb, C. Milhaud et M. Bodin).

1. La première agrégée de philosophie est Mlle Baudry (1905) et la premier docteur ès lettres Mlle Duportal (1914).

2. Sur l'histoire de la sociologie empirique dans l'entre-deux-guerres et au-delà, nous nous permettons de renvoyer à A. Savoye, *Les Débuts…*, *op. cit.* et B. Kalaora et

des domaines jusqu'alors peu explorés et qui vont s'avérer constituer des objets durables comme l'industrie à domicile ou le travail féminin. En ce sens, elles jettent les bases de ce qui sera la sociologie du travail. Que des figures féminines de la sociologie française refondée à la Libération comme Madeleine Guilbert et Viviane Isambert-Jamati étudient le travail féminin, continuant ainsi les recherches des Milhaud et des Lebrun, ne témoigne-t-il pas de cette pérennité[1] ?

La valeur intrinsèque des travaux des enquêtrices sociales mériterait aussi d'être interrogée, en évaluant leur logique interne, le raisonnement par lequel sont agencés et mis en relation les matériaux produits (faits observés, renseignements recueillis par questionnaire, etc.) et en comparant leurs résultats à des recherches équivalentes en France et à l'étranger, contemporaines et postérieures[2]. En somme, suivre les traces de Mény qui, dans son cours des Semaines sociales sur les enquêtes féminines, s'efforce d'en dégager les qualités spécifiques. Cet abbé féministe y salue, par exemple, la perspicacité d'Henriette Brunhes qui a compris dès 1904, « alors que la question ne se posait pas encore », les répercussions néfastes du travail à domicile sur la famille. Et de s'exclamer :

> Mesdames, je ne crois pas qu'il y ait un seul enquêteur de profession qui ait pu arriver à une telle précision[3].

Il n'hésite pas à ajouter plus loin :

> Sur toutes les questions économiques, ou sur un grand nombre d'entre elles du moins, ces enquêtes féminines ont libéré des théories toutes faites celles qui les avaient accomplies…

A. Savoye, *Les Inventeurs oubliés. F. Le Play et ses continuateurs aux origines des sciences sociales*, Seyssel, Champ Vallon, 1989.

1. *Cf*. Madeleine Guilbert et Viviane Isambert-Jamati, *Travail féminin et travail à domicile. Enquête sur le travail à domicile de la confection féminine dans la région parisienne*, Paris, CNRS, 1956 ; « Une étude de biographies professionnelles. Formation et carrière professionnelles de 1000 jeunes femmes de la région parisienne », *Population*, n° 13-4, octobre-décembre 1958. Et, antérieurement, M. Guilbert, « Compte rendu d'une enquête sur les conditions de vie de la femme salariée dans la région parisienne », *Revue Française du Travail*, n° 9-I, décembre 1946, p. 790-803. Dans le domaine d'une sociologie empirique de la vie familiale et domestique, autre point fort des premières enquêtrices sociales, il faudrait citer comme lointaines continuatrices Andrée Michel et Marie-José Chombart de Lauwe.
2. Une comparaison avec les travaux de Beatrice Potter-Webb en Angleterre, ceux de Florence Kelley dans le cadre du *social settlement* créé par J. Addams à Chicago, ceux enfin des enquêtrices du Pittsburgh Survey (Margaret Byington, Crystal Eastman, Elisabeth Butler) serait particulièrement instructive. *Cf*. Maurine W. Greenwald et Margo Anderson, ed., *Pittsburgh Surveyed*, University of Pittsburgh Press, 1996.
3. Georges Mény, « Les Enquêtes sociales féminines », art. cité, p. 396.

Cette « revisite » qui situerait les recherches des enquêtrices sociales dans le champ des différentes conceptions économiques et sociales de leur temps reste à faire. En revanche, leur impact pratique est d'emblée évident. À l'examen d'un certain nombre de débats publics, on voit bien comment les enquêtrices sociales contribuent par leurs recherches à en dessiner les contours et en infléchir les contenus. L'exemple le plus frappant à cet égard concerne le travail à domicile. Les études dont il fait l'objet non seulement sensibilisent l'opinion, mais aussi mobilisent et éclairent les parlementaires qui, après de longs débats, décident enfin de sa réglementation par la loi du 10 juillet 1915. Jeanne Bouvier, ouvrière et syndicaliste, qui fut au cœur de ces débats, en témoigne :

> Dans ces mouvements d'opinion en faveur des travailleurs à domicile, les sociologues appartenant aux divers partis politiques, philosophiques ou religieux, unissaient leurs efforts pour faire disparaître cette exploitation qui compromettait l'existence de nombreuses familles[1].

Il est enfin un autre niveau où l'on peut aussi créditer les enquêtrices sociales d'un apport original aux sciences de l'Homme en voie de constitution, celui de la relation d'enquête. Lors de l'investigation proprement dite, effectuée *in vivo*, sur le terrain, les enquêtrices innovent par leur approche sensible des réalités vivantes et concrètes qu'elles étudient. Ici, laissons à nouveau la parole à Georges Mény qui, après avoir relevé la capacité particulière des enquêtrices de regarder, d'écouter et de deviner, souligne leur talent à provoquer la confidence :

> [...] la personne que vous rencontrez dans vos enquêtes à domicile, c'est la femme. Se sentant moins gênée avec vous, elle se raidira moins, se laissera aller aux confidences, et par conséquent vous pourrez mieux voir, mieux connaître, mieux vous rendre compte, mieux juger, d'après ce qu'elle vous dira et surtout ce qu'elle vous taira, mais que vous saurez comprendre[2].

Ce que Mény a repéré dans les enquêtes de la LSA me semble également perceptible dans les monographies de familles ouvrières mentionnées plus haut où la démarche compréhensive est encore plus poussée. Au-delà du compte rendu concis et parfois lapidaire, conforme à la méthode de Le Play, on voit vivre ces quatre familles et on comprend l'existence de ces

---

1. Jeanne Bouvier, *Mes mémoires. Une syndicaliste féministe 1876-1935*, éd. préparée par D. Armogathe, Paris, La Découverte-Maspero, 1983, p. 150. Mentionnons ici que l'Office du travail à domicile, créé en vue de l'application de la loi, réalise lui aussi des enquêtes mais de nature statistique (salaires, accidents du travail) auxquelles participent Gabrielle Duchêne (1870-1954), ancienne responsable de la section du travail du CNFF, et Jeanne Bouvier (1865-1964), auteur dans la collection de G. Renard de *La Lingerie et les lingères*, Paris, Doin, 1929.
2. Georges Mény, « Les Enquêtes sociales féminines », art. cité.

communautés de femmes mieux sans doute que nous l'aurait fait saisir un enquêteur masculin. En bref, les enquêtrices du début du XXe siècle mettent spontanément en évidence un phénomène, sans doute trivial aujourd'hui, mais qui n'en reste pas moins essentiel et dont la prise en considération est primordiale pour le travail sociologique. Il s'agit de l'impact qu'ont sur toute production sociologique les conditions d'objectivation, à commencer par les caractéristiques de genre de l'enquêteur. Qu'une femme produise une connaissance sociologique spécifique, surtout lorsque celle-ci touche à des questions où le féminin entre en ligne de compte, voilà ce que l'expérience des enquêtrices sociales confirme. On trouve là, à l'état naissant, la problématique traitée beaucoup plus tard par des auteurs des *gender studies* ou des chercheurs comme Georges Devereux, René Lourau ou Jacqueline Feldman qui ont théorisé le phénomène d'implication (ou de transfert) du chercheur dans (sur) son objet d'étude[1].

Que ce soit en termes d'objet d'étude, de démarche de recherche, de résultats cognitifs ou de rôle des sciences sociales, l'apport des enquêtrices sociales à la définition des sciences de l'homme apparaît significatif. Il a été longtemps éclipsé en même temps que les recherches empiriques des « sociologues » du tournant des XIXe et XXe siècles dont les enquêtrices ont partagé le sort dans la mémoire collective des sciences sociales. À la faveur de l'anamnèse dont bénéficie aujourd'hui ce courant de recherches, leurs travaux ressurgissent aujourd'hui. Leur redécouverte appelle des recherches complémentaires qui, dans le cadre d'une histoire générale de la sociologie empirique, préciseraient leur ampleur et en détailleraient les spécificités. Il s'agirait aussi de reconstituer, au-delà de la période fondatrice, le cheminement historique des pratiques féminines de l'enquête, suivre ses méandres qui, des pionnières, conduisent aux sociologues de l'après-guerre, en passant par les formes instrumentalisées des enquêtes de service social ou plus savantes des enquêtes économiques et sociales[2].

---

1. Georges Devereux, *De l'angoisse à la méthode dans les sciences du comportement* (1967), Paris, Flammarion,1980 : René Lourau, *Le Journal de recherche. Matériaux d'une théorie de l'implication*, Paris, Méridiens Klincksieck, 1988 ; Jacqueline Feldman *et al.* (éd.), *Le Sujet et l'objet : implications*, Paris, Editions du CNRS, 1986.
2. Précisons en effet que le service social en voie de professionnalisation a très tôt servi de débouché à la pratique des enquêtes sociales et à leurs auteurs. Deux écoles en particulier ont fait des enquêtes un instrument des nouvelles pratiques d'assistance et les enseignent : l'École libre d'assistance privée (1908) de l'abbé Viollet où Apolline de Gourlet, pionnière des « résidences sociales » et co-fondatrice de la LSA, joue un rôle central, et l'École normale sociale avec Andrée Butillard et Aimée Novo. Quant aux enquêtes économiques et sociales, on les retrouve à l'Institut de recherches économiques et sociales de Charles Rist (1931) où Gabrielle Letellier, une ancienne inspectrice du travail, dirige une vaste enquête sur les chômeurs (1938-1949).

Du rôle des femmes et des hommes dans le développement de la pédopsychiatrie en Suisse romande (1930-1950)*

Catherine Fussinger

Les services médico-pédagogiques constituent l'une des matrices institutionnelles où s'élaborent la théorie et la pratique aussi bien de la pédopsychiatrie que de la psychologie scolaire. Dans le présent article, nous allons nous intéresser aux rôles joués par les femmes et les hommes dans le développement de la pédopsychiatrie en Suisse romande durant les trente premières années d'existence de ces services. Sur la base d'exemples et d'une réflexion issue des travaux sur les « rapports sociaux de sexe », nous chercherons à remettre en cause deux présupposés particulièrement prégnants dans l'abord d'une telle thématique. Selon le premier, le traitement psychologique des enfants constituerait un domaine « naturellement réservé » aux femmes ; selon le deuxième, leur nombre important dans ce champ disciplinaire signifie que, initialement, il n'avait guère de valeur aux yeux des hommes. Au préalable, nous présenterons le Service médico-pédagogique valaisan (SMPV). En effet, ce dernier est particulièrement intéressant parce qu'il servira de modèle pour ceux qui seront ouverts une dizaine d'années plus tard dans d'autres cantons de langue française ainsi qu'à Paris.

Le Service médico-pédagogique valaisan (SMPV) : contexte, acteurs et activités[1]

Officiellement, le SMPV, créé à la fin de l'année 1930, n'est qu'un maillon, à côté du « service social » et du « service de psychiatrie légale »,

---

* Je remercie Sabine Girardet et Marilène Vuille pour leur précieuse relecture critique.

1. L'analyse proposée ici se trouve à la croisée de deux projets de recherche ; l'un porte sur l'histoire de la psychiatrie en Valais au XXe siècle, l'autre sur « Les conditions de développement des psychothérapies en Suisse durant la deuxième moitié du XXe siècle » (projet n° 1153-064060, financé par le Fonds national suisse de la recherche). Pour plus d'informations sur ces projets, voir la rubrique recherche : http://www.chuv.ch/iuhmsp/.

des « services d'hygiène et de prophylaxie mentales » qui dépendent de la Maison de santé de Malévoz — une institution, inaugurée en 1901, qui a la particularité d'être à la fois l'« asile d'aliénés » cantonal du Valais et une clinique privée pour « nerveux ». Ces divers services, progressivement instaurés au cours des années 1930, sont placés sous la responsabilité du médecin-directeur de Malévoz, le Dr André Repond (1886-1973), qui a présidé à leur mise en œuvre. Comme bon nombre de ses collègues suisses, ce dernier a acquis sa formation psychiatrique à Zürich au Burghölzli auprès d'Eugen Bleuler (1857-1939) — le père du concept de schizophrénie et le responsable, avec Karl Gustav Jung (1875-1951), de l'entrée officielle en psychiatrie de la psychanalyse dès 1904. En dépit de cette rencontre initiale entre psychiatrie et psychanalyse effectuée en territoire helvétique, les directeurs d'asiles d'aliénés qui adhèrent à la psychanalyse et la mettent en pratique semblent avoir été une minorité en Suisse comme ailleurs durant la première moitié du XXe siècle. Repond, qui se situe initialement dans l'optique éclectique de Bleuler ouverte à une compréhension psychologique des maladies mentales, se tourne plus résolument vers la psychanalyse et décide d'en débuter une vers la fin des années 1920 seulement, près de quinze ans après avoir succédé à son père à la tête de Malévoz. À la même période, Repond s'engage aussi activement au sein du mouvement « pour l'hygiène mentale ». Après s'être rendu au congrès organisé à Paris par le Dr Édouard Toulouse (1865-1947), un homme dynamique à l'origine de la Ligue d'hygiène et de prophylaxie mentale créée en France en 1920, Repond — qui a fondé en 1928 une association similaire en Suisse — participe également au premier congrès international d'hygiène mentale. Celui-ci a lieu en 1930 aux États-Unis, le pays où ce mouvement est né en 1909.

Il y prit une réelle envergure seulement au cours des années 1920, période à partir de laquelle le mouvement pour l'hygiène mentale s'internationalise et concentre une large part de ses efforts sur la prévention des troubles psychologiques dans l'enfance *via* une intervention à l'école. Plusieurs auteurs considèrent d'ailleurs que la création des Child Guidance Clinics joua un rôle fondamental dans le développement de l'hygiène mentale (Grob, 1983 ; Hale, 1995 ; Cohen, 1983). Ces cliniques, qui purent être financées aux États-Unis grâce à un programme de prévention de la délinquance juvénile, étaient localisées dans les centres urbains et employaient un psychiatre, des psychologues chargées de faire passer des tests de capacité ainsi que des « institutrices visiteuses », également parfois qualifiées d'assistantes sociales en psychiatrie. Ces dernières se rendaient dans les écoles, identifiaient les enfants « à problèmes » et s'entretenaient avec eux et leur entourage (famille et enseignants), afin de collecter les renseignements nécessaires au choix d'un traitement qui s'effectuait dans le cadre de la Child Guidance Clinic (Heuyer, 1931, p. 8, 53, 68).

Chaque fois qu'il évoque la création du service médico-pédagogique valaisan, Repond affirme s'être très largement inspiré du modèle américain découvert *in situ* lors de son séjour aux États-Unis en 1930 à l'occasion du congrès d'hygiène mentale. Il précise toutefois l'avoir adapté aux conditions géographiques et économiques locales (alpin et agricole, le canton du Valais est pauvre ; sur le plan politique, il est placé sous l'hégémonie du parti catholique conservateur). Cette adaptation se traduit par un personnel polyvalent et nettement moins nombreux ainsi que par la mise en place d'un service itinérant. Cette dernière particularité provient tant de l'implantation de Malévoz, situé à l'une des extrémités du Valais, que de la configuration de ce canton, où l'essentiel de la population ne vit pas dans les petites agglomérations de la plaine du Rhône mais dans les vallées alpines latérales. Repond se montre d'ailleurs assez fier d'avoir osé importer ce modèle citadin dans une région rurale, une première mondiale selon lui. Si, parfois, il affirme même avoir été le premier à réaliser un tel projet sur le continent, il se plaît également à souligner que le SMPV aurait été la première institution de ce type en Europe à adopter une approche qui « se servit systématiquement de la psychanalyse » (Maquignaz, 1951 ; Repond, 1954-1955). De fait, la création du service médico-pédagogique est la réalisation dont Repond s'enorgueillit le plus ; aussi n'est-il guère étonnant de voir certains de ses proches lui attribuer la création du premier service européen de psychiatrie infantile, ce qui demeure sujet à caution (Françoise Henny-Müller dans Nobs et de Coulon, 2001, p. 197).

Connu notamment à travers une série de publications, le SMPV a suscité il est vrai l'intérêt de représentants des milieux pédagogique et psychiatrique de divers pays (des traces ont été retrouvées en ce qui concerne l'Italie et la Pologne). Il a également servi de modèle aux services médico-pédagogiques créés en 1941 dans le canton de Neuchâtel et en 1942 dans le canton de Vaud. Le Centre psychopédagogique Claude Bernard, ouvert en 1946 à Paris, s'est également inspiré du SMPV (Ohayon, 1999, p. 290-292).

Si Repond se voit attribuer à de nombreuses reprises un rôle de précurseur, la direction médicale du SMPV est confiée dans les faits dès 1933 au médecin-adjoint de Malévoz, le Dr Norbert Beno (1899-1964, de son vrai nom Nissim Benozoglio), qui vient d'achever à cette époque son analyse didactique. Par ailleurs, il paraît indéniable que la conception du service doit beaucoup, si ce n'est l'essentiel, à Germaine Guex (1904-1984), une psychologue formée à l'Institut Jean-Jacques Rousseau de Genève ayant également mené à bien une psychanalyse didactique. C'est elle en effet qui assura seule la mise en place du SMPV entre 1930 et 1933, et il est évident que, forte de ses sept années d'expérience à l'institut Jean-Jacques Rousseau, ses connaissances en matière de psychologie des enfants étaient sans comparaison avec celles de Repond qui n'avait travaillé qu'avec des adultes. Enfin, par la suite, les « assistantes » du SMPV, selon la dénomination adoptée par Repond et Beno — dont le nombre augmentera progressivement d'une à quatre assistantes fixes auxquelles s'ajoutent encore un nombre identique de stagiaires non payées —, assumeront seules l'entier du travail. En effet, en dehors du séminaire de discussion de cas hebdomadaire, Beno ne voyait les enfants que deux à trois fois par an au maximum, afin de vérifier certains cas pouvant relever de troubles organiques. Ainsi, concrètement, Beno et Repond, très pris par leur fonction de directeur et de directeur-adjoint de Malévoz, ne participaient pas réellement au travail mené dans le cadre du SMPV et faisaient donc surtout office de caution médicale — ce qui ne signifie nullement qu'ils se soient désintéressés de cette activité, bien au contraire.

Les « demoiselles des nerfs », comme les appelaient certains villageois, se rendaient pour leur part dans les différents villes et villages de plaine et de montagne du Valais romand (une partie de ce canton, le Haut-Valais, parlant un dialecte alémanique) pour y faire des dépistages dans les classes et entreprendre sur place des traitements, essentiellement psychothérapeutiques. Durant la première phase du SMPV, elles effectuaient un roulement en restant dans un village ou une commune durant une ou deux années scolaires (à cette époque, celles-ci sont de six mois en Valais, de nombreux enfants devant aider leurs parents aux travaux agricoles durant les six autres mois). Par la suite, elles furent en mesure de couvrir de manière régulière divers secteurs du canton, en assurant une présence certains jours de la semaine dans les différentes petites villes de la plaine du Rhône. Les comportements que l'on indiquait alors aux parents et au personnel enseignant comme étant susceptibles d'être traités par les assistantes du SMPV vont de l'énurésie aux difficultés d'apprentissage scolaire, en passant par l'indiscipline, l'agressivité, les vols et les mensonges mais portent aussi sur une timidité ou une docilité jugées excessives. Les assistantes du SMPV s'occupèrent également, dès la fin des années 1930, des expertises et des traitements des jeunes délinquants, tout comme elles collaborèrent aux activités d'orientation professionnelle initiées en dehors de leur service.

Avant d'arriver au SMPV, ces femmes avaient suivi des cursus de formation assez divers. La plupart étaient titulaires du diplôme de psychologie et de pédagogie de l'Institut Jean-Jacques Rousseau de Genève ;

d'autres sortaient d'écoles sociales pour femmes (celle de Genève, de Paris ou de Zürich) ; d'autres encore détenaient simplement un brevet d'institutrice ; enfin, certaines cumulaient une ou plusieurs de ces formations. Toutes, cependant, avaient complété leur formation initiale par une psychanalyse didactique de trois ans qui devait leur permettre d'entreprendre par la suite des traitements psychothérapeutiques d'inspiration analytique. Si de tels traitements étaient privilégiés au sein du SMPV, il n'en demeure pas moins que ces femmes étaient très polyvalentes, puisqu'elles devaient être en mesure d'effectuer des diagnostics différenciés et de préconiser le traitement approprié, qui pouvait parfois être un simple soutien scolaire ou l'acquisition de lunettes pour un enfant dont les mauvais résultats et le caractère indiscipliné étaient attribués à une mauvaise vue.

Féminisation–dévalorisation : un cercle vicieux analytique à briser[1]

Plusieurs éléments, émanant aussi bien de discours et de faits d'époque que d'analyses actuelles, induisent une sorte d'équation entre dévalorisation et féminisation, et cela tout particulièrement dans le monde du travail. Il en résulte l'idée que les secteurs dans lesquels les femmes sont présentes en nombre, voire simplement de manière paritaire par rapport aux hommes, sont des domaines dévalorisés, et que la féminisation entraîne nécessairement une perte de prestige tant au niveau symbolique que matériel. Certes, l'infériorité des salaires féminins constitue une pratique officielle abondamment justifiée durant tout le XIXe siècle et jusque dans les années 1970 (en Suisse, l'article instituant dans la Constitution fédérale le principe de l'égalité de traitement, notamment sur le plan salarial, entre femmes et hommes date de 1981). De même, l'exclusion des femmes de certaines sphères d'activités — selon des procédures explicites, leur interdisant par exemple l'entrée des Universités ou l'exercice du barreau, ou informelles, comme lors de leur non-engagement à certains postes ou dans certains secteurs — constitue une évidence que l'on ne saurait minimiser.

1. L'argumentation développée dans cette section résulte largement d'une réinterprétation personnelle des réflexions élaborées dans de nombreux travaux portant sur l'histoire ou la sociologie des « femmes », des « rapports sociaux de sexe » ou mobilisant la notion de « genre » — un domaine de recherche qui, au cours des trois dernières décennies, a non seulement évolué mais a aussi été animé de nombreuses controverses. Ces travaux sont bien plus nombreux que les trois références citées dans cette section ; m'y référer de manière plus systématique aurait toutefois fait éclater les limites formelles de la présente contribution en transformant aussi ses objectifs.

Il importe toutefois d'analyser ces faits de manière critique comme le fruit d'un rapport de pouvoir. Or, on constate que, mobilisée de manière mécanique dans certains travaux, l'équation féminisation = dévalorisation redouble parfois ce rapport de pouvoir en l'oblitérant. Ainsi n'est-il pas rare de voir des personnes travaillant dans le domaine historique avec la notion de professionnalisation, mais sans références consistantes en matière de rapports sociaux de sexe, évoquer le degré de féminisation d'un secteur d'activités comme un indicateur de la santé de ce dernier selon un barème qui postule que plus les femmes sont nombreuses moins le domaine est attractif et prestigieux[1]. Une telle analyse, en reprenant à son compte un discours d'époque visant à maintenir l'exclusion ou la subordination des femmes, le valide en quelque sorte *a posteriori* en le « naturalisant ».

L'équation féminisation = dévalorisation travaille également certains travaux d'« histoire des femmes » ou de *gender history*[2]. Toutefois, les motivations conduisant à accorder un certain crédit à cette équation sont ici bien différentes que dans le cas de figure précédent. En effet, ce n'est pas une absence de problématisation des rapports de pouvoir mais le souci de visibiliser l'étendue et la permanence des discriminations à l'encontre des femmes qui a parfois pu alimenter des analyses trop mécanistes. En particulier, la découverte et la dénonciation des discours normatifs assignant aux femmes un statut inférieur et de moindres capacités ont parfois suscité des lectures trop littérales. Comme le montrent bien les premiers travaux sur les infirmières, on a ainsi pu croire que c'était parce que des caractéristiques féminines étaient prêtées à certaines activités que les femmes étaient autorisées à les exercer. Or, dans bien des cas, il importe de se demander si le discours sur l'adéquation existant entre la nature de l'emploi et celle des femmes ne doit pas être envisagé comme une justification *a posteriori*.

Divers travaux, aussi bien historiques qu'anthropologiques, ont montré que la division hommes-femmes et l'opposition masculin-féminin — qui opère comme principe de hiérarchisation au détriment des femmes — constituent une constante traversant le temps et les cultures. On observe toutefois d'importantes variations dans la distribution des caractéristiques. Ce constat a conduit plusieurs chercheuses et chercheurs à considérer que c'est la volonté de hiérarchisation qui conduit à établir des différences et non l'inverse. Si je souscris à cette analyse, dans le domaine de la re-

1. Pour une critique de la non-intégration du genre dans les diverses élaborations théoriques du processus de professionnalisation, *cf.* Witz, 1992.
2 Si l'« histoire des femmes » a cédé la place au *gender* et que ces notions sont trop souvent utilisées comme synonymes, il importe de rappeler qu'elles recouvrent des perspectives et des aires géographiques différentes ; sur ce sujet, *cf.* Thébaud, 1998.

cherche historique, il me paraît toutefois indispensable de procéder à une analyse ouverte au cas par cas et d'éviter de devenir aveugle aux moments où les rapports se renouvellent et sont par conséquent susceptibles de se modifier. Il ne s'agit donc pas tant de choisir entre une analyse qui accorde la primauté aux mécanismes de reproduction des structures sociales et une lecture qui met l'accent sur les changements, que de parvenir à les articuler. Ainsi, lorsqu'elle retrace l'évolution des analyses traitant de la ségrégation sexuelle dans le domaine des hautes écoles et des disciplines académiques, la sociologue allemande Angelika Wetterer relève que si, entre les années 1970 et 1990, ces travaux se sont focalisés sur la « différence » de statut attribué aux hommes et aux femmes, la prise en compte d'une « multitude de différences » a permis par la suite une meilleure analyse des permanences et des changements (Wetterer, 1999).

Dans le cas des activités développées dans le cadre du SMPV, il importe également d'évoquer la question du partage entre sphère publique et sphère privée, telle qu'elle s'institue au XIXe siècle en réservant la première aux hommes et en attribuant la seconde aux femmes. Dans ce contexte — où le modèle de la « famille bourgeoise » devient dominant et où le discours sur la complémentarité des sexes « euphémise » le statut inférieur (sur le plan politique, juridique, économique, etc.) des femmes —, l'éducation des enfants a été le domaine par excellence où leur fonction sociale s'est vue consacrée. C'est d'ailleurs souvent au nom de ce rôle et de son importance qu'une partie de celles que l'on peut appeler des « féministes » réclamèrent des droits, dont celui de citoyenneté, au cours du XIXe siècle et de la première moitié du XXe. Ainsi, autour de 1900, certaines femmes brandirent l'étendard de la « maternité sociale » pour justifier leur entrée dans la vie publique.

Compte tenu de cette glorification du rôle éducatif des femmes, il peut sembler évident et naturel que les personnes engagées au SMPV en qualité de « psychologues-psychothérapeutes » (selon l'appellation adoptée dans les années 1960) aient été des femmes. Ce secteur d'activités apparaît dès lors comme un domaine leur étant « réservé », mais il se voit davantage associé à un ghetto féminin qu'à une chasse gardée. Ainsi, l'équation féminisation = dévalorisation amène à considérer qu'initialement le traitement des enfants « nerveux » et « difficiles » constituait un secteur non seulement marginal mais aussi peu prisé de ceux à qui l'on a longtemps accordé de représenter la norme et l'humanité, à savoir les hommes.

En Suisse romande, on constate d'ailleurs que plusieurs récits distillent l'idée que, dans la première phase de l'histoire des services médico-pédagogiques — période durant laquelle les femmes en étaient les actrices essentielles —, la discipline pratiquée alors était encore dans l'enfance et manquait d'assise. Or, parallèlement à cette vision négative existe également un discours qui rend hommage aux pères fondateurs. Face à l'existence de ces deux variantes, l'historienne et l'historien sont placés devant une alternative interprétative : soit adhérer à l'évaluation produite par des acteurs ultérieurs, certes avertis mais également intéressés ; soit considérer que, dans la construction d'une discipline, ces regards rétrospectifs et le jeu de filiations qui s'y tisse ont une logique propre qu'il faut analyser sans la confondre avec une appréciation sereine et informée du passé.

L'institutionnalisation relativement tardive de la pédopsychiatrie et le fait que celle-ci puisse être attribuée à l'investissement des hommes dans ce champ disciplinaire alimentent également une lecture qui allie féminisation et dévalorisation, en considérant que le traitement psychologique des enfants constituait au départ un domaine peu prestigieux. En effet, alors que, au XIXe siècle, les enfants ne furent que rarement intégrés parmi les catégories de populations susceptibles d'être « traitées » dans les asiles d'aliénés, l'institutionnalisation de la pédopsychiatrie se fait de manière assez lente au XXe siècle. En France par exemple, la pédopsychiatrie est intégrée à la politique de secteur mise sur pied au début des années 1960 afin d'assurer à l'ensemble de la population des lieux de soins psychiatriques différenciés, mais ce n'est qu'en 1986 que les inter-secteurs infanto-juvéniles se voient accorder la même importance que les services pour adultes au sein de la politique de santé publique (Catheline et Marcelli, 1999-2001). En Suisse, alors qu'une spécialisation en pédopsychiatrie existe depuis 1953, les chaires ordinaires de pédopsychiatrie ne sont instaurées que vers la fin des années 1970, près de quarante ans après l'apparition des premiers services médico-pédagogiques. À cela s'ajoute le fait que cette institutionnalisation, parfois lue de manière un peu trop littérale comme la preuve du haut degré de compétences acquis par un champ professionnel et une discipline, peut aisément être attribuée au fait que des hommes, psychiatres, se sont investis de manière significative dans le traitement des enfants à partir de la seconde moitié du XXe siècle. Leur arrivée a donc facilement pu être interprétée comme ayant enfin permis un développement théorique de la discipline en mesure de déboucher sur une réelle professionnalisation. Sans désavouer entièrement certains aspects de cette lecture, il me paraît essentiel de procéder à une analyse plus détaillée sur la base de l'exemple de l'Office médico-pédagogique vaudois (OMPV).

Si l'on accorde au SMPV d'avoir joué un rôle précurseur en Suisse romande, dès le milieu des années 1950, c'est l'office médico-pédagogique vaudois qui fait figure de référence. En effet, le canton de Vaud dispose d'une université et d'une faculté de médecine et un enseignement de pédopsychiatrie peut s'y développer dès 1967 ; c'est le Dr René Henny (né en 1923), psychiatre et psychanalyste, qui le dispense d'abord en qualité de privat-docent (1967-1973), puis de professeur extraordinaire (1973-1979) et, enfin, de professeur ordinaire (1979-1983).

En tant que premier professeur de pédopsychiatrie en Suisse romande, René Henny a été interviewé à diverses reprises sur les débuts de cette discipline ; en effet, ceux-ci lui sont généralement associés bien qu'il se soucie pour sa part d'évoquer le rôle précurseur de Repond en ce domaine.

La trajectoire d'Henny a par ailleurs le mérite de nous montrer de manière évidente la nécessité d'envisager de façon différenciée l'articulation entre le degré de formation et de compétences et les critères qui président à la nomination de certains individus aussi bien que de certains groupes socio-professionnels à des postes clés. En 1951, le premier directeur de l'OMPV — entré en fonction en 1942, ce dernier a d'emblée bénéficié d'un demi-poste puis d'un poste complet de médecin-directeur — meurt en pleine force de l'âge dans un accident de voiture. La même année, le médecin-adjoint de ce service, atteint de tuberculose, doit être hospitalisé dans un sanatorium. C'est dans ce contexte particulier que, dès l'automne 1951, Henny est appelé à diriger l'OMPV (dont il sera le directeur officiel à partir de 1956) alors qu'il n'a à son actif que dix mois en psychiatrie et ne dispose d'aucune expérience des troubles psychiques chez les enfants. Aussi, à diverses reprises, reconnaît-il avec beaucoup d'honnêteté qu'il doit l'essentiel de sa première formation dans ce domaine à l'une des psychologues-psychothérapeutes du service, qui deviendra son épouse... Formée en Valais entre 1945 et 1950, Françoise Henny-Müller avait encore passé une année à Paris pour se perfectionner avant d'entrer en fonction au sein du service vaudois deux mois avant lui. L'hommage rendu par Henny aux connaissances et aux compétences des femmes dans le domaine de la pédopsychiatrie demeure toutefois très individuel et centré sur le soutien initial de son épouse. Il montre beaucoup moins de reconnaissance lorsqu'il évoque les contributions d'autres femmes ayant pourtant consacré leur vie à ce domaine, même si les plus importantes d'entre elles sont mentionnées. Ainsi, par exemple, alors qu'il salue en Repond le réel précurseur de la pédopsychiatrie en terres romandes et souligne qu'il a formé les femmes qui travaillèrent par la suite dans cette région, Henny annonce en note renoncer à citer « les noms de ceux et de celles, surtout des femmes et des psychologues de cette génération qui ont mis tout leur enthousiasme dans cette découverte » (Henny, *in* Nobs et de Coulon, 2001, p. 195).

Relevons cependant que, avant — mais aussi après — l'arrivée de Henny, la psychologue-psychothérapeute Madeleine Rambert était officiellement chargée, au sein de l'OMPV, de former à la psychothérapie d'inspiration analytique les psychologues comme les futurs pédopsychiatres. Or, il s'agissait d'un rôle clé dans la mesure où la psychanalyse occupa une place centrale dans le développement de la pédopsychiatrie après 1945, non seulement dans le service vaudois, mais également dans la plupart des pays occidentaux. Bien que l'évidence de la réponse et le caractère irrévérencieux de la question puissent nous empêcher de la poser, il importe de se demander pourquoi dès lors il n'a jamais été envisagé de confier la direction de ce service à Madeleine Rambert, ne serait-ce qu'*ad interim*. Compte tenu du rôle de cette dernière au sein du SMPV et de l'absence initiale de formation de Henny dans ce domaine, il ne paraît pas excessif de conclure que ce dernier a été nommé directeur du Service médico-pédagogique vaudois essentiellement en raison de son sexe et de son statut de médecin uniquement — ce qui ne préjuge d'ailleurs en rien de la qualité du travail qu'il a pu développer par la suite. Il nous faut encore constater que l'obtention d'une fonction élevée provoque rapidement un effet boule de neige en matière de reconnaissance et de nomination, y compris sur des terrains connexes. Il est en effet intéressant de relever que c'est très vraisemblablement parce qu'il occupait le poste de directeur du SMPV qu'Henny s'est également vu confier la présidence des séminaires de formation de psychanalyse d'enfants au sein de la Société suisse de psychanalyse en automne 1956, alors qu'il n'était pas encore membre ordinaire de ladite société à cette époque. Cette fonction lui est attribuée par Raymond de Saussure (1894-1971) qui, rentré depuis peu des États-Unis, s'emploie à formaliser la formation psychanalytique en Suisse romande. Or, dès les années 1930, pendant que ce dernier séjournait à Paris puis à New York, Madeleine Rambert mais aussi Beno, le directeur-adjoint de Malévoz, s'étaient efforcés pour leur part de développer la formation à la psychanalyse d'enfants dans cette région.

Si les mécanismes de reconnaissance et d'exclusion conservent presque nécessairement une part d'opacité, trois points méritent d'être retenus des éléments mentionnés plus haut au sujet de l'histoire de l'OMPV.

Premièrement, on peut faire l'hypothèse que si l'obtention d'un statut institutionnel élevé a parfois pour origine une reconnaissance du travail effectué jusqu'alors, dans d'autres cas l'acquisition d'un statut précède et permet la construction de cette reconnaissance. Un tel statut confère également les occasions, le temps et la légitimité à celui qui le détient de produire un discours où son propre rôle occupe une place de choix. De plus, il ne faut pas sous-estimer la force de la règle sociale qui exige implicitement que les noms des personnes siégeant au sommet de la hiérarchie soient toujours mentionnés, alors qu'elle autorise que bien d'autres soient passés sous silence — une réalité qui introduit un biais dans les sources dont les historiens doivent avoir conscience. Si l'importance en tant que telle de la position hiérarchique peut se voir partiellement masquée par les variables sexe et profession dans le cas de Henny et des femmes qui ont travaillé dans son service, le cas de Beno offre une lecture plus limpide. Alors que sa contribution en matière de pédopsychiatrie est très certainement nettement plus significative que celle de Repond, elle a été largement occultée au profit de ce dernier.

Par conséquent, et c'est là notre deuxième point, il importe de ne pas perdre de vue que les femmes ne sont pas seules à passer dans les trappes de la mémoire mais que ce sort est également réservé à des hommes ayant pu occuper certaines fonctions importantes, comme celle de directeur-adjoint, mais que leur statut de second a maintenu dans l'ombre. Il n'en demeure pas moins que, potentiellement, un Beno pouvait espérer obtenir un statut supérieur et la reconnaissance qui l'accompagne — il succéda d'ailleurs pour une brève période à Repond à la tête de Malévoz. À cette époque, en revanche, l'attribution d'une fonction de direction à une femme, même médecin, relève de l'exceptionnel.

Notre troisième observation découle des deux précédentes et porte sur la manière dont sont envisagés les processus d'institutionnalisation et de professionnalisation. Deux concepts que l'on rencontre de plus en plus souvent dans les travaux produits ces dernières années dans le domaine de l'histoire des sciences, humaines ou exactes, même si ce n'est pas nécessairement de manière explicite. Le concept de professionnalisation, dont la première apparition remonte à la fin des années 1930, va connaître plusieurs réélaborations ainsi que de nombreuses applications. Dans une perspective de genre, certaines de ces variantes posent cependant des problèmes importants car, comme le relève Anne Witz, « it takes what are in fact the successful professionnal projects of class-privileged male actors at a particular point in history and in particular societies to be the paradigmatic case of profession » (Witz, 1992, p. 39). Par ailleurs, un processus de professionnalisation réussi, avec l'autonomie professionnelle et la reconnaissance sociale qui s'y rattachent, ne saurait être considéré comme le résultat auquel aboutit de manière naturelle une science parvenue à maturité. En d'autres termes, l'obtention de certains privilèges ne dit rien ou pas grand-chose du degré d'élaboration théorique atteint par une discipline ou un secteur d'activités. Par conséquent, si les femmes se voient écartées des lieux forts d'institutionnalisation, l'analyse doit porter sur les processus d'exclusion ou de subordination sans se laisser contaminer *a priori* par l'idée qu'une absence d'institutionnalisation résulte d'une moindre contribution ou de moindres compétences. Enfin si, dans le cas de la pédopsychiatrie, la hiérarchie instituée entre hommes et femmes se trouve le plus souvent redoublée par celle existant entre psychiatres et psychologues, rappelons que les psychiatres de sexe féminin, y compris celles spécialisées dans le traitement des enfants, n'ont jusqu'à très récemment jamais obtenu de poste de direction en Suisse alors même que, dès les années 1930, elles représentaient déjà 20 % de cette spécialité.

Quand le rôle des femmes devient visible grâce à l'importance accordée au traitement des enfants « nerveux » et au caractère avant-gardiste de cette activité

Pour conclure, il me reste à expliciter en quoi l'exemple du SMPV m'a conduite à développer la réflexion présentée ici. En premier lieu, on constate que le rôle des femmes au sein de ce service a été très rapidement rendu visible, contrairement à d'autres cas où, au-delà de l'organigramme officiel, il est fort difficile d'obtenir des informations sur l'organisation du travail réel. Cette particularité s'explique en partie par le caractère « novateur », sur le plan institutionnel, de ce service en Suisse romande ainsi que par l'esprit propagandiste qui animait Repond. Dans les divers documents produits durant les quinze premières années du SMPV afin de faire reconnaître son utilité, son fonctionnement et ses objectifs sont décrits assez précisément (Guex, 1993 ; Thomas, 1939 ; mais aussi Beno *et al.*, 1946). Par conséquent, très tôt, il apparaît de manière limpide que l'essentiel de l'activité du SMPV reposait sur les seules épaules des « assistantes », y compris le travail de prise de contact initiale avec les autorités locales (curé, instituteur, président de la commission scolaire, etc.) des communes dans lesquelles le service se rendait pour la première fois. À cette tâche hautement diplomatique s'est encore ajoutée, durant près de quinze ans, la tenue régulière de cycles de conférences destinées aux parents des enfants en traitement, au personnel enseignant ou à la population dans son ensemble. Or, tous ces efforts déployés pour faire connaître le SMPV découlent en droite ligne de l'importance accordée, tant par Repond que par Beno, à ce domaine qui deviendra la pédopsychiatrie. Les ambitions prométhéennes de l'hygiène mentale, qui tant dans sa version psychanalytique qu'eugéniste clamait haut et fort que son savoir allait réformer la société, offrent ainsi une configuration particulière et momentanée au sein de laquelle les compétences scientifiques et les contributions professionnelles des femmes ne furent pas masquées, bien au contraire. Cette visibilité constitue toutefois un bénéfice secondaire qui découle de la volonté de promouvoir le traitement précoce des enfants « nerveux » et « difficiles ».

Ce point étant éclairci, il nous reste encore à comprendre pourquoi les femmes furent les principales actrices de cette croisade sur le terrain. Certes, la discrimination salariale traditionnelle exercée à l'encontre des femmes joua un rôle important dans le cadre d'un projet démarrant sans moyens financiers. Cependant, cet aspect ne doit pas conduire à sous-estimer l'importance de la formation initiale et du degré de qualification des assistantes du SMPV. Leurs échanges avec les médecins de Malévoz se trouvaient largement facilités par une origine sociale similaire, l'existence de valeurs communes favorisant la cohésion nécessaire à la mise en œuvre d'un projet tel que le SMPV. En comparaison, les infirmiers de l'établissement psychiatrique auquel était rattaché le SMPV avaient les mêmes salaires qu'elles, mais étaient quant à eux issus des classes populaires et ne bénéficiaient pas d'une formation supérieure.

En dépit de cette visibilisation consentie du rôle central joué par les femmes au sein du SMPV, la hiérarchie entre hommes et femmes et entre médecins et psychologues se voit réaffirmée de deux manières. D'une part, elle est réinstituée dans une mise en scène de la distribution de l'exercice de la théorie et de la pratique selon le sexe et le statut ; d'autre part, elle se loge dans la question de l'attribution de la paternité (ou de la maternité) initiale du projet du SMPV à André Repond ou à Germaine Guex.

Concernant le premier point, il est en effet fréquemment rappelé que « le travail de nos assistantes est périodiquement, et au moins une fois par semaine, soumis à un contrôle médical et psychologique de la part des médecins de Malévoz » (Beno *et al.*, 1946, p. 22). Un reportage photo réalisé en 1959 sur le SMPV et publié dans un illustré romand à grand tirage met en scène de manière particulièrement brutale et efficace la relation entre les représentants de la théorie et celles que l'on place du côté de la seule pratique. On y voit le Dr Repond assis d'un côté d'une table, dans une attitude qui montre que c'est lui qui a la faculté d'expliquer, et, en face, on découvre les quatre assistantes du service qui l'écoutent sagement comme de jeunes écolières, alors que certaines d'entre elles ont alors près de vingt de pratique… Les psychothérapies d'enfants et d'adolescents effectuées par Beno et Repond ont dû très vraisemblablement se compter sur les doigts d'une main, alors que certaines des assistantes en avaient des centaines à leur actif. De plus si, tout comme eux, elles avaient entrepris une analyse « didactique », elles bénéficiaient pour leur part de connaissances psychologiques et pédagogiques qui faisaient défaut à Beno et à Repond. Par conséquent, l'on est en droit de s'interroger, me semble-t-il, sur la nature de la lumière qu'ils entendaient apporter. Notons enfin que, dans le contexte psychanalytique où les histoires de cas ont constitué la matière première de l'élaboration théorique, il paraît étonnant que la partition théorie/pratique ait été réinstaurée. En effet, des psychanalystes tels que Beno ou Odier ont écrit des articles théoriques sur la base de récits de cas qui leur avaient été fournis par les assistantes du SMPV (Beno, 1950 ; Odier, 1946). Cette représentation de la partition des rôles et des compétences ne semble toutefois pas avoir été remise en cause par les femmes ayant assuré les activités de ce service. Sans négliger le respect dû à la hiérarchie et aux prérogatives socialement admises du sexe masculin, il est permis de s'interroger sur les incidences du fait que, jusqu'au début des années 1960, la grande majorité d'entre elles firent leur analyse didactique avec Beno ou Repond. En quoi cette pratique, condamnée comme non orthodoxe et formellement abandonnée par les milieux psychanalytiques à partir des années 1950, a-t-elle participé au verrouillage de cette distribution des rôles ?

À l'inverse, pour rester sur le terrain propre au jeu des liens psychanalytiques, examinons l'exemple discordant que nous offre Germaine Guex qui, en tant que première assistante du SMPV, osa contester la version consacrée de la création de ce service. Cette audace mérite-t-elle d'être en partie attribuée à son absence de dépendance envers Repond sur le plan analytique ? En effet, son psychanalyste, Raymond de Saussure, qui a également été celui de Beno, appartenait, tout comme Henri Flournoy (1886-1955), l'analyste de Repond, à la première génération en activité en Suisse romande. De plus, Germaine Guex fit son analyse à peu près à la même période que Repond et Beno. À quoi vient encore s'ajouter le fait qu'elle devint, vraisemblablement dans le courant des années 1940, la compagne, mi-officielle mi-officieuse, de Charles Odier (1886-1954), ce dernier n'ayant point obtenu le divorce. Germaine Guex semble donc avoir bénéficié de liens et de filiations qui l'auraient placée au rang des pairs plutôt que des élèves. Quoi qu'il en soit, il est frappant de constater que, dans l'ouvrage publié en 1946 à l'occasion du 60e anniversaire de Repond et dont la dédicace salue en lui l'initiateur des services médico-pédagogiques en Suisse romande, Germaine Guex se soit permis de rédiger un court article dans lequel elle s'attribue de fait la conception du projet du SMPV et se réjouit de ce que Repond ait bien voulu l'accueillir et le soutenir… (Guex, 1948). Sans reprendre ici le détail de son récit (qui ne manifeste d'ailleurs aucune animosité envers Repond, bien au contraire), disons qu'il nous est apparu convaincant. Il ne fit pourtant pas date. Dans l'introduction même dudit ouvrage, Norbert Beno adopte une version qui fait passer la contribution de Germaine Guex au second plan, si ce n'est au troisième, et c'est là le récit qui s'est imposé.

Ce ne fut donc pas à travers ses réalisations institutionnelles que Germaine Guex passa à la postérité. Après avoir passé trois ans à mettre sur pied le SMPV, elle s'installa à Lausanne où elle se consacra à une pratique libérale qui la conduisit notamment à effectuer de nombreuses psychanalyses didactiques et de contrôle. Elle contribua ainsi à la formation psychothérapeutique de générations de psychiatres et de psychologues. Peu visible, cette activité, qui n'a laissé d'autres traces que celles qui se trouvent dans la mémoire de ses analysés, se révèle difficile à appréhender dans un travail de reconstruction historique. Enfin, il paraît significatif que, en dépit de la publication en 1950 aux PUF de son ouvrage *La Névrose d'abandon*, qui lui apporta une notoriété dépassant les frontières helvétiques, sa contribution se voie résumée en trois lignes dans un article récemment paru en Suisse romande et consacré aux « Suisses romands précurseurs et pionniers de la psychanalyse de 1911 à 1931 » (Bonnard, 2001). Cet article se situe dans le cadre d'une démarche, à mi-chemin entre mémoire et histoire, initiée à l'intérieur du milieu psychanalytique de cette région. Reposant sur des articles écrits antérieurement dans la même optique ainsi que sur des témoignages oraux d'acteurs de l'époque, il illustre bien comment un silence, ou une certaine discrétion, voit son écho s'amplifier de génération en génération. Évoquée en trois lignes à la fin de la notice consacré à Charles Odier, l'activité de Germaine Guex se voit résumée de la manière suivante : à la mort d'Odier, nous dit-on, elle « poursuivit l'étude qu'ils avaient initiée ensemble sur le syndrome d'abandon » (Bonard, 2001, p. 225). Un ouvrage signé de son seul nom devient une œuvre commune et toute trace de son rôle dans le développement de la psychanalyse d'enfants et dans l'orientation psychanalytique de la pédopsychiatrie disparaît…

Un tel constat illustre de manière criante, à mon sens, la nécessité de faire une histoire des disciplines qui ne se confonde pas avec celles des institutions et qui ne repose pas sur la seule mémoire de ceux qui en furent les piliers. Ni facile ni confortable, un tel projet oblige l'historienne et l'historien à endosser des habits qui peuvent apparaître comme étant à la fois ceux du juge, qui met systématiquement en doute ce qu'on lui rapporte tout en s'efforçant d'établir une version des faits, et du détective, qui échafaude des hypothèses sur des indices épars et qui s'immisce dans des zones d'ombre. Toutefois, l'enjeu ne se situe pas au niveau des individus, mais à ce que leurs trajectoires individuelles croisées révèlent des logiques sociales à l'œuvre. Aussi terminerons-nous par une réflexion qui prend le contre-pied d'une idée courante en ce qui concerne la reconnaissance de la psychothérapie au niveau institutionnel.

Au cours de la deuxième moitié du XXe siècle, les institutions pédopsychiatriques publiques sont un des rares lieux, si ce n'est le seul, où les psychiatres, majoritairement de sexe masculin, ont accepté que la psychothérapie soit pratiquée par des psychologues, majoritairement de sexe féminin, alors que dans les autres institutions psychiatriques, ces dernières ont été soigneusement cantonnées dans le rôle de psychologues « testeuses ». Cette réalité est très souvent lue selon les grilles évoquées précédemment (l'équation féminisation = dévalorisation et la prise en charge de l'enfance comme activité féminine par excellence). Or, celles-ci constituent à mon avis, dans ce cas, des œillères. En effet, dans le cadre d'institutions publiques, la pédopsychiatrie a été le premier domaine où la psychothérapie a été adoptée comme moyen privilégié de traitement d'individus, en l'occurrence des enfants, souffrant principalement de troubles « névrotiques », et cela avant 1950. Des femmes, psychologues, ont joué un rôle central dans ce processus novateur. Toutefois, quand, après la Deuxième Guerre mondiale, les psychiatres des institutions publiques destinées aux adultes attribueront également une place centrale à la psychothérapie, ils (et elles) s'efforceront de se l'approprier entièrement. Le fait que cela n'ait pas été possible dans le domaine de la pédopsychiatrie peut être considéré comme une demi-victoire pour les femmes et les psychologues de la première heure qui avaient œuvré à la mise en place de modalités de prises en charge, psychothérapeutiques et ambulatoires, qui seront adoptées par la psychiatrie d'adultes dans un second temps seulement, et qualifiées alors de grand progrès, si ce n'est de « révolution ».

RÉFÉRENCES

Beno Norbert, Bersot Henri et Bovet Lucien (travaux rassemblés par), *Les Enfants nerveux Leur dépistage et leur traitement par les services médico-pédagogiques,* Neuchâtel-Paris, Delachaux-Niestlé, 1948 [1ère éd. 1946].

Beno Norbert, « La Névrose dite réactionnelle », *Revue Française de Psychanalyse,* 1950, p. 311-324.

Bonard Olivier, « Les Suisses romands précurseurs et pionniers de la psychanalyse de 1911 à 1931 », *Tribune Psychanalytique*, n° Histoire. Mémoire, Lausanne, Éditions de l'Aire, 2001, p. 221-232.

Catheline Nicole et Marcelli Daniel, « Pédopsychiatrie en France », *in* Pierre Lalonde *et al.* (eds), *Psychiatrie clinique : une approche bio-psycho-sociale,* Montréal, Morin, 1999-2001, t. 2, p. 1122-1136.

Cohen Sol, « The Mental hygiene movement and the development of personality and the school : The medicalization of American education », *History of Education Quarterly,* summer 1983, p. 123-149.

Collectif, *Histoire de la pédopsychiatrie dans le Canton de Vaud,* Retranscription du film (vidéo) produit par le Groupe romand pour l'histoire de l'éducation et l'action sociale (GRHEAS), tapuscrit non publié, Lausanne, 1997. Personnes interviewées : Jacques Bergier, René Henny, Claude Pahud ; personnes interviewantes : Jean-Claude Wagnières, Geneviève Heller, Joseph Coquoz, Martine Ruchat, Pierre Avanzino.

De Goei Leonie, « Psychiatry and society : The Dutch mental hygiene movement 1924-1960 », *in* Marijke Gijswijt-Hofstra et Roy Porter (eds.), *Cultures of psychiatry and mental health care in postwar Britain and The Netherlands*, Amsterdam, Rodopi, 1998, p. 61-78.

Grob Gerald, *Mental illness and American society 1875-1940*, Princeton, Princeton University Press, 1983, chap. 6 : « The mental hygiene movement », p. 144-178.

Guex Germaine, « Un effort de prophylaxie mentale. Le service médico-pédagogique valaisan », *Annuaire de l'Instruction Publique en Suisse*, 1933, p. 164-173.

Guex Germaine, « La Naissance d'un service médico-pédagogique », *in* Norbert Beno, Henri Bersot et Lucien Bovet (travaux rassemblés par), *Les Enfants nerveux. Leur dépistage et leur traitement par les services médico-pédagogiques*, Neuchâtel-Paris, Delachaux-Niestlé, 1948, p. 39-49.

Hale Nathan G., *The Rise and crisis of psychoanalysis in the United States. Freud and the Americans 1917-1985*, chap. 5 : « Popular and applied psychoanalysis : mental hygiene, criminology, and the schools, 1917-1940 », p. 74-101, New York-Oxford, Oxford University Press, 1995.

Heuyer Georges, « La Sélection des anormaux psychiques à l'école aux États-Unis. Le service de Child Guidance de Newyark », *L'Hygiène Mentale*, n° 3, mars 1931, p. 8, 53 et 68.

Maquignaz Sylvain, « Nos enquêtes valaisannes. Naissance d'une grande œuvre », *Le Courrier*, jeudi 18 janvier 1951.

Nobs Lucette et De Coulon Nicolas, « Psychanalyse et institutions psychiatriques en Suisse romande : une histoire, Interview de Françoise et René Henny », *Tribune Psychanalytique*, n° Histoire. Mémoire, Lausanne, Éditions de l'Aire, 2001, p. 193-217.

Odier Charles, « L'Antinomie ou l'homonomie médico-pédagogique », *Revue Suisse d'Hygiène*, avril-mai 1946, p. 181-202. Numéro en hommage au Dr Repond, pour ses 60 ans.

Ohayon Annick, *L'Impossible rencontre. Psychologie et psychanalyse en France 1919-1969*, Paris, La Découverte, 1999.

Repond André, « Le Service médico-pédagogique valaisan », *Cirança Portuguesa*, vol. XIV – Ano de 1954-55, Lisboa, tiré à part, p. 193-167.

Thébaud Françoise, *Écrire l'histoire des femmes*, 2e éd., Fontenay Saint-Cloud, ENS-Éditions, 1998.

Thomas Madeleine, « Une réalisation d'hygiène mentale : Le Service Médico-Pédagogique valaisan », *Revue Suisse d'Hygiène*, 1939, tiré à part.

Wetterer Angelika, « Theoretische Entwicklung der Frauen — und Geschlechterforschung über Studium, Hochschule und Beruf — ein einleitender Rückblick », *Vielfältige Verschiedenheiten. Geschlechterverhältnisse in Studium, Hochschule und Beruf*, Neusel Aylâ et Angelika Wetterer (Hg.), Francfort-New York, Campus Verlag, 1999, p. 15-33.

Witz Anne, *Professions and patriarchy*, Londres-New York, Routledge, 1992.

Le rôle des femmes scientifiques dans les universités et les institutions académiques en Allemagne de 1919 à 1945

Étude comparative

Annette Vogt[1]

En 1928, la physiologiste de la cellule berlinoise Rhoda Erdmann (1870-1935) étudia la question suivante : les femmes scientifiques avaient-elles contribué à faire progresser les sciences ainsi que les sciences humaines ? Elle écrivit :

> Des experts étudient tous les pays. Parfois, ils trouvent le cas de femmes dont le travail a quelque peu marqué le développement d'une science particulière. Mais ces traces semblent minimes ; souvent même elles sont nulles. Très rarement, un nom surgit spontanément dans votre esprit comme celui de Madame *Curie*[2].

Rhoda Erdmann, qui bénéficiait alors d'une expérience de vingt-deux ans de recherche et d'enseignement, soulignait :

> Le manque de succès reproché, entre autres, aux femmes de science n'est pas seulement dû au talent ou aux compétences des femmes ; il peut aussi être dû aux circonstances favorisant ou non la créativité et l'engagement des femmes scientifiques[3].

Quelles étaient, justement, les circonstances pour les savantes, en particulier en Allemagne, au cours de la première moitié du XXe siècle ? Quelles étaient leurs possibilités ; quand et où pouvaient-elles les exercer ?

1. Article rédigé en anglais et révisé par Shana Brown ; traduit en français par l'éditeur et révisé par l'auteur [NdE].
2. Erdmann (1928), p. 35 : « Beurteiler blicken in alle Länder. Hier und da finden sie einzelne Frauen, deren produktive Arbeit eine gewisse Spur in dem Werdegang der betreffenden Wissenschaft hinterlassen hat. Aber diese Spuren erscheinen schwach, oft verwischt. Nur selten prägt sich mit so eindeutiger Wucht ein Name der Mitwelt ein, wie der Name der Frau *Curie*. » Sur Rhoda Erdmann, *cf.* Schneck (2000).
3. Erdmann (1928), p. 36 : « Der Mangel an positiven Leistungen, der zum Beispiel den Frauen in den Naturwissenschaften vorgeworfen wird, kann nicht allein von der Begabung der Frauen abhängen, sondern von den Umständen, unter welchen Frauen schaffen und sich betätigen können. »

À partir de deux études au long cours que j'ai réalisées, l'une sur les femmes scientifiques à l'Université de Berlin entre 1900 et 1945, l'autre sur les femmes scientifiques dans la Société Kaiser Wilhelm de 1912 à 1945, cet article abordera les questions du rôle des femmes à l'Université de Berlin tout comme dans les Instituts de la Société Kaiser Wilhelm ainsi que dans les Académies des sciences. Du fait du contexte particulier, notamment la misogynie, de l'Université en Allemagne, les femmes ne purent intégrer les équipes universitaires qu'après 1919, et uniquement (à part quelques exceptions) au plus bas échelon : celui de *Privatdozent*[1]. La plupart des Académies des sciences, quant à elles, n'acceptèrent des femmes qu'à la fin des années 1940.

La situation des savantes en Allemagne

J'aborderai d'abord de manière générale les difficultés, pour les femmes scientifiques, à se faire une place à l'Université, et les différents changements concernant leur situation dans le Reich allemand, la République de Weimar et l'Allemagne nazie.

En Allemagne, depuis les alentours de 1830, il était nécessaire de détenir une « habilitation » pour occuper le poste le plus bas au sein de l'équipe universitaire, celui de *Privatdozent*. Dans les années 1890-1900 fut créé le poste d'assistant, une position intermédiaire entre le doctorant et le *Privatdozent*, la personne devant assurer des recherches et donner des cours. Au moment de la création du poste d'assistant, d'abord en science et en médecine, les universités allemandes n'acceptaient toujours pas les femmes, pour quelque poste que ce fût.

Entre 1880 et 1900, le mouvement des femmes dans les Länder s'opposa à l'exclusion des filles et des femmes de l'ensemble du système d'éducation supérieur, y compris des universités, et exigea l'égalité des droits pour les femmes. Les progrès furent très lents et finalement, en 1900, les premières universités ouvrirent leurs portes aux femmes dans le Bade. Alors que, dans la plupart des pays européens, les universités avaient accueilli des étudiantes dès les années 1860 (par exemple en 1864 à Zurich), les universités allemandes ne les acceptèrent qu'après 1900 ; en Prusse, ce ne fut le cas qu'à partir de l'hiver 1908-1909. Tout au long de débats passionnés s'étant déroulés sur une période de vingt ans, les scienti-

1. Le terme de *Privatozent* (pluriel masculin : *Privatdozenten* ; pluriel féminin : *Privatdozentinnen*), utilisé dans les universités allemandes et autrichiennes d'alors, n'a pas d'équivalent français. Ce statut serait intermédiaire entre celui de maître de conférences et de post-doctorant [NdE].

fiques furent plus progressistes que leurs collègues médecins ou des sciences humaines. C'est la raison pour laquelle il n'est pas étonnant que les premières savantes en Allemagne furent plus nombreuses à se spécialiser en sciences qu'en sciences humaines[1]. De même, les quelques rares assistantes à l'Université étaient des scientifiques ; par exemple : la zoologiste Maria Gräfin von Linden (1869-1936) devint en 1899 la première assistante à l'Université de Bonn et, en 1902, le premier membre féminin de l'Académie Leopoldina à Halle ; et la physicienne Lise Meitner (1878-1968) devint, en 1912-1913, la première assistante à l'Université de Berlin et, plus tard, la première femme à faire partie de la Société Kaiser Wilhelm ainsi que de plusieurs Académies des Sciences[2].

Au printemps 1908, le ministre de la Culture de Prusse donna l'ordre d'interdire l'« habilitation » aux femmes de science. Maria Gräfin von Linden était à l'origine de cette loi. En 1906, elle avait cherché à devenir *Privatdozent* à l'Université de Bonn ; malgré le soutien de tous ses collègues universitaires, le ministre prussien fit promulguer cette loi interdisant l'accès des femmes au statut de *Privatdozent* en mai 1908. Le fait que cette loi fut votée en mai n'est pas un hasard : à la fin-août de cette même année, une loi autorisa les femmes à étudier normalement au sein des universités prussiennes[3]. Bien que l'interdiction ne concernât que les universités prussiennes, aucune femme ne devint *Privatdozent* en Allemagne avant l'hiver 1918 !

Ainsi, il convient de souligner le fait que l'instauration de droits plus ou moins égaux entre femmes et hommes au sein des universités n'intervint en Allemagne qu'après la Révolution, en 1919. Il devint alors théoriquement possible, pour une femme de science, d'accéder au poste d'assistante et de *Privatdozent*. Mais les femmes n'étaient toujours pas autorisées à être titulaires d'une chaire. Le mouvement des femmes en Allemagne ne protesta pas contre cette discrimination. Néanmoins, entre 1918 et 1932, à travers le pays, 48 femmes devinrent *Privatdozentinnen* ; parmi elles, 15 en sciences, 22 en sciences humaines et 11 en médecine, et ce au sein de 17 universités sur 20 (tableau 1). Il existait de grandes différences entre les universités d'une part et entre les divers domaines choisis par les femmes d'autre part. L'Université de Berlin représente une exception, eu égard au nombre total de femmes *Privatdozentinnen* tout comme aux domaines d'études choisis.

1. *Cf.* Vogt 1997a et 1999a.
2. Sur Maria Gräfin von Linden, *cf.* Kuhn *et al.*, 1996, p. 119-125 ; Flecken, 2000 ; sur Lise Meitner, *cf.* Sime, 1996 ; Vogt, 1997b, et 1999, p. 97-100.
3. *Cf.* Kuhn *et al.*, 1996, en particulier p. 122 ; Brinkschulte, 1998 ; et Vogt, 1999a, p. 28-30.

Tableau 1. « Habilitations » des femmes savantes dans les universités allemandes (classement sur 20 universités)

	Date de la 1ère habilitation	Domaine	Nombre	Nombre de « renvois» en 1933	1ère habilitation durant la période nazie, nombre
Munich	Déc. 1918	Médecine	3	–	1934 : 1
Göttingen	4/6/1919	Mathématiques	2	2	1939 : 4
Berlin	3/11/1919	Zoologie	14	8 (+2)	1937 : 11
Hamburg	4/11/1919	Philologie	6	3	1939 : 2
Gießen	1919	Archéologie	3	1	1942 : 1
Breslau	1922	Philologie	3	1	1938 : 2
Cologne	1922	Philologie	3	1	–
Heidelberg	1923	Zoologie	2	1	–
Iena	1923	Pédagogie	2	2	1934, 1943 : 3
Leipzig	1923	Philologie	2	1	1942 : 3
Marburg	1923	Philologie	1	–	–
Greifswald	1924	Pharmacologie	1	–	–

La période nazie provoqua une profonde rupture en Allemagne, en général comme dans le cas particulier des femmes de science. D'un point de vue général, les opinions des Nazis sur les femmes et sur leur rôle dans la société étaient diamétralement opposées aux idées de la République de Weimar sur la « nouvelle femme ». Les idées nazies sur les femmes étaient pleinement antisémites et antiféministes : le modèle raciste du rôle de la « femme allemande » remplaça celui de la « nouvelle femme »[1]. Lors de la période nazie, la situation s'aggrava pour les femmes en général et les femmes de science en particulier. Non seulement les nazis diffusèrent leurs opinions sur les femmes au cours du IIIe Reich, mais ils menèrent également une politique contre les femmes, et ce au sein de nombreuses professions, depuis celles d'avocates et d'enseignantes jusqu'aux postes les plus élevés des professions universitaires. En 1933, il fut de nouveau interdit aux femmes d'exercer la profession d'avocates. À partir de 1935, une politique fut menée pour écarter les femmes de l'enseignement dans les lycées et les universités.

À partir de 1933, la situation de la plupart des femmes scientifiques dans les universités tout comme dans les Instituts de la Société Kaiser Wilhelm empira. En 1933, une loi promulguée par les nazis imposa un

1. *Cf.* Boxer, 1987, p. 211-214 et p. 203-206 ; *cf.* aussi Manns, 1997.

taux d'étudiants juifs et d'étudiantes inférieur à 10 % par an. À partir de 1935, les étudiants juifs furent totalement exclus, et le taux d'étudiantes fut par conséquent légèrement augmenté. En 1933, toutes les femmes scientifiques « non aryennes » — d'après la définition nazie — furent écartées des écoles, des universités, des universités techniques et des instituts de la Société Kaiser Wilhelm. La mise en place, le 7 avril 1933, de la loi intitulée « Gesetz über die Wiederherstellung des Berufsbeamtentums » (loi sur la restauration de la fonction publique) aboutit au « renvoi » de toutes les femmes scientifiques, professeurs extraordinaires (*außerordentliche*), *Privatdozentinnen*, assistantes, et même des assistantes techniques ainsi que des doctorantes. Il n'y eut aucune exception, sauf quelques cas d'hommes scientifiques « non aryens ». Durant la période nazie, la politique contre les femmes scientifiques fut strictement appliquée dans les universités, un peu moins dans quelques Instituts de la Société Kaiser Wilhelm. Beaucoup de femmes de science perdirent leur emploi et durent s'exiler (tableau 1, « renvois »)[1]. Officiellement, les nazis ne voulaient pas voir de femmes occuper des postes élevés dans les universités, pas même ceux de *Privatdozent*[2]. Entre 1933 et 1937, aucune femme scientifique ne put devenir *Privatdozentin*, sauf à Munich (en 1934, en chimie) et à Iéna (en 1934, en théologie).

C'est seulement après 1937 que les femmes eurent de nouveau la possibilité d'intégrer les universités. Dans ces dernières ainsi que dans la Société Kaiser Wilhelm, la situation des femmes scientifiques, pourvu qu'elles fussent « aryennes », s'améliora au fur et à mesure en raison de la politique menée par les nazis pour préparer la guerre. Comme lors de la Première Guerre mondiale[3], les femmes, en particulier scientifiques, purent alors occuper des emplois habituellement réservés aux hommes. À la différence de ce qui s'était passé durant la Première Guerre mondiale, un grand nombre de femmes scientifiques hautement qualifiées furent mises sur des « listes d'attente » ; elles avaient leur chance, même au sein des institutions liées aux forces armées. Cela peut paraître paradoxal, mais l'on pourrait dire que les possibilités pour les femmes scientifiques et les spécialistes, étaient bien plus grandes dans ces dernières. Mais ce travail était totalement secret, conformément à la loi. Par conséquent, l'existence de femmes scientifiques ne gênait pas l'idée officielle d'une « femme allemande » devant être au foyer et avoir des enfants. Certaines femmes

1. *Cf.* Vogt, 2002.
2. *Cf.* Hammerstein, 1989 pour le cas de l'Université de Francfort-sur-le-Main et de Ruth Moufang. Sur Ruth Moufang, *cf.* Mehrtens, 1981 et Pieper-Seier, 1997.
3. *Cf.* Boxer, 1987, p. 206-209 et Gilbert, 1987, *in* Boxer, 1987, p. 232-245.

scientifiques saisirent cette opportunité et travaillèrent dans le domaine des recherches militaires. Le nombre de ces femmes est probablement bien plus élevé que ce que nous en savons aujourd'hui[1].

Entre 1934-1937 et 1945, à travers le pays, 34 savantes devinrent *Privatdozentinnen*, dont 12 en sciences, 13 en sciences humaines, une en théologie et 8 en médecine, et ce sur 15 des 20 universités (tableau 1). Encore une fois, les différences étaient grandes entre les diverses universités et les domaines choisis. Et encore une fois, l'Université de Berlin constitua un cas à part pour ce qui est du nombre total de *Privatdozentinnen*.

Les savantes à l'Université de Berlin : un cas particulier

En se fondant sur l'étude des 24 *Privatdozentinnen* au total ayant exercé à l'Université de Berlin de 1919 à 1945, je décrirai ici les différentes circonstances dans lesquelles ces femmes obtinrent la possibilité d'enseigner. Elles faisaient partie de trois facultés : philosophie, mathématiques et sciences (à partir de 1936), et médecine. À l'Université de Berlin, entre 1919 et 1932, 14 femmes au total devinrent *Privatdozentinnen*, 8 en sciences, 4 en sciences humaines et seulement 2 en médecine, bien que la faculté de médecine fût la plus importante de cette université (tableau 2). Par rapport à l'ensemble des universités de la République de Weimar, l'on trouvait à l'Université de Berlin environ 30 % (29,16 %) de toutes les *Privatdozentinnen*, 50 % de l'ensemble des femmes scientifiques, 19 % de celles spécialisées en sciences humaines et 18,18 % en médecine. Comment s'expliquent ces disparités ?

En premier lieu, si l'on examine les oppositions aux études féminines et aux femmes scientifiques depuis les années 1890, l'on remarque que les hommes scientifiques étaient mieux disposés à l'égard des femmes, l'attitude des médecins et des historiens envers ces dernières étant les plus réactionnaires[2]. Manifestement, les femmes ayant choisi de devenir scientifiques avaient opté pour un domaine où les obstacles étaient moins nombreux. Leurs professeurs étaient les plus progressistes, et elles se firent une place dans des institutions où elles n'étaient pas exclues d'office. Deuxièmement, si l'on examine les chances des femmes scientifiques d'obtenir un poste, l'on remarque qu'il y avait en Allemagne plus de

---

1. *Cf.* Vogt, 2000a.
2. *Cf.* par exemple Vogt, 1997c.

Tableau 2. Renvois de 1933

Sur la base de la loi « Gesetz über die Wiederherstellung des Berufsbeamtentums » (loi sur la restauration de la fonction publique) du 7 avril 1933, furent renvoyées de l'Université de Berlin les femmes savantes suivantes : – Professeurs extraordinaires • Faculté de philosophie (deux sur deux) *Lise Meitner* (7/11/1878-27/10/1968) 6/9/1933 : se retire de la « venia legendi » (renvoi) Juillet 1938 : s'enfuit en Suède, exil *Charlotte Leubuscher* (24/7/1888-2/6/1961) 5/9/1933 : se retire de la « venia legendi » (renvoi) 1933 : s'exile en Angleterre, à Cambridge et à Oxford puis à Londres • Faculté de médecine (une sur deux) *Rhoda Erdmann* (5/12/1870-23/8/1935) 1933 : renvoyée, arrêtée, mise à la retraite sous pression – Privatdozentinnen • Faculté de philosophie (4 + 2 = 6 sur 10 = 60 %) *Hilda Pollaczek*, née Geiringer, épouse von Mises (1893-1973) 4/9/1933 : se retire de la « venia legendi » (renvoi) 1934-1939 : s'exile à Bruxelles, Istanbul puis aux États-Unis *Gertrud Kornfeld* (1891-1955) 2/9/1933 : se retire de la « venia legendi » (renvoi) S'exile en Angleterre, à Vienne puis, à partir de 1938, aux États-Unis *Hedwig Hintze*, née Guggenheimer (1884-1942, suicide) 2/9/1933 : se retire de la « venia legendi » (renvoi) S'exile en France, en Suisse puis aux Pays-Bas *Mathilde Hertz* (1891-1975) 2/9/1933 : se retire de la « venia legendi » (renvoi) S'exile en Angleterre, à Cambridge • Faculté de médecine (1 + 1 = 2 sur 4 = 50 %) *Annelise Wittgenstein* (1890-1946) 2/5/1933 : se retire de la « venia legendi » ; elle n'est pas renvoyée mais « destituée » ; elle ne s'exile pas ; à partir de 1934, travaille à l'hôpital Franziskus-Krankenhaus de Berlin

postes, et plus précocement, dans les Instituts en marge des universités et au sein des laboratoires de certaines industries[1]. Margaret Rossiter a décrit une situation similaire aux États-Unis, où les femmes de science avaient leurs chances dans certaines « niches »[2]. Mais ces possibilités n'existaient véritablement que dans les domaines des sciences et de la médecine. En

1. *Cf.* Vogt, 1997d.
2. *Cf.* Rossiter, 1982, 1995.

troisième lieu, à l'Université de Berlin, certains professeurs avaient des liens avec les Instituts de la Société Kaiser Wilhelm, qui avait été créée en 1912. Les femmes de science y bénéficiaient de meilleures conditions qu'à l'Université. C'est pourquoi l'on trouve, pour les deux périodes étudiées, des femmes scientifiques qui devinrent *Privatdozentinnen* tout en ayant des relations avec les Instituts de la Société Kaiser Wilhelm[1].

Quelles étaient les origines et la formation professionnelle de ces femmes de science ? Pouvaient-elles mener de front leur travail scientifique et leur vie familiale ? Quel parcours professionnel pouvaient-elles choisir ?

Huit des 12 *Privatdozentinnen* de la Faculté de philosophie, comprenant les sciences jusqu'en 1936, étaient des scientifiques. Toutes avaient suivi une formation dans différentes universités. Deux d'entre elles avaient fait leur thèse à l'Université de Vienne (Lise Meitner et Hilda Pollaczek), une à l'Université de Prague (Gertrud Kornfeld), deux à Munich (Rhoda Erdmann et Mathilde Hertz), et les sept autres avaient déjà fait leur thèse à l'Université de Berlin. L'ensemble de ces femmes étaient des spécialistes, bien sûr, mais leur spécialisation n'était pas très poussée. À l'Université de Berlin, l'on trouvait l'une des trois physiciennes (Lise Meitner) de la période de la République de Weimar, l'une des deux mathématiciennes (Hilda Pollaczek-Geiringer[2]) et la seule chimiste (Gertrud Kornfeld). Toutes les *Privatdozentinnen* étaient des scientifiques professionnelles ; elles travaillaient soit en tant qu'assistantes à l'Université (Paula Hertwig, Hilda Pollaczek, Gertrud Kornfeld, Lotte Möller, Elisabeth Schiemann[3]), soit dans les Instituts de la Société Kaiser Wilhelm (Lise Meitner, Mathilde Hertz[4], plus tard Elisabeth Schiemann), soit dans des établissements d'État comme le Bureau statistique de l'État (Charlotte Lorenz), car aucune *Privatdozent* n'avait un salaire suffisamment important pour se contenter d'enseigner. Deux de ces 12 *Privatdozentinnen* étaient mariées (Hedwig Hintze et Hilda Pollaczek), et la mathématicienne Hilda Pollaczek avait un enfant. Hedwig et Otto Hintze formaient un couple de scientifiques classique, mais l'un des rares en sciences humaines, contrairement au domaine des sciences[5].

---

1. *Cf.* Vogt 1997b, 1997d, 1999a, 1999 (*Lexikon*).
2. Sur Hilda Pollaczek-Geiringer, *cf.* Binder, 1992, 1995 ; Richards, 1987 ; Siegmund-Schultze, 1993, 1998 ; Vogt, 1994, 1998.
3. Sur Elisabeth Schiemann, *cf.* Kuckuck, 1980 ; Lang, 1990 ; Vogt, 1999 (*Lexikon*), p. 125-127.
4. Sur Mathilde Hertz, *cf.* Jaeger, 1996 ; Vogt, 1999 (*Lexikon*), p. 55-57.
5. *Cf.* Peter Th. Walther (2003). Sur les couples dans les sciences, *cf.* Pycior *et al.*, 1996.

Les deux premières *Privatdozentinnen* (Paula Hertwig et Rhoda Erdmann) entrèrent dans les années 1920 à la Faculté de médecine, où elles obtinrent le titre de professeurs extraordinaires (*nichtbeamteter außerordentlicher Professor*). En 1926, Lise Meitner devint professeur extraordinaire en physique, et en 1929 Charlotte Leubuscher devint professeur extraordinaire en économie[1]. Les 12 *Privatdozentinnen* de la Faculté de philosophie tout comme les deux qui étaient à la Faculté de médecine donnaient essentiellement des cours magistraux spéciaux et seulement rarement des cours d'initiation. De plus, du fait de la discrimination concernant le poste de titulaire d'une chaire, elles n'avaient pas d'étudiants non licenciés et seulement quelques doctorants. Les exceptions étaient Lise Meitner, en raison du contexte à l'Institut de chimie Kaiser Wilhelm à Berlin-Dahlem, et Rhoda Erdmann, du fait de la moindre importance de son Institut pour la recherche cellulaire à l'Université. Les autres ne pouvaient jouer qu'un rôle marginal au sein du système éducatif universitaire.

Puis les nazis prirent le pouvoir… L'Université de Berlin perdit plus de 60 % de ses savantes. En 1936, l'Academic Assistant Council, organisation aidant les émigrés allemands en Grande-Bretagne, publia la Liste des étudiants allemands déplacés[2]. Mille six cent vingt-quatre scientifiques étaient mentionnés dans cette Liste et, parmi eux, 78 femmes scientifiques (4,8 %) ; 28 d'entre elles venaient de Berlin, 13 parmi celles-ci de l'Université de Berlin[3]. La situation des plus jeunes femmes scientifiques, les assistantes, était pire que celle des jeunes hommes. La carrière des femmes scientifiques qui durent s'exiler après avril 1933 subit ainsi une profonde rupture. En tant que réfugiées, elles rencontrèrent des problèmes d'adaptation à l'égard d'autres cultures scientifiques et d'autres modes de penser. Pour les aider, les organisations et les individus usèrent de différentes stratégies. Les femmes de science elles-mêmes usèrent de différentes stratégies pour faire face aux difficultés provoquées par l'exil. Il y eut des femmes « perdues pour la science », c'est-à-dire qui mirent fin à leurs travaux scientifiques et changèrent de secteur d'activité. Il y eut aussi des réussites, certaines scientifiques saisissant cette opportunité pour effectuer une meilleure carrière au sein de la communauté scientifique de leur patrie d'adoption.

À Berlin, 5 des 6 assistantes des Instituts scientifiques exerçant au cours de l'hiver 1932-1933 furent licenciées au printemps 1933. Huit des 14 *Privatdozentinnen* furent renvoyées, et 6 durent s'exiler. Seules Lise

---

1. Sur Charlotte Leubuscher, *cf.* Scholze, 1999.
2. *Cf.* la Liste des étudiants allemands déplacés, Londres, 1936.
3. *Cf.* Vogt, 1999a, p. 40-41.

Tableau 3. « Habilitations » des femmes savantes à l'Université de Berlin (1933-1945)

Faculté de philosophie	
Margarete Woltner (1897-1985)	14/6/1937 Philologie slave
Hedwig Fleischhacker (1906-1978) Épouse Uebersberger	2/6/1938 Histoire de la Russie
Annemarie v. Gabain (1901-1993)	24/10/1940 Turcologie
Mathilde Hain (1901-?)	8/2/1945 Folklore (ethnologie)
Faculté des sciences/mathématiques	
Erika Cremer (1900-1996)	10/2/1939 Chimie physique
Luise Holzapfel (1900-1963)	22/6/1943 Chimie
Faculté de médecine	
Edith Heischkel-Artelt (1906-1987)	1938 Histoire de la médecine
Auguste Hoffmann (1902-?)	1938 Médecine du sport
Elisabeth Nau (1900-1975)	1940 Droit médical
Else Knake (1901-1973)	1940 Recherche tissulaire

Meitner, Hilda Pollaczek et Charlotte Leubuscher purent poursuivre leurs recherches. Mathilde Hertz finit ses travaux de recherches en 1939, et Gertrud Kornfeld dut travailler dans le secteur industriel. Rhoda Erdmann mourut après son arrestation par la Gestapo, et Hedwig Hintze se suicida avant sa déportation vers un camp de la mort. Annelise Wittgenstein survécut à Berlin en tant que médecin dans un hôpital. Ces femmes scientifiques exceptionnelles furent rapidement oubliées dans leur patrie (tableau 2).

Après 1937, 10 autres femmes devinrent *Privatdozentinnen* à l'Université de Berlin. Seules 2 d'entre elles étaient spécialisées en sciences, toutes deux étant par ailleurs liées à la Société Kaiser Wilhelm, 4 en sciences humaines et 4 en médecine. À l'opposé de la période de Weimar, toutes les *Privatdozentinnen* étaient maintenant très spécialisées, par exemple en chimie physique, en turcologie, en histoire de la médecine, etc. (tableau 3). Elles avaient toutes suivi leur formation dans différentes universités et étaient fortement encouragées par leurs professeurs, parfois même contre les nazis au sein d'une faculté (Margarete Woltner, Else Knake[1]). Certaines étaient très proches des nazis (Lotte Möller[2], Charlotte Lorenz, Hedwig Fleischhacker), d'autres les évitaient plus ou moins (Annemarie von Gabain[3], Luise Holzapfel[4]). Elles savaient très bien qu'elles avaient

1. Sur Else Knake, *cf.* Vogt, 1997b, p. 216-217 ; Vogt, 1999 (*Lexikon*), p. 68-70.
2. Sur Lotte Möller, *cf.* Vogt, 1996, p. 52-54 ; Brosin, 1999.
3. Sur Annemarie von Gabain, *cf.* Gedenkschrift, 1994 ; Vogt, 1999d.
4. Sur Luise Holzapfel, *cf.* Vogt, 2000c ; Vogt, 1999 (*Lexikon*), p. 59-60.

trouvé là une « niche » et qu'on avait besoin d'elles à cause de la guerre. Mais elles n'avaient aucune chance de poursuivre plus avant leur carrière au cours du IIIe Reich. Seule une scientifique était mariée : Hedwig Fleischhacker ; elle avait épousé son professeur et conseiller Hans Uebersberger. Les femmes de science qui n'étaient pas impliquées dans la mouvance ou les crimes nazis n'eurent la possibilité de faire carrière qu'après la capitulation de l'Allemagne. Elles obtinrent des postes de professorat à la réouverture de l'Université de Berlin en 1946 (à Berlin Est), mais après 1948, elles fréquentèrent l'Université libre de Berlin Ouest, qui venait d'être créée.

Les femmes de science au sein de la Société Kaiser Wilhelm

Au sein de la Société Kaiser Wilhelm (qui devint par la suite la Société Max Planck), il n'existait aucune règle d'exclusion des femmes de science. Avant 1933, les hommes et les femmes avaient presque les mêmes droits. Les conditions étaient théoriquement les mêmes pour les hommes et pour les femmes, mais les hommes avaient plus de chances de faire rapidement carrière que leurs collègues féminines. À postes égaux, les femmes de science recevaient les mêmes salaires que leurs collègues masculins, au moins jusqu'en 1933. De plus, les femmes scientifiques pouvaient être à la tête d'un département, même sans avoir l'« habilitation », et elles pouvaient être nommées en tant que membres scientifiques. La Société Kaiser Wilhelm ne fut pas seulement une brillante « niche » (Margaret Rossiter[1]) ; il y eut là aussi d'excellentes conditions de travail jusqu'en 1933, et celles-ci persistèrent en partie de 1933 à 1945.

Ainsi, un nombre relativement important de femmes y obtinrent des postes. Certaines scientifiques occupèrent des postes décisionnels dans les laboratoires, et 12 d'entre elles devinrent chefs de département, un poste comparable à celui de professeur assistant à l'Université. J'ai retrouvé 243 femmes scientifiques dans environ 40 Instituts (28 Instituts Kaiser Wilhelm et 14 groupes de recherches [*Forschungsstellen*]) de la Société Kaiser Wilhelm[2]. À partir de 1912, elles travaillèrent, seulement dans quelques instituts, en tant que scientifiques à divers postes. Sur les 28 Instituts Kaiser Wilhelm, il n'y en eut que six où aucune femme de science ne travailla de 1912 à 1945 : dans celui de la recherche sur le charbon à Mühlheim (fondé en 1913) ; dans celui sur l'histoire allemande

1. *Cf.* Rossiter, 1982, p. 259.
2. *Cf.* Vogt, 1999 (*Lexikon*).

à Berlin (1914-1944) ; dans celui de la recherche sur le charbon à Breslau (fondé 1918) ; dans celui consacré aux droits privés étrangers à Berlin (fondé en 1925-1926) ; dans celui sur la biophysique à Francfort-sur-le-Main (fondé en 1937-1938) ; et dans celui sur la viticulture à Müncheberg, près de Berlin (fondé en 1942).

La structure de ces instituts et le processus d'affectation (ou de nomination, mais non d'élection) des membres scientifiques de la Société Kaiser Wilhelm étaient compliqués ; mais, généralement, la position du directeur d'un institut et celle de l'un de ses membres scientifiques étaient équivalentes[1]. Les membres scientifiques de la Société Kaiser Wilhelm étaient comparables à ceux des Académies des sciences. De 1912 à 1945, trois femmes firent partie de ces membres scientifiques : la physicienne Lise Meitner (1878-1968)[2], de 1914 jusqu'à sa fuite en 1938 ; la spécialiste du cerveau Cécile Vogt (1875-1962)[3], de 1919 jusqu'à sa « retraite » en 1937, sous la pression des nazis ; et la physicienne Isolde Hausser (1889-1951)[4], à partir de mai 1938. Mais ce n'est qu'entre mai et juillet 1938, moment où Lise Meitner dut émigrer, qu'il y eut trois membres féminins en même temps[5]. Lise Meitner intégra aussi l'Académie Leopoldina en 1926, et Cécile Vogt[6] en devint membre en février 1932, suivie en mars de la physicienne Marie Curie et de la physiologiste soviétique — et amie des Vogt — Lina Solomonovna Stern (1878-1968)[7]. Lina Stern fut la première femme à devenir membre à part entière de l'Académie des sciences soviétique en 1939[8]. Incidemment, durant la période nazie, Lise Meitner

1. *Cf.* la description de Friedrich Glum (1891-1974), secrétaire général administratif de la Société Kaiser Wilhelm : Glum, 1928, p. 29.
2. Sur Lise Meitner, *cf.* en particulier Sime, 1996.
3. Sur Cécile Vogt, *cf.* Richter, 1996 ; Satzinger, 1996, 1998a, 1998b, 1999 ; Satzinger et Vogt, 2001 ; Vogt, 1997b, p. 212-214.
4. Sur Isolde Hausser, *cf.* Fuchs, 1993, 1994 ; Vogt, 1997d, p. 134-139.
5. Isolde Hausser était membre scientifique le 30 mai 1938 ; Lise Meitner dut quitter l'Allemagne le 13 juillet 1938 ; Cécile Vogt fut un membre scientifique étranger de l'Institut Kaiser Wilhelm pour la recherche sur le cerveau de 1937 à 1945.
6. *Cf.* Präsident Abderhalden à C. Vogt, *in* Archive BBAW, article Vogt, n° 14. La date est le 2 février 1932.
7. Archive Leopoldina à Annette Vogt, 16 juillet 1998.
8. Sur Lina S. Stern (1878-1968), *cf.* Stern ; 1930 ; *Bol'saja Sovetskaja Encyclopedia* [BSE] 2e éd., p. 196 et 3e éd., p. 495 ; Lustiger, 1994, p. 1093-1101 ; Lustiger, 1998, p. 371-372 ; Hoffer, 1999. BSE, 2oe izd., Moskva 1957, t. 48, p. 196 avec photo, et BSE, 3oe izd., Moskva 1978, t. 29, p. 495 (même photo p. 494). Mais dans le BSE, il n'est fait aucune mention de de son destin tragique, de son arrestation, de ses convictions ni de sa réhabilitation. Sur son arrestation en 1948, son procès secret au printemps 1952 et son rejet de ses convictions en novembre 1955, *cf.* Izvestija CK KPSS, n° 12/1989, p. 34-40 (en russe) ; et Lustiger, 1994, 1998.

comme Lina Stern furent « rayées des listes », respectivement en 1937 et en 1936, mais sans être exclues, comme Lise Meitner à Göttingen[1].

Ces trois femmes représentaient 5 % du total, approximativement 60 membres[2]. Aujourd'hui, la Société Max Planck comporte 5 membres scientifiques féminins. Mais il faut savoir que, sur les 270 membres scientifiques, 5 personnes ne représentent que 2 % du total[3]. De plus, ces trois femmes n'avaient pas l'« habilitation » au moment de leur nomination ; Lise Meitner ne fit son « habilitation » qu'en 1922, soit 8 ans après sa nomination en tant que membre scientifique.

De 1912 à 1933, et même durant la période nazie, les politiques menées contre les femmes scientifiques ne furent pas strictement appliquées dans la Société Kaiser Wilhelm, au contraire des universités. Mais la plupart d'entre elles, depuis la rupture de 1933 jusqu'à la période nazie, furent « oubliées[4] ». Dans la Société Max Planck, une relative ouverture aux femmes de science fut inimaginable avant les années 1990, et ne fait l'objet de débats que depuis quelques années[5].

Mécènes, étrangères et femmes d'exception : les femmes scientifiques au sein des Académies des sciences européennes

La plupart des Académies des sciences européennes exclurent les femmes jusqu'en 1945, à Berlin comme à Londres et à Paris. En Allemagne, cette exclusion fut totale, à l'exception de la Leopoldina de Halle et de l'Académie de Göttingen. En Russie, l'Académie des sciences de Saint-Pétersbourg (au contraire de l'Académie de Moscou) constitua aussi une exception. En Norvège, la biologiste Kristine Bonnevie (1872-1949) devint membre de l'Académie des sciences d'Oslo en 1912 ; à la même date, elle obtint une place de professeur à part entière à l'Université d'Oslo, à une époque où les femmes, en Prusse, avaient juste la possibilité de suivre un cursus universitaire de quatre ans[6].

---

1. *Cf.* H. Bethge et Gerstengarbe *in* Leopoldina-Symposium, 1995, p. 207-208 et 168-204 ; liste des « suppressions » p. 173-176 : p. 173 (Stern), p. 174 (Meitner).
2. *Cf.* le *Handbook of the KWG,* Glum, 1928. Une liste des tous les membres y a été publiée, en dénombrant 64 au 1er avril 1928. En 1928, alors qu'il y avait 64 membres scientifiques, dont deux femmes, le pourcentage était exactement de 3,125 %.
3. *Cf.* MPG, 1998. Dans les sociétés Max Planck, il y avait environ 270 membres scientifiques en 1998, dont 5 femmes, soit 1,85 %. Cette année-là fut entrepris un relevé de tous les membres scientifiques de 1948 à 1997 : il y avait 13 femmes scientifiques sur 691 membres, soit 1,88 %.
4. *Cf.* Vogt, 2002.
5. *Cf.* MPG, 1998.
6. *Cf.* Bonnevie, 1928, p. 187-198. Même le journal *Berliner Tageblatt* fit état de son accession au poste de professeur, en février 1912).

Comment a-t-il été possible d'exclure pour si longtemps les femmes de science des Académies ? Aucun article des statuts de ces Académies ne spécifiait cette exclusion : le cas des femmes de science était tout simplement laissé de côté. De même, le règlement restreignant la nomination aux personnes ayant atteint le titre de professeur titulaire ne fut pas mis en application avant 1914. Ce règlement entraîna automatiquement l'exclusion des femmes de science car, légalement, elles ne pouvaient devenir professeurs.

Quels étaient les arguments pour exclure une personne ? Quels scientifiques, et notamment quelles femmes scientifiques, combattirent cette sorte de discrimination et à quel moment ? À l'heure actuelle, nous ne savons rien des débats internes entre académiciens, ni même si de telles controverses ont existé. Abordèrent-ils ou non le problème de leurs collègues féminines ? S'ils l'abordèrent, quels furent leurs arguments ? Peut-être que l'on retrouvera un jour des documents sur cette question, mais probablement seulement dans les archives personnelles d'académiciens, notamment dans des lettres. À titre d'hypothèse, nous pourrions rapporter quelques arguments utilisés dans des débats connus, portant sur le « danger » représenté par les étudiantes (tels qu'ils figurent par exemple dans le livre de Kirchhoff[1]). Trois types d'arguments furent avancés : le travail universitaire est dangereux pour les femmes, il faut donc les exclure pour leur propre bien ; les hommes scientifiques n'ont pas besoin d'une concurrence supplémentaire, surtout pas de la part de femmes ; faire des études supérieures devrait être rendu possible, mais seulement pour les femmes d'exception. Ce dernier argument, en particulier, était — et reste — ambigu[2].

Si l'on considère l'histoire du parcours des femmes dans les institutions universitaires, l'on retrouve trois types d'exception : les mécènes, les étrangères et les scientifiques d'exception. Parfois, les expressions « étrangère à l'institution » et « exception » étaient utilisées de manière équivalente ; parfois aussi, les personnes qui n'étaient pas de l'institution et les exceptions étaient également des étrangères par nationalité. Par ailleurs, dans l'histoire des Académies européennes, nous trouvons quelques exemples d'Académies des sciences ayant élu des femmes car elles étaient des mécènes ou des protectrices. Ainsi, en 1767, Catherine II, impératrice de Russie, fut élue membre honoraire de l'Académie de Berlin, en raison de son importance politique. En 1892, Thérèse, princesse de Bavière (1850-1925), fut élue membre honoraire de l'Académie de

---

1. Kirchhoff, 1897. *Cf.* Vogt, 2000b pour ce qui est des astronomes.
2. *Cf.* Vogt, 1997c sur Max Planck et sur le sens ambigu du terme « exception ».

Munich (Bavière), et en 1897, elle reçut le titre de docteur honoraire de l'Université de Munich[1]. En 1899, Marie Elisabeth (Elise) Wentzel, née Heckmann (1833-1914), veuve de l'architecte royal Wentzel (mort en 1889), fut élue membre honoraire de l'Académie de Berlin, en raison de la fondation qu'elle avait créée, et de la donation d'un montant de 1,5 million de Mark or qu'elle fit à l'Académie des sciences[2]. En 1912, la médaille d'or Leibniz fut remise à la protectrice berlinoise Elise Koenigs (1848-1932) pour son soutien actif de divers projets de l'Académie. Pendant des années, elle fit don de très grandes sommes pour différents projets académiques, certains d'entre eux dirigés par Adolf von Harnack. Celui-ci œuvra en coulisses pour qu'un hommage fût rendu à Elise Koenigs[3], et elle fut la première et la dernière femme à être ainsi primée par l'Académie de Berlin entre 1900 (date de la création de cette médaille) et 1945.

Il est remarquable — mais ce phénomène n'a pas été assez étudié — que, dans différents pays et à diverses époques, les « pionnières » scientifiques aient été des étrangères. On pourrait opposer à cela qu'il s'agissait de quelques exceptions. Par exemple : la Polonaise Marie Curie, à l'Université de la Sorbonne en 1905 et à l'Académie des sciences de Saint-Pétersbourg en 1907 ; et la professeur titulaire russe Lydia Rabinowitsch-Kempner à Berlin en 1912. Nous retrouvons aussi ce phénomène au sein de la Société Kaiser Wilhelm : les deux premières femmes scientifiques à en devenir membres furent l'Autrichienne Lise Meitner en 1914, et la Française Cécile Vogt en 1919. La situation persiste après 1945 avec les premières élections de femmes scientifiques à l'Académie des sciences de Berlin Est : en 1949, Lise Meitner (1878-1968), de nationalité autrichienne et suédoise, fut élue en tant que membre correspondant ; en 1950, la Française Irène Joliot-Curie (1897-1956) fut aussi élue en tant que membre correspondant ; et la même année, la Française Cécile Vogt (1875-1962) fut élue en tant que membre honoraire, en même temps que son collègue et mari Oskar Vogt (1870-1959).

Si nous considérons les quatre Académies des sciences européennes les plus importantes, celles de Londres, Paris, Berlin et Saint-Pétersbourg (tableau 1), ce n'est que dans cette dernière que des femmes scientifiques furent élues membres correspondants. Ainsi, en 1889, la mathématicienne russe et premier professeur à l'Université de Stockholm, Sof'ja Vasil'evna

1. *Cf.* Gesamtverzeichnis, 1984, p. 20 ; *cf.* aussi Häntzschel, 1997, p. 13, avec photo.
2. Sur Marie Elisabeth (Elise) Wentzel-Heckmann, *cf.* Hartkopf, 1991, 1992.
3. *Cf.* la proposition manuscrite pour l'élection d'Elise Koenigs par Adolf von Harnack, 7 février 1912, *in* Archive BBAW, II-X,4, Bl.183 + 184R. *Cf.* aussi Archive BBAW : II-X,4, Bl.128 (2 férvier 1911), Bl.139 (9 février 1911), Bl.163 (11 janvier 1912), Bl.165 (1er février 1912), Bl.166 (8 février 1912 et 22 février 1912).

Kovalevskaja (1850-1891)[1], fut élue, mais elle mourut deux ans plus tard. En 1907, la physicienne française d'origine polonaise Marie Curie (1867-1934)[2] fut élue ; elle avait reçu son premier prix Nobel en 1903, en même temps que son mari et collègue Pierre Curie (1859-1906) et qu'Henri Becquerel (1852-1908).

La célèbre Marie Curie chercha à intégrer l'Académie des sciences de Paris en 1911, mais une campagne pernicieuse fut menée contre elle. Elle perdit l'élection par 28 voix contre 30, mais son adversaire d'alors, Édouard Branly, est de nos jours presque oublié. Cette alliance contre elle joua contre sa fille, la scientifique Irène Joliot-Curie (1897-1956)[3]. Ce ne fut qu'en 1962 qu'une femme fut élue : la physicienne Marguerite Perey (1909-1975)[4] (tableau 3). C'est pourquoi Marie Curie ressentit une satisfaction particulière lorsqu'elle reçut la même année, en 1911, son deuxième prix Nobel.

L'Académie des sciences de Berlin, de son côté, comptait une femme parmi ses membres honoraires depuis 1899, la veuve Marie Elisabeth (Elise) Wentzel. Et, comme nous l'avons vu, Elise Koenigs reçut en 1912 la médaille d'or Leibniz. Toutefois, aucune femme de science n'y fut élue avant 1949. À la Société royale de Londres, ce ne fut pas avant 1945[5].

La situation est la même en ce qui concerne les Académies d'Allemagne et d'Autriche. Seule l'Académie de Göttingen élut une femme : la physicienne Lise Meitner, en 1926. Si l'on prend en considération les Académies qui se sont réunies pour former la Konferenz der deutschen Akademien der Wissenschaften en 1893, la proportion de leurs membres scientifiques féminins est inférieure à 5 % dans la plupart des cas[6] (tableaux 4 et 5). Seules la Leopoldina et la Société Kaiser Wilhelm, en d'autres termes les plus anciennes et les plus récentes organisations académiques d'Allemagne, qui n'appartenaient pas à la Konferenz, élurent un nombre de femmes scientifiques comparativement plus important, et ce bien plus tôt que les autres (tableau 6). La biologiste Maria Gräfin von

1. Sur Kovalevskaja, *cf.* Kowalewsky, 1961 ; Kocina, 1973, 1981 ; Koblitz-Hibner, 1983, 1987 ; Bölling, 1993 ; Tollmien, 1995, 1997 ; Vogt, 1988, 2001.
2. Sur Marie Curie, *cf.* Abir-Am *et al.*, 1987 ; Boudia, 1997 ; Curie, 1994 ; Roqué, 1997.
3. *Cf.* Loriot, 1991, p. 51-52.
4. *Cf.* Index, 1979. Marguerite Perey (19 octobre 1909 à Villemomble, Seine ; 13 mai 1975 à Louveciennes).
5. *Cf.* Mason, 1995, tableau des 52 confrères entre 1947 et 1994, p. 130-131. Sur les confrères de la Société royale, Charlotte Auerbach et Marthe L. Vogt, qui furent élues après 1945 mais qui étaient liées à la Société Kaiser Wilhelm avant 1933, et l'année de leur exil en Grande-Bretagne, *cf.* Vogt, 1999b, 1999c.
6. Calcul d'A. Vogt, source : Die Deutschen Akademien, 1998.

Linden (1869-1936)[1] devint membre de la Leopoldina (Deutsche Akademie der Naturforscher, Leopoldina, Halle) dès 1902. Elle fut élue par le présidium, constitué des représentants de chaque division scientifique et du président, à cette époque le scientifique Karl Freiherr von Fritsch. Gräfin von Linden eut les voix — entre autres — du botaniste Eduard Strasburger, du physicien Ernst Mach et de l'égyptologue Richard Lepsius[2].

À l'Université de Berlin, parmi les 24 femmes *Privatdozentinnen*, 6 — 5 en sciences et une seule en sciences humaines — intégrèrent plus tard diverses Académies des sciences. Il s'agit de Lise Meitner (1914 : Société Kaiser Wilhelm ; 1926 : Leopoldina, Académie de Göttingen ; 1949 :

Tableau 4. Comparaison des quatre principales Académies des sciences européennes

Académie (année de création)	Londres (1660-1662)	Paris (1666)	Berlin (1700)	Saint-Pétersbourg (1724-1725)
1912 – Membre scientifique féminin				
	Aucun	Aucun 1911 : Curie a perdu	Aucun Depuis 1899 : Elise Wentzel-Heckmann membre hon. Juillet 1912 : Médaille d'or Leibniz à Elise Koenigs	S.V. Kovalevskaja Membre correspondant 1889 (m. 1891) M. Curie Membre correspondant depuis 1907
Premier membre scientifique féminin				
	1945 Kathleen Lonsdale Marjory Stephenson 1945-1990 47 au total	1962 Marguerite Perey 1962-1978 3 au total	1949 Lise Meitner 1949-1989 16 au total	1889, 1907, 1939 S.V. Kovalevskaja 1917/1939-1984 15 au total

Sources : Mason, 1995 ; Index, 1979 ; Hartkopf, 1992 ; Komkov *et al.*, 1981.

1. Sur Maria Gräfin von Linden, *cf*. Flecken *in* Kuhn *et al*., 1996 et Flecken, 2000. Mais Flecken n'a décrit Gräfin von Linden qu'en tant qu'étudiante, et non comme membre de la Leopoldina.
2. Archive Leopoldina (remerciements à Mme Dell). Les membres qui votèrent pour Gräfin von Linden furent : Karl Freiherr von Fritsch, (le président), Albert von Kölliger, Eduard Strasburger, Benjamin Klunzinger, Ernst Mach, Karl Brandt, Alfred Jentzsch, Guido Stache, Richard Lepsius et Julius von Hamm.

Tableau 5. Comparaison des Académies des sciences en Allemagne (appartenant à la Konferenz)

Académie (année de création)	Berlin (1700)	Göttingen (1751)	Munich (1759)	Leipzig (1846)	Vienne (1847)	Heidelberg (1909)
Premier membre féminin						
	1949 L. Meitner	1926 L. Meitner	1936 Medea Norsa (sciences hum.)	1955 P. Hertwig	1948 L. Meitner	1977 M. Becke
	1949-1989 16 au total		1936-1984 8 au total (seulement en sciences hum.)	1955-1990 11 au total	1948-1996 3 au total Aucun en 1997	
Membres fém. en 1998	13	12	6	9	–	5
Nombre de membres en 1998	174	293	290	175	–	169
%	7,47	4,09	2,06	5,14	–	2,95

Sources : Hartkopf, 1992 ; Gesamtverzeichnis, 1984 ; Wiemers et Fischer, 1996 ; Akademien, 1998.

Tableau 6. Académies ne faisant pas partie de la Konferenz

Académie Leopoldina (1652)	Société Kaiser Wilhelm (1912-1945)	Société Max Planck (1948-1998)
Premier membre féminin		
1789 Katarina von Daskova 1857 Jeanne S.M. Gayette-Georgens 1902 Gräfin Maria von Linden		
	1914 Lise Meitner 1919 Cécile Vogt	
1926 Lise Meitner 1932 Cécile Vogt, Marie Curie, L.S. Stern 1937 Ida Noddack		
	1938 Isolde Hausser	

Tableau 6. Académies ne faisant pas partie de la Konferenz *(suite)*

Académie Leopoldina (1652)	Société Kaiser Wilhelm (1912-1945)	Société Max Planck (1948-1998)
Premier membre féminin		
1940 Lotte Möller 1944 Erna Mohr 1902-1945 : 8 au total 1948/1952-1990 : 33 au total 1991-1998 : 6 au total	1912-1945 : 3 au total	1948-1990 : 10 au total 1991-1998 : 3 au total

Sources : Archives Leopoldina (Liste de tous les membres féminins), Archives MPG et MPG, 1998.

Académie de Berlin), de Lotte Möller (1940 : Leopoldina), d'Elisabeth Schiemann (1953 : Société Max Planck ; 1956 : Leopoldina), de Paula Hertwig (1953 : Leopoldina, 1955 : Académie des sciences de Saxe à Leipzig [première femme]), d'Erika Cremer (1964 : Académie autrichienne des sciences, Vienne)[1] et d'Annemarie von Gabain (1959 : Académie de Berlin).

Le rôle des femmes scientifiques est-il seulement marginal ?

Si l'on compare ces savantes, l'on retrouve de grandes disparités entre la période de la République de Weimar et celle de l'Allemagne nazie. Tout d'abord, les différents domaines (sciences, sciences humaines et médecine) choisis par les femmes ont changé. Au départ, elles optèrent pour les sciences. Durant la période nazie, elles préférèrent les sciences humaines et la médecine, mais seulement des matières très spécialisées. Leurs origines et le système de formation n'avaient pas beaucoup changé, mais elles avaient moins de chances de faire une carrière. Les femmes scientifiques n'avaient de meilleures options qu'au sein des programmes de recherches militaires, mais cette question reste en grande partie à explorer. De plus, il n'était plus dans les habitudes de voir des femmes scientifiques à l'Université de Berlin, y compris des femmes mariées ou des femmes ayant des enfants. Par ailleurs, les premières femmes scientifiques à l'Université ainsi qu'au sein de la Société Kaiser Wilhelm et des Académies des sciences furent oubliées. Après 1933, la situation des femmes scientifiques était redevenue la même que celle qui était la leur avant 1919.

1. Sur Erika Cremer, *cf.* Miller, 1993 ; Oberkofler, 1998, 2000 ; Beneke, 1999 ; Vogt, 1999 (*Lexikon*), p. 31-33.

Quels postes avaient-elles le droit d'occuper et quel rôle pouvaient-elles jouer au sein de ce système ? Durant toute la période étudiée, elles ne purent occuper que les postes au plus bas échelon dans les universités. En tant que femmes, elles ne pouvaient pas être titulaires d'une chaire. Elles n'avaient aucune influence sur les facultés et, normalement, aucun budget ne leur était alloué pour leur recherche. Elles n'avaient pas non plus d'influence sur les doctorants et ne pouvaient pas être nommées à l'élection dans les Académies des sciences.

Pourquoi ces femmes scientifiques ont-elles en grande partie été oubliées ? Il existe au moins trois raisons à cela. En premier lieu, la profonde rupture de la période nazie et le fait que les émigrés ont été immédiatement oubliés. Ensuite, ces femmes n'avaient que peu de doctorants et, normalement, aucun élève puisqu'elles ne pouvaient être professeurs. La mathématicienne Emmy Noether est un contre-exemple : elle eut des élèves et ne fut pas oubliée. Enfin, elles devaient d'abord commencer au bas de l'échelle, ne bénéficiant pas de budget pour leurs recherches personnelles ; elles participaient au développement de leur discipline mais pouvaient rarement être innovantes. Par conséquent, elles ne pouvaient pas faire de la « grande science », comme leurs collègues masculins. Mais surtout, cette période est marquée par l'« effet Mathilda[1] » qui a joué contre elles. Rhoda Erdmann explique en 1928 :

> Une femme adulte qui peut arriver à quelque chose mais qui, en tant que scientifique n'a pas son propre laboratoire, n'a pas l'opportunité d'être pleinement efficace. Elle ne peut pas attirer des élèves, elle ne peut pas former de successeurs, elle ne peut pas créer une école (scientifique)[2].

Et plus loin :

> Le nombre total de *Privatdozentinnen* est relativement peu important, le nombre de femmes professeurs [*nichtbeamtete außerordentliche*] l'est encore plus. Si maintenant certains utilisent ces chiffres pour dénier le pouvoir créateur des femmes de science, ils ont tort. Sans les laboratoires requis, les

---

1. Le sociologue anglais Robert Merton créa l'expression « effet Mathew » pour décrire la tendance générale des scientifiques et des étudiants ayant reçu des prix et des honneurs à vouloir en recevoir plus (ceux qui en reçoivent plus en recevront plus). Ensuite, Margaret Rossiter inventa l'expression « effet Mathilda » pour décrire l'expérience inverse des femmes scientifiques. Même une fois reconnues, leur destin est de recevoir moins d'honneurs et de prix, et leur œuvre sera généralement oubliée après leur mort (ceux qui reçoivent moins recevront encore moins). *Cf.* Rossiter, 1993.
2. Erdmann, 1928, p. 39 : « Eine reife Frau, die etwas leisten kann und nicht als Naturwissenschaftler ein eigenes Laboratorium hat, ist nicht in der Lage, sich vollständig auszuwirken. Sie kann keine Schüler anziehen, keine Nachfolger ausbilden, keine Schule schaffen. »

machines, les instruments et le temps, il est impossible de mener à bien des recherches précises[1].

Conclusion

L'on retrouve en Allemagne différents degrés d'ouverture aux femmes scientifiques dans les diverses institutions scientifiques entre 1919 et 1945. Les universités ont exclu les étudiantes durant la période 1895-1908, les assistantes avant 1914 environ, et les membres féminins des équipes enseignantes des facultés jusqu'en 1920[2]. Sur toute la période étudiée, les procédures d'exclusion furent appuyées par des décrets spéciaux ou des lois. Il fut même impossible aux femmes scientifiques d'accéder au poste de professeur jusqu'à la fin des années 1950, avec seulement deux exceptions dans la République de Weimar[3]. À l'Université de Berlin, les femmes scientifiques furent relativement bien acceptées et pas seulement dans leur communauté scientifique, au moins jusqu'en 1933. Elles avaient les mêmes conditions de travail que leurs collègues masculins. À l'opposé, les femmes spécialisées en sciences humaines à l'Université du Berlin étaient plus isolées et manquaient de reconnaissance de la part de leurs collègues. Elles travaillaient principalement dans des domaines très spécialisés, dans des niches ou dans des branches moins acceptées. Seule la Société Kaiser Wilhelm n'adopta pas de règle d'exclusion des femmes, depuis ses origines en 1912 jusqu'en 1933. Cependant, la plupart des femmes de science, à partir de la rupture de 1933 et de la période nazie, ont été oubliées, et la Société Max Planck, il n'y eut pas de véritable ouverture aux femmes avant les années 1990.

La plupart des Académies des sciences européennes exclurent leurs membres féminins avant 1945, à Berlin comme à Londres et à Paris. Cette exclusion fut totale en Allemagne, sauf à la Leopoldina à Halle et à l'Académie des sciences de Göttingen.

1. Erdmann, 1928, p. 53-54 : « Die Zahl der Privatdozentinnen ist verhältnismäßig gering, noch geringer die Zahl der weiblichen nichtbeamteten außerordentlichen Professoren. Wenn nun diese Zahlen von denen benutzt werden, die der Frau keine schöpferische Kraft in den *Naturwissenschaften* zutrauen, so ist das doch falsch; denn ohne die nötigen Laboratorien und Apparate, Instrumente und Zeit lassen sich eben keine exakten Forschungen treiben. »
2. Sur la situation des femmes scientifiques à l'Université de Berlin, *cf.* Vogt, 1999a, p. 28-38.
3. Margarete von Wrangell (1876-1877-1932) fut la première à obtenir une chaire en Allemagne à l'École agricole de Hohenheim, près de Stuttgart, en 1923 ; Mathilde Vaerting (1884-1977) devint professeur titulaire à l'Université d'Iéna ; *cf.* Von Wrangell, 1930 ; Andronikow, 1935 ; Fellmeth-Hosseinzadeh, 1998 ; et Wobbe, 1994.

Les femmes scientifiques — physiciennes, chimistes, biologistes, physiologistes — nommées dans ces institutions, ces universités, ces Académies ainsi qu'à la Société Kaiser Wilhelm, et aussi, incidemment, au syndicat de leur profession (par exemple la Société de physique allemande), furent pour une longue période les seules femmes à être acceptées par leurs collègues et à être traitées, sinon en égales, du moins en partenaires légitimes. L'on pourrait expliquer cette attitude des collègues masculins par l'« invisibilité » des rôles spécifique à leurs domaines scientifiques, et par la force de leur attachement aux règles désuètes ou aux valeurs comme l'objectivité, l'égalité (bien sûr, seulement au sein des élites reconnues, y compris les exceptions), l'impartialité, et parfois même l'esprit chevaleresque.

Mais même s'il y avait eu ces attitudes, il n'aurait pas été certain que les femmes scientifiques fussent traitées comme des partenaires égaux, à tous les niveaux et à tout moment. Par conséquent, jusqu'à aujourd'hui, les femmes de science, que ce soit dans les Académies ou dans d'autres institutions de ce type, restent des « pionnières », des « exceptions » et des personnes « étrangères » à l'institution.

RÉFÉRENCES

Abir-Am, Pnina G., Outram, Dorinda (Eds) (1987), *Uneasy careers and intimate Lives. Women in Science 1789-1979,* New Brunswick-Londres, Rutgers University Press, 1987.

Amburger, Erik (1950), *Die Mitglieder der Deutschen Akademie der Wissenschaften zu Berlin. 1700-1950*, Berlin, Akademie-Verlag.

Andronikow, Fürst Wladimir (dir.) (1935), *Margarethe von Wrangell, das Leben einer Frau 1876-1932,* Munich.

Beneke, Klaus (1999), « Erika Cremer », *in Biographien und wissenschaftliche Lebensläufe von Kolloidwissenschaftlern, in Mitteilungen der Kolloid-Gesellschaft 1999* (Beiträge zur Geschichte VIII), Nehmten, Verlag Reinhard Knof, p. 311-334.

Binder, Christa (1992), « Hilda Geiringer : ihre ersten Jahre in Amerika », *in* Sergej S. Demidov, Menso Folkerts, David E. Rowe, Christoph J. Scriba (dir.), *Amphora. Festschrift für Hans Wussing zu seinem 65. Geburtstag,* Basel-Boston-Berlin, Birkhäuser-Verlag, p. 27-35.

Binder, Christa (1995), « Beiträge zu einer Biographie von Hilda Geiringer », *in Mitteilungen der GAMM (Gesellschaft für Angewandte Mathematik und Mechanik)*, 4, p. 61-72.

Bölling, Reinhard (dir.) (1993), *Briefwechsel Weierstraß-Kovalevskaja*, Berlin 1993.

Bonnevie, Kristine (Selbstdarstellung) (1928), *in* Kern, Elga (dir.), *Führende Frauen Europas*, Munich, Verlag Ernst Reinhardt, 1928, p. 187-198.

Boudia, Soraya (1997), « The Curie laboratory : Radioactivity and metrology », *History and Technology,* 13, n° 4, p. 249-265.

Boxer, Marilyn J. et Jean H. Quataert (Eds) (1987), *Connecting spheres. Women in the Western World, 1500 to the Present,* New York-Oxford, Oxford University Press.

Brinkschulte, Eva (1998), « Preußische Wissenschaftsbürokratie im Zugzwang der Geschlechterfrage. Die Umfrage des Ministeriums für die geistlichen, Unterrichts- und Medizinal-Angelegenheiten von 1907 », *in* Bleker, Johanna (dir.), *Der Eintritt der Frauen in die Gelehrtenrepublik. Husum, Matthiesen*, p. 51-70 (= Abh. zur Geschichte der Medizin und der Naturwiss., H.84).

Brosin, Hans-Jürgen (1999), « Lotte Möller (1893-1973) und die gewässerkundlichen Arbeiten am Institut für Meereskunde Berlin », *Historisch-Meereskundliches Jahrbuch*, vol. 6, p. 19-34. Hrsg. Deutsches meeresmuseum Stralsund.

Curie, Ève (1994), *Madame Curie. Eine Biographie*, Francfort-sur-le-Main, Fischer Taschenbuch Verlag.

Die Deutschen Akademien der Wissenschaften. Gesamtverzeichnis ihrer Mitglieder (1998). Clemens Zintzen (dir.). Konferenz der deutschen Akademien der Wissenschaften

Erdmann, Rhoda (Selbstdarstellung) (1928), *in* Kern, Elga (dir.), *Führende Frauen Europas*, Munich, Verlag Ernst Reinhardt, p. 35-54.

Fellmeth, Ulrich und Sonja Hosseinzadeh (dir.) (1998), *Margarete von Wrangell und andere Pionierinnen. Die ersten Frauen an den Hochschulen in Baden und Württemberg. Begleitbuch zur Ausstellung,* Hohenheim, Mercator Verlag.

Flecken, Susanne (2000), « Maria Gräfin von Linden. Wissenschaftlerin an der Universität Bonn von 1899 bis 1933 », *in* Elisabeth Dickmann et Eva Schöck-Quinteros (dir.), *Barrieren und Karrieren. Die Anfänge des Frauenstudiums in Deutschland,* Berlin, Trafo Verlag, p. 253-269.

Fuchs, Margot (1993), « Isolde Hausser (1889-1951), Physikerin in Industrie und Forschung », *in* Annemarie Haase et Harro Kieser (dir.), *Können, Mut und Phantasie. Portraits schöpferischer Frauen aus Mitteldeutschland,* Weimar-Köln-Wien, Böhlau-Verlag, p. 149-164.

Fuchs, Margot (1994), « Isolde Hausser (7.12.1889-5.10.1951), Technische Physikerin und Wissenschaftlerin am Kaiser-Wilhelm-/Max-Planck-Institut für Medizinische Forschung, Heidelberg », *Berichte zur Wissenschaftsgeschichte*, Bd. 17, Heft 3, p. 201-215.

Gedenkschrift (1994)

Turfan, Khotan und Dunhuang, *Vorträge der Tagung « Annemarie v. Gabain und die Turfanforschung », veranstaltet von der BBAW in Berlin (9.-12.12.1994)*, Dirigé par Ronald E. Emmerich, Werner Sundermann, Ingrid Warnke et Peter Zieme, Berlin, Akademie-Verlag, 1996. (Comprend : « Peter Zieme : Annemarie v. Gabain und die Turfanforschung », *in* ebenda, p. 409-417.)

Gesamtverzeichnis der Mitglieder der Bayerischen AdW, 1759-1984, Munich, Beck-Verlag, 1984.

Glum, Friedrich (1928), « Die Kaiser Wilhelm-Gesellschaft zur Förderung der Wissenschaften » *in* Adolf von Harnack (dir.), *Handbuch der KWG*, Berlin, p. 11-37.

Häntzschel, Hiltrud et Bußmann, Hadumod (dir.) (1997), *Bedrohlich gescheit. Ein Jahrhundert Frauen und Wissenschaft in Bayern*, Munich, Beck Verlag.

Hammerstein, Notker (1989), *Die Johann Wolfgang Goethe-Universität Frankfurt am Main*, Neuwied/Frankfurt, 1989, t. 1.

Hartkopf, Werner et Wangermann, Gert (1991), *Dokumente zur Geschichte der Berliner Akademie der Wissenschaften von 1700 bis 1990*, Berlin u.a., Spektrum, Akademie-Verlag.

Hartkopf, Werner (1992), *Die Berliner Akademie der Wissenschaften. Ihre Mitglieder und Preisträger. 1700-1990,* Berlin, Akademie-Verlag.

Hoffer, Gerda (1999), « Lina Stern », *in Zeit der Heldinnen. Lebensbilder außergewöhnlicher jüdischer Frauen,* Munich, Deutscher Taschenbuch Verlag, p. 159-184.

Index biographique de L'Académie des Sciences, 1666-1978, Paris, 1979.

Jaeger, Siegfried (1996), « Vom erklärbaren, doch ungeklärten Abbruch einer Karriere - Die Tierpsychologin und Sinnesphysiologin Mathilde Hertz (1891-1975) », *in* Horst Gundlach (dir.), *Untersuchungen zur Geschichte der Psychologie und der Psychotechnik*, Munich-Wien, Profil Verlag, p. 228-262.

Kirchhoff, Arthur (dir.) (1897), *Die akademische Frau. Gutachten hervorragender Universitätsprofessoren, Frauenlehrer und Schriftsteller über die Befähigung der Frau zum wissenschaftlichen Studium und Berufe*, Berlin, Hugo Steinitz Verlag.

Koblitz-Hibner, Ann (1983), *A convergence of lives. Sofja Kovalevskaja : scientist, writer, revolutionary*, Boston-Basel-Stuttgart, Birkhäuser.

Koblitz-Hibner, Ann (1987), « Sofia Vasilevna Kovalevskaia (1850-1891) », *in* Louise S. Grinstein, Paul J. Campbell. (Ed.), *Women of mathematics. A biobibliographic sourcebook,* Westport, Connecticut-Londres, Greenwood Press, p. 103-113.

Kocina, P. Ja. (dir.) (1973), *Briefwechsel Weierstraß-Kovalevskaja*, Moskva 1973.

Kocina, P. Ja. (1981), *Sof'ja Vasil'evna Kovalevskaja (1850-1891),* Moskva, Nauka, 1981.

Komkov, G.D., Levsin, B.V. et Semenov L.K. (1977-1981), *Geschichte der AdW der UdSSR*, Berlin, Akademie Verlag, 1981 (Russian 1977).

Kowalewsky, Sonja (1961), *Erinnerungen an meine Kindheit*, Weimar, Gustav Kiepenheuer Verlag, 1961.

Kuckuck, Hermann (1961), « Elisabeth Schiemann zum 80. Geburtstag am 15. August 1961 », *Der Züchter*, 31, Heft 4, p. 117-118.

Kuckuck, Hermann (1980), « Elisabeth Schiemann (1881-1972) », *Berichte der Deutschen Botanischen Gesellschaft*, 93, p. 517-537.

Kuhn, Annette, Valentine Roth et, Brigitte Mühlenbruch (dir.) (1996), *100 Jahre Frauenstudium: Frauen der Rheinischen Friedrich-Wilhelms-Universität Bonn,* Bonn, Ebersbach.

Lang, Anton (1990), « Elisabeth Schiemann. Leben und Laufbahn einer Wissenschaftlerin in Berlin » *in* Claus Schnarrenberger et Hildemar Scholz (Ed.), *Geschichte der Botanik in Berlin,* Berlin, Colloquium Verlag, p. 179-189.

« Leoplodina-Symposium : Die Elite der Nation im Dritten Reich. Das Verhältnis von Akademien und ihrem wissenschaftlichen Umfeld zum Nationalsozialismus », *Acta Historica Leopoldina*, n° 22, 1995.

Loriot, Noëlle (1991), *Irène Joliot-Curie*, Paris, Presses de la Renaissance, 1991.

Lustiger, Arno (1994), « Die Geschichte des Jüdischen Antifaschistischen Komitees der Sowjetunion », *in* Wassilie Grossman et Ilja Ehrenburg (dir.), *Das Schwarzbuch. Der Genozid an den sowjetischen Juden,* Dt. Hrsg. Arno Lustiger, Reinbek, Rowohlt Verlag, p. 1093-1101.

Lustiger, Arno (1998), *Rotbuch : Stalin und die Juden. Die tragische Geschichte des Jüdischen Antifaschistischen Komitees und der sowjetischen Juden*, Berlin, Aufbau Verlag (sur Lina Stern, *cf.* p. 371-372).

Manns, Haide (1997), *Frauen für den Nationalsozialismus. Nationalsozialistische Studentinnen und Akademikerinnen in der Weimarer Republik und im Dritten Reich,* Opladen, Leske-Budrich.

Mason, Joan (1995), « The Women Fellow's Jubilee », *Notes Records Royal Society London*, 49 (1), p. 125-140.

MPG (1998), *50 Jahre Max-Planck-Gesellschaft zur Förderung der Wissenschaften. Im Auftrage des Präsidenten Hubert Markl bearbeitet im Archiv zur Geschichte der MPG.* I : *Chronik der MPG 1948-1998. Von Eckart Henning und Marion Kazemi.* II : *Wissenschaftliche Mitglieder der MPG,* Berlin, Duncker & Humblot.

Mehrtens, Herbert (1981), « Ruth Moufang », *in Dictionary of scientific biographies* (*DSB*), New York, vol. 18, Suppl. II, p. 659.

Miller, Jane A (1993), « Erika Cremer », *in* Louise S. Grinstein, Rose K. Rose, Miriam H. Rafailovich (Eds), *Women in chemistry and physics. A biobibliographic sourcebook,* Westport, Connecticut-Londres, Greenwood Press, p. 128-135.

Oberkofler, Gerhard (1998), *Erika Cremer. Ein Leben für die Chemie,* Innsbruck-Wien, Studien-Verlag.

Oberkofler, Gerhard (2000), « Eine weltweit anerkannte Arbeit. Die Chemikerin Erika Cremer (1900-1996) », *Berlinische Monatsschrift*, 9, H. 11, p. 63-67.

Pieper-Seier, Irene (1997), « Ruth Moufang : Eine Mathematikerin zwischen Universität und Industrie », *in* Renate Tobies (dir.), *« Aller Männerkultur zum Trotz ». Frauen in Mathematik und Naturwissenschaften,* Francfort-New York, Campus Verlag, 1997, p. 181-202.

Pycior, Helena M., Nancy G. Slack, Pnina G. Abir-Am (Eds) (1996), *Creative couples in the sciences,* New Brunswick, New Jersey, Rutgers University Press.

Richards, Joan L. (1987), « Hilda Geiringer von Mises (1893-1973) », *in* Louise S. Grinstein et Paul J. Campbell. (Ed.), *Women of mathematics. A biobibliographic sourcebook*, Westport, Connecticut-Londres, Greenwood Press, p. 41-46.

Richter, Jochen (1996), « Das Kaiser-Wilhelm-Institut für Hirnforschung und die Topographie der Großhirnhemisphären. Ein Beitrag zur Institutsgeschichte der Kaiser-Wilhelm-Gesellschaft und zur Geschichte der architektonischen Hirnforschung », *in* Bernhard vom Brocke, Hubert Laitko (dir.), *Die Kaiser-Wilhelm-/Max-Planck-Gesellschaft und ihre Institute. Studien zu ihrer Geschichte : Das Harnack-Prinzip,* Berlin-New York, Walter de Gruyter, p. 349-408.

Roqué, Xavier (1997), « Marie Curie and the radium history », *History and Technology,* 13, n° 4, p. 267-291.

Rossiter, Margaret W. (1982), *Women scientists in America. Struggles and strategies to 1940*, Baltimore-Londres, The Johns Hopkins University Press.

Rossiter, Margaret (1993), « The ~~Matthew~~ Matilda Effect in Science », *Social Studies of Science*, 23, p. 325-341.

Rossiter, Margaret W. (1995), *Women scientists in America. Before affirmative action. 1940-1972*, Baltimore-Londres, The Johns Hopkins University Press.

Satzinger, Helga (1996), « Das Gehirn, die Frau und ein Unterschied in den Neurowissenschaften des 20. Jahrhunderts : Cécile Vogt (1875-1962) », *in* Christoph Meinel et Monika Renneberg (dir.), *Geschlechterverhältnisse in Medizin, Naturwissenschaft und Technik,* Bassum-Stuttgart, GNT Verlag, p. 75-82.

Satzinger, Helga (1998a), « Weiblichkeit und Wissenschaft – Das Beispiel der Hirnforscherin Cécile Vogt (1875-1962) », *in* Johanna Bleker (dir.), *Der Eintritt der Frauen in die Gelehrtenrepublik. Zur Geschlechterfrage im akademischen Selbstverständnis und in der wissenschaftlichen Praxis am Anfang des 20. Jahrhunderts,* Husum, Matthiesen, p. 75-93. (= R. Winau et H.M Dietz [dir.], *Abhandlungen zur Geschichte der Medizin und der Naturwissenschaften*, Heft 84.)

Satzinger, Helga (1998b), *Die Geschichte der genetisch orientierten Hirnforschung von Cécile und Oskar Vogt in der Zeit von 1895 bis ca. 1927*, Stuttgart, Deutscher

Apotheker Verlag. (*Braunschweiger Veröffentlichungen zur Geschichte der Pharmazie und der Naturwissenschaften*, Bd. 41.) (Ph.D. TU Braunschweig, 1996.)

Satzinger, Helga et Annette Vogt (2001), « Elena Aleksandrovna Timoféeff-Ressovsky (1898-1973) und Nikolaj Vladimirovich Timoféeff-Ressovsky (1900-1981) », *in* Ilse Jahn et Michael Schmitt (dir.), *Darwin & Co : eine Geschichte der Biologie in Portraits*, Munich, Beck Verlag, Band 2, p. 442-470 (+ réf. p. 553-560).

Schneck, Peter (2000), « "...ich bin ja nur eine Frau, aber Ehrgefühl habe ich auch" : Zum Schicksal der Berliner Zellforscherin Rhoda Erdmann (1870-1935) unter dem Nationalsozialismus », *in* Karl Friedrich Wessel (dir.), *Festschrift für Ilse Jahn*, Bielefeld, Kleine Verlag, p. 172-189.

Scholze, Philine (1999), *Charlotte Leubuscher,* Magisterarbeit, Humboldt-Universität Berlin, Philosophische Fakultät, 1999.

Siegmund-Schultze, Reinhard (1993), « Hilda Geiringer-von Mises », *Historia Mathematica*, 20, p. 364-381.

Siegmund-Schultze, Reinhard (1998), *Mathematiker auf der Flucht vor Hitler. Quellen und Studien zur Emigration einer Wissenschaft,* Braunschweig-Wiesbaden, Vieweg.

Sime, Ruth Lewin (1996), *Lise Meitner. A life in physics*, Berkeley, University of California Press.

Lina Stern. (Selbstdarstellung) (1930), *in* Elga Kern (dir.), *Führende Frauen Europas. Neue Folge,* Munich, Verlag Ernst Reinhardt, p. 137-140.

Tollmien, Cordula (1995), *Sofja Kovalevskaja*, Weinheim-Basel, Verlag Beltz-Gelberg, 1995.

Tollmien, Cordula (1997), « Zwei erste Promotionen: Die Mathematikerin Kowalewskaja und die Chemikerin Lermontowa », *in* Renate Tobies (dir.) *« Aller Männerkultur zum Trotz »...*, Francfort-New York, Campus Verlag, p. 83-109.

Vogt, Annette (1988), « Wissenschaft und Persönlichkeit. Karl Weierstraß und Sonja Kovalevskaja »,*Wiss. Zeitschrift der FSU Jena, Naturwiss.*, Reihe, 37, H.2, p. 271-278.

Vogt, Annette (1994), « Hilda Pollaczek-Geiringer (1893-1973) – erste Privatdozentin für Mathematik an der Berliner Universität, *VITA ACTIVA Dialektik*, Heft 3/1994, p. 157-162.

Vogt, Annette (1996), « Zu den naturwissenschaftlichen Promotionen von Frauen an der Philosophischen Fakultät der Berliner Universität zwischen 1898 und 1945 – Überblick und Einzelbeispiele », *in Zur Geschichte des Frauenstudiums und weiblicher Berufskarrieren an der Berliner Universität*, dir. par le Zentrum für interdisziplinäre Frauenforschung (ZiF) et Frauenbeauftragten der Humboldt-Universität zu Berlin, Berlin, p. 34-57.

Vogt, Annette (1997a), « Findbuch (Index-Book). Die Promotionen von Frauen an der Philosophischen Fakultät von 1898 bis 1936 und an der Mathematisch-Naturwissenschaftlichen Fakultät von 1936 bis 1945 der Friedrich-Wilhelms-Universität zu Berlin sowie die Habilitationen von Frauen an beiden Fakultäten von 1919 bis 1945 », Berlin, Preprint, n° 57, MPI für Wissenschaftsgeschichte.

Vogt, Annette (1997b), « Die Kaiser-Wilhelm-Gesellschaft wagte es : Frauen als Abteilungsleiterinnen », *in* Renate Tobies (dir.), *« Aller Männerkultur zum Trotz »...*, Francfort-New York, Campus-Verlag, p. 203-219.

Vogt, Annette (1997c), « "In Ausnahmefällen ja" – Max Planck als Förderer seiner Kolleginnen. Zum 50. Todestag von Max Planck », *MPG-Spiegel*, Heft 4/1997, p. 48-53.

Vogt, Annette (1997d), « Vom Hintereingang zum Hauptportal – Wissenschaftlerinnen in der Kaiser-Wilhelm-Gesellschaft », *Dahlemer Archivgespräche*, Heft 2/1997, p. 115-139.

Vogt, Annette (1998), « Erste Privatdozentin für angewandte Mathematik in Berlin – Hilda Pollaczek-Geiringer », *Berlinische Monatsschrift*, 7, 12, p. 40-45.

Vogt, Annette (1999a), « Aufbruch und Verdrängung. Wissenschaftlerinnen an der Berliner Universität zwischen 1918 und 1945/46 », *in* Hans Meyer (dir.), *Frauen an der Humboldt-Universität 1908-1998*, Berlin, Humboldt-Universität, *Öffentliche Vorlesungen*, Heft 99, p. 21-48.

Vogt, Annette (1999, *Lexikon*), « Wissenschaftlerinnen in Kaiser-Wilhelm-Instituten. A-Z », *Reihe Veröffentlichungen aus dem Archiv zur Geschichte der Max-Planck-Gesellschaft*, vol. 12.

Vogt, Annette (1999b), « Die Wissenschaftlerin Charlotte Auerbach », *Berlinische Monatsschrift*, 8, 10, p. 54-59.

Vogt, Annette (1999c), « Fellow of the Royal Society – Die Wissenschaftlerin Marthe Vogt », *Berlinische Monatsschrift* 8, 11, p. 44-49.

Vogt, Annette (1999d), « Eine seltene Karriere. Die Turkologin Annemarie von Gabain », *Berlinische Monatsschrift*, 8, 6, p. 24-31.

Vogt, Annette (2000a), « Women in army research : Ambivalent careers in Nazi Germany », *in* Annie Canel, Ruth Oldenziel, Karin Zachmann (Ed.), *Crossing boundaries, building bridges. Comparing the history of women engineers, 1870s-1990s,* Amsterdam, Harwood Academic Publishers, p. 189-209.

Vogt, Annette (2000b), « Astronominnen in Berlin und Potsdam », *in* Wolfgang R. Dick et Klaus Fritze (dir.), *300 Jahre Astronomie in Berlin und Potsdam*, Francfort/M., Harri Deutsch Verlag, p. 121-141.

Vogt, Annette (2000c), « Die Wissenschaftlerin Luise Holzapfel », *Berlinische Monatsschrift*, 9, 3, p. 80-86.

Vogt, Annette (2001), « Sof'ja Vasil'evna Kovalevskaja », *Berliner Mathematische Gesellschaft, Sitzungsberichte Jg. 1997-2000,* p. 509-535.

Vogt, Annette (2002), « Vertreibung und Verdrängung. Erfahrungen von Wissenschaftlerinnen mit Exil und "Wiedergutmachung" in der Kaiser-Wilhelm-/Max-Planck-Gesellschaft (1933-1955) » (Vortrag in der Reihe der Präsidentenkommission « Geschichte der Kaiser-Wilhelm-Gesellschaft im Nationalsozialismus », Berlin, 16 février 2000), *Dahlemer Archivgespräche*, Heft 8, p. 93-136.

Walther, Peter Th. (2003), « Das Gelehrtenpaar Hedwig und Otto Hintze », *in* Ausstellungsgruppe (Ed.), *Von der Ausnahme zur Alltäglichkeit. Frauen an der Universität Unter den Linden*, Berlin, Trafo Verlag, p. 98-106.

Wiemers, Gerald et Fischer, Eberhard (1996), *Sächsische AdW zu Leipzig. Die Mitglieder von 1846 bis 1996*, Berlin, Akademie-Verlag.

Wobbe, Theresa (1994), « Mathilde Vaerting (1884-1977). "Es kommt alles auf den Unterschied an (...) der Unterschied ist Grundelement der Macht" », *in* Barbara Hahn (dir.), *Frauen in den Kulturwissenschaften. Von Lou Andreas-Salome bis Hannah Arendt*, Munich, Beck Verlag, p. 123-135.

Wrangell, von (1930) [Fürstin Margarete Andronikow née Baronesse Wrangell] (Selbstdarstellung), *in* Elga Kern (dir.), *Führende Frauen Europas. Neue Folge,* Munich, Verlag Ernst Reinhardt, 1930, p. 141-151.

Expériences intimes et savoirs publics

L'entourage féminin d'Alfred Binet

Élisabeth Chapuis-Ménard

Alfred Binet, homme de science éclectique, précurseur, inventeur, amateur d'art et auteur de théâtre lui-même, est dépeint par ses contemporains comme un travailleur infatigable à l'imagination dévorante (*« je meurs d'imagination »* disait-il, rapporte sa fille Madeleine). Pour mener de front ses activités éditoriales, de chercheur et de dramaturge joué au théâtre du Grand-Guignol comme à Sarah Bernhardt, Alfred Binet a su s'entourer de conseillers et de fidèles œuvrant à ses côtés, du laboratoire de la Sorbonne à l'*Année Psychologique*, en passant par le laboratoire-école de la rue Grange-aux-Belles. Certains d'entre eux signent avec Binet ouvrages ou articles : Beaunis, Féré, Henri, Passy, Courtier, Philippe, Vaschide, Larguier des Bancels, Simon ou, au théâtre, de Lorde. Leurs noms apparaissent au côté du sien en tête de revues : Beaunis, Ribot, Henri, Larguier ou Buisson. Ses proches collaborateurs comme Vaney, rue Grange-aux-Belles, ses alliés au ministère de l'Instruction Publique, les inspecteurs Lacabe, Belot, ses « confrères » de la Société libre comme Tarde ou Malapert et d'autres plus obscurs... : tous apparaissent nommément et, à de rares exceptions près, comme Pauline Kergomard ou Marie Fuster, ce sont exclusivement des hommes. Les femmes de science ou de pouvoir sont donc bien rares dans le cercle proche de Binet.

Ses nombreuses activités publiques ont donc nécessité des collaborations et des appuis, affichés avec plus ou moins d'éclat, mais dont la présence est reconnue et validée par des témoignages écrits non ambigus.

En revanche, dans le domaine privé, s'active également une équipe soudée par les liens familiaux, exclusivement féminine celle-là (Binet a eu deux filles), et se consacrant, dans le secret de l'intimité, au grand homme.

Ce cas de figure, exemplaire d'une situation récurrente à l'époque, présente, de façon particulière ici, des modalités combinées où la partenaire féminine est tour à tour inspiratrice, assistante, sujet d'expérimentation et collaboratrice à part entière.

À partir de sources diverses qui sont, pour l'essentiel, la légende familiale conservée et représentée par les petites filles et par les morceaux choisis du journal de leur mère qu'elles ont accepté de publier, les textes non édités comme les correspondances ou les carnets de laboratoire d'Alfred Binet et enfin l'étude du discours même de ce dernier dans diverses publications, nous nous proposons de dégager ces diverses configurations de l'alliance d'Alfred Binet avec les femmes.

Laure

L'épouse de Binet — ils se marient en 1884 — joue un rôle discret mais déterminant dans la production scientifique de son mari. D'abord, elle est fille d'un professeur d'embryologie comparée du Collège de France, Gérard Balbiani, dans le laboratoire duquel Binet se formera. C'est avec lui qu'il prépare sa thèse (1894) et celui-ci le soutient dans ses travaux. C'est d'ailleurs à lui que Binet dédicace *Les Études de psychologie expérimentale* en 1888. Ce recueil contient, entre autres, la réédition d'un article paru l'année précédente dans *La Revue Philosophique*, sous le titre « Le Fétichisme dans l'amour ». Cet article de psychologie pathologique au thème isolé dans l'œuvre de Binet s'inspire du modèle bernardien du pathologique comme grossissement du normal, pour étudier les mécanismes de l'énamoration à travers le prisme grossissant qu'en offrirait la perversion fétichiste. Pour hardi qu'ait pu paraître à l'époque ce rapprochement entre un sentiment exalté notamment par la littérature romantique et l'aberration du penchant pervers[1], on peut faire l'hypothèse qu'il témoigne en tout cas d'une connaissance intime de l'amour reposant sur une introspection dont Binet se réclamera toujours. On peut donc, étant donné la date de l'article (1887), raisonnablement supposer que son inspiratrice a pu être la jeune épouse de l'auteur, celle-ci étant, selon les critères de l'époque, « une beauté ». Précisément, ce facteur « beauté », aussi subjectif qu'il soit, écrit Binet dans le « Fétichisme », lui apparaît en dernier ressort comme la clé du sentiment amoureux : « Ce qui inspire l'amour […] c'est ce qu'on peut appeler d'un mot général la recherche de la beauté » (1887, p. 260). On notera que la réédition du « Fétichisme » constitue l'article phare d'un recueil de 1888, *Les Études de psychologie expérimentale*, puisqu'il est mentionné en gros caractères sur la couverture et placé en tête du recueil. Du coup, la dédicace de Binet à son beau-père Balbiani peut se lire comme un double hommage au professeur et au géniteur de cette figure féminine parée de tous les charmes, son épouse

1. *Cf.* G. Tarde (1890).

Laure. Une chanson (non retrouvée) aurait d'ailleurs été composée à sa gloire par un compositeur de la Belle Époque, ami de Binet[1].

La muse est aussi devenue mère et on la retrouve, anonyme, contribuant, par une présence non seulement consentante mais aussi active dans ses fonctions de *holdind* et de *handling*[2], aux dispositifs d'observation mis en place par son époux traquant les comportements spontanés de ses filles bébés. C'est le cas, dans cet exemple parmi beaucoup d'autres, lorsqu'elle soulève l'enfant en le tenant sous les aisselles et

> les pieds nus de l'enfant touchaient la poitrine de la mère ; sous l'influence du contact qui se produisit à la plante des pieds, l'enfant esquissa très nettement les mouvements de la marche… (1890a, p. 297-309).

On la retrouve également comme sujet expérimental interrogé dans le cadre d'expériences sur l'harmonie des couleurs à partir d'échantillons de laines colorées (1892, manuscrit du laboratoire). Elle se trouve là en compagnie des Balbiani, ses parents, de ses filles, de leur gouvernante Lucie et de quelques autres femmes non identifiées. Cependant, lorsqu'il s'agit d'expériences de mesures de seuils de sensation musculaire et tactiles, Binet s'adresse à des hommes, par exemple Ribot, son éditeur Alcan ou des médecins comme Chaslin et Dumas. Faut-il voir là chez Binet un respect de la sensibilité féminine ou n'est-ce pas plutôt un renoncement de la part de Laure ? En effet, celle-ci semble ne plus participer par la suite aux expériences du laboratoire de la Sorbonne, du fait d'une santé fragile dont témoigne le journal de Madeleine, ou ce qu'elle a pu rapporter à ses propres filles, ainsi que diverses notations dans la correspondance de Binet à Claparède (lettre du 3 mars 1910 signalant par exemple une pneumonie).

Cependant, sans discontinuer, cette femme a fait en sorte que la vie quotidienne de la maisonnée n'entrave pas les travaux de son mari et les favorise au mieux. C'est ainsi que la demeure familiale à Paris — avant 1896 — puis à Meudon — jusqu'en 1908 — se constitue en annexe du laboratoire. Binet semble bien représenter une de ces figures de pères « triomphants et dominateurs » qui, à l'instar de Proudhon, Élisée Reclus, Renan ou Marx « ont transformé leur maisonnée en atelier et leurs épouses et filles ou sœurs, en secrétaires » comme l'avait noté Michelle Perrot (1987, p. 128). On y voit Binet s'enfermer dans son cabinet de travail tous les matins, sauf quand il pousse expressément ses filles à expérimenter avec lui. Madeleine, dans un témoignage sans doute écrit tardivement, rapporte un mot de son père : « le travail me pousse, le travail m'entraîne, c'est malgré moi que je suis fait pour travailler… » Plus loin, elle ajoute :

1. Souvenir rapporté par G. Binet.
2. Notions empruntées à D.W.Winnicott pour décrire la mère « suffisamment bonne ».

« Il avait connaissance de sa valeur, ne supportait pas les bavardages inutiles… jamais il ne supportait d'être le matin distrait de son travail » (1968, p. 204). Les horaires de train pour Paris dictent l'heure des déjeuners familiaux puisque Binet se rend chaque jour dans l'un de ses laboratoires à la Sorbonne ou à l'école de la rue Grange-aux-Belles ; quant aux dîners, Binet en est sans doute souvent absent du fait de ses créations au théâtre[1].

Dans cette maison-laboratoire, Laure devra même céder sur le rôle traditionnellement dévolu au XIXe siècle à la mère comme éducatrice de la prime enfance. C'est en effet au père chercheur que reviendra, au nom de la science, de décider de l'éducation progressive de ses filles.

Laure, figure de muse, de collaboratrice et d'assistante de recherche, a dû s'effacer à la fois comme maîtresse de maison souveraine en sa demeure et comme guide des premiers pas de sa progéniture.

Alice et Madeleine

Dans un travail précédent (1998), j'ai montré la relation très particulière entre Alfred Binet et ses filles, qui ont représenté, de la naissance à l'adolescence, ses sujets privilégiés du fait de leur parfaite disponibilité et de l'avantage que constitue pour le chercheur le fait de bien connaître « le fonds mental » de ses sujets. Père, chercheur et éducateur à la fois, il les maintiendra à disposition pour les « scruter » sans relâche.

Binet conçoit un dispositif expérimental sans faille pour permettre à tout moment le contrôle des résultats. Ainsi, dès leur naissance, il commence à noter les comportements spontanés de chacune des enfants : soulevées, prises dans les bras, Madeleine et Alice pédalent sur le ventre maternel, tètent chacune à leur façon, dorment plus ou moins profondément, parlent plus ou moins facilement, etc. Cependant, pour être poursuivie, l'étude des conduites spontanées du jeune enfant suppose que celui-ci reste vierge de toute instruction, qu'il soit, en somme, dans l'état du « sujet non modifié » que réclamait Janet dans l'*Automatisme psychologique* (1887). Du coup, Binet, se défiant de toute intervention pédagogique intempestive, s'est fait l'instructeur puis le professeur de ses filles, leur distillant les connaissances au gré de ses recherches[2]. Si on apprend à marcher à l'enfant, si on lui enseigne les couleurs ou les nombres, il devient impossible de faire la part de l'instinct et de l'imitation dans l'acquisition de ces savoirs. Binet note par exemple « la petite fille de

1. Binet a été considéré comme un auteur de théâtre réputé : *cf.* Carroy, 1993 ; Chapuis, 1998 ; Pierron, 1995.
2. L'eût-il fait avec des garçons ?

4 ans 3 mois que j'étudie en ce moment ne sait heureusement ni lire ni compter, ses parents font sagement en retardant autant que possible le début de son instruction » (1890b, p. 75) ; ou encore dans une étude de la sensibilité chromatique chez sa fille de 2 ans et demi : « j'ai eu soin de ne faire apprendre aucune espèce de nom de couleur » (1890c, p. 584).

Cependant, Binet ne se contente pas d'explorer les comportements spontanés : il cherche à en vérifier la constance en provoquant la répétition de ces mêmes situations d'observation. Insidieusement, il passe ainsi d'une observation qui laisse le sujet libre de lui-même à une expérimentation dans laquelle sa participation est fortement engagée. Ainsi, dès l'âge de trois ans, les fillettes se prêtent à des mesures de temps de réaction qui nécessitent compréhension et stricte obéissance à la consigne (*cf.* 1890a). À la même époque, Binet étudie chez les deux enfants les « notions de choses », la numération, la distinction rêve-réalité... Plus tard encore, au moyen d'incessantes interrogations, il observe leur façon de décrire, d'imaginer, leur suggestibilité, etc. Il n'hésite pas, pour saisir l'impact de l'émotion sur les phénomènes mentaux, à les terroriser par la menace de casser leur poupée ou de les conduire chez le dentiste (1897, p. 42-64). Pour saisir les mécanismes associatifs, il s'efforce de surprendre leurs pensées sur le vif en leur posant inopinément les questions les plus inattendues. Ainsi par exemple, après avoir raconté une anecdote quelconque : « je laisse passer 10'' puis je demande brusquement : "quelles images ?" Marguerite sursaute, elle déclare qu'elle n'a rien imaginé... » (1903, p. 60). Lorsque ses filles semblent lassées ou osent timidement protester après des séances répétées « à satiété », Binet semble tout juste un peu contrarié ou surpris.

Pour éviter tout biais, la préoccupation constante de Binet est de ne pas donner l'éveil à ses sujets qui doivent ignorer les fins poursuivies. Les fillettes, non contentes d'être assujetties et laissées dans l'ignorance du projet auquel elles participent, sont en outre maintenues dans l'anonymat ou déguisées sous des pseudonymes dans les divers articles ou ouvrages dans lesquels elles apparaissent, ce qui n'est pas le cas des notes de laboratoire qui ne sont pas destinées à publication. La règle dans l'exposé de cas est bien sûr de préserver l'anonymat du sujet mais, ici, cet anonymat est oscillant, comme si Binet ne pouvait trancher, voilant et dévoilant simultanément l'identité des enfants : il les présente tour à tour comme des enfants qu'il connaît bien, voire des enfants de sa famille, mais il les désigne de façon hésitante : petites elles conservent leurs prénoms, Alice et Madeleine (articles de 1890), mais à partir de 1900 — elles ont alors 12-13 ans — dans *La Suggestibilité* puis dans *L'Étude expérimentale* (1903), elles revêtent les pseudonymes transparents d'Armande et de Marguerite.

En outre, l'écriture de Binet présente des ratés et, souvent, au fil des pages, il se trahit — et trahit ses sujets — par l'usage de possessifs comme « mes fillettes », « mes deux filles », etc. (1903). Quoi qu'il en soit de l'ambiguïté de cette relation savant-sujets redoublant une relation père-filles, au moment de l'adolescence, le travail s'interrompt. « J'aurais eu plaisir à continuer encore mes expériences sur mes deux fillettes si je ne m'étais aperçu que l'âge a amené quelques changements dans leur caractère… » déplore laconiquement Binet, en 1903, dans une note de bas de page de *L'Étude expérimentale* (p. 184).

Une fois adultes — elles ont alors une vingtaine d'années —, toutes deux vont collaborer une dernière fois avec leur père. Binet, qui s'intéresse alors à la création picturale, veut observer la technique du jeune peintre Tadé Styka en le regardant exécuter un portrait pour lequel elles acceptent de poser ensemble (1909c, p. 325). Mais cette fois, c'est le peintre et non le psychologue qui met en place le dispositif après avoir malicieusement négocié sa participation à l'expérience en échange de la présence des jeunes filles. On a là un dispositif à tiroirs dans lequel le peintre, tout en regardant ses modèles, est lui-même regardé par Binet ; du coup, les jeunes filles ne sont plus au cœur du dispositif expérimental et, ainsi, échappent au regard paternel.

De sujet disponible et docile à merci, l'une des filles de Binet, la cadette Alice, va devenir passagèrement sa collaboratrice avant peut-être de poursuivre à sa manière, en artiste, un objectif scientifique de son père.

Alice, critique d'art et portraitiste

La première mention d'une investigation de Binet sur les processus de création picturale semble se trouver dans une lettre à Larguier des Bancels[1], ex-secrétaire de rédaction de *L'Année Psychologique* et ami de Binet, datée de janvier 1908 : « J'ai entrepris une étude artistique sur la peinture avec biographies d'artistes dont un morceau paraîtra dans l'AP… » Dans le tome 15 de *L'Année Psychologique* publié en 1909, paraissent en effet deux textes de Binet intitulés « Le Mystère de la peinture » (p. 300-315) et « La Psychologie artistique de Tadé Styka » (p. 316-356). En 1910, dans le tome suivant, est publié : « Rembrandt, d'après un nouveau mode de critique d'art » (p. 31-49). L'article est cosigné : A. et A. Binet. Alice intervient donc aux côtés de son père mais sans qu'on puisse savoir, puisque seules les initiales sont utilisées, s'il y a

1. Celui-ci est est un collaborateur de Binet et l'ancien secrétaire de rédaction de *L'Année Psychologique*.

un signataire principal et rien, dans l'écriture, ne permet de distinguer leur apport respectif. On remarquera qu'une fois encore, par un tour de passe-passe, la participation explicite d'Alice apparaît comme escamotée. Mais cet article inaugure une nouvelle forme de participation de la fille aux recherches du père : elle est venue rejoindre la troupe de ses collaborateurs, dont Simon, qui co-signe avec Binet tous les articles de pathologie mentale de ce recueil de *L'Année Psychologique*.

En se lançant dans ce nouveau champ, la peinture, Binet assure vouloir y déployer une approche expérimentale qui permettrait de fixer les critères objectifs du beau : qu'est-ce qui fait la valeur d'une peinture ? Sur quoi s'accorde-t-on quand on admire une peinture (1909b, p. 300-301) ? Selon Binet, les critiques d'art ne traduisent que des opinions et, quant aux peintres, ils ne savent pas parler de ce qu'ils font. Il faut donc, conclut Binet, les observer quand ils travaillent, pour savoir après-coup quelles questions leur poser. À partir de quelques confidences d'amis peintres, Binet cerne le champ à explorer. Dans un premier temps, il cherche à repérer au moyen d'un entretien ce qui guide la création de l'artiste, s'interrogeant notamment sur le rôle de l'image mentale, de la mémoire visuelle ou de l'observation dans ce processus. Cependant, ni l'examen attentif des procédés de Tadé Styka pendant la séance de pose ni l'entretien consécutif ne satisfont Binet qui se désole car, dit-il, ses yeux ne sont pas exercés comme ceux d'un peintre et il ne parvient pas à comprendre comment celui-ci procède dans le choix des couleurs pour créer les effets. Quant à l'artiste, même dûment averti, il est incapable d'analyser son processus créatif. C'est pourquoi Binet fait appel à Alice qui est peintre. C'est elle qui, sans doute, inspire les notations techniques concernant les procédés utilisés par l'artiste pour rendre les effets de profondeur, d'espace ou de lumière. Quelques remarques incidentes de Binet dans l'article commun lui rendent discrètement hommage : « Il faut presqu'avoir peint soi-même… il faut être presqu'un professionnel », est-il écrit.

En effet, Alice, « l'imaginative » de *L'Étude expérimentale de l'intelligence*, après avoir étudié les rudiments de la peinture et du dessin avec sa grand-mère paternelle Moïna (une « artiste complète », selon la légende familiale), s'est formée auprès de peintres académiques comme Raphaël Collin, auteur de plafonds de la Sorbonne et de l'Odéon, ou Pierre Gervais et François Schommer, auteurs eux aussi de commandes officielles. Ce dernier est professeur aux Beaux-Arts, mais si Alice a fréquenté son atelier (Bénézit, 1999), elle n'a jamais été inscrite sur les registres comme élève de l'école des Beaux-Arts où, pourtant, les filles étaient admises depuis 1890. Ces professeurs sont des peintres de genre ou d'histoire, ils sont aussi paysagistes et portraitistes. C'est justement la peinture de portrait et de nu qui va devenir la spécialité d'Alice et son gagne-pain : on trouve mention des ventes et des cotes de ses toiles dans les catalogues ; elle est aujourd'hui cotée 2 000 euros. Elle devient sociétaire du Salon des artistes français, où elle expose régulièrement jusqu'à sa mort en 1936. Elle y reçoit quelques distinctions : mention honorable en 1912, médaille de bronze l'année suivante (*La Lessive*) et médaille d'argent en 1923 pour une *Jeune femme mettant ses gants*, qui serait un portrait de sa mère (témoignage des descendantes). La toile a été vendue à l'étranger et on a perdu sa trace. Aucune toile d'Alice n'est répertoriée dans les collections d'Orsay ni dans celles de Beaubourg. La famille détient quelques œuvres : deux portraits de son père (sans doute exécutés d'après photo) et un portrait de sa nièce, Géraldine. Parmi les titres répertoriés dans les catalogues d'exposition du Salon des artistes français, on relève encore des *Danseuses espagnoles* et, en 1912, *La place vide*, évoquant sans doute son père mort l'année précédente.

Ces maigres informations témoignent en tout cas d'une existence choisie conformément à un projet paternel conçu depuis sa petite enfance (la rêveuse opposée à l'observatrice terre à terre que serait sa sœur), qui peut-être aussi viendrait achever par d'autres voies un objectif central chez Binet : celui de la psychologie individuelle, visant idéalement, au moyen d'entretiens approfondis, à dresser un portrait psychologique totalisateur de la personne. On pourrait, pour résumer, évoquer la filiation entre une science du portrait conçu comme fin de la psychologie et l'art du portrait conçu comme expression d'une personnalité.

Ces diverses femmes de l'entourage proche ont, à des titres divers, fortement soutenu et favorisé le travail du savant sans qu'il leur rende publiquement le moindre hommage. Madeleine, sujet et témoin à la fois, a nourri par son journal une légende familiale toute à la dévotion d'un savant adulé, qui constitue le seul témoignage officiel autorisé par les descendants. Seule la cadette, Alice, collaboratrice recherchée sinon clairement avouée par son père, poursuit un cheminement autonome en menant une carrière d'artiste exposant dans les salons officiels et vivant de sa peinture, ce qui la situe mieux dans notre modernité.

Références

Binet A. (1887), « Le Fétichisme dans l'amour », *Revue Philosophique*, n° 24, p. 143-167 et 252-274.

Binet A. (1888), *Études de psychologie expérimentale*, Paris, Doin.

Binet A. (1890a), « Recherches sur les mouvements de quelques jeunes enfants », *Revue Philosophique*, n° 29, p. 297-309.

Binet A. (1890b), « La Perception des longueurs et des nombres chez les enfants », n° 30, p. 68-81.

Binet A. (1890c), « Perceptions d'enfants », *Revue Philosophique*, n° 30, p. 582-611.

Binet A. (1900), *La Suggestibilité*, Paris, Schleicher.

Binet A. (1903), *L'Étude expérimentale de l'intelligence*, Paris, Schleicher.

Binet A. (1909a), *Les Idées modernes sur les enfants*, Paris, Flammarion.

Binet A. (1909b), « Le Mystère de la peinture », *L'Année Psychologique*, n° 15, p. 300-315.

Binet A. (1909c), « La Psychologie artistique de Tadé Styka », *L'Année Psychologique*, n° 15, p. 316-356.

Binet A. et A. (1910), « Rembrandt, un nouveau mode de critique d'art », *L'Année Psychologique*, n° 16, p. 31-50.

Binet M. (1968), « Souvenirs sur Alfred Binet », *Bulletin de la Société Alfred Binet et Théodore Simon*, n° 503, p. 201-207.

Binet M. (1986), « Extrait du journal de Madeleine Binet », *Bulletin de la Société Alfred Binet et Théodore Simon*, n° 607, p. 5-9.

Binet A. et Courtier (1897), « Influence de la vie émotionnelle sur le cœur, la respiration et la circulation capillaire… », *L'Année Psychologique*, n° 3, p. 42-64.

Carroy J. (1993), *Les Personnalités doubles et multiples. Entre science et fiction*, Paris, PUF.

Chapuis É. (1997), « L'Année psychologique dans la correspondance de J. Larguier des Bancels », *L'Année Psychologique*, n° 52, (2), p. 281-285.

Chapuis É. (1998), *Alfred Binet, de la psychologie individuelle à la psychologie de l'enfant*, thèse de doctorat, Université Paris 7-Denis-Diderot.

Janet P. (1887), *L'Automatisme psychologique*, Paris, Masson.

Perrot M. (1987), « Les acteurs », *in* P. Aries et G. Duby (dir.), *Histoire de la vie privée*, t. 4, p. 89-287, Paris, Le Seuil.

Pierron A. (1995), *Le Grand-Guignol, le théâtre des peurs de la Belle-Époque*, Paris, Robert Laffont, coll. « Bouquins ».

Tarde G. (1890), « L'Amour morbide », *Archives d'Anthropologie Criminelle*, n° 5, p. 586-595.

Manuscrits

Binet A. (1892), Cahiers du laboratoire de la Sorbonne, Fonds Henri Piéron, Paris, Archives nationales.

Binet A., Correspondance d'Alfred Binet avec Georges Claparède, Fonds Claparède, Bibliothèque publique et universitaire de Genève.

Histoire de l'art

ADEC-ART PRICE ANNUAL (1990 à 1999), Paris, Ehrmann.

Annuaire National des Beaux-Arts (1995-1996), Paris, La Péri.

Catalogue du Salon des Artistes Français, 1912-1936, Paris, Bibliothèque Forney.

Bénézit (1999) Article : « Alice, Rose Binet », *Dictionnaire des peintres, sculpteurs, dessinateurs et graveurs*, Paris, Gründ.

Schurr G. (1976), *Les Petits maîtres de la peinture, 1820-1920*, Paris, Éditions de l'Amateur.

Freud, le narcissisme et la « femme-enfant »

Françoise Couchard

Deux remarques nous semblent révéler un paradoxe de notre époque : on peut observer dans les livres et films l'exposition crue et sans limites de l'intimité sexuelle la plus secrète et des actes sexuels les plus transgressifs ; en même temps, nombre de gestes et d'attitudes corporelles des adultes envers des enfants et adolescents font naître le soupçon d'une emprise perverse et de manœuvres de détournement des premiers sur les seconds, ces soupçons aboutissant parfois de manière abusive à une mainmise juridictionnelle.

Aujourd'hui, Vladimir Nabokov ne pourrait sans doute pas exprimer ses fantasmes sur la nymphette « Lolita », fût-ce par le truchement de son héros Humbert Humbert, sans se voir qualifier de « pervers pédophile » !

La séduction de la « petite fille » ou de la femme-enfant apparaît comme énigmatique en même temps que bien réelle. En effet, on peut se demander ce qui attire tant certains hommes dans cet état d'« entre-deux-âges », dans cette étape qui précède la puberté de la fillette et qui la clôt. Nous avons constaté, dans notre clinique analytique et également dans des expertises que nous faisons auprès d'une cour de justice, que bien des abus sexuels des pères sur leur fillette sont commis entre la fin de la période de latence (sept/huit ans) et le début de la puberté. Ainsi, nous nous souvenons d'une jeune fille qui avait fait une demande d'aide psychothérapique. Elle venait de déposer plainte parce que son beau-père avait abusé d'elle dans son enfance. Elle nous confiait que si elle ne se souvenait plus de l'âge auquel cela avait commencé, en revanche, elle se rappelait fort bien le moment où le beau-père avait cessé de la toucher : le jour où elle avait eu ses premières menstrues.

Freud et l'Œdipe féminin

Persistance de l'attachement de la fille au père

S. Freud, quand il s'intéresse au développement psychique de la fille, insiste sur l'attachement que celle-ci voue à son père, même s'il reconnaît tardivement, c'est-à-dire en 1931, que le lien pré-œdipien à la mère peut ensuite demeurer aussi fort que dans les toutes premières années de la vie de la petite fille. Les positions de S. Freud, ancrées sur la théorie de l'envie du pénis et de l'angoisse de castration, lui font soutenir que la fille ne se détachera jamais vraiment de ce premier lien affectif avec le père. De fait, comme elle est privée du pénis, elle ne vit pas, à l'instar du garçon, sous l'égide de l'angoisse de castration et, contrairement à son frère, toujours inquiet des menaces qui pèsent sur son organe sexuel, elle n'a rien à perdre. Elle n'a, non plus, rien à craindre en continuant à caresser son rêve d'enfance : posséder le père et le détourner de la mère à son profit.

Or ce que nous observons dans la clinique contredit dans quelques cas ce que soutient S. Freud. Nous voyons des pères qui se montrent incapables de renoncer à leur fille ; c'est elle ou son image qu'ils recherchent en permanence, y compris quand, l'usure du temps les atteignant, ils commencent à douter de leurs capacités de séduction. Ils vont alors choisir comme « bain de jouvence » une femme de l'âge de leur fille. Ainsi, le roi Lear attend de Cordélia, sa plus jeune fille, qu'elle le serve et le chérisse jusqu'au bout de sa vie : elle doit lui sacrifier toutes ses aspirations et le conduire au tombeau. Cordélia est certes « la plus belle, la meilleure, la plus désirable, la plus adorable des femmes[1] » comme l'écrit S. Freud dans « Le thème des trois coffrets » ; elle est aussi pour Shakespeare une fille muette qui aime, mais en se taisant.

Les conséquences de l'Œdipe sur le psychisme féminin

La question du narcissisme féminin est, dans la théorie freudienne, articulée à la non-extinction du complexe d'Œdipe chez la fille. Freud voit dans cet attachement prolongé au père l'explication de nombre de caractéristiques du psychisme féminin. L'évolution de la femme dépend de deux types de facteurs : ceux liés à la culture et ceux inhérents à la nature féminine ainsi qu'au fameux « roc anatomique » de l'envie du pénis, l'humanité se divisant entre les hommes, possesseurs du pénis, et les femmes, qui en ont été privées. Freud reconnaît cependant que le développement psychique et intellectuel de la fille a été quelque peu « barré » et freiné par l'éducation de son époque, fondée sur la répression sexuelle. Les filles ont été élevées comme des « oies blanches » et, alors que la toute petite fille s'est révélée plutôt précoce sur bien des plans et même en avance sur ses frères, les parents et les éducateurs ont ensuite refusé de répondre à ses questions sur la sexualité, ce refus provoquant une inhibition qui va contaminer toutes les sphères du savoir. La fille devient

---

1. S. Freud, « Le Thème des trois coffrets » (1913), *in Essais de psychanalyse appliquée*, Paris Gallimard, 1933, p. 99.

alors passive, muette, n'osant pas penser. L'infériorité intellectuelle de tant de femmes, qui est pour Freud une réalité indiscutable, doit être imputée à l'inhibition de la pensée, inhibition requise pour la répression sexuelle[1].

Mais les conséquences attribuées par Freud au fait que la fille ne renonce pas à son amour pour le père, c'est-à-dire ne quitte jamais les rives de l'Œdipe, pèsent d'un poids encore plus lourd, et apparaissent encore plus insurmontables. L'envie du pénis, persistante chez la fille, la poursuit dans sa vie de femme, la rendant plus envieuse et plus jalouse que l'homme. Quant au narcissisme, il est également plus développé chez elle. Parce qu'elle est née châtrée, la femme sera tenue de compenser son infortune en valorisant ses autres attraits physiques : elle doit en quelque sorte se dédommager en séduisant tous les hommes, d'où aussi sa vanité corporelle démesurée.

Freud en arrive aux conclusions suivantes : son narcissisme exacerbé pousse la femme à s'aimer elle-même plus qu'elle n'aime les autres, exception faite pour sa progéniture. Il nous la présente comme une séductrice dangereuse, pareille aux oiseaux de proie et aux chats, animaux qui semblent se suffire à eux-mêmes et n'ont nul besoin des autres. La prédominance de l'envie dans la vie psychique de la femme la prédispose à avoir peu de sens de la justice et de l'équité, en tout cas moins que l'homme, car « l'exigence de la justice est une élaboration de l'envie[2] », ce dont la femme se révèle bien incapable. Les effets de cette non-résolution de l'Œdipe féminin sont péremptoires, Freud affirmant que les intérêts sociaux des femmes sont faibles et leur aptitude à la sublimation moindre que celle des hommes. Mais son argument apparaît discutable quand il écrit :

> Le premier point [faiblesse des intérêts sociaux] découle vraisemblablement du caractère asocial qui est sans aucun doute propre à toutes les relations sexuelles. Les amoureux se suffisent à eux-mêmes[3].

La démonstration est étonnante car Freud a auparavant soutenu que le narcissisme de la femme l'inclinait à s'aimer et à être aimée plutôt qu'à aimer l'autre…

Discussion sur les positions de Freud

En fait, c'est l'ambivalence des sentiments qui nous semble étayer ces jugements de Freud. Sous l'apparence de constructions théoriques, ces

1. S. Freud, *La Morale sexuelle civilisée et la maladie nerveuse des temps modernes* (1908), Paris, PUF, 1969, p. 42.
2. S. Freud, « La Féminité » (1933), *Nouvelles Conférences d'introduction à la psychanalyse*, Paris, Gallimard, 1984, p. 180.
3. *Ibid*.

jugements sont pris entre la fascination et la terreur devant ce « continent noir » de la sexualité féminine et devant sa propre incapacité de percer à jour l'énigme de cette sexualité. Cette ambivalence de Freud se traduit d'ailleurs dans ses observations cliniques où il se montre séduit, fasciné par les charmes physiques autant que par l'intelligence de ses jeunes patientes, les choses se gâtant quand elles résistent à ses interprétations. Dans « Pour introduire le narcissisme », on est frappé par le paradoxe dans lequel Freud, comme bien des hommes de son temps, s'enferme. Ainsi, il soutient que tous les hommes risquent de tomber dans les rets de la femme narcissique ; elle les retient par sa beauté mais aussi parce que l'homme, s'étant dessaisi de son propre narcissisme, ne peut qu'être attiré par cette femme qui se suffit à elle-même. Ce narcissisme qui suscite pourtant chez Freud des commentaires si péjoratifs, se pourrait-il qu'à l'instar des autres hommes, il l'envie ? Mais qui est donc cette femme narcissique ? Et quels liens a-t-elle avec la « femme-enfant » ?

La rencontre avec la « femme-enfant »

Fritz Wittels et la « grande courtisane »

Un élève et disciple de Freud, Fritz Wittels (1880-1950), écrit en 1907 un article au titre prometteur : « La Femme-enfant[1] ». Il en fait une lecture à Freud en privé puis le présente à la Société psychanalytique de Vienne, le 29 mai 1907, sous un nouveau titre : « La Grande courtisane ». Curieusement, l'article de F. Wittels a été écarté de la publication des *Minutes* de cette même société. Seule reste une note de bas de page[2] soulignant que le procès-verbal de la séance du 29 mai qui portait sur « La Grande courtisane » n'a pas pu être conservé, mais que cette séance de discussion faisait suite à une autre contribution du même Wittels intitulée « Les Femmes médecins », effectivement publiée. Toujours dans cette note, on remarque que la « courtisane », que F. Wittels compare sans cesse à l'hétaïre grecque, est pour bien des hommes un « idéal de féminité ». La « courtisane » apparaît comme une femme libérée du joug du mariage monogamique, plus respectable que la femme de la bourgeoisie qui cherche « à se placer » en faisant un mariage d'argent.

On ne peut pas dire pourtant que F. Wittels, dans son article « Les Femmes médecins » (séance du 15 mai 1907), se présente comme un dé-

---

1. F. Wittels, « La Femme-enfant » (1906), *in* E. Timms, *Freud et la femme enfant. Mémoires de F. Wittels*, Paris, PUF, 1999.
2. *Les Premiers psychanalystes. Minutes de la Société Psychanalytique de Vienne*, t. 1, *1906-1908*, Paris, Gallimard, 1976, p. 215.

fenseur de l'autonomie féminine. Et ses réflexions tout à fait misogynes et frisant même la stupidité suscitent quelques moqueries de Freud qui lui rétorque que, bien qu'en verve, il ne s'est guère montré galant envers les femmes ! Selon F. Wittels, si celles-ci ambitionnent de faire des études de médecine, c'est soit pour surpasser les autres femmes, soit pour donner libre cours à leurs pulsions sexuelles. De toute façon, conclut-il, les femmes ne consulteront pas les femmes médecins car elles ne leur feront pas confiance ; quant aux hommes, ils ne pourraient aller les consulter qu'avec des arrière-pensées sexuelles. D'ailleurs, argument sans appel, selon F. Wittels, les étudiantes en médecine sont laides et ont une poitrine plate comme celle des Amazones…

Portrait d'Irma, une « femme-enfant »

L'article de F. Wittels sur « La Femme-enfant » est publié pour la première fois dans le journal de Karl Kraus *Die Fackel* (*Le Flambeau*, Jacques Le Rider préférant traduire par *La Torche*). Une fille sert de modèle à ce portrait de la « femme-enfant », ce qui nous montre que certains membres de la bonne société viennoise, mais aussi de la Société psychanalytique de Vienne, sont fort intéressés par le demi-monde viennois : celui des filles de rue et des prostituées ; on le savait pour les premiers, on le savait moins pour les seconds.

La « femme-enfant » se nomme Irma Karczewska. F. Wittels fait sa connaissance par l'intermédiaire de K. Kraus, qui entretient avec elle une liaison et qui restera son « protecteur » jusqu'à sa mort, quelque vingt-cinq ans après leur première rencontre. K. Kraus, que F. Wittels présente comme un puritain, a eu auparavant une liaison avec une comédienne, Annie Kalmar, dépeinte comme une femme belle, intelligente quoique sans aucune instruction, dissolue et alcoolique. Elle a inspiré à K. Kraus un article : « À la louange de la Putain », ainsi qu'une vive passion. Mais une pneumonie la lui enlève et, peu après, il rencontre une autre « femme-enfant ». En effet, Irma Karczewska est comme un double de cette première figure de « courtisane ». K. Kraus la connaît alors qu'elle a seize ans, et F. Wittels la décrit comme étant très belle, elle aussi, mais sotte et ennuyeuse, sauf en matière de sexe ! De plus, elle aussi boit. F. Wittels s'amourache très vite de cette fille « dionysiaque » et va donc la partager avec K. Kraus, notamment lorsque celui-ci veut s'en décharger, ou qu'il est las de ses exigences et de ses caprices de petite fille et qu'il fustige son total désintérêt pour toutes choses sauf pour celles du sexe.

F. Wittels a également un bon alibi « pour prendre la relève » de K. Kraus auprès d'Irma puisqu'il est médecin ; il la soignera d'ailleurs pour une maladie vénérienne contractée en 1906. Dans son article, F. Wittels brosse le tableau du « ménage à trois » qu'il forme avec Irma et K. Kraus. Quand il évoque l'intense pouvoir de séduction sexuelle de certaines filles, F. Wittels note que celles-ci sont obligées de commencer à vivre leur sexualité très tôt, justement à l'âge où elles pourraient encore passer pour des enfants parce qu'elles sont comme poussées par des forces pulsionnelles. En somme, tout se passe comme si elles devaient mûrir plus vite que les autres adolescentes, abréger la période de latence afin d'évacuer ce trop-plein pulsionnel. Sándor Ferenczi montrera, dans son article « Confusion des langues entre les adultes et l'enfant », écrit en 1932[1], que l'enfant qui a été victime de séduction sexuelle fait montre d'une « progression traumatique », c'est-à-dire qu'il semble prématuré ou plus mûr que son âge dans certains domaines. Sans doute bien des jeunes prostituées viennoises, comme celles soignées par S. Ferenczi à l'Hôpital des pauvres Saint-Roch de Budapest, ont eu à subir des séductions, voire des viols, dans leur enfance ; leur psychisme manifeste donc un décalage entre une affectivité restée infantile et une sexualité pareille à celle d'une femme expérimentée. Irma a en effet arpenté le pavé de Vienne dès l'âge de quatorze ans.

Bien que F. Wittels présente la « femme-enfant » comme une fille sotte et inculte, elle écrira son autobiographie dans des « Carnets » publiés. Elle y révèle que K. Kraus était loin d'être son « premier homme », même si elle lui demeure attachée toute sa vie, relativement courte, puisqu'elle se suicide à l'âge de quarante-trois ans, abandonnée de tous.

Les raisons d'un si grand attachement

Nous ferons, à propos de l'article de F. Wittels, plusieurs observations. La première porte sur l'ambivalence des sentiments chez ce dernier, et sans doute chez les hommes de son temps, à l'endroit des filles dites « faciles ». F. Wittels, comme K. Kraus, exprime une admiration béate pour les qualités physiques et les performances sexuelles d'Irma : elle est « la grande hétaïre marchant fièrement la tête haute », elle fait passer aux hommes des « nuits orgiaques ». Certes les deux hommes se gaussent sans cesse entre eux des réflexions d'Irma : elles sont naïves ou candides, notamment devant les privilèges d'un monde culturel qu'elle ne connaît pas, d'un monde social auquel elle n'a pas accès, mais que la fréquentation de certains hommes lui a fait miroiter. Ainsi, K. Kraus se moque mécham-

1. S. Ferenczi, « Confusion des langues entre les adultes et l'enfant » (1932), *Œuvres complètes. Psychanalyse*, t. IV, 1927-1933, Paris, Payot.

ment d'elle quand elle lui réclame un piano à queue en acajou ou lorsqu'elle prétend faire du théâtre. Il se plaint de sa vénalité, car elle attend sans cesse des cadeaux. En même temps, Kraus et Wittels reconnaissent qu'on ne peut pas se débarrasser d'une fille aussi « diaboliquement attirante ». F. Wittels se dit excédé quand elle lui désobéit et court des nuits entières dans les cafés pour boire ou le tromper.

Quand Irma n'intéresse plus assez F. Wittels ou K. Kraus, elle devient l'objet de leur mépris et de leur rejet, le premier écrivant qu'elle fait montre d'une « incommensurable stupidité » et d'un « total manque de tact ». Puis, quand elle commence à perdre sa fraîcheur de « femme-enfant », elle est, sous la plume de F. Wittels, « une sotte nigaude aussi grasse qu'une oie farcie ». K. Kraus, qui, à maintes reprises, s'est extasié sur la divine beauté de la fille, veut en faire profiter ses amis ; il la présente à d'autres hommes quand il en a assez de ses « jacasseries ». F. Wittels ajoute naïvement, pour défendre le « grand homme » qu'est encore K. Kraus à ses yeux, que ce n'est tout de même pas de la faute de ce dernier si les hommes qui sont de plus en plus nombreux à sortir Irma s'empressent ensuite de la connaître d'une autre manière.

La seconde observation à propos du lien de ces deux hommes avec la « femme-enfant » conduit à s'interroger sur les fonctions psychiques et sociales que remplissent, auprès d'hommes intelligents, cultivés et privilégiés, ces « femmes-enfants » faciles et narcissiques. Elles sont en premier lieu des exutoires sexuels pour combler l'insatisfaction conjugale de l'homme marié à une « oie blanche », souvent frigide, en raison des inhibitions dans lesquelles l'a laissée son éducation. En somme, elles répondent à ce que Freud appelle la « double morale sexuelle ».

La morale sexuelle dite civilisée

Le scénario qui gouverne la rencontre entre F. Wittels et K. Kraus est assez récurrent en cette fin du XIXe siècle : ce sont des intellectuels appartenant à un monde social privilégié, ils professent volontiers une idéologie de libération des femmes. En 1906, F. Wittels est médecin à l'Hôpital général de Vienne ; il vient d'écrire un article plutôt courageux pour l'époque sur le contrôle des naissances et l'avortement. Il y soutient que « la peur de la grossesse empoisonne la vie sexuelle[1] », et que les femmes qui sont obligées d'avorter ne sont pas traitées de la même manière selon qu'elles sont riches ou pauvres.

F. Wittels défend donc des positions proches de celles de Freud dans « La Morale sexuelle civilisé »… K. Kraus publie l'article de F. Wittels

1. E. Timms, *Freud et la femme enfant*, *op. cit.*, p. 52.

dans *Le Flambeau*, acte qui marque le début d'une amitié enthousiaste entre les deux hommes ; elle ne dure que quatre années et la rupture est d'autant plus violente que leur proximité a été grande, F. Wittels écrivant : « Peu de temps durant, Kraus fut mon meilleur ami et longtemps ensuite mon meilleur ennemi[1] ».

Dès le début de leur amitié, K. Kraus publie les articles de F. Wittels, son cadet de six ans ; il l'encourage dans l'écriture en lui prédisant un avenir de grand écrivain. Les deux hommes se voient tous les soirs pour souper, puis ils passent la nuit à disserter et à échanger, K. Kraus dormant le jour. Le « cercle » de ce dernier comprend les auteurs de théâtre les plus prestigieux de Vienne, des comédiens, des critiques et, bien sûr, des jolies femmes. F. Wittels admire K. Kraus, cet iconoclaste et excentrique qui haït les pères et l'autorité. Alors que K. Kraus est juif, il professe un antisémitisme notoire dans lequel F. Wittels voit très justement l'illustration d'un mécanisme paranoïaque.

Mais les échanges ne sont pas qu'intellectuels et idéologiques entre les deux hommes, puisque très vite, ils se partagent la même fille, Irma. Comme souvent dans ces amitiés entre hommes, la femme n'est qu'une monnaie d'échange, mais échange de quoi ? Nous ferons ici l'hypothèse que cette « femme-enfant » que s'échangent F. Wittels et K. Kraus au gré des circonstances, de leurs humeurs ou de leurs activités, n'est qu'un « truchement » masquant une relation homosexuelle, disons homophilique, entre eux. Certes, tous les deux prétendent prôner la liberté des femmes et leur autonomie. Quand Irma contracte une maladie vénérienne, F. Wittels va jusqu'à la célébrer « comme une héroïne blessée au champ d'honneur de l'amour[2] ».

On le voit, cette libération sexuelle consiste surtout en ce que les femmes se soumettent au désir des hommes ; et d'ailleurs Irma notera dans ses « Carnets » qu'elle s'est sentie exploitée sexuellement par eux, puis abandonnée quand elle ne plaisait plus. F. Wittels écrit que K. Kraus

> avait implanté des idées de grandeur dans la tête d'une garce des faubourgs de la cité, il l'avait déracinée et forcée à rivaliser avec les putains du centre de la ville, bien plus douées qu'elle et le résultat était qu'elle n'était plus capable de se débrouiller seule[3].

La femme idéale comparée à l'hétaïre grecque est bien plutôt pour ces hommes un objet sexuel à s'échanger. On a vu comment F. Wittels se moque des prétentions intellectuelles des femmes quand elles souhaitent

1. *Ibid.*, p. 48.
2. F. Wittels, « La Femme-enfant », art. cité, p. 81.
3. *Ibid.*, p. 82.

accéder à des professions masculines, comme la médecine. Il écrira ensuite qu'il a depuis cet article totalement changé d'avis, car il aime les femmes intelligentes pouvant rivaliser avec les hommes.

Freud lui-même, après avoir traduit l'un des essais de John Stuart Mill, *De l'assujettissement des femmes*, confie son désaccord sur ce texte à sa « petite chérie », sa fiancée Martha. Il critique Mill qui veut lancer les femmes dans la compétition avec les hommes afin de les émanciper ; mais qu'arriverait-il, écrit Freud, si elles se mettaient à gagner plus d'argent que les hommes ? De toute façon, l'éducation des enfants et les activités ménagères les occupent suffisamment pour qu'elles ne s'embarrassent pas à faire des études. Freud manifeste clairement sa crainte de voir les femmes devenir des concurrentes. Il le dit sans ambages : celle qui a ces prétentions risque de perdre tout ce qui attire l'homme en elle, car « la Nature décide de la destinée d'une femme en lui donnant la beauté, le charme et la douceur[1] ». Malgré tout, en matière de liberté sexuelle, K. Kraus comme F. Wittels nous semblent plus proches de Wilhelm Reich et de sa « révolution sexuelle » que de Freud, pour lequel la critique de la répression sexuelle et de la morale bourgeoise civilisée va toujours de pair avec la nécessité de maintenir une place pour le refoulement pulsionnel et, partant, pour la sublimation.

Le jeu pervers avec la « femme-enfant »

F. Wittels et K. Kraus se partagent donc une fille comme bien des bourgeois du XIXe siècle ; ils se l'échangent et se la renvoient quand elle les dérange trop, ainsi que nous l'avons vu. Néanmoins, dans leurs discours idéologisés, ils prétendent éduquer Irma, l'élever dans la hiérarchie sociale, la faire accéder à la culture. Ainsi, F. Wittels emmène Irma à Venise où K. Kraus les rejoindra ; il se plaint sans cesse de son inculture qui la fait bâiller devant les tableaux du Titien ou refuser d'entrer dans les églises, écrivant qu'elle leur a gâché leurs vacances à tous deux, K. Kraus et lui-même. Après s'être moqués d'Irma quand elle exprimait son désir de devenir actrice de théâtre, les deux hommes rêvent de la faire monter sur les planches. Sans succès. Le théâtre est à cette époque une voie d'accès à un statut social pour des filles séduisantes issues des classes prolétaires, bien que le statut de comédienne soit alors souvent confondu avec celui de courtisane, sinon de prostituée. Irma se révèle peu douée, même si, à son propos, F. Wittels évoque le personnage de Lulu créé par Franck

1. E. Jones, *La Vie et l'œuvre de Sigmund Freud*. 1 : *La jeunesse, 1856-1900* (1953), Paris, PUF, 1970, p. 195.

Wedekind pour sa pièce, *La Boîte de Pandore*. Lulu est une autre « femme-enfant », femme primitive mais plus sadique avec les hommes que ne l'est Irma, son créateur disant de Lulu qu'elle était l'incarnation d'une sexualité rudimentaire qui inspire le mal.

Irma apparaît donc comme le lien érotisé qui relie les deux hommes, K. Kraus et F. Wittels ; le second est totalement soumis au premier qu'il idéalise et imite. Pour vivre comme le créateur du *Flambeau*, F. Wittels lui sacrifie, durant un temps, ses études et sa pratique médicale, perdant ainsi la confiance de ses professeurs. Mais il est persuadé que les prédictions de K. Kraus, qui lui a tourné la tête en lui faisant valoir qu'à vingt-six ans il était devenu l'un des plus grands écrivains de l'Allemagne, se vérifieront. Quant à K. Kraus, il « tire les ficelles », faisant l'éloge de la femme ensorceleuse et exempte d'inhibition sexuelle ; il admire celle qui se donne à n'importe quel homme, n'importe quand, et sans discrimination, même si lui-même ne souhaite pas être l'un de ses hommes. Et F. Wittels ajoute, non sans humour : « Il [K. Kraus] écrivait l'ordonnance et laissait les autres avaler la pilule ! »

L'éclatement du « trio » amoureux

La rupture entre les deux hommes est due à plusieurs raisons. La vie nocturne que mène F. Wittels dans le cercle de K. Kraus freine ses investissements dans sa pratique médicale et dans celui, plus récent, de la psychanalyse. Il a quitté son logement dans l'Hôpital général pour s'installer en privé et habiter le quartier où sont situés les cafés et restaurants fréquentés par sa « clique ». Mais il attend en vain les patients ou les perd par sa négligence, oubliant parfois ses rendez-vous parce qu'il dort (parmi eux, Adolf Loos, le fameux architecte, qui, lui aussi, l'abandonnera). F. Wittels supporte de plus en plus mal le rejet par K. Kraus de la théorie psychanalytique et de Freud. Il se dit, de façon sans doute excessive, très aimé de ce dernier. À le lire, il serait le seul à avoir compris le rôle que jouerait un jour la théorie freudienne. Freud, écrit-il, lui présente ses amis « internationaux », tels E. Bleuler ou C.G. Jung, et il le considère comme un « poulain », certes encombrant, mais « qui deviendrait plus tard quelque chose de réellement valable ». On remarquera que Freud a de nombreux « fils » intellectuels qu'il soutient et respecte avec patience jusqu'au jour où il ne peut plus admettre que ces derniers aillent trop loin. F. Wittels est un jeune praticien qui n'a encore fait aucun apport à la théorie. Freud le considère comme tel ; il le conseille et l'admoneste tel un père avec son fils, lui disant par exemple : « J'espère que vous voyez que Kraus vous fera payer un jour tout ce qu'il vous a donné et avec les intérêts[1] », lui laissant clairement entendre qu'il ruine son avenir. F. Wittels n'entend rien : il a perdu son père en 1908 et demeure dans la fascination de K. Kraus, son aîné, mais aussi un substitut paternel.

Irma est aussi une pomme de discorde entre les deux hommes ; elle s'accroche à K. Kraus, qui est également pour elle une figure paternelle et protectrice, alors que celui-ci souhaite se séparer définitivement d'elle pour la confier à F. Wittels. Ce dernier imagine que K. Kraus voudrait le voir épouser Irma, mais remarque : « Sans Kraus elle n'avait pas de valeur pour moi, tout comme je n'avais pas de valeur pour Kraus sans elle[2] ».

Les griefs de K. Kraus prendront un tour persécuteur puisqu'il va jusqu'à traîner F. Wittels en justice quand ce dernier publie un roman satirique qui devient vite un roman à clés. En effet, le héros central du roman est le rédacteur en chef d'un magazine : il ressemble à K. Kraus, est présenté sous un jour très négatif. F. Wittels raille sa « vanité démesurée », son « infidélité narcissique », il le décrit comme incapable de séduire les femmes honnêtes, raison pour laquelle il les ravale toutes au rang de prostituées. La « femme-enfant » figure évidemment dans ce roman, sous un nom d'emprunt qui la masque à peine, Irmel. Elle y est présentée comme inculte, « surdéveloppée sexuellement » et atteinte d'une maladie vénérienne. K. Kraus, qui a eu accès au manuscrit par indiscrétion, tente d'en faire interdire la publication. Son avocat va même voir Freud pour lui montrer le danger de la parution du roman de F. Wittels, qui est son élève et fréquente la Société psychanalytique de Vienne. Les articles publiés dans *La Torche*, déjà peu amènes pour l'invention freudienne, seraient, menace K. Kraus, encore plus virulents et risqueraient donc de menacer cette jeune science qu'est la psychanalyse. De toute façon, Freud trouve le roman de F. Wittels « mauvais ». Il dit à ce dernier que, quand une amitié est brisée, on doit se taire et non régler des comptes ; enfin, il est choqué qu'une jeune femme [Irma] soit livrée en pâture au public et objet de « ragots ».

Freud place donc F. Wittels devant un dilemme : s'il publie son livre, il devra quitter immédiatement la Société psychanalytique. C'est l'issue que choisit F. Wittels, qui ne se réconcilie avec Freud qu'en 1923, à l'occasion de la publication de *Freud, l'homme, la doctrine, l'école*[3]. Le procès contre le livre eut lieu avec deux plaignants : K. Kraus et Irma ; le premier gagna son action en justice contre l'éditeur berlinois.

1. F. Wittels, « La Femme-enfant », art. cité, p. 95.
2. *Ibid.*, p. 105.
3. F. Wittels, *Freud, l'homme, la doctrine, l'école* (1923), Paris, PUF, 1999.

Les choix d'objets amoureux

Le clivage affectif, meilleure défense masculine

Dans son texte « Un type particulier de choix d'objet chez l'homme », écrit en 1910 et dont F. Wittels dira qu'il a été inspiré par la figure de la « femme-enfant », Freud étudie les raisons des choix amoureux des névrosés. Ces hommes fonctionnent dans le clivage puisqu'ils désirent des femmes qu'ils ne peuvent aimer et ne peuvent avoir des relations sexuelles avec celles qu'ils aiment. Ils sont attirés « par la conduite notoirement polygame [malgré cette traduction, on devrait plutôt lire « polyandre »] d'une "cocotte" ou d'une artiste de l'amour. C'est l'amour de la putain » écrit Freud[1].

Cet amour obéit à plusieurs critères. Le premier est que la femme n'a d'intérêt pour l'homme que s'il peut l'enlever à d'autres hommes, ses rivaux, ce qui conforte notre hypothèse sur la fonction de « truchement » de la « femme-enfant » entre des hommes aux pulsions homosexuelles refoulées. La femme la plus convoitée par les hommes névrosés est donc celle qui est déjà prise ou possédée ; elle devient objet de passion amoureuse parce qu'elle est désirée par un autre : c'est ce que Freud appelle « la condition du tiers lésé ». F. Wittels illustre bien cette analyse en soulignant qu'Irma a perdu son aura amoureuse et l'intéresse moins quand K. Kraus veut s'en débarrasser. Une autre caractéristique de l'« amour de la putain » est que l'homme veut toujours sauver la femme de la déchéance ou d'une déchéance plus grande que celle dans laquelle elle se trouve. Pour Freud, l'attirance de l'homme pour la « putain » a pour origine l'idéalisation de la figure maternelle et l'impossibilité de détacher la libido de l'amour maternel.

Ainsi, pour aimer, l'homme névrosé doit rabaisser la femme, la mépriser comme « objet » sexuel, car c'est le meilleur moyen pour lui de se défendre contre l'« objet » à éviter, la mère. En somme, ce que nous dit Freud, c'est que ces hommes se sont eux aussi attardés dans leur attachement œdipien sans le liquider. La difficulté à sortir de l'Œdipe ne toucherait donc pas que les seules femmes !

Retour à une vision féminine sur les choix amoureux

Une femme analyste, Lou Andreas-Salomé, a, elle aussi, écrit sur le narcissisme. Friedrich Nietzsche dit d'elle qu'elle est « une femme accom-

1. S. Freud, « Contributions à la psychologie de la vie amoureuse » (1910), *in La Vie sexuelle*, Paris, PUF, 1969, p. 48-49.

plie » ; pour lui, la femme accomplie est celle qui « est marquée par une petite tache de pourriture et de brune corruption[1] » et cette tache lui sied. L. Andreas-Salomé — que Freud appelle aussi « la compreneuse » — donne au narcissisme féminin une autre envergure que ce dernier. En effet, dans « Du type féminin », elle montre que la différenciation sexuelle entraîne chez l'un et l'autre sexe une vision du monde diamétrialement opposée. S'exprimant comme souvent avec une pensée assez mystique, la « compreneuse » soutient que la femme vit et pense dans l'unité et dans l'« indivision ». Cette tendance serait favorisée par le fait que, lors de la relation sexuelle, elle reçoit en elle l'homme et le sperme et que, durant les neuf mois de la grossesse, elle garde l'enfant à l'intérieur d'elle-même. Dans ces deux occurrences, nous dit L. Andréas-Salomé, la femme participe à un « sentiment océanique ». *A contrario*, dans la même relation sexuelle, l'homme se projette vers l'extérieur, mouvement qui favorise chez lui la division, la séparation, le clivage ; ainsi a-t-il tendance « à se perdre comme possesseur de soi[2] ».

En guise de conclusion

Nous avons vu comment une femme viennoise a inspiré, directement ou indirectement, Kraus, Wittels puis Freud ; ils lui ont, selon des modalités différentes, les uns et les autres, fait incarner un personnage de « femme-enfant » ou de « femme narcissique » fascinante et abaissée. On peut certes discuter les analyses un peu schématiques de « la compreneuse ». Il n'empêche qu'avec son principe unificateur, L. Andreas-Salomé redonne au narcissisme féminin une coloration un peu moins péjorative que celle de l'interprétation freudienne. Dans une lettre du 30 juillet 1915, Freud lui écrit qu'il admire son sens de la synthèse, son art d'aller au-delà de ce qui est dit, de faire converger tout vers un point de rencontre éloigné :

> Je ressens rarement un tel besoin de synthèse, continue-t-il, ce qui m'intéresse c'est la séparation et l'organisation de ce qui autrement se perdrait dans une bouillie originaire[3].

1. J.-P. Fraye, *Nietzsche et Salomé. La philosophie dangereuse*, Paris, Grasset, 2000, p. 196.
2. L. Andreas-Salomé, « Du type féminin » (1914), *in L'Amour du narcissisme*, Paris, Gallimard, 1980, p. 78.
3. L. Andreas-Salomé, *Correspondance avec Sigmund Freud*, Paris, Gallimard, 1970, p. 43.

Science et parcours féminin en 1900 : l'exemple des sœurs Lombroso

Jean-Christophe Coffin

> Ni moi-même, ni ma sœur, n'avons été des filles hors du commun. Mais le libre exercice de la pensée — qui est une des plus belles joies de l'existence — c'est notre père qui nous l'a donné. Nous avions un exemple devant nos yeux et il nous fascinait avant même que nous en percevions toute la teneur. C'est de cela — papa — que je voudrais te remercier avant toute autre chose, avant de commencer ce livre qui est le tien non pas seulement parce qu'il traite de ta vie mais parce que tu as imprégné l'âme et la plume de celle qui le rédige. (P. et G. Lombroso, 1906 : 4)

C'est ainsi que débute un ouvrage signé de Paola (1871-1954) et de Gina (1872-1944), les deux filles du docteur Cesare Lombroso (1835-1909). Cet homme est, à la fin du XIXe siècle, le savant italien parmi les plus célèbres de son époque dans son propre pays comme à l'étranger. Il a cherché à construire et pérenniser une nouvelle discipline, l'anthropologie criminelle, sorte d'aboutissement de plusieurs savoirs qui couvrent, outre l'anthropologie, la psychiatrie, l'ethnographie, l'histoire, la linguistique, la sociologie, etc. Son entreprise est soutenue par l'énergie qu'il ne cesse de déployer tout au long de sa vie et par une équipe et un réseau au sein duquel, deux femmes — ses deux filles — ont joué un rôle essentiel. C'est de cette participation dont il sera question dans les pages qui suivent et de leur contribution aux sciences de l'homme, non plus en tant que filles d'un savant mais en tant que femmes.

Dans le giron du père

Paola et Gina viennent successivement au monde en 1871 et 1872 et sont les deux premiers enfants de Cesare Lombroso, né à Vérone dans une famille juive qui a connu quelques revers de fortune, et de Nina de Benedetti, issue également d'une famille juive et aisée du Piémont. La famille s'installe à Turin, en 1876, après la nomination du père comme professeur de médecine légale et d'hygiène publique. Les sœurs ont désormais trois petits frères. Gina se souvient que ces premières années turinoises n'étaient pas heureuses. Leur père avait été froidement accueilli à l'Université et elle se sentait le devoir d'être la plus gentille possible avec lui, de chercher à le faire sourire, lui qui était perdu dans une profonde mélancolie. Toutefois, au début des années 1880, la situation s'améliore. Leur père est certes de plus en plus occupé avec la création de la revue de l'*Archivio di psichiatria, antropologia criminale e scienze penali*, mais la joie que cette entreprise lui procure rend allègre toute la famille. L'organisation du congrès d'anthropologie criminelle tenu à Rome en 1885 — d'autres suivent dans les années successives —, les domaines de recherches qui couvrent désormais les criminels, mais aussi les rapports entre génie et folie, la corruption, la pellagre augmentent la charge de travail de leur père et d'elles-mêmes : elles deviennent ses petites mains, s'entretiennent avec lui des criminels et des génies sans trop encore savoir de quoi elles parlent. Et puis il faut aussi tenir la maison car beaucoup de monde fréquente l'habitation familiale. En effet, toute une phalange d'intellectuels et de jeunes universitaires sont régulièrement invités par Lombroso. On y rencontre le jeune pénaliste Enrico Ferri (1856-1929), le juriste et homme politique Gaetano Mosca (1858-1941) et tant d'autres. Elles prennent plaisir à rencontrer les disciples et les amis de leur père. Par exemple, en 1885, le futur dirigeant socialiste Filippo Turati (1857-1932) fait rencontrer à Lombroso la socialiste et féministe russe Anna Kuliscioff (1857-1925), installée à Turin. Leur père leur annonce la venue d'une exilée russe, d'une nihiliste, une expérience qu'elles ne peuvent manquer. Lorsque celle-ci fait son entrée dans la maison familiale, elles sont en état de quasi-hypnose devant la force de cette femme et la pureté de son regard. C'est aussi le début d'une longue amitié qui dure plus de vingt ans, notamment avec Paola[1].

Elles partagent beaucoup les colères et les joies de leur père et cela s'accentue avec les années. Lombroso est trop dédié à ses travaux, trop passionné et désireux de les faire partager pour qu'on puisse imaginer que les personnes de son entourage immédiat aient pu avoir une vie véritablement autonome. D'une certaine manière, l'aînée, Paola-Marzola, est associée aux engagements scientifiques de son père depuis sa naissance puisqu'elle porte comme prénom le nom féminisé d'un universitaire à qui Lombroso ne cesse de rendre hommage tout au long de sa propre existence. Cet homme est Paolo Marzolo (1811-1868), un professeur de langues comparées que Lombroso a rencontré dans son adolescence. La naissance de sa première fille lui a permis de signifier à ce professeur son immense dette et son admiration. Un hommage posthume car il est mort

1. En 1908, bien qu'elles ne se fréquentent presque plus, Paola fait une conférence au cours de laquelle elle vante toujours ses mérites.

trois ans avant la naissance de Paola Marzola. Elle porte donc toute sa vie l'amour intellectuel de son père pour un homme dont le profil psychologique et la dimension morale rappellent le comportement que leur père incarne au cours de son propre parcours professionnel et personnel. En outre, l'orientation des recherches de cet autre Vénitien — écrire l'histoire de l'humanité à partir de l'étude des langues — n'est pas sans rappeler la quête lombrosienne, au sein de laquelle l'histoire est un élément tout aussi déterminant que la clinique[1].

Si elles sont capables de propos enthousiastes à l'égard de personnages qu'elles n'ont pas connus directement, c'est sans doute parce qu'elles partagent les moindres moments de l'existence de leur père au point que Filippo Turati prend l'habitude, dans sa correspondance, de parler de Lombroso et des « lombrosettes » !

Parallèlement à cette vie avec leur père, les années 1890 marquent pour Gina le début des études universitaires et, pour l'une et l'autre, la rencontre amoureuse et le temps des premières publications. Lombroso, quant à lui, devient professeur de psychiatrie et de clinique psychiatrique, se voyant encore empêché d'obtenir une chaire d'anthropologie criminelle.

Si Paola ne suit pas d'études secondaires et universitaires mais se forme par elle-même, Gina réussit à aller au lycée puis successivement en faculté de lettres et en faculté de médecine. Difficile de dire pourquoi une telle différence de traitement, si ce n'est que Lombroso a toujours dit qu'on s'ennuyait à l'école. En outre, sa fille aînée a manifesté une certaine attitude rebelle à l'égard de l'institution scolaire. Leur formation à la maison n'est de toute façon pas mauvaise : outre leur père, des précepteurs prestigieux, comme Michele Lessona, un des introducteurs de l'œuvre de Darwin en Italie, viennent à leur domicile pour les instruire. Pour les études de Gina, Lombroso a encouragé sa fille à faire des études de médecine, dans le but qu'elle continue son œuvre ou, en tout cas, qu'elle puisse en partager les aspects les plus significatifs. La perte d'un second fils, Arnaldo, en 1894 (après Leo en 1882), les premiers signes d'une santé qui se fragilise ont sans doute poussé le père vers ce choix. Pour sa part, Paola estime que les études universitaires de sa sœur sont le prolongement logique de la passion qu'elle exprime pour les travaux de son père. Paola suggère, à plusieurs reprises, que certaines décisions du père sont prises sous leur influence comme par exemple son engagement politique :

> Je crois que ce mérite revient un peu à nous, ses filles, parce que passé l'époque de son fanatisme de 59, mon père s'était cristallisé dans un monar-

1. L'objectif de Marzolo de faire une histoire naturelle du langage retraçant l'aventure humaine depuis les temps les plus anciens est demeuré toutefois inabouti.

> chisme tiède et indifférent à la chose publique. (P. et G. Lombroso, 1906, p. 91)

La fin du siècle est marquée par la participation des Lombroso à l'activité politique locale. Lui-même définit son rôle ainsi :

> être du côté des masses, participer aux événements qui enthousiasment la foule, adopter les nouvelles vérités qui progressivement gagnent les esprits rompant tous les obstacles, vaincre les adversaires les plus endurcis — c'est une nécessité qui s'impose également au scientifique. Et pas seulement pour rester un fossile vivant dans le monde qui s'agite autour de lui ; mais souvent aussi pour compléter ses propres observations en particulier dans le champ social, pour pouvoir avoir une lumière nouvelle sur le terrain politique, dont les partisans sont malheureusement trop ignorants et trop désireux d'ignorance. (C. Lombroso, 1904, p. 10)

Paola collabore à plusieurs journaux socialistes ou qui en sont proches, tels que *Il Grido del Popolo*, *L'Avanti*, ou *Per l'Idea*. Gina, pour sa part, conduit une enquête dans un quartier populaire de Turin auprès de ses habitants et en publie un long témoignage dans la revue *Riforma sociale,* afin d'attirer l'attention sur les difficiles conditions de vie de ses habitants (1896). Leur père finit par se ranger du côté des socialistes et il est élu conseiller municipal de Turin. Il publie plusieurs articles dans les journaux où écrivent également ses filles. Lorsqu'en 1898, les émeutes de Milan (80 morts) radicalisent la situation politique, Paola, qui a signé une tribune défendant les émeutiers, est condamnée à trois mois de prison pour « incitation à la haine entre les classes ». Son père fait savoir tout le mal qu'il pense des juges italiens tandis que le réseau lombrosien se met en mouvement pour éviter la prison à Paola.

Parallèlement à cette activité politique, les deux sœurs commencent dans ces années 1890 à publier des articles en collaboration avec leur père sur ses domaines de recherches. La plupart le sont dans la revue paternelle, *L'Archivio di psichiatria, antropologia criminale*, tandis qu'à l'occasion Lombroso assure les comptes rendus élogieux dans sa propre revue d'articles rédigés par ses filles dans d'autres revues scientifiques.

Paola publie son premier ouvrage en 1894 (à 23 ans) qui porte sur la psychologie de l'enfant. L'ouvrage est dédié à sa mère et la préface est rédigée par le père :

> Quand tu as montré la ferme intention d'abandonner les orientations littéraires pour t'engager sur les sentiers épineux de la psychologie, j'ai craint que tu te trompes de route laissant comme le chien de la fable, la proie pour l'ombre. La psychologie telle qu'on l'entend aujourd'hui ne me paraissait pas un terrain adapté pour la main plus agile que forte des femmes : à dire vrai cette science liée en grande partie à la psychophysique nécessite l'usage d'instruments, des

> enquêtes de terrain longues et laborieuses [...] une patience, une énergie, un raisonnement plus que viril. [...] Toutefois tu as trouvé un moyen terme qui t'a permis de faire une série de recherches originales, modernes, sans jamais quitter cette délicate manière féminine et sans jamais te fatiguer les mains avec des instruments pesants et ennuyeux [...]. (P. Lombroso, 1894, p. VII)

Autour de 1900, Paola a déjà publié trois livres (*La vita dei bambini, La vita è buona, I segni rivelatori della personnalità*) et une quinzaine d'articles (hors presse quotidienne), tandis que Gina en a publié une petite dizaine ainsi que sa thèse, *I vantaggi della degenerazione*. La plupart des publications portent sur les arguments favoris de leur père ou sur des thématiques proches. Il leur est difficile de toute manière de publier sur des thèmes éloignés de ses intérêts puisqu'il se passionne pour presque tout...

Le lien familial se prolonge d'autant plus que leurs expériences intimes se déroulent, dans leur cas, au sein du réseau professionnel du père.

La vie maritale : le prolongement du modèle parental

> C'est une fille adorable, exceptionnelle ; une perle, un trésor. Elle n'a pas cette stupidité habituelle de la femme. Mais au contraire un esprit pur, puissant. Elle paraît belle comme une sainte de Raphaël. (G. Ferrero, 1891, *Stud. Piem*, 1980)

Ainsi est décrite Gina par Gugliemo Ferrero (1871-1942), jeune étudiant en lettres, qui a suscité tant d'enthousiasme chez Lombroso que ce dernier a décidé de l'associer à ses travaux. C'est, en effet, peu de temps après leur rencontre, durant l'été 1891, qu'ils commencent ensemble à travailler *sur La Femme criminelle, la prostituée et la femme normale*, publié en 1893. Le nouveau collaborateur de Lombroso ne met pas longtemps pour tomber amoureux de Gina à qui il déclare sa flamme au cours des vacances de la famille à Courmayeur pendant ce même été. Mais son futur beau-père sait faire attendre le prétendant. Lombroso ne semble nullement pressé de voir, en effet, sa fille quitter le domicile familial : il le fera en conséquence patienter pendant dix ans, au grand dam de l'intéressé.

Ils se marient civilement, enfin, le 2 janvier 1901 (afin d'être les premiers mariés du siècle), lorsqu'elle finit ses études de médecine. Au moment de leur mariage, Ferrero vit de sa plume, collabore à des revues italiennes, françaises, et s'emploie à rédiger une somme en cinq volumes : *Grandeur et décadence de Rome*. Il est proche des socialistes et il s'est opposé au gouvernement en 1894, ce qui lui a valu une condamnation à deux mois de prison.

Quant à Paola, c'est en 1899 qu'elle se marie, civilement aussi, avec Mario Carrara (1866-1937) qui est le rédacteur en chef de *L'Archivio di psichiatria, antropologia criminale* depuis 1894. Médecin, militant socialiste, Carrara est assistant au laboratoire de médecine légale de son futur beau-père, avant d'être nommé professeur de médecine légale à l'Université de Sardaigne où le couple s'installe brièvement, avant de retourner à l'Université de Turin en 1903.

Le mariage ne signifie pas pour Paola et Gina un éloignement réel de l'organisation familiale et surtout de la présence tutélaire du père. D'autant que les époux ne sont pas enclins à remettre en question sa figure et son rôle, puisqu'ils font partie du système d'une certaine manière[1].

En outre, les deux couples adoptent un mode de vie proche de celui que les sœurs ont connu chez leurs parents. Leur appartement respectif est un salon intellectuel : Mario Carrara est entouré de collaborateurs et de disciples fidèles ; quant à Guglielmo Ferrero, il mène une activité d'intellectuel et de conférencier dans plusieurs pays d'Europe et du continent américain. Pour ce qui est de leurs épouses, Paola mène de nombreuses activités de philanthropie en faveur des enfants, et Gina, une carrière d'essayiste en Italie et à l'étranger.

Elles évoluent donc au sein de la bourgeoisie intellectuelle du Piémont, dans un milieu laïque, socialisant, positiviste qui place le développement scientifique et culturel de l'Italie au centre de ses préoccupations tout en œuvrant pour une refondation politique. Mais l'engagement de ce milieu turinois auprès des socialistes est souvent la marque d'une volonté de rénovation morale de la société plutôt que l'aspiration à une transformation sociale inspirée par le marxisme. D'autant que les rapports avec la gauche politique ne sont pas sans aspérités.

Paola et Gina se détachent des socialistes, tout comme leur père qui claque la porte du parti en 1904-1905. Paola cesse progressivement toute collaboration avec la presse socialiste et les opinions que sa sœur et elle-même vont peu à peu afficher sur les femmes accentuent cet éloignement. Anna Kuliscioff et Turati mettent cet éloignement sur le compte de leur choix d'une vie classique encadrée par le mariage et la maternité[2] ; un choix perçu comme plus conformiste que leurs positionnements de départ pouvaient le laisser supposer. Le jugement est un peu sévère sans doute et, dans celui de Turati, pointe une certaine misogynie.

Au-delà de ces crispations passagères, force est de reconnaître que des modifications sont incontestablement perceptibles. Les deux sœurs déploient désormais leur énergie en faveur de la pérennité de l'œuvre de

1. Gina et son mari vivent pendant toute une période avec les parents Lombroso.
2. Chacune des sœurs a deux enfants : Leo (1903-1933) et Nina (1910-1987) pour Gina ; Enrico (1900-1987) et Maria-Gina (1902-1942), pour Paola.

leur père et leurs prises de positions se révèlent de plus en plus personnelles. Par ailleurs, Paola ralentit sa production scientifique pour ne se consacrer qu'à des récits pour enfants, alors que Gina continue à faire paraître de nouvelles publications jusque dans les années 1930, dont la plus connue est *L'Âme de la femme* (1920), parue et traduite dans plusieurs langues dans les années 1920 et 1930.

Une double mission : la défense du père et le combat pour la science

Les différents articles qu'elles ont publiés jusque-là ne laissaient pas de doute sur l'intérêt qu'elles portaient aux recherches de leur père. Mais elles contribuaient, par des exemples nouveaux comme l'étude de Paola sur les névroses de Beccaria, l'auteur *Des délits et des peines*, à illustrer les conceptions de Lombroso. Sans que cette contribution s'arrête, elles publient désormais — au tournant du siècle — sur leur père directement, contribuant ainsi à la construction de l'image paternelle et de la figure du savant. Sur cet aspect, 1906 est une année phare. D'abord, c'est l'année d'un hommage public et solennel à Lombroso : l'éditeur turinois Bocca publie en son honneur *L'opera di Cesare Lombroso nella scienza e nelle sue applicazioni ;* le gouvernement français lui décerne une Légion d'honneur ; et la sixième édition du Congrès international d'anthropologie criminelle organisé à Turin salue l'œuvre du maître. Telles sont les réjouissances offertes à un homme désormais fatigué et fragile, mais qui a atteint son rêve : une chaire d'anthropologie criminelle a enfin été créée pour lui en 1905[1]. C'est donc dans cette atmosphère de célébration que les deux sœurs publient plusieurs articles et un livre.

Paola signe un article intitulé « Mon père dans la vie quotidienne » dans la revue nationale de large audience *La Nuova Antologia*, dont l'orientation générale est modérée. Le public français n'est pas oublié puisqu'elle en publie une version à peine remaniée dans *La Revue des Revues*. Enfin, les sœurs font paraître un ouvrage sur leur père, cosigné mais sans doute écrit par Paola. Le livre (Cesare Lombroso, *Appunti sulla vita*) est moins anecdotique que le premier article de Paola, mais il fourmille suffisamment d'anecdotes et de révélations pour qu'on comprenne spontanément qu'il a bien été écrit par ses filles. Après 1906, l'année du décès de son père, Gina publie un article dans la revue familiale, *L'Archivio di psichiatria*. Puis en 1915, elle fait imprimer une biographie

1. Soit quatre ans avant son décès.

de son père dont les bonnes feuilles paraissent dans *Nuova Antologia*. Cette nouvelle biographie est la plus volumineuse et la plus complète. Elle n'est plus exclusivement fondée sur ses souvenirs personnels ou sur ceux de sa sœur, mais sur la lecture des notes et des cahiers intimes de leur père. Elle dit avoir consulté ses amis et ses collègues pour leur soumettre certaines parties de son propre texte, afin d'entendre leur avis. Avec cette publication, elle cherche le jugement des collègues, le jugement savant et non plus celui issu de l'amour filial auquel elle a habitué le public. Dans cette perspective, elle a sollicité le psychiatre Enrico Morselli de l'Université de Gênes, Enrico Ferri, le médecin suisse Auguste Forel, l'anthropologue français Georges Papillault et d'autres. Ces choix servent à rappeler, au moins implicitement, que Lombroso appartient à un mouvement scientifique aussi diversifié qu'international.

Malgré le caractère plutôt exhaustif de l'ouvrage, Gina continue sa politique de pérennisation. Elle fait paraître *Une vie de Lombroso* — sans doute après la Première Guerre mondiale — traduite quelques années plus tard en Argentine et au Mexique. Officiellement, elle répond à une commande et elle présente cette version comme une sorte de condensé de ce qu'il faut savoir sur Lombroso. C'est un ouvrage de vulgarisation et il est expressément destiné au peuple. Ce dernier, affirme-t-elle, est en proie à un grand scepticisme, ne sait plus à quel saint se vouer, et lui procurer un ouvrage sur un homme épris de vérité ne peut être qu'une action positive. Elle ajoute une autre raison : le peuple a toujours soutenu son père ; ce n'est donc que justice que de le remercier en rédigeant un ouvrage s'adressant expressément à lui (G. Lombroso-Ferrero, s.d., p. 1-2).

En 1921, elle fait paraître dans *L'Archivio* un article pour expliquer comment son père a élaboré sa notion de l'homme criminel ; un texte qu'elle prononce devant un public parisien la même année[1]. Ce regain d'intervention sur son père peut s'expliquer par la commémoration nationale qui est organisée à l'occasion de l'inauguration d'un buste à son effigie à Vérone, le 25 septembre, en présence du monde universitaire et de plusieurs personnalités politiques, dont le socialiste Filippo Turati.

Parallèlement à ses écrits sur C. Lombroso, Gina s'attèle à la réédition de son œuvre. En 1911, elle assure une version en langue anglaise pour un éditeur américain de *L'Homme criminel*, dont la première édition l'a rendu célèbre[2]. En 1913, elle fait republier l'ouvrage à partir de la dernière édi-

1. Auprès de la Société d'étude des formes humaines.
2. *Criminal man, according to the classification of Cesare Lombroso*, briefly summarized by his daughter Gina Lombroso-Ferrero, with an introduction of Cesare Lombroso, New York, Putnam's Sons, 1911.

tion parue du vivant de Lombroso[1]. Et en 1923, elle fait paraître une version de *La Femme criminelle*, remaniée à partir des notes posthumes de son père[2]. Quelques années plus tard, elle réunit plusieurs textes sous le titre : *Psychologie et nature. Études médico-psychologiques naturalistes*[3]. Ce sont essentiellement des articles écrits à l'époque de la jeunesse de son père dont plusieurs abordent la question de l'influence du milieu sur le développement du psychisme humain et se caractérisent par un lamarckisme assez prononcé.

Ces différents témoignages d'amour filial présentent une forte homogénéité. Je n'ai pas trouvé, en effet, de véritable différence dans le contenu des propos écrits par l'une ou l'autre sœur. Toutefois, leurs attitudes ne sont pas identiques : Paola s'adonne brièvement à cette politique de diffusion de la science paternelle, tandis que Gina s'y consacre pendant presque toute sa vie. Aux différents titres évoqués ici, il faut ajouter sa propre participation au comité de rédaction de la revue fondée par son père, ce qui est, pour Gina, une autre manière d'intervenir sur les domaines de compétence de ce dernier.

À travers les textes évoqués précédemment, la figure que les deux sœurs esquissent de leur père renvoie à un homme profondément précoce, distrait, gourmand, aimant les lunettes — dont il possède des dizaines de paires —, désordonné, mélancolique, généreux, optimiste, d'un appétit de savoir et de curiosités sans égal, indifférent aux honneurs et incapable de détester. Un homme pétillant, enthousiaste bien évidemment, toujours à l'affût d'une nouvelle idée. Un savant comme on n'en rencontre presque plus et qui est, à tout instant, dans ses réflexions. Lombroso, c'est un peu comment vivre au quotidien la psychiatrie expérimentale et l'anthropologie évolutionniste. À travers de nombreuses anecdotes, elles construisent l'image d'un père aimé de ses filles. Mais leurs propos ne se limitent pas à un tel objectif. Il y a aussi l'image publique du savant à défendre et c'est également un but essentiel de leurs publications.

Lombroso est un savant précoce, engagé et en butte à la méchanceté ou à l'incompréhension de ses contemporains. Il n'a pourtant pas ménagé sa peine pour défendre une Italie réunifiée et indépendante, pour combattre en faveur d'une société de progrès et de solidarité. Ce choix philosophique est d'ailleurs un vieil héritage de la famille, dont on trouve des traces aussi bien du côté maternel que paternel et qui remonte au XVIIIe siècle. Ainsi,

---

1. Une nouvelle édition est imprimée en 1924.
2. Auprès de l'éditeur Bocca.
3. Le titre original est : *Psicologia e natura. Studi medico-psicologico-naturalistici*, Turin, Bocca, 1927.

depuis les Encyclopédistes, un lien s'est construit jusqu'à leur père et il ne s'est jamais rompu. Dans cette perspective, l'esprit positif et la méthode expérimentale sont les emblèmes du « lombrosisme ». Telles sont donc les images défendues par les deux sœurs dans les différents articles et ouvrages qu'elles font paraître au cours de leur existence. La nécessité de présenter leur père comme un homme de son temps, pour ne pas dire en avance sur son époque, aboutit parfois à des récits assez inattendus, au point de nous présenter Lombroso comme ayant manqué, par malchance, le destin de Darwin. Malgré les mesquineries humaines rencontrées sur sa route et les coups du sort, Paola conclut la vie de son père par une note optimiste :

> Le destin a donc été très généreux à l'égard de mon père puisqu'il lui a fait grâce de toutes les tares qui accompagnent le génie et il lui a permis de traverser l'existence en conservant intact ce parfum d'enthousiasme, cette passion de l'idéal, cette confiance dans les justes, cette foi dans la science, cet amour pour les êtres qui sont les éléments les plus précieux de la vie, ceux qui rendent la vie digne d'être vécue. (P. Lombroso, 1906, p. 26)

Elles cultivent l'image de leur père mais parfois à travers des paradoxes, dont cette famille a le secret. Mystique quand il était enfant, il est devenu agnostique ; il croit dans les nécessités de l'éducation, mais il attribue à la Nature des pouvoirs exorbitants. Il est positiviste mais ce sont ses instincts, ses sentiments qu'il ne peut expliquer qui le dirigent vers la voie de la Vérité. Néanmoins, les singularités de l'homme sont mises en avant avec suffisamment d'insistance pour esquisser, au final, une cohérence psychologique et morale. Lombroso est donc un savant sans tour d'ivoire, inventif, sans esprit de chapelle, rebelle aux pesanteurs institutionnelles comme aux étroitesses mentales. Il était en somme prédestiné à créer une discipline nouvelle, l'anthropologie criminelle. Leur histoire de la formation de cette nouvelle discipline est déclinée sous le mode de l'épopée. Les imageries créées par Lombroso lui-même dans ses propres textes sont reprises par ses filles. Ses grandes théories surgissent dans son esprit comme l'éclair avant la tempête, dans la nuit ou au petit matin quand le savant, épuisé, refait pour la énième fois son expérience. Et, subitement, les crânes laissent, enfin, percer leur mystère. Le savant mesure, alors, avec émotion, la teneur de sa découverte et, en quelques instants, il se met à écrire les résultats de son expérience. C'est ainsi que nous est racontée — maintes fois — la scène pour le cas du crâne de Vilella, en 1870 (P. et G. Lombroso, 1906, p. 147 ; C. Lombroso, 1907, p. 502 ; G. Lombroso-Ferrero, 1915, p. 130 ; G. Lombroso, s.d., p. 61 ; Renneville, 1998), qui a servi de base à sa théorie de l'homme criminel comme résurgence atavique. C'est aussi en très peu de temps que la première version, parue en 1864, de *Génie et folie* a été rédigée (G. Lombroso-Ferrero, 1915, p. 85). Pour la *Femme criminelle*, on sait par la correspondance de Ferrero que la rédaction du livre a pris plusieurs mois (Ferrero, lettre 8, 1892, *Stud. Piem.*, 1980).

Si l'histoire de Cesare par ses filles se superpose au propre récit du maître, Gina et Paola n'apportent pas de critiques particulières à ces idées. De ce point de vue, elles se donnent avant tout comme objectif de les retranscrire et utilisent leur talent pour la vulgarisation de l'œuvre paternelle et non pour une prise de distance avec celle-ci. Dans leur récit de l'histoire de la construction de la théorie de l'homme criminel, par exemple, rien dans leurs propos ne vient modifier ce que leur père avait bien voulu en dire. Gina maintient dans ses publications l'évolutionnisme anthropologique, pivot de la doctrine lombrosienne et qui repose sur cette vision d'une longue chaîne des êtres avec l'homme blanc placé en haut de cet escalier improbable. Sur la question des rapports entre génie et folie, Gina écrit en 1904 : « Mon père a démontré merveilleusement et définitivement que le génie n'est qu'une variété de névroses » (G. Lombroso, 1904, p. 180). Dès lors, on comprend qu'il ne soit plus question de revenir sur une théorie démontrée et validée. Les critiques sont bien rares et, lorsqu'elles existent, elles ne remettent pas en cause l'édifice. Même les articles que Gina écrit sur ces sujets dans les années 1920 dans *L'Archivio* sont plus de l'ordre de la répétition d'idées désormais anciennes que de la tentative de faire évoluer une discipline qui, dans les années 1930, commence à perdre la fraîcheur de sa jeunesse.

À mon sens, la famille se vit trop souvent comme attaquée ou incomprise. Dès lors, il paraît difficile que la critique vienne de l'intérieur. D'ailleurs, à l'égard des attaques contre leur père, les deux sœurs n'hésitent pas à choisir leur camp. Les aimables sœurs Lombroso peuvent se faire, à l'occasion, amazones. Le Congrès international d'anthropologie criminelle de Paris en 1889, au cours duquel les idées de Lombroso sont sérieusement attaquées par l'anthropologue Léonce Manouvrier (1850-1924) et le médecin-chef de l'hôpital parisien Sainte-Anne Valentin Magnan (1835-1916), est vécu comme un épisode douloureux par la famille. Par la suite, Gina, plutôt que d'écrire le nom des ennemis français, les affuble de l'expression « les auteurs de la symphonie *La nouvelle école est morte* » (G. Lombroso-Ferrero, 1915, p. 306), puisque ceux-ci se sont autorisés à exprimer des doutes sur l'identification du type criminel par Lombroso et sur la cohérence de son école. De la même manière, les amis, les fidèles sont loués à chaque instant possible[1]. Il est assez symptoma-

1. C'est le cas par exemple d'Alfred Maury (1817-1892), bibliothécaire de l'Institut, puis professeur au Collège de France et directeur des Archives de France. Cette

tique que les critiques soient ressenties comme des marques d'abandon, et ceux qui partagent, dans leur ensemble, les options de Lombroso soient, en revanche, présentés comme des modèles de fidélité. La famille Lombroso se vit comme une tribu dans un monde hostile où chaque manifestation de soutien est vécue comme autant de moments de répit[1]. Mais si l'attaque des Français (en fait de quelques personnes) est ressentie aussi douloureusement, c'est qu'elle vient du pays adoré, du pays de l'Encyclopédie et d'Auguste Comte.

En même temps, ces propos ne peuvent être réduits à de la simple adoration filiale. Ils sont aussi, pour Paola et Gina, l'occasion d'affirmer leurs propres orientations intellectuelles. Gina se lamente, par exemple, d'une perte d'influence des idées des Lumières et du positivisme en Italie. « Le souffle d'idéal, de patriotisme, d'altruisme, de fraternité qui étaient dans le cœur de nos grands-pères s'est éteint avec eux » (G. Lombroso-Ferrero, 1908, p. 104). Elles se sentent en pleine adéquation avec les orientations de leur père, et celles-ci proviennent de loin. D'un héritage familial qui passe par les femmes : celles-ci déterminent, en effet, la ligne idéologique. Dans les récits biographiques qu'elles ont effectués successivement, Paola et Gina donnent toujours plus de poids aux femmes qu'aux hommes de la famille. Seul émerge un oncle de Lombroso, David Lévi, qui a eu pour lui d'être un grand patriote, et d'être un proche de Mazzini, un des leaders de l'Unité nationale[2].

Leur grand-mère paternelle tient ainsi une place fondamentale dans la construction de l'identité de la famille[3]. Alors que son mari est décrit comme un homme honnête mais plutôt incapable et d'une ferveur religieuse qui ne leur plaît guère, la grand-mère est présentée comme fille spirituelle de Voltaire et de Rousseau. Elle aime la liberté et rêve d'une patrie libérée des Autrichiens. D'ailleurs, ses petites-filles lui prêtent d'avoir exigé de se marier avec un homme d'un territoire libre et au sein

---

reconnaissance que lui adresse la famille Lombroso remonte au temps où Lombroso, après avoir lu le livre de Maury (*Le Sommeil et les rêves*, 1861), lui écrit une lettre à laquelle Maury répond. Ce simple geste suffit pour le placer dans le camp des vrais amis et des soutiens fidèles. Maury, à qui il est arrivé de présenter les idées de Lombroso, ne manifeste cependant pas d'enthousiasme excessif à leur endroit (A. Maury, « Compte-rendu de *L'Uomo delinquente* », *Journal des Savants*, juillet 1879, p. 391).

1. En parcourant l'*Archivio di psichiatria, antropologia e scienze penali*, il est frappant de constater la publicité et la précision avec laquelle tous les articles en opposition aux idées lombrosiennes sont recensés.
2. D. Lévi devient député dans le premier parlement de l'Italie unifié.
3. Dans l'édition de 1906 du livre sur leur père, Paola et Gina ont intitulé le premier chapitre : « Grand mère ».

duquel il serait possible de donner une éducation libre à ses enfants[1]. C'est toute cette orientation qu'elle a transmise à son fils Cesare. La femme de Lombroso est dépeinte par ses filles de manière assez semblable. Elle était douce, parfois effacée mais d'une force morale et d'une énergie qui ont permis à leur père de surmonter bien des étapes. Les Lombroso mâles sont, en revanche, régulièrement présentés comme des personnages timides, réservés, sans grand relief. Leur père lui-même n'est pas totalement dénué de certains de ces traits de caractère. Mais les femmes qui l'ont entouré lui ont apporté l'énergie et lui ont transmis le sang de la liberté. Paola et Gina sont donc les détentrices de ces idées de liberté et de progrès. Elles s'affirment ainsi filles de la Révolution française.

L'imbrication entre des récits privilégiant, par certains endroits, le registre privé puis, dans d'autres, l'affirmation d'un idéal scientifique rend délicate la séparation des deux. Si l'imbrication des récits est très nette dans les ouvrages de Paola et de Gina, leur attitude, en la matière, ne paraît pas, pour autant, totalement spécifique. Les manifestations de foi en faveur de l'homme de science sont traditionnelles du geste positiviste. Enfin, l'idée que la femme puisse être une collaboratrice de l'intellectuel ou du scientifique évoque, là aussi, une certaine manière pami les savants positivistes d'aborder la question des rapports entre le féminin et le masculin. Cette configuration est portée à son maximum par Gina. Mais dans son esprit, et dans une moindre mesure dans celui de sa sœur aînée, le combat doit être mené aussi par leurs propres écrits tout à la fois pour réaffirmer un projet culturel de transformation de la société — qui passe par la science — et pour prolonger la contribution de leur père à ce projet. C'est pourquoi elles ne peuvent rester en dehors du débat sur la fonction des femmes dans la société tout comme sur la définition des rôles masculins et féminins.

Les sœurs Lombroso et les sciences de l'homme : femmes de science ou filles de scientifique ?

Dans les années 1890, elles semblent vouloir rappeler à ce monde d'hommes dans lequel elles évoluent que la femme existe. D'abord, Paola traite, dans ses collaborations avec la presse, des questions largement débattues par les mouvements féministes : organisation et protection du travail des femmes, le divorce, etc. Lorsqu'elle lit que les hommes se plaignent — ou s'étonnent — de l'émergence des femmes dans leurs

1. Le mariage est cependant contracté de manière très classique : c'est un arrangement entre les familles des futurs mariés.

sphères professionnelles traditionnelles, Paola rappelle que ces métiers étaient auparavant ceux des femmes (P. Lombroso, 1909, p. 28). Mais elle traite aussi de la nécessité de la coquetterie pour les femmes, ce qui rappelle les multiples dimensions de ses intérêts et désarme quelque peu le leader socialiste Turati (Turati, Pedone, 1977, p. 815). Quant à Gina, elle précise en 1904 :

> derrière chaque œuvre nouvelle qui passe dans vos mains, il y a quasiment toujours la collaboration ignorée d'une femme modeste et gentille qui s'est chargée de la partie la plus lourde de la vie pour laisser à l'auteur l'âme libérée des aléas et des désagréments de la vie qui, de toute part, nous absorbent notre temps et rognent nos forces. À ma mère chérie, je dédie ces quelques pages, à ma mère victime volontaire et sereine non seulement de ces petits travaux mais aussi de ceux ininterrompus et grandioses de mon père [...]. (G. Lombroso, 1904, p. I)

À mes yeux, nous avons ici résumé l'attitude ambivalente de Gina et qui se retrouve, dans une moindre mesure, chez Paola. Tout en voulant dénoncer certaines situations faites aux femmes, elles demeurent sur des positions divergentes des courants féministes émergents. Le déterminisme anthropologique que la famille a utilisé pour expliquer la déviance et la maladie est à nouveau invoqué pour expliquer les rapports entre les sexes. Pour Gina, la seule évolution qu'on puisse imaginer entre les sexes, c'est celle que produira l'évolution naturelle de l'espèce, un leitmotiv de sa thèse de médecine publiée en 1904 (*I vantaggi della degenerazione*).

Paola renvoie dos à dos les féministes et les antiféministes, préférant insister sur la complémentarité des sexes (P. Lombroso, 1901, p. 536). Il y a des différences physiologiques et psychologiques incommensurables ; il ne faut donc pas les nier. Chacun a une fonction précise dans la société et c'est pourquoi la complémentarité est à la fois un fait historique et un objectif à pérenniser. Elle estime que la femme a une capacité d'adaptation plus élevée, une capacité de résistance également supérieure dont la preuve nous est fournie par sa plus grande longévité. Enfin, elle a une fonction régulatrice des hérédités morbides atténuant par conséquent les facteurs de dégénérescence et leur transmission au sein de l'espèce. Elle conclut que la femme doit renforcer ses propres caractéristiques plutôt que d'essayer d'adopter des valeurs viriles (P. Lombroso, 1901, p. 543). Elle reprend ses arguments en les développant en 1909 dans son livre intitulé *Les Caractères de la féminité*, dédié à la suédoise Ellen Key (1849-1926)[1]. Le livre veut, à son modeste niveau, participer à la discussion sur « la dérive féministe » qui s'illustre par le refus de prendre suffisamment en compte ce

1. *Cf. supra* l'article de Dominique Ottavi, p. 31.

qu'il y a de spécifique chez la femme. Une position que Paola défend tout naturellement. Car la spécificité de la femme n'aboutit pas, dans son esprit, à son infériorité. Son attitude face au droit de vote des femmes nous en donne une parfaite illustration. Paola n'en fait pas une priorité mais, en même temps, ne comprend pas pourquoi les femmes n'auraient pas ce droit. Si on leur refuse, c'est parce que les hommes les estiment inférieures. Elle n'en croit rien ; les femmes ont inventé autant que les hommes : « Si l'homme a inventé et donné forme à la vie sociale et civile, les femmes ont inventé la vie domestique » (P. Lombroso, 1901, p. 538). Enfin, la spécificité fondamentale de la femme, c'est de connaître et vivre la maternité, une expérience inégalable.

Plutôt que de se focaliser sur ce qui pourrait être l'infériorité juridique, sociale et politique des femmes, Paola et Gina préfèrent donc porter leur attention sur ce que Paola appelle la *suprématie des femmes* et Gina *sa supériorité d'âme*. Cette dernière publie ses idées sur la femme un peu plus tard que sa sœur et après la mort de leur père. Ses textes, plus nombreux que ceux de sa sœur, sont également plus tranchés et largement imprégnés par un déterminisme naturaliste.

Gina présente la différence des sexes sous la forme d'un antagonisme radical. « L'homme est égoïste, dit-elle, tandis que la femme est altruiste » (G. Lombroso 1917, p. 356). Cette formule résume l'ensemble des différences existant entre les hommes et les femmes. C'est d'ailleurs à partir de cette vision générale que tout s'organise, et toutes ses publications la reprennent peu ou prou. Son raisonnement s'organise à partir de ce postulat et s'appuie sur des descriptions largement empiriques comme les appréciait son père. Elle affirme que, dès le plus jeune âge, « la fillette veut une poupée » et « le garçon réclame un fusil, une balle, un cerceau pour exercer son adresse et sa force » (G. Lombroso, 1917, p. 358). Elle estime enfin que cet altruisme féminin est une nécessité de l'espèce car la femme, c'est la maternité. Donc, vouloir perturber l'organisation des différences et des fonctions de chacun des sexes, c'est prendre le risque de perturber le fonctionnement de la société. Elle conclut que la femme a donc un pouvoir, somme toute, bien supérieur aux hommes et elle met en garde :

> N'oublions pas, nous autres femmes, que c'est à nous que la nature a accordé le plus grand de ses privilèges, n'oublions pas que c'est à nous qu'il appartient de créer la vie, de nous prolonger indéfiniment à travers nos fils et que les libertés accordées à l'homme ne sont au fond que des compensations destinées à le lier, dans un rôle secondaire, à cette grande fonction confiée à la femme. (G. Lombroso, 1917, p. 374)

Ses propos se font parfois plus désabusés :

> Les papillons se transforment pour accomplir le dépôt de l'œuf et puis ils meurent. La femme — moins heureuse — se transforme et ne meurt pas, mais elle voit mourir autour d'elle tout ce qui a été sa joie : l'affection profonde et complète des enfants. (G. Lombroso, 1917, p. 86)

La spécificité féminine correspond, chez Gina, à un destin proche du sacrifice. Ce caractère pour ainsi dire immuable ne facilite pas une évolution de type politique, comme l'adhésion au droit de vote pour les femmes, auquel elle demeure opposée. Anna Kuliscioff, pourtant si présente pendant leur jeunesse, n'a pas réussi à les convaincre de la justesse de son féminisme politique.

Si des différences entre les deux sœurs apparaissent dans leur manière d'aborder à la fois leur rôle et celui des femmes en général, les propos qu'elles tiennent dans leurs livres sont tout aussi empiriques. Et chacune mêle des expériences personnelles avec des propos plus généraux ou se fondant sur des lectures anthropologiques de leur époque. Ici, elles manifestent une nette similitude avec la manière dont leur père confectionnait ses ouvrages. Ce qui parfois donne quelques petites surprises : Paola raconte que Gina détestait les poupées quand elle était enfant et, bien qu'altruiste, aimait jouer à la guerre (P. Lombroso, 1904, p. 57). En dépit de cette anecdote, la famille Lombroso sait tracer de nettes distinctions entre les genres, bien qu'elle n'apprécie pas les frontières disciplinaires.

Lorsque Paola éprouve le sentiment de faire comme les hommes — écrire des livres de psychologie infantile par exemple —, elle annonce toutefois qu'elle n'a pas l'intention de faire une œuvre scientifique. Gina n'exprime pas ces modesties parce qu'elle a la ferme intention de poursuivre l'œuvre scientifique de son père. Pour autant, en pérennisant ses travaux, elle ne se démarque pas de ce que son père affirmait ou de ce que son époux a écrit, notamment sur cette notion de « l'altruisme féminin » (Ferrero, 1892, p. 400). Quant à l'idée qu'une femme ne s'est pas totalement accomplie tant qu'elle n'a pas vécu la maternité, c'est un argument développé par Ferrero dans un texte intitulé « Le Troisième sexe » en 1895.

En se plaçant comme héritière d'une pensée ou comme collaboratrice de son père puis de son époux, Gina a écarté la possibilité de s'affranchir du legs familial. Ses idées reflètent, en ce sens, l'orientation anthropologique et naturaliste défendue notamment par son père et son mari plutôt que l'affirmation d'un courant de pensée sensible aux idées féministes. Ses publications traduisent parfois ses propres interrogations mais elles reflètent aussi la position de collaboratrice et de vulgarisatrice des idées du père ; un statut auquel elle n'a jamais véritablement renoncé. Cependant, son propre itinéraire, avec les limites que je viens de souligner, introduit une certaine nouveauté : l'insertion d'une femme intellectuelle dans un champ réservé aux hommes.

Leurs positions intellectuelles témoignent d'une crainte très vive que le mouvement des femmes favorise l'indifférenciation des sexes et l'atténuation de leurs rôles respectifs. Peut-être est-ce là la conséquence pour deux femmes qui ont eu constamment à se définir, dans leur vie de jeune fille puis d'épouse, face à un masculin omniprésent et envahissant. La différenciation des sexes n'a-t-elle pas été leur moyen d'exister dans ce monde d'hommes ? Par ailleurs, leurs apparentes contradictions renvoient aux contradictions non moins apparentes du masculin qui les a entourées. Leur père a expliqué l'infériorité de la femme mais, paradoxalement, pas celle de ses filles qui sont pourtant des femmes. L'argumentation scientifique sur la femme n'est pas à l'abri de constructions intellectuelles aux contours parfois surprenants.

Le combat de Paola et Gina pour la science et le progrès a été d'autant plus profond qu'il évoquait en même temps un geste d'amour filial. Quant à Cesare Lombroso, il a manifesté son amour pour ses filles indépendamment des représentations du féminin auxquelles il a contribué à travers notamment ses ouvrages sur la criminalité. Dans les deux cas, la science a été, pour les différentes générations de cette famille, une affaire de passion. La différenciation des sexes, thème central de l'œuvre de Cesare Lombroso, l'est également dans celle de sa fille Gina ; leurs ouvrages respectifs sont traversés par des idées communes à l'un et à l'autre et fédérés par un idéal commun : le combat pour le progrès et la liberté de la science.

Références

Amadori Rosa et Mariani Émilie, 1900, « Le Mouvement féministe en Italie », *L'Almanach féministe*, p. 212-219.

Anna Kuliscioff. In memoria, 1925, Milan, E. Lazzari.

Babini Valeria Paola, Minuz Fernanda et Tagliavini Anamaria (dir.), 1986, *Le donne nelle scienze dell'uomo : immagini del feminile nella cultura scientifica italiana di fine secolo*, Milan, F. Angeli.

Bard Christine (dir.), 1999, *Un siècle d'antiféminisme*, préf. de Michelle Perrot, Paris, Fayard.

Bergami Giancarlo, 1980, *Da Graf a Gobetti. Cinquant'anni di cultura militante a Torino*, Turin, Centro studi piemontesi.

Colombo Giorgio, *La scienza infelice. Il museo di antropologia criminale di Cesare Lombroso*, Turin, Bollati Boringhieri, nouv. éd., 2000 [1ère éd. : 1973].

Dolza Delfina, 1990, *Essere figlie di Lombroso*, Milan, F. Angeli.

Ferrero Guglielmo, 1892, « La Criminalité féminine », *Revue Scientifique*, mars, p. 398-402.

Ferrero Guglielmo, 1895, « Le Troisième sexe », *La Revue des Revues*, janvier, p. 1-13.

Frigessi Delia, Ferruccio Giacanelli et Mangoni Luisa (dir.), 1995, *C.Lombroso : Delitto, Genio, Follia. Scritti scelti*, Turin, Bollati Boringhieri.

De La Grasserie Raoul, 1901, *Des principes sociologiques de la criminalité*, Paris, Giard & Brière.

Lombroso Cesare, 1904, *Il momento attuale*, Milan, Casa editrice Moderna.

Lombroso Cesare, 1907, « Come nacque e come crebbe l'antropologia criminale », *in Ricerche di psichiatria e neurologia, antropologia e filosofia*, Millan, Vallardi, p. 502-510.

Lombroso Gina, 1904, *I Vantaggi della degenerazione*, Turin, Bocca.

Lombroso-Ferrero Gina, 1908, « Il viaggio al Brasile », *Nuova Antologia*, 1er mai, p. 88-108.

Lombroso Gina, 1909, « La vita del papà », *Archivio di antropologia criminale, psichiatria…*, XXX, p. 607-632.

Lombroso Gina, 1915, *Cesare Lombroso. Storia della vita e delle opere narrata dalla figlia*, Turin, Bocca.

Lombroso-Ferrero G., 1915, « Cesare Lombroso. La sua figura morale », *Nuova Antologia*, 16 octobre, p. 463-469.

Lombroso-Ferrero, Gina, 1917, « La Psychologie de la femme et son rôle futur », *Revue des Nations Latines*, mars, p. 355-374.

Lombroso Gina, 1917, « La questione della donna e sue difficoltà », *Nuova Antologia*, septembre, p. 85-89.

Lombroso-Ferrero Gina, s.d., *Vita di Lombroso*, Milan, Instituto italiano per il libro del popolo.

Lombroso-Ferrero Gina, 1921, « Come mio padre venne all'Antropologia Criminale », *Archivio di antropologia criminale, psichiatria*, XXXXI, p. 419-437.

Lombroso Gina, 1924, « La fantasia e la criminalità femminile », *Archivio di antropologia criminale*…, XXXIV, p. 453-455.

Lombroso Gina, 1925, « La crudeltà della donna delinquente nei suoi rapporti con la donna normale », *Archivio di antropologia crimininale…*, XXXXV, p. 153-157.

Lombroso Paola, 1894, *Saggi di psicologia del bambino*, Turin, Bocca.

Lombroso Paola, 1901, « La supremazia delle donne », *La Nuova Antologia*, décembre, p. 536-543.

Lombroso Paola, 1904, *La vita dei bambini*, Turin, Bocca.

Lombroso Paola, 1906, « Mio padre nella vita quotidiana », *Nuova Antologia*, 1er mai, p. 17-26.

Lombroso Paola, 1906, « La Vie de mon père », *La Revue des Revue*s, avril, p. 495-502.

Lombroso Paola, 1909, *I caratteri della femminilità*, Turin, Bocca, coll. « Piccola biblioteca di scienze moderne ».

Lombroso Paola et Gina, 1906, *Cesare Lombroso. Appunti sulla vita. Le opere*, Turin, Bocca.

Mongardini Carlo (dir.), 1980, *Carteggio Mosca-Ferrero*, Milan, Giuffrè, vol. 6.

Mongardini Carlo (dir.), 1980, *Carteggio G. Mosca-G. Lombroso-Ferrero*, Milan, Giuffrè, vol. 6, p. 461-544.

Papa Emilio (dir.), 1985, *Il positivismo e la cultura italiana*, Milan, F. Angeli.

Pedone Franco et Schiavi Alessandro (dir.), 1977, *Carteggio F. Turati – A. Kuliscioff*, Turin, Einaudi, vol. 1898-1899 et vol. 1900-1909.

Renneville Marc, 1997, « Rationalité contextuelle et présupposé cognitif. Réflexion épistémologique sur le cas Lombroso », *Revue de Synthèse*, 4e série, n° 4, octobre-décembre, p. 497-528.

Renneville Marc, 1998, « Lumière sur un crâne ? Une lecture spéculaire de la découverte de l'atavisme criminel », *in* Jacqueline Carroy et Nathalie Richard (dir.), *La Découverte et ses récits en sciences humaines. Champollion, Freud et les autres*. Paris, L'Harmattan, p. 15-35.

Torrico Ermanno, 1980, « Ventisette lettere inediti di Guglielmo Ferrero ad Amedeo Ubaldi », *Studi Piemontesi*, IX (2), p. 408-424.

Villa Renzo, 1985, *Il deviante e i suoi segni : Lombroso e la nascità dell'antropologia criminale*, Milan, Franco Angeli.

Zini Zino (1973), « Appunti di vita torinese. Scritti inediti », *Belfagor*, 28, p. 326-350.

Un « ange inspirateur » : Clotilde de Vaux

Annie Petit

Auguste Comte a longuement confessé et commenté son amour pour Clotilde de Vaux. Elle fut, dit-il, son « ange inspirateur » et elle devint le symbole de l'Humanité dont il promut la nouvelle religion. Comment cette jeune femme prit-elle ainsi tant de place dans la philosophie qui fonda la sociologie ? Comment ce rôle lui échut-il ?

Après avoir rappelé la courte expérience commune de l'« année sans pareille », on analysera le travail de rationalisation systématique par lequel Comte a déployé son expérience singulière et privée en un système général et collectif. On s'interrogera aussi sur les effets produits par cette érection d'une femme comme inspiratrice et patronne du positivisme.

Celle qui voulait être inspiratrice et celle qui ne le voulait pas. Vie privée, vie publique

Une femme décidée

La vie privée de Comte a été houleuse : il s'est marié en 1825, sans le consentement de ses parents, avec une jeune femme qu'il aurait, dit-il plus tard, arrachée à une vie dissolue[1]. Caroline Massin-Comte est sans aucun doute amoureuse, très intelligente, et fort confiante dans les capacités scientifiques et philosophiques de son mari. Mais Comte a une conception stricte du lien conjugal et du dévouement exigé de la femme[2], et la mission

1. Cette information, donnée dans le *Testament* de Comte, a soulevé bien des discussions. Alors que les positivistes orthodoxes ont partagé la dévotion de Comte à Clotilde de Vaux, Littré a beaucoup plaidé en faveur de Caroline Comte. Pour les précisions biographiques, *cf.* Gouhier, 1933, 1941, et 1998 ; Pickering, 1993.
2. *Cf.* Comte à Valat, 16 novembre 1825, *Correspondance* [*Cor.*], I, p. 162-168. En confiant ses difficultés, Comte exprime déjà sa conception des rôles masculins et féminins : « L'esprit et le goût sont assurément fort commodes à rencontrer pour un homme de mérite dans la compagne de toute sa vie, et je ne voudrais certainement jamais une femme bornée ou mal façonnée ; mais entre nous, ces qualités sont peu de choses pour le bonheur réel. Aujourd'hui, vu le genre d'éducation et de position sociale des femmes, la femme la plus spirituelle et la plus affinée (à moins qu'on ne parle des exceptions à la Staël, qui ne sauraient être le sujet d'une règle générale et qui ont d'ailleurs bien d'autres inconvénients propres) n'équivaut, au bout du compte [...] qu'à un homme assez secondaire, avec seulement beaucoup plus de prétentions. Tels sont les faits, à tort ou à raison. L'essentiel (en supposant toujours, bien entendu, une certaine

qu'il s'est donnée impose au jeune ménage des conditions plutôt austères. Très vite, ces forts caractères s'affrontent. Dès 1826, le travail forcené auquel se livre Comte[1] et quelques fugues de sa jeune femme déclenchent chez lui ce qu'il appelle par la suite « un orage cérébral », plus prosaïquement une crise de délire suicidaire. Il le surmonte, grâce d'ailleurs aux soins attentifs prodigués par Caroline repentie. Mme Comte s'intéresse aussi de près au travail de son époux, qui ne lui a jamais contesté sa vive intelligence[2].

Comte accumule les déboires de carrière : convaincu de son génie, il demande à plusieurs reprises qu'on lui crée au Collège de France une chaire d'Histoire des sciences, mais vainement ; il multiplie aussi les candidatures aux chaires de professeur à Polytechnique, mais il échoue. Son amertume croît en même temps que l'inconfort de sa position publique : il juge ses mérites méconnus, dénonce publiquement les « iniques spoliations » dont il se dit victime. Caroline donne quelques conseils de diplomatie à son intransigeant mari. Il émaille cependant les dernières leçons du *Cours* de propos très critiques sur les « pédantocrates » accusés d'incompétence et de basses intrigues, et il ajoute au dernier tome une « Préface personnelle » qui lui vaut la publicité d'un procès… et de puissantes inimitiés.

---

dose d'intelligence et d'instruction, sans laquelle il ne peut y avoir contact réel), l'essentiel, dis-je, est l'attachement, le dévouement du cœur et la douceur de caractère, avec le genre de soumission que peut lui inspirer le sentiment de la supériorité morale de son époux, et qui puisse suffire pour étouffer à sa naissance tout vain désir de domination […]. Enfin, mon cher ami, le résumé de ma théorie, c'est que pour le bien de toute société, d'un ménage comme d'un empire, pour la paix, qui est, dans un cas comme dans l'autre, le premier des biens, il faut par-dessus tout *qu'il y ait unité de direction* ». En fait, l'argumentaire développé par Comte amoureux lorsqu'il décide d'épouser Caroline laissait déjà présager son exigence du dévouement soumis de la femme : « Il n'y aurait d'autre objection sérieuse que le défaut absolu de fortune de ma Caroline […]. L'inconvénient est fort petit au moins, et j'y trouve des avantages très réels. Je m'assure par là dans cette jeune femme *une affection fondée sur la reconnaissance* […]. Elle a d'ailleurs pour moi l'avantage très capital de ne point m'amener de famille avec laquelle je doive fraterniser […]. Cette circonstance à laquelle j'attache un prix infini est très rare à rencontrer dans le monde, où avec une femme on a ordinairement une famille de plus à ménager et à cultiver, surtout quand elle vous a apporté de l'argent […]. Je lie irrévocablement ma vie et j'acquiers le *dévouement absolu* d'une femme aimable et spirituelle… », à Tabarié, 22 août 1824, *Cor.*, I, p. 115-116.

1. Comte commence alors son « Cours de philosophie positive » ; les séances d'ouverture ont lieu devant un très brillant auditoire de savants. Mais la maladie le contraint à arrêter.
2. Au moment où il décide de l'épouser, il la déclare « aimable et spirituelle et, plus que cela même, organisée à la Roland ou à la de Staël », à Tabarié, 22 novembre 1824, *Cor.*, I, p. 116.

La vie conjugale reste difficile ; après plusieurs ruptures et reprises, la séparation des époux intervient l'été 1842[1] ; incompatibilités d'humeurs et de mœurs. Commentant cette décision, Comte concède à sa femme des qualités profondes et, s'il déplore sa « tendance indisciplinable et despotique », c'est pour en rendre responsable son éducation et « la funeste réaction de l'anarchie actuelle sur la dissolution croissante des liens domestiques »[2]. Caroline reçoit une substantielle pension, adresse aussi de fréquentes lettres à Auguste Comte, s'inquiète de son régime physique et moral, assiste souvent à ses cours, et lui prodigue des conseils de modération pour ses relations publiques ; elle intervient même auprès de ses connaissances[3]. Il est clair qu'elle avait su évaluer le potentiel de son mari, mais aussi son habileté singulière à se mettre dans des situations impossibles[4].

Une femme décisive

Fin 1844, Auguste Comte vit seul depuis plus de deux ans. C'est un homme mûr, pas très beau, et bien que son avenir soit toujours peu assuré, il a acquis une notoriété certaine[5]. Ce grand travailleur, ce petit homme

---

1. Comte s'est alors enfin libéré du gros travail de rédaction-publication du *Cours de philosophie positive*.
2. Comte, 1975, p. 76-77. *Cor.*, II, à Mill, 24 août 1842 : « Marié depuis plus de dix-sept années, par suite d'une fatale inclination, à une femme douée d'une rare élévation à la fois morale et intellectuelle, mais élevée dans de vicieux principes et suivant une fausse appréciation de la condition nécessaire de son sexe dans l'économie humaine, son défaut total d'inclination pour moi n'a jamais permis que sa tendance indisciplinable et despotique put être, à mon égard, suffisamment compensée par ces affectueuses dispositions, seul privilège où les femmes ne puissent être suppléées, et dont l'anarchie actuelle empêche de sentir convenablement l'heureuse puissance. Aussi tous mes travaux philosophiques se sont-ils préparés et accomplis ainsi, non seulement [...] sous le poids de très graves embarras matériels, mais encore au milieu des perturbations plus douloureuses et plus absorbantes résultées de la quasi-continuité du degré le plus intime de guerre civile, le duel domestique. [...] Mes amis ont trouvé, en général, trop onéreuse la pension annuelle de trois mille francs que je me suis imposée volontairement ; mais quelque élevée qu'elle puisse sembler à raison de mes ressources actuelles, elle ne l'est pas trop pour les divers besoins d'une femme dont la haute valeur ne doit pas matériellement souffrir des torts de son caractère et de son éducation ».
3. De nombreuses lettres de Caroline sont données en notes dans *Cor.*, II et III. Il y en a aussi d'importants extraits dans Littré, 1863. C'est encore Caroline qui, en 1851, intervient auprès du sénateur Vieillard pour obtenir une salle de cours pour son ex-mari.
4. Bien qu'il ait été un des plus brillants élèves de l'École polytechnique, Auguste Comte y fait une carrière difficile, on peut même dire une carrière à rebours ; *cf.* Petit, 1994.
5. Outre les six gros tomes du *Cours de philosophie positive*, Comte a déja publié un *Traité élémentaire de géométrie analytique* (1843) et un *Discours sur l'esprit positif*

sévère et solitaire, rencontre chez un ancien élève sa sœur, Clotilde de Vaux. Elle est jeune, belle et malheureuse, car abandonnée par un mari sans scrupules qui a fui pour échapper à ses dettes. Ainsi, elle est seule, mais pas libre, et donc inaccessible.

Le philosophe tombe aussitôt amoureux... La dame résiste, hésite, apprécie cependant cette amitié. Ils vivent une « année sans pareille », échangeant discussions, projets et confidences au cours de visites, de rencontres et, surtout, par de longues correspondances[1]. Mais la mort les sépare.

Le philosophe est, et se veut, inconsolable. Par ailleurs, il juge que son amour, bref et éternel, lui a permis de mieux comprendre la nature humaine et, surtout, l'importance de la part affective de l'humanité. Cela se traduit dans son travail et son programme de réforme systématique de la société. Le système de philosophie se prolonge en un système de politique, lui-même prolongé en religion. Par-delà « la philosophie positive », naît le « positivisme »[2]. Comte développe la « sociologie », fondée et baptisée dans le *Cours*, en la repensant tout entière autour de l'importance de l'affectivité.

Mais si Clotilde de Vaux a été *post mortem* intimement liée à ces constructions, s'y est-elle effectivement prêtée et comment ? Surdéterminé par la vénération toute particulière du philosophe[3] et par la respectabilité hagiographique de la famille[4], le souvenir de Clotilde de Vaux est-il l'image qu'elle avait d'elle-même et celle qu'elle voulait donner ?

(1844), présenté comme « le manifeste d'une nouvelle école » et conçu comme « Discours préliminaire » du *Traité philosophique d'astronomie populaire* publié intégralement la même année, quelques mois plus tard.

1. La première lettre de Comte à Clotilde de Vaux date du 30 avril 1845. Puis jusqu'à la mort de celle-ci, le 5 avril 1846, presque toute la correspondance de Comte lui est destinée. Toutes ces lettres sont reprises intégralement dans *Cor*. III et nous précisons qui les adresse à qui par les initiales, AC et CV. Leurs rencontres étaient aussi fréquentes : deux fois par semaine d'abord chez les parents, puis visites de l'un chez l'autre. Bref, leurs échanges étaient pour ainsi dire quotidiens.
2. Le terme « positivisme » désigne chez Comte plus que la « philosophie positive » qu'il comprend. Le terme n'est pratiquement pas employé dans les ouvrages publiés avant 1847-1848, et il prend tout son sens dans le *Discours sur l'ensemble du positivisme* de 1848 — *cf.* notre présentation de ce texte (Comte, 1998). Comte prétend alors systématiser « l'ensemble des rapports humains », « toute l'existence humaine, individuelle, et surtout collective, contemplée dans les trois ordres de phénomènes qui la caractérisent, pensées, sentiments et actes » (« Préambule » et ouverture de la « Première partie »).
3. Comte a mis tout le *Système de politique positive ou Traité de sociologie* sous le patronage de Clotilde de Vaux : *cf.* la longue « Dédicace » du tome I et l'« Invocation finale » au tome IV.
4. *Cf.* les ouvrages de Charles de Rouvre, descendant de la famille de Clotilde de Vaux.

Je ne reviendrai guère ici sur les aspects de drame romantique de cette amitié amoureuse. Aux nombreuses gloses qui en ont été faites, je me suis déjà permis d'ajouter une lecture[1]. J'en retiendrai surtout la forte personnalité de Clotilde de Vaux. La fermeté de son caractère et de sa conduite se conjugue avec le souci constant de ménager les autres — l'amitié du philosophe, autant que les susceptibilités familiales. Elle fait toujours preuve d'une écoute attentive[2]. Elle reste discrète, réservée sur les malheurs de son histoire[3], comme sur ses maux physiques, même quand ils progressent à grands pas[4]. Ses lettres, plutôt courtes, contrastent avec celles de Comte qui décrit par le menu, ses états d'âme, son passé, ses espérances et ses afflictions, sa « mélancolie oppressive », ses insomnies et ses maux d'estomac[5]… Clotilde informe, remercie, raconte en travaillant la formule[6]. Elle

1. *Cf.* Petit, 1998.
2. CV à AC : « Je viens de voir qu'on peut ressentir le contrecoup des douleurs des autres en même temps qu'on subit les siennes », 5 juin 1845, *Cor.* III, p. 33 ; « je ne veux pas que vous redeveniez malade ou malheureux à cause de moi », 5 septembre 1845, *ibid.*, p. 108. Au plus fort de sa propre maladie, elle s'inquiète d'un enfant malade, et elle prie Comte d'épargner les jambes de sa bonne Sophie, etc.
3. CV à AC : « Si je ne m'étais pas faite depuis longtemps une habitude de cacher mon cœur, je vous aurais inspiré encore plus de pitié que de tendresse. […] La bonté de votre cœur vous a porté, je le sens, à exalter en vous l'intérêt qu'inspire mon malheur […]. Épargnez-moi les émotions, Monsieur, comme je désire vous les éviter », 21 mai 1845, *Cor.*, III, p. 17-18 ; « Il y a de gros ulcères au fond de chaque sac humain : le tout est de savoir les cacher », 29 mai, p. 24 ; « On ne devrait parler en ce monde que quand on ne peut pas faire autrement : la langue nous joue bien des tours », 19 octobre 1845, *ibid.*, p. 157 ; *cf.* aussi le souci de Clotilde d'éviter tout « parlementages » avec sa famille, 28 février 1846, *ibid.*, p. 337.
4. *Cf.* CV à AC : « C'est un peu long de vivre vingt-quatre heures par jour », 30 octobre 1845, *ibid.*, p. 169 ; « mon cœur est comme un château de cartes, il me semble qu'il va s'écrouler […]. Je vois qu'il faut en passer par l'huile de foie de morue en ce monde », 17 février 1846, *ibid.*, p. 325 ; « J'ai bien une centaine de pulsations encore et je ne sais trop ce que j'en ferai », et de se moquer des rapports médecins-malades : « ils lui ferment la bouche par une sentence et l'estomac par une pilule », 24 février 1846, *ibid.*, p. 332 ; elle se dit aussi « poursuivie par les pulsations », 2 mars 1846, *ibid.*, p. 342 ; « Vous savez que je suis un pot fêlé que les plus minces crises émeuvent », 5 mars 1846, *ibid.*, p. 346.
5. Cependant, les insomnies sont parfois « ravissantes » et « savourées », comme les larmes « douces » voire « délicieuses »… Comte semble même s'appliquer à décrire à Clotilde ses malheurs physiques comme résultats des tortures morales de son amour non accepté. À constater aussi que lorsque Clotilde dit ses malaises, Comte s'en dit aussitôt plus malade encore, et ses inquiétudes sont appels à être rassuré.
6. CV à AC : « une femme n'a que son cœur pour combattre, et elle n'en est pas moins tenue au succès », 5 juin 1845, *ibid.*, p. 34 ; « À coté de mes douleurs, il y a place pour de grandes affections », 3 juillet 1845, *ibid.*, p. 55 ; « Cheminons appuyés l'un sur l'autre, mon cher philosophe ; laissons le temps nous guider et nous faire », 4 octobre

sait être enjouée et manier l'humour[1]. Auguste manie plutôt l'humeur. Il se répand en soupirs, jugements, conseils, doutes, réclamations, excuses, supplications, plaintes, etc., et sur le mode hyperbolique. Il est toujours au comble du malheur — d'aimer, de ne pas l'être, de ne pas l'être assez... — ou, moins souvent il est vrai, au comble de la félicité — d'aimer, d'être aimé et même seulement chastement apprécié... À chacun son style. Mais c'est Clotilde qui mène le jeu et décide des familiarités comme de leurs limites[2]. C'est bien elle qui autorise ou se retire[3]. Et Comte, qui s'arroge pourtant le rôle directeur, se soumet.

1845, *ibid.*, p. 144 ; « si mon simple chat commettait un acte de despotisme dans ma cellule, je serais capable de le jeter par la fenêtre ; mais je me corrigerai quand j'en aurais le temps », 28 décembre 1845, *ibid.*, p. 257.

1. CV à AC : « Ne parlons donc que de nos têtes, et tâchons d'y mettre le plus de gaieté que nous pourrons », 29 mai 1845, *ibid.*, p. 24 ; « Je vous quitte pour Eole ou Zéphyre : je ne vois pas très bien lequel, mais l'un et l'autre me font des poumons, et je veux leur en tenir compte jusqu'aux frimas », 28 septembre 1845, *ibid.*, p. 135 ; « Je voudrais souffrir dans une coquille de noix pendant certains jours », 23 février, p. 329 ; « J'hypothéquerais bien la gloire que vous me promettez quelquefois, pour acheter une nuit de sommeil », 5 mars 1845, *ibid.*, p. 347.
2. Pour l'usage des prénoms et du tutoiement, Comte essaie de mettre Clotilde devant le fait accompli en prétextant des lapsus incontrôlés. Clotilde refuse le tutoiement en faisant semblant d'accorder l'usage du prénom déjà entériné ; CV à AC, 9 octobre 1845, *ibid.*, p. 148. Elle n'utilise jamais non plus dans la correspondance le prénom d'Auguste qui pourtant le lui demande : jusqu'au bout, il reste le « cher » parfois le « très cher philosophe », puis aussi « l'ami », « cher », « très cher », « tendre », qu'elle finit par aimer « bien », « de tout cœur », « d'affection » et même avec « tendresse »...
3. Quelques exemples : « Je ne me suis jamais défiée d'aucun homme. Une femme inspire à peu près toujours les sentiments qu'elle veut », 20 juillet 1845, *ibid.*, p. 70 ; « ma famille s'afflige de tous témoignages trop vifs d'intérêt qui me sont donnés [...] Ne cherchez pas à modifier cette disposition chez les miens [...] permettez moi seulement de vous guider », 1er septembre 1845, *ibid.*, p. 101 ; « je vous supplie de ne pas rappeler vos droits et vos sacrifices : l'un et l'autre sont illusoires. On n'agit pas avec une femme de trente ans comme avec une petite fille [...]. Plus un mot [...]. Ceci est une réponse ; vous n'en devez donc pas faire. [...] Si vous avez de l'affection pour moi, vous vous conduirez comme je le désire », 9 septembre 1845, *ibid.*, p. 120 ; « Vous ne me reconduirez pas : j'ai pris depuis si longtemps mes allures de femme abandonnée que j'y tiens », *ibid.*, p. 169. Comte essaie bien de se persuader que les résistances de Clotilde viennent de la situation, de sa « soumission exagérée à une ombrageuse tyrannie », mais Clotilde le détrompe vite : AC à CV, 14 septembre 1845, *ibid.*, p. 124, CV à AC, 14 septembre 1845, *ibid.*, p. 127. Et Clotilde n'hésite pas à faire la leçon parfois crûment à son hypocondriaque amant : « Ayez de l'empire sur vous-même, usez de vos pouvoirs d'homme et ne vous imposez pas une continence que vous considérez comme nuisible », 9 septembre 1845, *ibid.*, p. 120 ; ou encore « ne caressez pas vos insomnies comme vous le faites », 30 octobre 1845, *ibid.*, p. 169.

Délaissant les péripéties de l'histoire amoureuse d'Auguste et de Clotilde, je porte ici plutôt l'attention sur leurs relations d'écrivains, que l'on peut dire professionnelles. Tout a commencé par un livre prêté par Comte à la jeune femme[1]. Puis c'est autour de livres échangés, lus, écrits, que se nouent leurs rapports[2]. Enfin, par-delà la mort de Clotilde de Vaux et par-delà celle de Comte, c'est par les livres de celui-ci que celle-là est passée à la postérité.

La jeune femme adopte d'abord une attitude déférente, salue la « supériorité » de M. Comte[3]. Lui cherche à se rapprocher en soulignant « la similitude naturelle de nos situations[4] ». N'ayant pas vraiment réussi à s'attirer les bonnes grâces de Clotilde, Comte essaie alors une stratégie plus intellectualisée : il profite de sa fête pour lui envoyer une longue « lettre philosophique sur la commémoration sociale[5] ». Sous la pression de Comte, Clotilde fait quelques « tristes confidences », en insistant sur son « besoin de se retremper aux sources de la résignation et de la solitude »[6]. Ce qui déclenche des aveux de Comte[7] et moult commentaires. Par-delà confidences et aveux, chacun cherche alors à sublimer dans la musique, la lecture et l'écriture[8] : Comte développe l'aptitude morale du

---

1. Il s'agit de *Tom Jones* de Fielding ; 30 avril 1845, *ibid.*, p. 3.
2. Ils s'échangent leurs écrits : Clotilde écrit *Lucie* et *Willelmine,* et des poèmes. Comte essaie d'initier Clotilde à son *Système de philosophie positive*. Ils se conseillent aussi l'un à l'autre des lectures : romans de Walter Scott — AC à CV — et romans de Victor Hugo et de George Sand — CV à AC.
3. AC à CV, 1er mai 1845, *ibid.*, p. 4, où elle dit aussi se réjouir de « pouvoir recueillir quelques fois, dans [s]on cœur et dans [s]on esprit, vos beaux et nobles enseignements ».
4. AC à CV, 17 mai 1845, *ibid.*, p. 13. Comte développe souvent encore ce thème de la communauté de malheurs : *cf.* AC à CV, 14 septembre 1845, *ibid.*, p. 125.
5. AC à CV : lettre du 2 juin 1845, *ibid.*, p. 25-33.
6. CV à AC, 5 juin 1845, *ibid.*, p. 33-34 : Clotilde avoue aimer ailleurs, d'un « amour sans espérance ». *Cf.* aussi 3 juillet 1845, *ibid.*, p. 55 : « Considérez-moi comme une femme engagée, et soyez bien convaincu qu'à côté de mes douleurs il y a place pour de grandes affections ».
7. Comte rappelle à son tour son « orage cérébral ».
8. AC à CV, version dramatisée : « En vous indiquant l'innocent artifice par lequel mes précieux chants italiens procurent à mes diverses émotions solitaires une salutaire expansion, je ne comptais guère être si tôt réduit au plus douloureux d'entre eux. Ma chère philosophie [...] saura me préserver de toute folle lutte contre des obstacles évidemment insurmontables [...]. Je vais de nouveau chercher dans ma vie publique la noble quoique imparfaite compensation des malheurs immérités de ma vie privée », 6 juin 1845, *ibid.*, p. 35-37 ; version plus optimiste : « l'éternelle affection qui semble destinée à charmer désormais ma vie privée doit aussi améliorer notablement ma vie publique », 5 août 1845, *ibid.*, p. 79.

positivisme et l'oriente vers une nouvelle religion ; Clotilde rédige le feuilleton des malheurs de Lucie[1].

L'inspiration de *Lucie* tient évidemment de l'autobiographie. Les mêmes thèmes sont alors développés dans la correspondance des amants malheureux du feuilleton et dans les échanges entre Auguste et Clotilde. Au centre des débats, les problèmes de la contrainte sociale et de la condition féminine. Clotilde/Lucie choisit l'obéissance[2]. Il faut surseoir, voire renoncer aux aspirations personnelles afin de préserver les impératifs de l'ordre social. Pas question de le troubler. L'idéal de la vie féminine est celle du dévouement[3] — bref, éloge du noble sacrifice dans la douloureuse nécessité. Cependant, tout en refusant d'enfreindre l'ordre établi, Lucie et Maurice trouvent juste de vouloir en transformer les principes : ils s'y essayent, bien qu'ils y échouent. La position de Comte est de fait plus conservatrice : il félicite Clotilde, « surtout quant à votre scrupuleux

---

1. Le feuilleton est publié dans *Le National* les 20 et 21 juin 1845. Il est cité ici dans l'édition donnée en « Annexe » de *Cor.*, III, p. 427-438. Comte a reproduit *Lucie* dans le « Complément de la Dédicace » du *Système de politique positive*, ouvrage tout entier dédicacé à Clotilde de Vaux. Le texte est composé d'une introduction suivie de treize lettres. Il s'agit d'une malheureuse jeune femme abandonnée et ruinée par son mari, joueur et assassin, recueillie par des amis. Leur voisin, beau jeune homme plein de qualités, s'éprend bien sûr de la « jeune et belle martyre des injustices sociales ». Ne consentant pas à une liaison hors la loi, elle convainct son ami d'adresser à la Chambre une pétition contre l'oppression des femmes et pour l'autorisation du divorce quand l'homme est soumis à une peine infamante reconnue. La pétition est envoyée, mais tous s'en gaussent. Tout espoir ruiné, Lucie meurt « brisée par les douleurs », et son bien-aimé se brûle la cervelle.
2. « C'est en vain que notre malheur nous pousserait à nous élever contre la société ; ses institutions sont grandes et respectables comme le labeur des temps ; il est indigne des grands cœurs de répandre le trouble qu'ils ressentent », *Lucie*, p. 432.
3. Ainsi dessinée par Lucie : « C'est en portant atteinte au bonheur modeste et vrai de la femme que les lois la poussent en dehors de sa sphère et lui font parfois méconnaître sa destinée sublime [...]. Quels plaisirs peuvent l'emporter sur ceux du dévouement ? Entourer de bien-être l'homme qu'on aime, être bonne et simple dans la famille, digne et affable en dehors, n'est-ce pas là notre plus doux rôle et celui qui nous va le mieux ?", *ibid.*, p. 433-434. Et Maurice renchérit sur un mode plus normatif, avec des projets institutionnels : « Le véritable rôle de la femme n'est-il pas de donner à l'homme les soins et la douceur du foyer domestique, et de recevoir de lui en échange tous les moyens d'existence que procure le travail ? [...] Je voudrais non seulement que les femmes trouvassent dans leurs pères, leurs frères, et leurs époux des appuis naturels ; mais que, ces appuis venant à leur manquer, elles fussent soutenues par les gouvernements. Ils fonderaient des établissements pour les réunir et utiliser leurs talents divers [...]. On ne verrait plus de pauvres filles, exténuées par un travail forcé, obligées de courir souvent tout le jour pour en trouver le placement. Ces moyens, ou d'autres analogues, établiraient déjà un peu de proportion entre les forces et les devoirs des femmes, souvent si peu en harmonie », *ibid.*, p. 435-436.

respect continu des vrais principes sociaux », et il n'admet le plaidoyer pour le divorce présenté par Lucie qu'en arguant de la situation exceptionnelle de l'héroïne. Pour lui, le devoir doit être impérieusement assumé, jusqu'au sacrifice, marque d'une nature forte qui dépasse délibérément son propre désir[1]. Le commentaire de Comte est aussi un chef-d'œuvre de récupération. Dès qu'il a su les ambitions littéraires de Clotilde, il s'est aussitôt répandu en conseils[2] ; mais, et il le lui reproche, elle s'est bien gardée de lui faire lire son texte avant publication. Aussitôt il l'enrôle dans le « positivisme » et dans la lutte de la « morale positive » contre « la morale théologique »[3]. Et il se répand en compliments autogratifiants, considérant que, par une remarquable communion d'idées, Clotilde a retrouvé et su exprimer nettement ses propres principes[4].

Clotilde de Vaux, elle, s'autodéfinit par son souci d'indépendance, véritable « idée fixe » avoue-t-elle[5]. Elle veut plus que tout échapper aux « guerres civiles » liées à son très peu de fortune et au contrôle familial[6]. Elle veut gagner sa vie, d'où ses efforts entêtés pour le journalisme. Elle se

---

1. AC à CV, 23 juin 1845, *Cor. III*, p. 40-41.
2. AC à CV, 6 juin 1845, *ibid.*, p. 37-38 : « Gardez-vous, Clotilde, de développer votre talent aux dépens de la justesse de vos idées et de la pureté du sens de vos sentiments [...]. Sachez toujours éviter de laisser dégénérer en un simple métier ce qui ne devrait émaner que d'une inspiration spontanée ; puissiez-vous ne vous mêler jamais à l'étrange et dangereux tourbillon qui va peut-être vous entourer ! Par-dessus tout, ma chère amie, je vous recommande les vrais principes sociaux : laissez à la tourbe écrivante la trop facile démolition passagère d'une frêle morale publique au seul profit de quelques affections privées. [...] L'humanité est en grand travail de régénération totale : ayez la noble ambition de l'y seconder dignement, au lieu de l'y troubler aveuglément Il y aurait maintenant plus d'honneur, et d'ailleurs plus de gloire littéraire, à fortifier les vraies notions fondamentales de l'ordre domestique qu'à se joindre, même avec talent, à la foule déjà si vulgaire des émeutières, insensées ou coupables, contre les bases élémentaires de la sociabilité humaine ».
3. AC à CV, 23 juin 1845, *ibid.*, p. 41. Et Comte en profite aussi pour lui donner d'autres conseils, de lectures complémentaires cette fois.
4. *Cf.* AC à CV, 25 juin 1845, *ibid.*, p. 43.
5. CV à AC, 28 décembre 1845, *ibid.*, p. 257 et souligné par l'auteur.
6. Clotilde vit dans une économie très stricte, sous contrôle sévère de ses proches Elle ne dispose pas de sa pension et ne reçoit qu'un argent de poche strictement compté : *cf.* CV à AC, 7 octobre 1845, p. 144-145 ; 30 novembre 1845, *ibid.*, p. 210 ; 2 janvier 1846, *ibid.*, p. 265. *Cf.* aussi CV à AC, 3 juillet 1845, *ibid.*, p. 55 : « Mon besoin et mon amour de l'indépendance rendent bien peu méritoires les petits sacrifices que notre position de fortune m'impose. J'en viendrai, je l'espère, à me créer des ressources personnelles », ou 11 décembre 1845, p. 231 : « Il me devient chaque jour plus pressant de m'affranchir par moi-même [...]. Moi, qui n'ai pas encore eu l'ambition de l'argent, quel prix j'attacherais au premier que je gagnerai ! »

contenterait même d'un travail de secrétaire[1]. Elle n'envisage de cohabitation qu'en prenant soin de garder « [s]a liberté sauve[2] ». Comte lui prodigue d'abord des encouragements pour prendre sa « juste liberté personnelle », échapper au « despotisme maternel », refuser le « communisme domestique »[3]. Au besoin, et malgré ses propres gênes[4], il lui ouvre sa bourse[5]. Mais c'est Clotilde alors qui ne tient guère à l'amoureuse protection que Comte désire tant lui offrir. Elle n'accepte ses dons que comme prêts, et qu'à bout de ressources.

Quant à sa carrière d'écrivain, elle ne suit guère les conseils de son auguste ami, que d'ailleurs elle ne demande pas. En fait, Comte trouve que l'ambition de Clotilde n'est pas très convenable. Lorsque *Le National* offre à Clotilde une collaboration régulière[6], Comte a tôt fait de rabattre sa joie « naïve » en la gratifiant d'une longue épître de recommandations moralisantes sur ce qu'elle devrait dire. Et de la mettre en garde contre les tentations du journalisme, sa « désastreuse influence », « l'intime dégénération non moins morale que mentale qui résulte presque toujours des habitudes exclusivement critiques propres au journalisme ». Et de critiquer aussi vertement Marrast, qui a fait la « frivole » proposition. Et d'exposer longuement ses propres théories[7]... Clotilde élude et retarde ses très courtes réponses, bref prend ses distances envers le « bon Monsieur » et le « cher Philosophe », arguant de tout : de sa famille possessive, de sa santé, de son travail, etc. Comte finit par se faire une raison, d'autant que, enhardie par son premier succès, Clotilde projette une autre nouvelle[8]. Comte décide

1. *Cf.* CV à AC, 16 octobre 1845, *ibid.*, p. 154.
2. Ainsi, lorsqu'elle pense à un « arrangement avec son père », elle l'envisage « d'une seule manière : c'est s'il voulait habiter une maison commune où nous aurions chacun notre appartement, et où je me chargerais de diriger un ménage dans lequel je serais maîtresse », novembre 1845, *ibid.*, p. 183.
3. *Cf.* par exemple, AC à CV, *ibid.*, p. 182, 185, 269, etc.
4. En 1844, Comte a perdu son poste d'examinateur d'admission et il n'exerce plus à l'École que les fonctions de répétiteur. Ses appointements, sur lesquels il prélève la pension versée à sa femme, sont très modestes et ses difficultés financières chroniques.
5. *Cf. Cor.* III, p. 91, 135, 140, 142, 184-185, 313, etc. Comte voit cela comme une « intervention tutélaire », un « cordial protectorat », *ibid.*, p. 189, 192.
6. CV à AC, 20 juillet 1845, *ibid.*, p. 69. On lui demande de faire la revue des ouvrages sur l'éducation, et sur celle des femmes en particulier, et aussi des romans de femme.
7. AC à CV, 22 juillet 1845, *ibid.*, p. 70-75.
8. Elle se propose « d'imaginer l'histoire d'une femme qui aurait cédé à toutes les insinuations contre le mariage et l'ordre, de la faire se briser sur toutes les grèves des passions, tout en la conservant pure ; et de l'amener peu à peu vers le calme et la vie pleine de la famille », CV à AC, 11 août 1845, *ibid.*, p. 91 ; ce serait, dit-elle encore, « un exemple du seul malheur de l'excentricité », CV à AC, 18 octobre 1845, *ibid.*, p. 155 ; *cf.* aussi 28 octobre 1845, *ibid.*, p. 166.

alors de voir en Clotilde la femme « destinée à réparer dignement les ravages moraux résultés aujourd'hui du déplorable emploi d'un beau talent féminin », et interprète ce dessein comme une « mission » pour laquelle il propose à nouveau ses conseils et promet une « célébrité respective »[1]. Or les ambitions littéraires de Clotilde ne correspondent pas tout à fait à celles que le philosophe lui prête. On le voit bien dès qu'elle exprime son « idée qui pourrait avoir du succès et de l'intérêt ». Certes, elle avoue le plaisir trouvé à l'écriture et son désir d'écrire « utile » ; mais c'est aussi dans la première lettre où elle demande un prêt pour un traitement coûteux ; il est clair que Clotilde reprend la plume pour gagner de l'argent. Et elle entend bien être maître de son œuvre : « Je m'essaye, et je vous initierai[2] ». Point de primauté missionnaire pour Clotilde ; c'est Comte qui lui attribue le devoir d'être une anti-George Sand :

> Oui, ma sainte amie, consacrer votre vie publique à répandre convenablement les graves enseignements intimes résultés de votre vie privée, c'est là une admirable pensée. Je suis fier d'être apprécié de celle qui a su se donner spontanément une telle mission au milieu de notre profonde anarchie morale[3].

Les compliments de Comte sont d'ailleurs à double tranchant, car ils donnent une portée limitée à la vocation de Clotilde :

> Tous deux nous traitons, quoique sous des faces très différentes, le même sujet fondamental, la nature et l'existence humaine ; mais vous vous y bornez à la vie privée, réduite même à son centre moral [...] ; moi je dois surtout embrasser l'ensemble de la vie collective de l'Humanité. Vous pouvez donc vous contenter d'une observation intérieure...[4]

Clotilde garde en tout cas toujours son autonomie. Certes, elle fait lire à Comte son second manuscrit. Celui-ci pinaille sur la forme, tout en le déclarant quant au fond « très satisfaisant[5] ». Mais on ne peut pas dire que Clotilde obéisse à toutes les suggestions : elle approuve l'approbation et annonce, sur le ton de l'information, ce qu'elle veut ou ne veut pas faire[6]. C'est elle et elle seule qui conduit son roman. Elle ne laisse à Comte, un

1. *Cf.* AC à CV, 11 août 1845, *ibid.*, p. 92.
2. CV à AC, 11 août 1845, *ibid.*, p. 91.
3. *Cf.* aussi AC à CV, 16 septembre 1845, *ibid.*, p. 129.
4. *Idem.*
5. AC à CV, 25 septembre 1845, *ibid.*, p. 134.
6. « Je suis heureuse de votre approbation de cœur. Vous verrez l'explication des sentiments de Willelmine dans la suite de son récit. [...] La morale sera tout entière dans les événements, que je ne veux pourtant pas multiplier », CV à AC, 25 septembre 1845, *ibid.*, p. 135 ; *cf.* aussi p. 137, 166 et 157, où elle déclare s'en tenir au « charmant résumé philosophique » du *Meunier, son fils et l'âne* — qui est « qu'on dise quelque chose, ou qu'on ne dise rien. J'en veux faire à ma tête ».

peu déconfit, que le plaisir de l'applaudir[1]. Et lorsqu'il tire un peu trop *Willelmine* vers sa philosophie, et qu'il fantasme sur leur couple philosophique, elle décline la récupération, non sans humour :

> Mon cher philosophe, une des épithètes auxquelles je serais le plus sensible et l'une de celles aussi que je mériterai toujours le moins, c'est celle de pédante [...] et quand je vous ai dit que je ferai une philosophe de ma Will., ce n'est pas une philosophe systématique que j'ai entendu, c'est une philosophe de cœur tout bonnement, une femme qui aime l'humanité pour elle-même, et sans terreurs pour la marmite bouillante d'en bas, comme sans espérances de posséder un lit de roses dans l'éther...[2]

Pas question de se prêter à l'illustration du dépassement de « la théologie rétrograde » et de « la métaphysique révolutionnaire » par le « positivisme » ; pas question de prendre rang derrière Julie de Lespinasse et d'Alembert ou l'Émilie de Voltaire[3]. Pas question d'être le simple écho féminin du philosophe. D'ailleurs, elle ne reprend pas les termes promus par la philosophie de Comte, et persiste par exemple à ne pas mettre de majuscule au mot « humanité », ce que Comte fait de plus en plus fréquemment. Mais Comte ne comprend pas, n'entend pas ; il reste un impénitent donneur de leçons[4], décrète qu'elle est bien son « intime collaboratrice [...] à votre insu et presque malgré vous[5] ».

Or Clotilde entend bien user de la littérature à sa manière : elle refuse tout net de se laisser confondre avec ses héroïnes, tient à le faire savoir[6]. Elle refuse aussi les avis — quelque peu jaloux — que Comte persiste à lui donner pour l'éloigner du journalisme. Lorsque Clotilde pressent l'acceptation de sa *Willelmine* par *Le National*, Comte fait encore le rabat-joie et le mentor, et suggère à Clotilde de... s'en remettre à lui[7]. Elle répond fermement :

---

1. *Cf.* AC à CV, 19 octobre 1845 : « Tout sera donc au mieux par cette ingénieuse solution [...]. Votre philosophe est presque honteux de n'avoir pas imaginé cet expédient [...]. Vous voyez ici d'ailleurs, comme moralité générale, que les censures même déraisonnables, peuvent tourner à l'utilité des auteurs. »
2. CV à AC, 30 octobre 1845, *ibid.*, p. 168.
3. Ce que proposait AC à CV, 29 octobre 1845, *ibid.*, p. 168. *Cf.* aussi 16 novembre, *ibid.*, p. 197 ; 20 novembre, *ibid.*, p. 200.
4. Il inflige aussitôt à Clotilde un pensum sur le positivisme et la manière complémentaire dont doivent l'aborder les hommes (par la tête) et les femmes (par le cœur), AC à CV, 31 octobre 1845, *ibid.*, p. 170-171.
5. AC à CV, 2 novembre 1845, *ibid.*, p. 175.
6. *Cf.* CV à AC, 3 juillet 1845, *ibid.*, p. 55, à propos de Lucie ; 18 octobre 1845, *ibid.*, p. 155, à propos de Willelmine.
7. *Cf.* CV à AC, 11 décembre 1845, *ibid.*, p. 233-234. AC à CV, 16 décembre 1845, *ibid.*, p. 236-237 ; puis fin décembre, *ibid.*, p. 252-261.

Je vous demande donc de me laisser considérer ce côté-là comme une ressource possible. Il me serait très précieux de débuter ainsi, et je suis très bonne gardienne de ma volonté sous les grands rapports[1].

Elle se remet de plus belle au travail… et réagit en espaçant visites et correspondance.

Et puis, informant Comte de l'avancée de son ouvrage, lorsqu'elle offre une forme discrète de collaboration ponctuelle possible, elle lui donne une sorte de cahier des charges :

Voudriez-vous me faire la substance d'une lettre à la fois philosophique et sentimentale, sur les avantages et l'importance de l'institution de la famille et du mariage ? […] Je vous demanderais de la faire cadrer le plus possible avec la forme roman, c'est-à-dire de la rendre aussi intelligible aux indolents qu'aux penseurs, et de grouper le plus possible les idées[2].

Le philosophe s'engouffre par cette porte entrouverte : il écrit plus de dix pages[3] ! Plutôt encombrantes pour Clotilde. Elle remercie, mais comme d'habitude garde son quant-à-soi :

[…] je ne puis puiser ma morale que dans mon cœur et l'édifier que sur le pur sentiment […]. Je passerai sous silence tout ce qui se rattache aux systèmes épuisés et au nouveau, et je trouverai encore à tirer un bien bon parti de ce morceau philosophique[4].

Le philosophe la veut sa porte-parole, auprès d'un autre public — plutôt féminin — et par d'autres moyens — le roman. Mais non décidément, Clotilde ne s'en contente pas : elle veut être auteur de son œuvre à part entière, comme autonome actrice de sa vie.

Après la relecture de tous ces échanges littéraires, il est très clair que la romancière débutante a dû faire preuve d'un bel entêtement pour échapper au contrôle que le philosophe s'adjugeait le droit — le devoir disait-il ! — d'exercer. Il est même assez clair qu'il n'a guère cru au talent, et encore

1. *Cf.* CV à AC, 26 décembre 1845, *ibid.*, p. 254. Comte fait aussi toute une histoire à propos d'avances que le directeur du journal a tentées envers Clotilde. Comte revient sur cette affaire en février pour de nouveaux « conseils », que Clotilde ne suit pas ; *cf. ibid.*, p. 314-320.

2. CV à AC, 8 janvier 1846, *ibid.*, p. 271. Et cette demande est faite dans un post-scriptum, ce qui n'est sans doute pas sans intention. De plus, Clotilde précise bien qu'il s'agit d'une demande d'auteur à auteur : « Par une note accessoire, je pourrais indiquer que cette lettre a été adressée à l'*auteur*, par l'*auteur* de la philosophie positive » ; c'est Clotilde qui souligne.

3. « Lettre philosophique sur le mariage composée pour Mme de Vaux, sur sa demande, par l'auteur du *Système de philosophie positive* », 11 janvier 1846, *ibid.*, p. 275-286. On remarque que Comte garde pour lui seul le qualificatif d'auteur et souligne la « demande » de Clotilde.

4. CV à AC, 15 janvier 1846, *ibid.*, p. 288.

moins à l'éventuel succès de son amie : il lui donne plus de leçons que d'encouragements et l'invite plus souvent à renoncer qu'à poursuivre. C'est devant le travail accompli qu'en fait il commence à y croire. Ses plus grands compliments consistent à promouvoir Clotilde en « collaboratrice » et à envisager pour elle le partage de sa propre célébrité ! En revanche, Clotilde incarne bien la lutte d'une femme pour une certaine amélioration de sa condition féminine. Cette lutte, celle d'une femme à la fois soumise et émancipée, est évidemment complexe ; elle est aussi bien plus discrète que d'autres qui se livraient alors, plus collectives et plus spectaculaires. Mais enfin, n'est-elle pas aussi à saluer ? Il est sûr en tout cas que Comte ne semble guère l'avoir comprise : du vivant de Clotilde, en la sublimant déjà en « ange », en s'octroyant le statut d'« époux spirituel », et en ritualisant leurs rapports, il a très vite mystifié, mysticisé et mythifié les très réalistes espérances que Clotilde poursuivait. Qu'il l'ait accaparée pour sa cause n'empêche pas qu'elle a pu vouloir en servir une autre. Comte n'a guère pu convaincre Clotilde vivante d'exprimer en mode romanesque ce qu'il systématisait dans sa propre philosophie ; il voulait la guider, la canaliser… on peut même dire l'instrumentaliser.

Et de Clotilde disparue, il a présenté l'image dont il était convaincu.

Sublimation et systématisation : anges et démons

L'inspiratrice vivante

La sublimation systématique des relations de Comte avec Clotilde de Vaux commence du vivant de celle-ci. Dès la quatrième lettre, Comte fait crédit à sa correspondante d'avoir « ranimé [s]a vie morale », d'être à la source d'une « heureuse connexité entre l'essor mental et l'essor affectif », et il déclare déjà vouloir exprimer cette « douce résurrection morale » par « la dédicace publique » de son second traité[1]. Comte élève aussitôt leur très récente relation en modèle :

> Car ce qui vient de se passer constitue certainement l'une de ces phases rapides mais décisives où toute une nature morale se déroule mieux en quelques jours que pendant le long cours de plusieurs années vulgaires[2].

Ainsi, Comte trouve dans son amour pour Clotilde l'occasion d'une théorisation des influences de l'affectif sur le théorique, et il met sous le

---

1. AC à CV, 17 mai 1846, *ibid.*, p. 13-14. Reprise de la promesse, 5 août, *ibid.*, p. 88 ; et envoi d'une première mouture, 25 août, *ibid.*, p. 95.
2. AC à CV, 28 mai 1845, *ibid.*, p. 22.

patronage de Clotilde l'ouverture de sa « deuxième carrière[1] ». Comte ne cesse donc de proclamer ses dettes envers Clotilde, pour « l'harmonie de plus en plus sensible qui se développe entre [s]es affections et [s]es travaux », pour ses progrès moraux dont les bénéfices sont personnels et collectifs[2].

Tout est prétexte aussi à généralisation et traduction symbolique. La sainte Clotilde déclenche, bien au-delà de vœux et de quelques phrases sur « l'antique patronne », tout un discours sur la « commémoration sociale », et même, par-delà, une vaste fresque sur l'histoire des religions et le rôle attendu des femmes dans le positivisme[3]. Le baptême du neveu de Clotilde, où elle est marraine et lui parrain, aussitôt traduit en une « sorte de paternité volontaire[4] », devient des « noces spirituelles[5] » ; et la « lettre philosophique sur l'appréciation sociale du baptême chrétien » engage une réflexion générale sur les « sacrements ». Dans tout cela s'esquissent des thèses expressément systématisées plus tard. De même, les limites dans lesquelles Clotilde tient leurs relations inspirent aussitôt à Comte une reprise du modèle de la « noble tendresse chevaleresque[6] » développé dans

---

1. Parmi les multiples occurrences de ce thème, *cf.* 17 mai 1845, *ibid.*, p. 14 ; 5 août, p. 80-82 ; 12 octobre, p. 175, 11 novembre, p. 188-189 : « Je vous dois le plein essor des affections tendres et même des plus généreux sentiments. Chaque jour, je me sens, grâce à vous, devenir à la fois meilleur et plus heureux ; même en ce qui concerne mon action philosophique sur l'Humanité, la seconde moitié de ma noble carrière surpassera ainsi la première ». Ou encore, 27 janvier 1846, p. 304-305 : « j'avais bien établi dans mon livre fondamental que ni la pensée ni l'action ne peuvent constituer le centre essentiel de l'existence humaine, qui doit se rapporter surtout à l'affection. Mais il fallait que cette conviction rationnelle soit consolidée et animée par un profond sentiment personnel, sans lequel elle ne pouvait acquérir un ascendant assez usuel. Tel est l'éminent service dont l'ensemble de mon essor sera toujours redevable, ma Clotilde, à votre adorable influence, qui ainsi contribuera beaucoup à rendre la seconde partie de ma carrière supérieure à la première. » Comte attribue pourtant aussi à Clotilde la responsabilité de certains manques de concentration ; *cf.* 14 septembre 1845, *ibid.*, p. 126.
2. AC à CV, 8 octobre, p. 146 : « Depuis que je suis inspiré par cet amour [...] je me sens devenu meilleur et plus juste envers tous. Il a augmenté mon attachement pour mes vrais amis, et même mon indulgence pour mes principaux ennemis ; il me rend plus doux avec mes inférieurs, et mieux subordonné à mes supérieurs : en un mot, il me fait aimer davantage tous mes devoirs quelconques » ; 15 février, p. 323 : « En vous adorant, je deviens, à tous égards, meilleur ; et ce perfectionnement me conduit à vous aimer davantage » ; 1er mars, p. 338 : « À mesure que mon affection se développe, elle s'épure davantage ».
3. AC à CV, 2 juin 1845, *ibid.*, p. 27-33.
4. AC à CV, 25 juin, *ibid.*, p. 42.
5. AC à CV, 2 septembre, *ibid.*, p. 102 ; 5 septembre, p. 106.
6. AC à CV, 10 septembre 1846, *ibid.*, p. 121. *Cf.* dès le 26 août, p. 96 : « les nobles chevaliers du moyen âge avaient si bien harmonisé leur vie privée et leur vie publique

le *Système*. Il est clair aussi que Clotilde, sa « Lucie » et sa « Willelmine », ainsi que la composition de la troisième longue lettre philosophique sur le mariage[1] ont, malgré quelques malentendus, inspiré le curieux « féminisme » conformiste que Comte a plus tard amplement théorisé[2].

C'est tout une nouvelle religiosité que Comte développe dans ses relations avec Clotilde. Certes, le vocabulaire religieux dont use le philosophe procède de transpositions assez courantes, surtout en un temps où les écrivains se voyaient volontiers prophètes et où les amoureux romantiques ne lésinaient pas sur les expressions superlatives. Mais lorsque le vocabulaire « missionnaire » ouvre aux « prédications[3] », que l'« adoration[4] » se complique de « consécration », se mêle de « sainteté[5] », que l'amie devient « céleste » et « angélique[6] », gratifiée d'un « divin ascendant[7] », que son atelier est un « sanctuaire[8] », que le fauteuil où elle s'assied est un « autel[9] », ses cadeaux des « talismans[10] » et ses lettres objets de lectures rituelles considérées comme des « prières[11] », s'imbriquent bien étroitement l'expérience personnelle, la systématisation philosophique et la transfiguration religieuse.

---

que l'image chérie venaient souvent embellir et animer leurs scènes guerrières, de façon à laisser surgir les plus tendres émotions au milieu de la désolation ou de la terreur. »

1. *Cf.* lettres de début-janvier, *ibid.*, p. 271-289. À remarquer que lorsqu'elle demande puis reçoit ce cadeau, Clotilde exprime sa décision de retraduire les allures systématiques de l'écrit de Comte en forme romanesque, et d'en trier ce qu'elle retient.
2. Bensaude-Vincent et Petit, 1976, 1980.
3. AC à CV, 15 février 1846, *ibid.*, p. 320.
4. *Cf. Cor.* III, p. 92, 97, 152, 164, 172, 173, 177, 194, 252, 270, 323, 344, 355, etc.
5. *Cf. ibid.*, p.185, 186, 187, 192, 215, 249, 252, 273, 289, 311, 316, 331, 350, 352, 354, 355, 360, 361, etc.
6. *Cf. ibid.*, par exemple p. 180, 204, 274, 335, 339, 352, 354, 363.
7. *Ibid.*, p. 197.
8. *Ibid.*, p. 69, 207, 253, 319, etc.
9. *Ibid.*, p. 95, 109, 219, etc.
10. *Ibid.*, p. 219.
11. *Cf. ibid.*, p.109, 163, 178, 250, 267, 337, etc. En fait, Comte relit les lettres de Clotilde chaque matin ; puis le premier jour de chaque mois, il relit « par ordre » toutes celles du mois précédent ; il veut de même inaugurer, début 1846, un rite de commencement de chaque année par la relecture de toutes les lettres de l'année précédente. Comte considère ces « prières » comme des « effusions », des « épanchements » nécessaires au développement de son affectivité, et donc des stimulants, parfois aussi comme des rites « d'actions de grâces ».

L'annexion angélique

La sublimation religieuse, commencée du vivant de Clotilde, est amplifiée et systématisée par le travail de deuil. Comte avait promis à Clotilde et la dédicace de son second grand traité et l'instauration d'un culte des femmes. Promesses tenues.

La « Dédicace », rédigée en octobre 1846, ne paraît qu'en 1851 avec le premier tome du *Système*. C'est une sorte de parcours résumé des étapes de « l'année sans pareille » : « loyal examen » de « la constante pureté » d'une affection jusqu'à « l'auguste intimité », suivant une « douloureuse destinée » et laissant au survivant une si « mélancolique existence » — bref, un chef-d'œuvre de style comtien. Comte y adopte le tutoiement, retient quelques formules de sa correspondante, résume *Willelmine,* non sans souligner sa propre participation par d'« affectueux avis », et dit commune la conception de la « belle harmonie des fonctions solidaires mais indépendantes » des offices philosophiques qu'ils auraient « tous deux » partagée[1]. L'hommage à la « douce impulsion », à la « précieuse influence », au « salutaire ascendant » culmine dans une cascade d'invocations, où Clotilde est multifonctionnelle :

> Adieu, mon immuable compagne ! Adieu ma sainte Clotilde, toi qui me tenais lieu à la fois d'épouse, de sœur et de fille ! Adieu mon élève chérie et ma digne collègue ! Ton angélique inspiration dominera tout le reste de ma vie… (Comte, 1969, I, p. XX).

La « Dédicace » attend la publication du premier tome du *Traité.* Mais dès 1848 Comte publie ce qui doit en être le « Discours Préliminaire », le *Discours sur l'ensemble du positivisme*[2]. Sa « Préface » rend rapidement hommage à « l'ange méconnu » et à « l'incomparable affection privée » qui ranima la vie publique et la mission de l'auteur[3] ; la référence à

---

1. « Moi-même, sans doute, je dois viser finalement au cœur ; mais je n'y puis atteindre qu'indirectement par l'esprit […]. *À toi je réservais l'office inverse, plus facile* et non moins efficace, qui, par l'excitation des émotions sympathiques, dispose l'intelligence à l'admission presque irrésistibles des doctrines vraiment générales. Chacune de ces deux grandes opérations est socialement insuffisante sans l'autre […] » (Comte, 1969, p. XIV-XV ; je souligne).

2. Le *Discours sur l'ensemble du positivisme* est publié en août 1848, avant le traité qu'il doit ouvrir, car Comte entend le donner comme guide pour la réorganisation sociale après les derniers épisodes de la Révolution. Nous avons signalé, dans la présentation de notre réédition de 1998, les modifications apportées à sa reprise, en 1851, comme discours préliminaire du *Système*.

3. « Je dois ici rendre à sa sainte mémoire un tribut de gratitude qui n'équivaudra jamais à l'immensité du bienfait. La composition du grand traité dont ce discours n'est que le préambule commença, en 1846, par la dédicace exceptionnelle qui, six mois après notre

Clotilde est présente aussi dans l'épigraphe du *Discours*[1], et surtout dans la quatrième partie spécialement occupée de la place et du rôle des femmes dans le positivisme. S'y retrouvent l'identification de la femme avec l'affectivité, qu'elle contribue à développer chez l'homme, et l'évocation de Clotilde de Vaux comme modèle de ce que doit être « l'impulsion féminine »[2]. Du coup, Comte rend celle-ci « nécessaire », au moins pour tous les « organes systématiques » du positivisme, entendons les prêtres du futur sacerdoce, qui devront donc se marier[3]. S'y retrouvent aussi les thèses essentielles de la « Lettre philosophique sur le mariage » écrite pour Clotilde : l'homme est « entraîné spontanément vers le mariage », lieu du développement des facultés affectives ; il le faut sanctionner par « une solennelle intervention de la puissance sociale » ; il est indissoluble, il faut promouvoir l'« éternité d'union », et donc le « veuvage éternel » ; et la monogamie est un progrès attesté par toute l'histoire. De plus, le *Discours* pérennise encore l'unité du lien conjugal par la communauté de cercueil (Comte, 1998 : 269). Et surtout, Comte développe très longuement l'« existence essentiellement domestique des femmes » confirmée par leur « office maternel » et leur dépendance à l'homme[4]. Il leur ouvre cependant la possibilité de tenir salon et l'accès à une éducation presque identique à celle des hommes[5]. Enfin, plus d'un tiers de la quatrième partie expose ce culte de la Femme que Comte avait promis d'organiser : toujours présenté comme version modernisée de la chevalerie moyenâgeuse, il comprend alors, outre la modalité « privée » déjà largement mise en place du vivant de Clotilde, une modalité « publique » (Comte, 1998, p. 283-300) qui sont

---

fatale séparation, put seule rouvrir le cours de mes travaux. Mais un hommage aussi mérité ne serait pas entièrement digne de son objet si je le liais à un simple fragment. Je ne dois pas l'isoler de l'ensemble de l'ouvrage » (Comte, 1998, p. 39).

1. « On se lasse de penser et même d'agir ; jamais on ne se lasse d'aimer », *ibid.*, p. 43.
2. Et Comte de citer sa propre correspondance du 11 mars 1846 « à celle qui, malgré la mort, sera toujours mon immuable compagne » : « pour devenir un parfait philosophe, il me manquait surtout une passion, à la fois profonde et pure, qui me fit apprécier le côté affectif de l'humanité. »
3. C'est l'occasion d'une analyse comparée entre le positivisme et le catholicisme ; *cf.* Comte, 1998, p. 248-252. « La discipline oppressive » du catholicisme envers les affections, traduit selon Comte le principe « essentiellement personnel » de la quête du « salut ». Or celui du positivisme est « nécessairement social » et la « discipline positive établit naturellement l'harmonie la plus complète et la plus active entre le sentiment et la raison ».
4. *Ibid.*, p. 260, 262, 270-273, 278.
5. Sur les salons, *cf. ibid.*, p. 261 ; sur l'éducation, *ibid.*, p. 279-282 — la différence est dans l'absence de formation professionnelle des femmes puisqu'elles sont destinées à rester au foyer.

l'une et l'autre précisées et codifiées par la suite[1]. Clotilde est ici partout, sous la forme des regrets de « l'éminente collègue » et de citations de ses écrits, nouvelles et lettres. Et elle est désignée comme « sainte[2] ». Reste cependant à savoir ce qu'aurait pensé la jeune femme de cette promotion collégiale et de cette sanctification. Et ce que, elle, si soucieuse de son indépendance, aurait répondu au philosophe qui la transforme en chantre de la vie domestique…

Le *Système de politique positive* parfait cette sublimation. Sous-titré « Traité de sociologie instituant la Religion de l'Humanité », il développe ce qui n'était encore que « Culte » en « Religion » complète, avec la devise triple « L'amour pour principe, l'ordre pour base et le progrès pour but » inscrite maintenant sur les pages-titre. On retrouve, sinon des références à Clotilde, le développement de thèmes esquissés autour d'elle : par exemple, celui de l'angélisme féminin[3] et sa déclinaison en plusieurs types[4] qui a, sans aucun doute, à voir avec la promotion angélique déjà accordée à Clotilde et avec la complexité de ses relations avec Comte — qui se voulait père, frère, époux, etc.[5]. De fait, la présentation très systématique de la progression des analyses estompe les sources affectives de l'inspiration du philosophe. Qui décide alors de publier, au beau milieu de son *Traité*, un *Catéchisme positiviste* pour faciliter la propagation du positivisme religieux[6]. Et là Clotilde revient, clairement identifiée dans la « Préface » comme la catéchumène auquel s'adresse le Prêtre :

> Je devais spontanément choisir l'angélique interlocutrice qui après une seule année d'influence objective se trouve depuis plus de six ans, subjectivement

---

1. Dans son culte privé, Comte met en place des « Confessions annuelles » qu'il s'attache à rédiger pour la sainte Clotilde, où il fait le point sur son travail et sur les progrès du positivisme. Le culte public, dans son ensemble, est précisé par le *Calendrier positiviste ou Système général de commémoration publique* publié pour la première fois le 5 avril 1849 ; il comprend alors un « culte abstrait » et un « culte concret », ensuite retranscrits en tableaux ; *cf.* Comte, 1966, p. 188 et 265-271, puis Comte, 1969-1970, IV, p. 158 et 402 A et B.
2. Comte, 1998, p. 294-296, 298.
3. « Supérieures par l'amour, mieux disposées à toujours subordonner au sentiment l'intelligence et l'activité, les femmes constituent spontanément des êtres intermédiaires entre l'Humanité et les hommes » (Comte, 1969-1970, II, p. 63).
4. « La mère, l'épouse, la fille » représentant « les trois modes élémentaires de la solidarité, obéissance, union et protection », « les trois ordres de continuité en liant au passé, au présent et à l'avenir » ; et « les trois instincts altruiste, la vénération, l'attachement et la bonté », *ibid.*, p. 65.
5. Tout ceci est repris et développée dans Comte, 1969-1971, IV, consacré à la présentation de « l'avenir humain », où le chapitre 2 détaille les formes du culte.
6. *Cf.* Comte, 1969-1970, II, « Préface », IX. Le *Catéchisme positiviste* est publié en 1852.

associée à toutes mes pensées comme à tous mes sentiments (Comte, 1966, p. 39).

Et « l'angélique disciple », dont « l'angélique ascendant » combine les figures de Béatrice et de Laure, devient « l'ange inspirateur ». On soulignera cependant que Clotilde souffre un peu de sa réincarnation, puisque de collègue elle repasse au rang de catéchumène. De plus, Mme de Vaux est quelque peu prolétarisée puisqu'elle est ici prise comme représentante « des femmes, surtout illettrées ».

Comte proclame encore « l'incontestable filiation » qui lie toute la construction religieuse à « l'angélique influence » en 1854 dans la « Conclusion totale » du *Système*[1], redoublée d'une « Invocation finale », à la « Noble et tendre patronne »[2]. Comte transmet aussi à ses disciples des devoirs de célébration, qui confirment le patronage général de Clotilde sur la religion positiviste. Opérant ainsi la transmutation de la « Noble et tendre victime » de la « Dédicace » de 1846 en « Noble et tendre patronne »[3], Comte transforme la faiblesse en force, et collectivise une figure singulière et privée en figure publique et universelle. L'inspiration d'un seul devient aspiration pour tous.

La balance symbolique

La sublimation systématique de Clotilde de Vaux a aussi quelques autres effets, dont pâtit Caroline Comte. Elle en pâtit dès 1845-1846, financièrement d'abord, puisque Comte envisage de réduire assez nettement sa pension et que cela va de pair avec les avances faites à Clotilde par « affectueux protectorat ». Mais surtout les deux femmes sont érigées en types inversés[4]. En 1852 — et ceci est d'ailleurs en partie encore lié à une question financière —, le contraste est développé en un symbolisme universel où les deux femmes sont enrôlées dans une lutte haute en couleurs entre « révolutionnaires incurables » et « vrais positivistes » :

1. Comte, 1969-1970, IV, p. 529.
2. *Ibid.*, p. 545-556.
3. On peut dater les étapes de la transformation d'après les adresses des « Confessions annuelles » : depuis 1847, Comte s'adressait à sa « Noble et tendre épouse » ; c'est pour la confession de fin mai 1851 qu'il invoque la « patronne ».
4. AC à CV, *Cor*. III, p. 322-323 : « Vous savez à peu près à qui j'eus le malheur de vouloir consacrer ma vie. Sous aucun rapport, ce n'était certes une femme vulgaire. Mais chez elle, le défaut radical de pureté morale a suffi pour amener l'avortement presque total de hautes facultés intellectuelles, dont l'essor a été ainsi neutralisé par une aveugle personnalité, un orgueil extravagant et une vanité sans mesure. » Et Clotilde, à l'inverse, est le « type réel » de « l'alliance de la pureté morale avec la supériorité mentale ».

> […] cette lutte va s'accomplir sous deux bannières féminines, l'une verte l'autre rouge ; entre la vierge morte et l'impudique vivante, entre l'ange qui ne cessera jamais d'avoir trente ans et le démon qui vient de commencer sa cinquante et unième année. (Comte, *Cor*. VI, p. 334-335)[1].

La promotion positive de Clotilde de Vaux entraîne la symbolique négative de Caroline Massin. L'une devenue bénéfique fait de l'autre la maléfique.

Mais dans ces transformations surdéterminées, n'y a-t-il pas chez Comte une telle survalorisation de l'image de Clotilde, qu'elle ne pouvait ensuite qu'en être dépréciée ?

Profits et préjudices

Qu'en est-il alors du patronage de Clotilde de Vaux ainsi donné au positivisme et à la sociologie ? Comte n'y voit que des avantages. D'autres y ont trouvé bien des dommages.

Pour Comte, le passage de la philosophie positive au positivisme religieux, le complément que celui-ci apporte à celle-là doivent l'essentiel à Clotilde. Sans elle, sans le développement de son affectivité, la philosophie positive serait restée trop spéculative, quelque peu « desséchée », trop « personnelle » aussi au sens où elle aurait beaucoup plus servi les satisfactions des intellectuels qu'inspiré la solidarité sociale et l'altruisme. Par l'importance reconnue des sentiments, et l'usage qui en est fait, Comte pense que le positivisme pourrait ainsi conquérir des adeptes de tous bords, y compris femmes et prolétaires, et puis aussi diffuser par-delà l'Occident chez d'autres peuples…

Pour d'autres, le positivisme comtien et les tournures religieuses données à la sociologie et à la politique inquiètent, semblent même contradictoires avec les promesses de la « philosophie positive ». Ainsi pense Littré qui juge bien embarrassant l'amour que porte Comte à Clotilde de Vaux et sa généralisation philosophique. Littré prend plutôt le parti de Caroline, ce qui est pour beaucoup dans la rupture avec Comte en 1852. C'est Caroline qui pousse d'ailleurs Littré à écrire *Auguste Comte et la philosophie positive*, où Littré fait de sévères mises au point. Il lui a fallu, regrette-t-il, « scinder M. Comte » (Littré, 1863, « Préface », p. II-VI). Et de montrer — témoignages, lettres et documents à l'appui — combien Caroline fut attentive et Comte exigeant. Quant à l'effet Clotilde, il y voit plutôt le développement d'un amour sénile et contrarié, et il va même

1. À de Capellen, 17 août 1852 ; l'image est plusieurs fois reprises par différents disciples ; *cf.* p. 337, 340, etc.

jusqu'à diagnostiquer un retour des « orages cérébraux » connus par Comte par le passé[1]. Il est clair que, pour Littré, « l'ange inspirateur » eut plutôt un rôle négatif pour le devenir de la philosophie positive.

Un autre disciple de la première heure prend aussi ses distances dès 1846 : il s'agit de John Stuart Mill qui lui aussi s'explique plus tard sur *Auguste Comte et le positivisme*. Le ton est différent : discrétion sur Comte, ses désamours et ses amours, et démonstration que la tournure religieuse était bien dans la continuité de l'idiosyncrasie et des thèses philosophiques de Comte ; mais réserves expresses sur certaines de ces thèses, et tout particulièrement sur la conception comtienne du partage des rôles masculins/féminins (Petit, 1995).

Plus tard, Henri Gouhier, reposant la question du rôle de Clotilde dans le développement religieux, répond avec discernement :

> Comte n'a donc pas attendu Mme de Vaux pour savoir où son œuvre aboutissait, et même plus il avance, plus il découvre la richesse émotive de sa vérité et les possibilités d'une apologétique positiviste [...]. Le positivisme devait finir en religion. Pourtant il est incontestable que la religion de l'Humanité eût été tout autre sans Clotilde [...]. Cet amour n'ajoute pas une idée à un système d'idées qui se suffisait, mais une réalité vivante sans laquelle ce système d'idées eût été lettre morte [...]. Il y aurait eu une religion positiviste ; il n'y aurait pas eu un positivisme religieux (Gouhier, 1933, p. 25, 27, 29).

En tout cas, quant au rôle qu'aurait joué, plus ou malgré lui, l'« ange inspirateur », il en est un qu'il faut bien constater. Autour de l'effet Clotilde se sont catalysés les désaccords des disciples : aux orthodoxes qui ont développé le positivisme religieux, se sont opposés les dissidents qui le réprouvent. Même discordance chez les critiques historiens : certains, considérant que les femmes font écran à l'expression de la philosophie, tendent à estomper dans l'œuvre de Comte les traces de ses amours transformés ; alors que d'autres les soulignent jusqu'à n'en retenir parfois que cela (Kaufmann, 1978). Et tant d'affectivité irradiée dans une philosophie aussi systématique surprend toujours, amuse et irrite à la fois, entraîne aux jugements passionnés.

Ainsi, alors que Comte espérait par Clotilde, puis grâce à ce qu'il prétendait lui devoir, atteindre mieux un plus grand public, on peut se demander si, au contraire, la « féminisation » de son système ne l'a pas desservi, voire décrédibilisé.

Peut-être est-ce la vengeance de Clotilde et/ou celle de Caroline ?

---

1. *Cf*. Littré, 1863, surtout le préambule à la IIIe partie et le chap. VI. Même idée dans Littré, 1866, p. 6, où l'auteur parle des « absurdités » des dernières œuvres de Comte et les juge « pathologiques ».

RÉFÉRENCES

Comte Auguste

1966, *Catéchisme positiviste* (1852), Paris, Flammarion, coll. GF

1969-1970, *Système de politique positive* (4 tomes, publiés de 1851 à 1854) réimpression anastaltique, Paris, Anthropos.

1973-1990, *Correspondance générale et Confessions*, Paris, Vrin, coll. « Archives Positivistes », cité ici *Cor.* et n° du volume ; I, 1973 (1814-1840) ; II, 1975 (avril 1841-avril 1845) ; III, 1977 (avril 1845-avril 1846) ; IV, 1981 (1846-1848) ; V, 1982 (1849-1850) ; VI, 1982 (1849-1850), VII, 1853-1854) ; VIII, 1990 (1855-1857).

1975, *Cours de philosophie positive* (1830 à 1842), Paris, Hermann, 2 vol. (1 : de la 1ère leçon à la 45e ; 2 : de la 46e leçon à la 60e).

1995, *Discours sur l'esprit positif* (1844), Paris, Vrin.

1998, *Discours sur l'ensemble du positivisme* (1848), Paris, Flammarion, coll. GF.

Gouhier Henri

1933, 1936, 1941, *La Jeunesse d'Auguste Comte et la formation du positivisme*, Paris, Vrin, 3 vol.

1998, *La Vie d'Auguste Comte*, Paris, 1931.

Kaufmann Sarah, 1978, *Le Devenir-femme d'Auguste Comte*, Paris, Aubier-Flammarion.

Littré Émile

1863, *Auguste Comte et la philosophie positive*, Paris, Hachette.

1866, *Auguste Comte et Stuart Mill*, Paris, Baillère.

Mill John Stuart, 1868, *Auguste Comte et le positivisme* (Londres, 1865), traduit par G. Clémenceau.

Pickering Mary, 1993, *Auguste Comte. An intellectual biography, Volume I*, Cambridge, Cambridge University Press.

Petit Annie

1976, « Le Féminisme militant d'un auguste phallocrate : à propos du *Système de Politique positive* d'A. Comte », en coll. avec Bernadette Bensaude-Vincent, *Revue Philosophique*, n° 3, p. 293-311.

1980, « Comte, Michelet : La femme consacrée », en coll. avec Bernadette Bensaude-Vincent, *Actes du Colloque Romantisme et religion,* Paris, PUF.

1994, « L'Impérialisme des géomètres à l'École Polytechnique : les critiques d'Auguste Comte », *in La Formation polytechnicienne, deux siècles d'histoire*, Paris, Dunod, p. 59-75.

1995, « Auguste Comte et J. S Mill : la femme dans la politique positive », *in Actes du colloque Femmes dans la cité, 1815-1870*, Paris, Créaphis.

1998, « Auguste Comte et Clotilde de Vaux : les confidences d'une "année sans pareille" », Actes du Colloque *Difficulté d'être et mal du siècle dans les Correspondances et Journaux intimes romantiques de la première moitié du XIXe siècle – Cahier d'Études sur les Correspondances du XIXe siècle*, n° 8, Paris, Librairie Nizet, p. 303-327.

Rouvre Charles de

1920, *L'Amoureuse histoire d'Auguste Comte et de Clotilde de Vaux*, Paris.

1947, *Méditation sur Clotilde de Vaux à l'occasion du centenaire de sa mort*, Paris.

Entre privé et public : la participation des femmes aux travaux de l'Académie des sciences morales et politiques

Corinne Delmas

Entre le privé — la maison, le foyer, la famille, les intérêts particuliers — et le public — l'espace public, l'intérêt général, le bien commun, l'équivalent du politique — se constitue au XIXe siècle une sphère sociale où les femmes sont très présentes, et où leur présence non seulement ne soulève pas d'objection particulière, mais est même cautionnée et plébiscitée par une institution comme l'Académie des sciences morales et politiques (ASMP), alors préoccupée par les questions de pacification sociale et de moralisation.

Les femmes ne sont ainsi pas cantonnées à un simple rôle d'auditrices à des séances académiques publiques, qui constituent alors de grands moments de mondanité. Elles ne sont pas non plus cantonnées aux fonctions d'inspiratrices ou d'animatrices de salons qui, nonobstant leur importance (Fugier, 1988) et leur contribution au siècle précédent à la constitution d'une sphère publique (Goodman, 1992), sont réduits aux mondanités, à un moment où la parole féminine est refoulée (Perrot, 1991).

L'étude de la participation des femmes aux travaux de l'ASMP sur une longue période allant de 1832 — date de restauration de cette Académie par Guizot — aux années 1950, révèle une reconnaissance précoce mais limitée de femmes comme auteurs et savants, l'ouverture, au tournant du XIXe siècle, à la philanthropie féminine et le cantonnement, au fond, des femmes à un rôle social ainsi que la constitution de secteurs féminins des sciences sociales.

Des femmes auteurs et savants en sciences morales et politiques

À un moment où l'Université est assignée à la collation des grades, l'ASMP joue un rôle savant et d'expertise important et ses concours contribuent puissamment à la promotion de talents, comme en atteste l'analyse de leurs résultats, leur sélectivité et la trajectoire des lauréats (Delmas, 2000). Dans le cadre de ces concours académiques, on peut remarquer une reconnaissance réelle et précoce de femmes auteurs. La règle de l'anonymat favorise les candidatures d'autodidactes. Des femmes font ainsi acte de candidature dès les premiers concours de l'ASMP, et dans toutes les sections (philosophie, morale, économie politique, histoire et législation)[1], même si, il est vrai, elles semblent privilégier les concours dont les sujets leur permettent de rationaliser leur propre expérience[2], voire de se prononcer sur le statut de la femme dans la société. Le concours devient alors une tribune permettant à certaines femmes de faire entendre leur voix : ainsi Eugénie Niboyet, qui envoie un mémoire sur « les femmes, le travail, les progrès » en 1869[3] ; ou Maria Vérone, qui soumet un travail sur la situation des femmes dans les institutions de prévoyance, en 1909[4]. Cette dernière s'y insurge en particulier contre les inégalités de salaire entre les hommes et les femmes. Dans un autre registre, Augusta Moll-Weiss se porte candidate à de multiples reprises, montrant le rôle « magnifique » de la femme dans la prévoyance. Les femmes primées ou récompensées dans le cadre d'un concours pour un mémoire présenté anonymement, en réponse à un sujet proposé par l'une des sections de l'ASMP, sont cependant très peu nombreuses. Pour la période antérieure à 1914, on ne peut citer que les cas d'Elizabeth Celnart[5] et de Clémence Royer, récompensée deux fois à la fin du siècle[6].

Paradoxalement, c'est plutôt dans le cadre de concours nominatifs venant couronner des ouvrages publiés — ce type de concours émerge

---

1. Il est cependant impossible de quantifier précisément les candidatures féminines aux concours en raison de l'usage du double nom ou d'un patronyme masculin, du nombre de concours et de mémoires, qui n'autorise que des sondages, et de l'anonymat d'une partie des candidatures : si le candidat joint au mémoire un pli cacheté mentionnant son nom, pli décacheté seulement lorsque le mémoire obtient un prix, il ne mentionne pas toujours dans celui-ci son identité.
2. En particulier dans le cadre de concours portant sur l'éducation : archives de l'Institut, concours sur le rôle de la femme dans l'éducation, 1856, mémoires n° 25 et 26.
3. Archives de l'Institut, carton 515, mémoire de 115 p.
4. Archives de l'Institut, carton 344, mémoire n° 4, 92 p. dactylographiées.
5. Elle obtient le prix Grégoire décerné par la section d'histoire en 1839 sur le sujet : « Les nations avancent beaucoup plus en lumière, en connaissances qu'en morale pratique ». Le mémoire est publié l'année suivante sous le titre : *Du progrès social et de la conviction religieuse,* Paris, Treuttel et Wurtz 1840.
6. En 1883, par la section de philosophie, pour un mémoire sur « la doctrine de l'évolution au point de vue philosophique », et en 1888, pour le prix Beaujour, sur l'indigence et l'assistance dans les campagnes.

dans les années 1860 à l'ASMP — que des femmes vont être récompensées. Elles se portent plus massivement candidates à ce type de concours, quand bien même elles se présentent rarement aux plus prestigieux, rémunérateurs et concurrentiels d'entre eux, tel le prix Audiffred ouvrages. Créé en 1882, et destiné à récompenser « l'ouvrage imprimé le plus propre à faire aimer la morale et la vertu et à faire repousser l'égoïsme ou l'envie, ou à faire connaître et aimer la patrie », il attire de nombreux candidats[1], sans doute en raison de la valeur élevée de ce prix annuel de 10 000 francs.

Une douzaine de femmes obtiennent un prix académique pour un ouvrage jusqu'en 1914. Cette plus large reconnaissance s'accompagne toutefois d'une forme de cantonnement savant. Les ouvrages primés relèvent en effet majoritairement de certains domaines très spécifiques : éducation, économie domestique, enseignement ménager. Sont ainsi récompensés « L'art d'être heureux » d'Éline Roch, fondatrice d'une œuvre d'éducation populaire en 1892, « La femme au foyer » (Mme Bréville, 1904), des pièces pour enfants (Marie Grandin, directrice d'une école maternelle, 1914), « L'honnête femme contre la débauche » (Mme J. Leroy, 1913), « La réforme du cabaret et les restaurants de tempérance » (M. et Mme Legrain, président et secrétaire générale de l'Union française antialcoolique, prix Carlier, 1903).

Font exception toutefois deux ouvrages d'histoire : celui de la Comtesse Lipinska, de Varsovie, qui obtient en 1912 une mention très honorable au concours Drouyn de Lhuys pour son *Grand duché de Posen de 1815 à 1830* paru l'année précédente, et celui de la fille de François Guizot, Henriette Conrad de Witt, les *Chroniqueurs de l'histoire de France* (Hachette, 1882-1886, 4 vol.) qui obtient le prix Audiffred en 1886. Après 1914, les femmes se portent plus largement candidates à certains prix, présentant massivement, dans les années 1920, des ouvrages portant sur des questions d'hygiène.

Reconnues comme auteurs, des femmes sont parfois associées par la suite aux travaux de l'ASMP, par le biais de la cooptation dans des sociétés savantes satellites de l'ASMP, telle la Société d'économie politique qui ouvre en 1902 ses portes à Clémence Royer, collaboratrice au *Journal des Économistes* depuis les années 1880. À partir des années 1920, des femmes sont également sollicitées pour faire des communications au sein de l'ASMP. Ainsi particulièrement la multi-lauréate Augusta Moll-Weiss, collaboratrice du Musée social, spécialiste des questions d'éducation ménagère. Il s'agit là d'une trajectoire classique pour la plupart des lauréats

1. Plusieurs dizaines de candidats (en moyenne une trentaine) se bousculent pour ce prix, alors que les autres prix attirent nettement moins de candidats (souvent moins de dix).

venant ensuite faire une ou plusieurs lectures au sein de l'Académie avant d'être éventuellement cooptés par celle-ci.

C'est toutefois dans la cooptation que l'ouverture aux femmes trouve justement ses limites. Certes, dès le milieu de XIXe siècle, Victor Cousin proposait la candidature de George Sand à l'Académie française ; de même, la question de l'élection de Rosa Bonheur à l'Académie des Beaux-Arts ou de Sophie Germain à l'Académie des sciences était soulevée. De fait, à partir des années 1890, les candidatures féminines se multiplient. Les candidates se voient cependant opposer par l'Académie française et l'ASMP, jusque dans les années 1920, une fin de non-recevoir. Ainsi, en 1892, Clémence Royer fait acte de candidature à l'ASMP, l'initiative de cette candidature revenant à deux groupes féministes, Solidarité et Égalité[1]. Mme Léon Bertaux s'était pour sa part portée candidate le 16 juillet 1892 à l'Académie des Beaux-Arts. S'ensuivront d'autres candidatures : celle de la romancière Pauline Savari, qui se présente au fauteuil d'Ernest Renan à l'Académie française, le 19 janvier 1893 et en 1898 ; celle de la Comtesse de Champion en 1908 ; celle, en 1911, de Marie Curie, double prix Nobel, au fauteuil antérieurement occupé par Pierre Curie à l'Académie des sciences ; celle, en 1923, de Mme Mortier, sous le pseudonyme de J. Aurel, au fauteuil de Jean Aicard à l'Académie française ; celle, à trois reprises, d'Irène Joliot-Curie (prix Nobel de chimie en 1935) ; celle de Françoise Parturier en octobre 1970, au fauteuil de Gérôme Carcopino, à l'Académie française. Signalons aussi les nombreuses candidatures de Louise Weiss et d'Edmée de la Rochefoucaud à l'ASMP qui, après la Deuxième Guerre mondiale, décide que rien n'interdisait aux femmes les portes de l'Académie[2]. Il faut toutefois attendre le 22 mars 1971 pour qu'une femme soit cooptée par l'Institut, avec l'élection comme membre titulaire de la section de législation de l'ASMP de Suzanne Bastid (dont le récipiendaire rappelle qu'elle est fille et femme d'académicien…)[3].

---

1. Sur cette candidature, *cf.* Fraisse, 1985. S'opposent particulièrement à une telle candidature féminine : Dareste, Esmein, de Franqueville, Morizot-Thibault, Rocquain, de La Gorce et Fagniez.
2. L'Académie française adopte une position équivalente en 1970 à propos de la candidature de Françoise Parturier. Sur ces différentes candidatures, *cf.* Archives de l'Académie française, extrait PV de séances du 19 janvier 1893 (à propos de la candidature de Mme Pauline Savari : « l'Académie, considérant que ses traditions ne lui permettent pas d'examiner cette question, passe à l'ordre du jour »); PV 16 juillet 1892, Académie des Beaux-Arts ; PV séance du jeudi 19 avril 1923 de l'Académie française ; *Le Monde*, 16 octobre 1970 (à propos de la candidature de Françoise Parturier à l'Académie française) ; Chenot, 1991.
3. S'ensuivront les élections de Jacqueline de Romilly à l'Académie des inscriptions et belles lettres en 1975, d'Yvonne Choquet-Bruhat à l'Académie des sciences en 1979, et

Des fondatrices d'œuvres

Les femmes récompensées par l'ASMP et intervenant au sein de cette institution sont très majoritairement des fondatrices d'œuvres et c'est le plus souvent à ce titre qu'elles obtiennent une reconnaissance académique. Ce point est doublement révélateur : d'une part de la position d'une institution qui vient très largement, à partir des années 1860 et 1880, récompenser les initiatives privées en matière de réforme sociale dont elle compte d'ailleurs en son sein certains des principaux représentants ; d'autre part, du rôle et de la place des femmes dans la réforme sociale. Cette place et ce rôle sont anciens et de premier plan, nonobstant la mauvaise connaissance que l'on peut avoir de l'œuvre sociale des femmes à la fin du XVIIIe siècle et au cours de la première moitié du XIXe (*cf.* Duprat, 1991).

L'analyse des prix accordés à ces fondatrices d'œuvres sur la longue durée est en même temps révélatrice d'une division sexuée du travail en matière de réforme sociale : aux femmes reviennent prioritairement les secteurs de l'éducation, de la moralisation, particulièrement l'éducation des filles du peuple, et plus largement l'éducation et la protection des filles et des jeunes femmes. C'est que la femme est perçue comme étant d'abord et avant tout une mère et une éducatrice, rôle majeur depuis longtemps promu au sein d'une ASMP faisant de la morale, du maintien de l'ordre social et de la moralisation du peuple ses priorités. Le rôle social d'une femme agent de moralisation, garante de l'ordre social en tant que gardienne du foyer, y est depuis longtemps mis en avant et a fait l'objet de nombreux travaux et discours[1]. À la fin du siècle, l'assignation de la femme à sa fonction reproductrice et à son double rôle de mère et d'éducatrice est ravivée encore sur fond de préoccupations natalistes. La division sexuée du travail de réforme sociale s'explique alors également par les tendances nouvelles vers l'action sociale féminine qui se développent, en particulier en milieu catholique. Celles-ci sont liées au vaste mouvement de réforme sociale défendu par l'Église (Knibiehler, 1991). Le pape Pie X recommande aux chrétiennes de France « d'aller au peuple, de lui rendre service, dans une vraie confraternité chrétienne ». Ces orientations nouvelles sont soutenues par le développement d'un esprit féministe

---

de Marguerite Yourcenar en 1980 à l'Académie française. En 2001, trois femmes (sur cinquante académiciens) siégeaient à l'ASMP : Claude Dulong-Sainteny, Alice Saunié-Séité et Marianne Bastid-Bruguière.

1. Si on se réfère aux travaux menés par l'ASMP ou son égide ou encore aux travaux individuels de ses membres, en particulier ceux d'un Jules Michelet ou d'un Jules Simon.

chez les femmes catholiques, ainsi que par la nécessité de trouver des activités convenables pour des religieuses sécularisées par la loi sur les congrégations et pour des jeunes filles de plus en plus nombreuses qui reçoivent désormais une instruction secondaire de meilleure qualité.

Ces tendances vers l'action sociale féminine en milieu catholique font apparaître le besoin d'organisations spécifiques : la formation de syndicats est ainsi particulièrement encouragée par l'ASMP. L'initiative de Marie-Louise Rochebillard, qui est à l'origine de plusieurs syndicats professionnels catholiques à Lyon et à Paris — un syndicat de couturières à domicile vient d'être créé en 1909 dans le quartier de Plaisance —, est aidée et cautionnée en 1910 par l'ASMP qui lui accorde le prix Tanesse. Ce prix triennal de 3 000 francs, fondé par un professeur de l'enseignement secondaire et attribué pour la première fois en 1910, doit être

> décerné à la personne ayant, dans les trois dernières années précédant le concours, le plus contribué à améliorer la condition de la femme dans une classe de la société, ou dans la société tout entière, soit par des écrits, soit par des dons, soit par l'établissement de certaines institutions auxiliaires de l'assistance publique, par exemple pour l'allaitement, l'éducation, l'apprentissage, le patronage etc. (Haussonville, 1910, p. 434)

L'ASMP, précise le rapporteur du prix, avait préféré récompenser alors, plutôt qu'une œuvre de bienfaisance — « si nombreuses et si variées dans notre pays qu'elles n'ont pas besoin d'être encouragées » —, une œuvre tendant « non pas à soulager la misère, mais à la prévenir en améliorant la situation économique de la femme » (*ibid.*, p. 435). D'autant que l'on peut alors parler de « douloureuse infériorité de salaire de la femme dans certaines professions » (*ibid.*, p. 436). Et les femmes sont alors encouragées à faire un usage de la loi du 21 mars 1884 sur les syndicats plus large que celui qu'elles en ont fait jusqu'alors (*ibid.*, p. 437). L'ASMP se fait donc à cette occasion l'apôtre d'un syndicalisme entendu comme instrument de moralisation et d'encadrement des catégories populaires, « non point du syndicalisme compris comme un instrument brutal de lutte entre les classes, mais au contraire comme un moyen d'élever le niveau moral et social de la condition de l'ouvrière » (*ibid.*, p. 438-439).

Un même esprit préside à l'attribution, en 1919, du prix Tanesse à un syndicat professionnel féminin, l'Abbaye, fondé en 1902 par Mme Milcent, religieuse de Saint-Vincent-de-Paul (et sœur de l'apôtre des syndicats agricoles, Louis Milcent). Il s'agit d'un groupe d'œuvres destinées à améliorer la condition de la femme ouvrière « en se plaçant à la fois au point de vue professionnel, économique et social ». Professionnellement, il s'agit d'appeler « l'attention du législateur sur les points à régler dans l'organisation du travail » (Sertillanges, 1919, p. 561) ; deux membres de ce syndicat siègent au Conseil supérieur du travail, une autre à la Commission municipale de Paris. Économiquement, l'action passe par le biais de divers services. Socialement, l'Abbaye espère donner à ses adhérentes une « direction sérieuse et utile » en leur inculquant « les plus saines doctrines sociales », en suscitant « chez les travailleuses, qui longtemps y furent rebelles, un esprit vraiment syndical, c'est-à-dire un esprit de solidarité professionnelle agissante, un esprit de revendication juste écartant à la fois l'individualisme et les coalitions agressives. » Et le rapporteur du concours, Sertillanges conclut :

> Originairement et en lui-même, le sentiment syndical n'a rien de révolutionnaire, c'est un effort d'union, et pour s'unir il n'est pas nécessaire de s'unir contre quelqu'un. Soutenir ses droits, remplir ses devoirs et pratiquer sous une inspiration de foi le meilleur patriotisme, c'est un idéal digne de l'initiative d'une bonne Française, fille de Saint-Vincent de Paul. (Sertillanges, 1919, p. 563)

Cette insistance renvoie au souci récurrent, au sein de l'ASMP, d'une pacification sociale qui se manifeste aussi dans la multiplication des prix venant récompenser des œuvres contribuant à l'amélioration du sort du peuple et à sa moralisation (prix Carlier, Thorel, etc.). Ceux-ci contribuent à l'ouverture de cette institution aux initiatives des femmes. Car en la matière, le rôle des ouvrières, gardiennes du foyer, mères, épouses et éducatrices est essentiel, d'où la promotion d'une instruction et d'une éducation de ces femmes, en particulier de l'enseignement ménager, de l'enseignement d'un sens de l'épargne, ainsi que de toutes formes d'aide matérielle et morale apportées par d'autres femmes — le plus souvent issues des classes élevées, de la bonne bourgeoisie. Sont ainsi particulièrement récompensées les œuvres du trousseau et autres œuvres pratiques destinées « à exercer, à entretenir chez [les] enfants, l'amour du foyer domestique » (Chuquet, 1909, p. 672).

L'œuvre du Trousseau fondée en 1899 par Mme Béguin, directrice d'une école primaire de jeunes filles à Paris, dans l'un des quartiers les plus pauvres de Charonne, a comme mérite, souligne A. Chuquet, rapporteur du prix que cette œuvre obtient en 1909, de développer et d'entretenir

> chez les jeunes filles l'amour du foyer domestique, l'esprit d'économie et d'épargne, le goût de l'aiguille [...]. Et combien de ces enfants apprennent ainsi qu'il faut avoir un foyer, qu'il faut aimer ce foyer, que ce foyer n'aura d'agrément et de gaîté, ne sera aimable et souriant que si la femme qui le garde est prévoyante, prudente, rangée, fidèle à son devoir ! Combien de ces enfants apprennent ainsi qu'il faut sagement ranger sa vie. (*Ibid.*, p. 675)

Par ailleurs, et ce n'est pas son moindre mérite,

l'œuvre du Trousseau associe dans un même sentiment de bonté, de solidarité, de mutualité celles qui sont pauvres et celles qui sont plus aisées. […] Les classes se rapprochent et les cœurs aussi. (*Ibid*., p. 675-676)

On défend de même au sein de l'Académie la nécessité d'un enseignement ménager. Le rapporteur du concours Thorel, Souchon, conclut en 1918 à propos d'un ouvrage d'Augusta Moll-Weiss,

> sur la nécessité d'organiser chez nous toute une éducation ménagère. D'autres pays sont entrés résolument dans cette voie, l'Angleterre notamment. Nous n'avons rien fait ou à peu près. N'est-il pas temps de mieux préparer les femmes de France à des devoirs qui deviennent plus compliqués dans une vie moins facile ? L'idée est juste. (Souchon, 1920, p. 451)

Pour assurer ces missions de formation et d'encadrement, le rôle d'éducatrice de la femme et sa spécificité sont couronnés au sein de l'ASMP. On remarquera toutefois que si l'ASMP s'ouvre par la cooptation à de grandes figures de pédagogues (Compayré, etc.), elle ne s'ouvre à — et ne couronne — l'activité des grandes pédagogues féminines qu'en primant deux femmes particulièrement importantes dans le domaine, Marie Pape-Carpantier et Pauline Kergomard[1]. Le rapporteur du prix Halphen en 1867 justifie ainsi l'attribution de ce prix à Marie Pape :

> la commission a pensé que de nos jours il y a pour la société française un intérêt de premier ordre à susciter parmi les femmes, par tous les encouragements possibles, des vocations pour l'enseignement. (Drouyn de Lhuys, 1867, p. 328).

Nombreux sont, de ce fait, les prix accordés à des œuvres féminines d'éducation des jeunes enfants, à diverses œuvres de patronage en faveur de l'enfance ouvrière, telle celle créée en 1886 par Mlle Richemont à laquelle l'ASMP accorde un prix en 1907. Accueillant des jeunes filles de douze à vingt-cinq ans, enfants d'ouvriers, petits commerçants et très modestes employés, on lui reconnaît pour

> but principal […] de former [les filles du peuple] à une vie morale et chrétienne, d'en faire d'honnêtes mères de famille, de les préparer aux devoirs qu'elles auront un jour à remplir. (Rocquain, 1907, p. 563-564)

Ce souci de protection des jeunes filles domine particulièrement au début du siècle. Le prix Tanesse est ainsi attribué en 1916 à l'Association catholique internationale pour la protection de la jeune fille, fondée en Suisse en 1896, qui a été éprouvée par la guerre :

1. Qui obtient en 1894 le prix Halphen pour *L'Ami de l'enfance* (Paris, Hachette, 1894).

> Votre commission a pensé que le meilleur moyen de servir la femme était de la prémunir contre les dangers qui la menacent, surtout dans les périls de la jeunesse, dans les tristesses de l'isolement, dans les tentations de la pauvreté

précise le rapporteur du prix (La Gorce, 1916, p. 509).

De même, l'œuvre des Foyers féminins de France — œuvre reconnue d'utilité publique, présidée par la Comtesse Roussy de Sales — obtient en 1925 le prix Tanesse, sur un rapport de Raphaël Georges Lévy (Lévy, 1925, p. 370-371). De même encore l'œuvre du Midi, œuvre parisienne de protection des jeunes filles comprenant des restaurants et des maisons de famille dont la fondatrice et directrice, Mlle d'Abadie d'Arrast, obtient ce même prix en 1931 (*cf.* Risler, 1931, p. 422-424).

Les initiatives privées et féminines d'enseignement des jeunes filles, en vue de les préparer à une activité professionnelle, sont aussi récompensées ; ainsi, par exemple, les études commerciales à destination de jeunes femmes organisés à Lyon par Mlle Luquin[1]. Il en est de même des formations de résidentes pour les « maisons sociales », d'infirmières d'hygiène sociale qui sont favorisées. L'une des premières tentatives en la matière, celle de Léonie Chaptal, dans le XIVe arrondissement de Paris, dans la paroisse du quartier de Plaisance, est aidée à une double reprise par l'ASMP (qui la récompense en 1905, avant de lui accorder un prix substantiel en 1907).

L'ASMP aide également des œuvres féminines de réinsertion des filles délinquantes, décernant un prix en 1909 à Eugénie Aglaé Morin (sœur Marie Ernestine) (Rocquain, 1909, p. 67). Il faut d'autant plus aider de telles œuvres s'efforçant à « préparer (ces femmes), par le travail, par l'éducation, à rentrer dans la société, de leur donner les moyens d'y vivre et d'y vivre honnêtement » (Chuquet, 1909, p. 71) que « la loi relative aux congrégations enseignantes a eu une répercussion » matérielle néfaste sur ce type d'établissement (dissolution de la communauté dont elles dépendaient, retrait de subvention étatique, etc.)[2].

---

1. Dont l'ouvrage sur le sujet fait l'objet au sein de l'ASMP déjà d'un compte rendu élogieux par Levasseur ; il a reçu des éloges semblables dans la presse de la part d'autres académiciens : Baudrillart, Courcelle-Seneuil, Leroy-Beaulieu. L'œuvre scolaire de Mlle Luquin avait reçu, dix ans auparavant, à l'Exposition universelle de 1878, une double médaille ; *cf.* Beaussire, 1888, p. 260.
2. Chuquet, 1909, p. 78. Plusieurs académiciens avaient déjà visité et loué cet établissement (Joly G. Picot en 1882 parlant de « maison modèle »). En 1909, la religieuse mère Ernestine a quatre-vingt-dix ans et a obtenu déjà de nombreuses distinctions dont la grande médaille d'or à l'Exposition universelle de 1900. Le rapporteur pourra conclure : « une dernière et suprême consécration manquait encore […] le prix Audiffred » (Rocquain, 1909, p. 83).

Agent de moralisation en tant que mère et éducatrice, la femme se voit finalement accorder un rôle d'autant plus important en ce domaine que se pose de plus en plus la question de l'enseignement des jeunes filles. Ce sont surtout des fondatrices d'œuvres éducatives et orientées vers l'éducation des jeunes filles qui obtiennent la caution académique. Les prix et comptes rendus académiques d'ouvrages traitant de ce thème se multiplient et prennent parfois un tour étonnamment progressiste pour l'époque. Ainsi Achille Luchaire souligne-t-il en 1897 :

> le livre de la vicomtesse d'Adhémar intitulé : *Nouvelle éducation de la femme dans les classes cultivées* est plus qu'un livre : c'est un manifeste lancé avec une conviction chaleureuse [...] Il faut que la jeune fille soit de son temps, et s'initie aux questions d'actualité les plus diverses dans les livres les plus modernes [...] Celles qui acceptent la mission d'éveiller et de former l'intelligence de nos filles, doivent avoir elles-mêmes des clartés sur tout. (Luchaire, 1897, p. 230-231)

Et l'auteur de l'ouvrage aborde à mots couverts la question de l'éducation sexuelle de ces jeunes filles qui ne peut être laissée aux soins des seules mères et de la nécessité de lutter contre la demi-ignorance où sont laissées les jeunes filles.

Mais ces positions émancipatrices restent minoritaires. L'ASMP invite plus fréquemment les femmes que ne pousse pas la nécessité économique à rentrer au foyer. En 1913, le prix Audiffred est accordé à *L'Honnête femme contre la débauche*, un ouvrage « propre à faire aimer la morale et la patrie » dont l'auteur, « Mme Leroy-Allais enseigne aux femmes leur devoir et leur en montre l'étendue » :

> On dit volontiers que les temps sont difficiles pour la femme et qu'elle ne doit plus se borner à rester au logis pour y pratiquer les vertus domestiques ; Mme Leroy-Allais répond que, si la femme était restée davantage au foyer pour y pratiquer les vertus domestiques, les temps seraient moins difficiles ; que l'un des meilleurs moyens de remédier à la difficulté des temps c'est précisément de remettre le foyer en honneur et de rendre tout leur lustre aux vertus familiales ; que la femme qui remplit assidûment sa tâche au foyer peut beaucoup pour la réforme des mœurs, peut même plus que toutes les ligues et que toutes les lois [...] Les honnêtes femmes qui liront ces 300 p. apprendront avec l'auteur à lutter sans peur ni défaillance pour la cause sacrée de la morale, à élever des hommes sains, robustes et vertueux, à soustraire la jeunesse ouvrière à la tentation et à la chute, à protéger l'enfance délaissée. (Chuquet, 1913, p. 358-359)

L'ASMP conforte le rôle social de la femme en récompensant aussi certaines œuvres féministes, dès lors que celles-ci défendent des droits des femmes conçus comme indissociables de « l'intérêt des familles et du pays » et qu'elles se caractérisent par un pragmatisme et une modération certains. La caution académique est par ailleurs obtenue à un moment où les velléités féministes commencent à rencontrer une large audience.

L'ASMP accorde ainsi le prix Tanesse en 1913 à Mme Jules Siegfried pour l'ensemble de ses œuvres : œuvres à destination de femmes pauvres, telle l'œuvre de la Chaussée du Maine, mais aussi l'œuvre, voire le parti (Klejman et Rochefort, 1989), féministe qu'elle dirige alors, le Conseil national des femmes françaises. Celui-ci a été constitué, précise l'académicien Charles Lyon-Caen, « pour grouper les associations ayant pour but l'amélioration de la condition de la femme, devenues très nombreuses », et « a porté souvent son attention sur l'amélioration de la condition légale de la femme ». Il a obtenu des progrès sérieux (droit de dépôt à la caisse d'épargne, capacité de disposer de son salaire, droit à être témoin dans des actes de l'état civil), et réclame alors la réglementation du travail à domicile dans l'industrie de la couture ainsi que l'égalité de traitement entre les instituteurs et les institutrices (Lyon-Caen, 1913, p. 281). Sans doute, reconnaît le rapporteur, quelques-unes de ces réformes suscitent de vives discussions,

> mais pour faire prévaloir leurs idées, les membres de cette association ne recourent à aucun des moyens violents dont ne craignent pas de faire usage les femmes de certains pays. Elles cherchent à convaincre par leurs paroles et par leurs écrits, en faisant appel aux considérations les plus élevées, à l'esprit de justice, à l'intérêt des familles et du pays. (*Ibid.*, p. 273-282)

D'autres œuvres féministes seront récompensées dans les années 1920 et 1930. L'ASMP qualifie la bibliothèque fondée par Marie-Louise Bouglé en 1921, qui rassemble des documents relatifs à la femme, à l'histoire du féminisme et aux questions féminines, « d'œuvre sociale féministe d'un très grand intérêt » et lui accorde une récompense de 2 000 francs en 1937 (Risler, 1937, p. 769). Le reste du prix est accordé sous forme d'une récompense de 900 francs à Lya Berger, dont l'ouvrage *Le Vaste champ du célibat* « montre l'action importante et si précieuse » exercée « par les jeunes filles qui ne se marieront pas », et expose « l'œuvre admirable qui s'offre à elles » : « c'est du bon féminisme, sage et indépendant des contingences politiques ; il ne vise qu'à soutenir, dans leur action morale, les femmes » et à accroître leur confiance en elles-mêmes (*ibid.*, p. 768).

En 1937, le prix Tanesse est accordé à l'Office de renseignement pour les carrières féminines créé à Paris en 1925, dont la présidente est Mlle Fiévet, directrice honoraire de l'École supérieure, et dont le but est de

> centraliser les documents relatifs aux carrières féminines d'ordre intellectuel et de les mettre à la disposition des jeunes filles ou des femmes souhaitant se créer une situation. (Brunschvicg, 1934, p. 334)

Cantonnement des femmes à un rôle social et constitution de secteurs « féminins » des sciences sociales

Les cautions apportées par l'ASMP à des œuvres féminines contribuent au fond à la constitution de secteurs « féminins » des sciences sociales. En même temps, cantonnées au social, les femmes sont exclues du politique et des sciences politiques (entendues alors comme sciences du gouvernement).

Les débats académiques sur la démocratie, le vote et le suffrage des femmes sont révélateurs de cette exclusion du politique. En 1881, la section de morale de l'Académie met au concours le sujet suivant : « Quels sont les éléments moraux nécessaires au développement régulier de la démocratie dans les sociétés modernes ? » Le prix est obtenu, sur un rapport particulièrement élogieux (Martha, 1882, p. 603-619), par l'ingénieur des Ponts et chaussées Philibert d'Ussel, neveu de l'académicien Esquirou de Parieu. Ce grand notable, aristocrate érudit et écrivain politique, développe dans son mémoire des idées amorcées dans un *Essai sur l'esprit public*, publié quatre ans plus tôt (d'Ussel, 1877)[1]. C'est l'ordre social qu'il s'agit ici de préserver des « désordres moraux que produit inévitablement dans les sociétés l'excès de la démocratie » (d'Ussel, 1877, p. 60). La religion est présentée comme la « principale assise morale des sociétés » aux côtés de la famille. Et l'auteur remet en cause « la tendance destructive de la famille [...] qui consiste à établir l'égalité entre le père et le fils, entre l'homme et la femme ». Sont ainsi en particulier dénoncées ces « femmes savantes [qui] ne savent plus tenir la maison de leurs maris », alors que leur place est au foyer (*ibid*., p. 179-186). L'auteur défend le rôle moral de la femme, à l'instar de la plupart des membres de l'Académie. La place des femmes dans la cité et la vie politique demeure ainsi, au sein de l'ASMP, une question morale. Le seul concours sur le droit électoral des femmes au début du siècle émane de la section de morale, et le rapporteur s'y montre plus soucieux des conséquences pratiques, éventuellement négatives, d'un tel droit que d'équité (Rebelliau, 1913, p. 162-171)[2].

---

1. Le dernier chapitre de cet ouvrage, qui interrogeait l'« esprit public » depuis l'Antiquité, était consacré à la démocratie moderne. Cet ouvrage avait fait l'objet d'un compte rendu élogieux dans la *Revue Historique* (de Pomairols, 1880, p. 382).
2. Le prix est par ailleurs partagé égalitairement entre deux mémoires, dont l'un (celui de Joseph Barthélemy) est favorable au droit de vote des femmes, et l'autre est hostile à cette extension du droit de vote (mémoire de Théodore Joran).

On pourrait donc parler de cantonnement, voire d'assignation des femmes au social. Ainsi que nous l'avons vu, les femmes sont plutôt récompensées sur des sujets moraux et sociaux, et plus précisément pour des œuvres portant sur l'éducation des jeunes filles et des jeunes enfants. Par ailleurs, tout en étant encouragées à sortir du foyer pour contribuer à l'œuvre de réforme sociale, elles restent assignées à l'espace privé. Comme le démontrent les récompenses attribuées à des travaux empiriques, elles semblent aussi vouées à l'action et au présent plus qu'à l'écriture et à la réflexion. La référence à l'affectif des femmes est constante dans les travaux académiques et des académiciens ; les femmes trouvent leur place du côté du sentiment plutôt que du rationnel.

La dizaine de femmes qui viennent lire un mémoire devant l'ASMP avant 1940 semblent se plier à cette répartition des domaines de compétence, en traitant presque exclusivement de questions « féminines » : enseignement ménager, économie domestique, mœurs, protection des femmes et de l'enfance, électorat et éligibilité des femmes. Augusta Moll-Weiss intervient ainsi en 1927 sur les employées de maison, sur la lutte contre la vie chère par l'éducation du peuple ; en 1930, elle traite du rôle de l'enseignement ménager dans la vie contemporaine, en 1936 de l'alimentation de l'écolier. Marcelle Legrand-Falco fait une communication sur la réglementation de la prostitution le 22 novembre 1930. Armand Delille et Mme Vidy interviennent le 25 mai 1940 sur l'organisation départementale de la protection de la femme et de l'enfant. Mme Malaterre-Sellier intervient le 29 juin 1928 sur l'électorat et l'éligibilité des femmes. L'auteur de cette dernière communication, Germaine Malaterre-Sellier, féministe et future dirigeante de l'Union française pour le suffrage des femmes (UFSF) et du Conseil national des femmes françaises (CNFF), infirmière patriote blessée et décorée pendant la guerre de la Croix de Guerre et de la Légion, est une catholique anticonformiste proche de Marc Sangnier. Sa communication académique, tout en s'inscrivant dans cette bipartition sexuée des domaines de compétence, tout en attestant à la fois de l'ouverture académique aux revendications féministes et de ses limites, montre que ces femmes ne sont pas aussi soumises au rôle qu'on leur concède.

Cette communication s'inscrit dans une période marquée par la multiplication des actions et manifestations féministes en faveur du suffrage des femmes face à l'hostilité du Sénat, qui vient de refuser de fixer une date pour la discussion du rapport Marraud sur le vote des femmes. Le 27 juin, un meeting de protestation a lieu dans la grande salle des Sociétés savantes qui annonce de nouveaux moyens de pression (*cf.* Lehmann, 1928, p. 552-557) ; le 28 juin, une cinquantaine de suffragistes manifestent devant le

Sénat (*cf.* Bard, 1995). Dans cette période de l'entre-deux-guerres, la plupart des académiciens sont favorables, à titre personnel, au suffrage des femmes ; un Charles Lyon-Caen ou un Joseph Barthélemy sont par exemple membres de la Ligue des droits de la femme… La communication académique de Germaine Malaterre-Sellier ne fera toutefois l'objet d'aucune discussion (du moins publique) ni d'aucune publication de la part de l'ASMP[1]. On peut supposer que cette communication, qui semble passer relativement inaperçue[2], reprend la plupart des thèmes et des arguments développés par son auteur dans ses nombreuses autres interventions sur le sujet, arguments qui se veulent scientifiques et qui reposent ainsi sur l'examen « des résultats obtenus dans les pays où le suffrage féminin est établi » (Malaterre-Sellier, 1930, p. 116), « résultats […] excellents » (*ibid.*, p. 117). L'argumentation est différentialiste et c'est en raison de son intérêt pour les « fléaux sociaux », pour la paix et la question sociale que la femme a beaucoup à apporter à la vie de la nation et doit dès lors se voir accorder le droit de vote.

> La femme électrice fait passer dans la vie politique les préoccupations qui sont les siennes — préoccupations plus sociales et plus morales que celles des hommes — […] La femme gardienne du foyer, mère, éducatrice, se sert de son bulletin de vote pour faire passer les préoccupations familiales dans la vie publique et parlementaire. C'est l'exemple que nous fournit l'étranger. (*Ibid.*, p. 149)

Ainsi, le « suffrage féminin » est « moins une question politique qu'une question sociale et morale de laquelle dépend, pour une large part, l'avenir de la patrie, du foyer et des enfants » (Malaterre-Sellier, 1925, p. 1). « C'est au nom de la mission traditionnelle de la femme qu'il faut réclamer sa collaboration dans la vie politique » et « la femme a le devoir de jouer dans la patrie le rôle qu'elle joue à son foyer » (*ibid.*, p. 2). Et si les hommes « ont plus de clairvoyance que [les femmes] sur certaines questions […] il en est d'autres où l'aide des femmes leur est vraiment indispensable » ; ainsi en est-il de « la crise de la mortalité infantile, […] [de] la tuberculose, […] [d]es grands fléaux sociaux » (*ibid.*, p. 8-9). La

---

1. *Cf.* PV des séances de l'ASMP, ms 2D16, p. 436-437, archives de l'Institut. L'ASMP publie la quasi-totalité de ses travaux (mémoires, comptes rendus de séances, rapports, etc.) à partir de 1842 dans divers recueils dont les *Séances et Travaux de l'ASMP*. Toutefois, la décision de publier ces travaux nécessite un double vote et n'est pas systématique.
2. On ne trouve ainsi aucun écho de cette communication dans la presse et les revues féministes de l'époque (en particulier dans *La Française*, dans *La Fronde*, ou encore dans le *Bulletin de l'UFSF*).

démonstration reprend donc les topoï sur le rôle social et moral de la femme pour venir retourner les arguments de l'adversaire.

Après 1944, les communications féminines au sein de l'ASMP se diversifient et portent plutôt désormais sur des questions de psychologie et des points historiques. René Martial et Léone Bourdel présentent le 25 mars 1944 un travail portant sur « une nouvelle classification psychologique et ses applications ». La communication de Léone Bourdel le 28 janvier 1946 s'intitule « Sang, tempérament, travail et race » ; Mme Charmet d'Also le 4 mars 1946, parle de la pensée scientifique de Geoffroy Saint-Hilaire, Lamarck et Cuvier. Mme Thery-Viennet, le 3 mai 1948, traite du Premier Empire. La prétendue évasion du Maréchal Ney fait l'objet d'une présentation par Mme Dorothy Quinn en 1949. Enfin, Paulette Bernège, le 20 février 1950, expose les problèmes psychologiques, moraux et sociaux que pose la vie rurale.

Ces spécialisations de la parole et de l'action féminines au sein de l'ASMP peuvent être mises en relation avec la constitution concomitante de métiers spécifiquement féminins : se développent et sont reconnus des métiers du secteur social attirant des femmes indépendantes, qui peuvent y consacrer les vertus domestiques, les qualités du cœur et de dévouement traditionnellement dévolues aux femmes. La question sociale, s'imposant aux sociétés industrielles, a pris le relais de la charité par l'entremise des femmes seules essentiellement. Le renouveau religieux canalise ces générations de marginales et offre aux femmes d'action des postes de responsabilité où elles peuvent faire preuve d'initiative.

La réussite d'associations diverses parfois récompensées par l'ASMP, en montrant l'efficacité des femmes organisées pour soigner, enseigner et secourir, propage et entretient l'idée qu'il existe des métiers spécifiquement féminins dans l'éducation et dans les différents secteurs de la santé et de la protection sociale. L'on a souligné combien ces nouveaux métiers ouverts aux femmes en cette fin de siècle porteront la double marque du modèle religieux et de la métaphore maternelle : dévouement-disponibilité, humilité-soumission, abnégation-sacrifice (Dauphin, 1991, p. 445-460).

En même temps, la philanthropie initie les femmes à la gestion administrative et financière, à la communication, à l'enquête surtout[1]. Celles-ci accumulent ainsi des savoirs et des pratiques qui leur ont conféré une fonction d'expertise progressivement reconnue et institutionnalisée, en particulier par le biais de la loi française sur les tribunaux pour enfants de 1912 qui institue des « rapporteurs de l'un ou l'autre sexe », ou encore par la reconnaissance institutionnelle de femmes inspectrices des femmes

1. *Cf. supra* l'article d'Antoine Savoye, p. 91.

(prisons, écoles, ateliers et usines). L'ASMP prend acte de cette reconnaissance. Le prix Carlier de l'ASMP est ainsi accordé à Chloé Owings, docteur ès lettres de l'Université de Paris, pour sa thèse publiée en 1923 : *Le tribunal pour enfants, étude sur le traitement de l'enfance délinquante en France*. Le rapporteur du concours précise, à propos de cette « monographie excellente du Tribunal pour enfants » que l'auteur

> s'est préoccupé exclusivement des problèmes pratiques. Elle a procédé par voie d'enquête et a observé personnellement les faits. Elle a assisté aux audiences, visité les prisons et les colonies [...] a suivi un grand nombre d'affaires.

Il note : « La générosité de ses sentiments, sa méthode exacte et scrupuleuse, la modération et la sûreté de ses conclusions », et ajoute que l'auteur « a fait davantage » en fondant à Paris une œuvre qui porte le nom de service social de l'enfance en danger moral et qui est destinée à « procéder à toutes enquêtes qui seraient reconnues nécessaires par le Tribunal ou les magistrats [...], faire tout dans l'intérêt des enfants » (Lévy-Bruhl, 1924, p. 115-116).

Enseigner, soigner, assister : cette triple mission constitue la base de « métiers féminins » qui porteront longtemps la marque de la vocation et du bénévolat. Arguant de leur aptitude au « ménage social », les philanthropes interviennent au niveau de l'habitat et des quartiers dont elles ont une connaissance concrète. À un moindre degré, les femmes interviennent au niveau législatif comme groupe de pression par l'association ou la pétition (divorce, protection du travail) ; elles deviennent ainsi, en certains domaines, actrices de la cité et de l'État et investissent un espace qui se situe entre le public et le privé. À ce titre, elles suscitent l'intérêt renouvelé des hommes… Le patronage ne saurait être laissé à la seule bienveillance féminine. Déjà, le philosophe et philanthrope Joseph-Marie de Gérando (1772-1842) souhaitait davantage d'hommes engagés dans la vie active au rang des visiteurs. La gestion du social passe aux mains des politiques et des professionnels : médecins, juristes, psychologues, prompts à faire des femmes des auxiliaires cantonnées dans les emplois subalternes : infirmières, assistantes sociales. Un autre type de lutte, pour la formation professionnelle et la reconnaissance de diplômes garants d'un statut, commence. Ainsi se déplacent les enjeux (Perrot, 1994, p. 474).

En même temps, cela signifie que certains domaines des sciences de l'homme sont progressivement réservés aux femmes, à une « science féminine » (enfance, adolescence, éducation — particulièrement celle des jeunes filles —, économie domestique, hygiène, etc.). Il faudrait élargir la recherche et étudier le développement de ces secteurs féminins des sciences sociales, les modalités et les limites de leur reconnaissance dans le contexte de l'institutionnalisation universitaire et de la disciplinarisation des sciences sociales. Il faudrait se pencher sur la création de spécialités nouvelles, sur l'attribution aux femmes de chaires d'enseignement, sur la réception académique de cette ouverture de l'Université aux femmes et sur le maintien éventuel des représentations sur la division sexuée des thèmes de recherche en matière de sciences sociales[1]. Il faudrait aussi s'interroger sur les modalités de la reconnaissance de la compétence des femmes dans ces domaines. Le juridique, où le législateur lui-même a consacré cette compétence en matière de tribunaux pour enfants, serait sans doute un bon terrain d'observation.

RÉFÉRENCES

Bard, Christine, *Les Filles de Marianne. Histoire des féminismes, 1914-1940*, Paris, Fayard, 1995.

Battagliola, Françoise, *Histoire du travail des femmes*, Paris, La Découverte, 2000.

Beaussire, Émile, « Rapport relatif au prix Halphen (contribution au progrès de l'instruction primaire) », *Séances et Travaux de l'ASMP*, t. 130, 1888, p. 260.

Brunschvicg, Léon, « Rapport sur le prix Tanesse », 24 avril 1934, *Séances et Travaux de l'ASMP*, 1934, t. 221, p. 334.

Charle, Christophe, « Les Femmes dans l'enseignement supérieur. Dynamiques et freins d'une présence. 1946-1992 », *in* Vincent Duclert, Rémi Fabre et Patrick Fridenson (dir.), *Avenirs et avant-gardes en France XIXe-XXe siècles. Hommage à Madeleine Rebérioux*, Paris, La Découverte, 1999, p. 84-105.

Chenot, Bernard, « Deux histoires parallèles : nos académies, le rôle politique des femmes », Institut de France, ASMP, *Publications diverses de l'Institut de France*, 1991, n° 12, p. 1-8.

Chuquet, Arthur, « Rapport sur le concours pour le prix Carlier à décerner en 1909 », *Séances et travaux de l'ASMP*, 1909, t. 172, p. 672-676.

Chuquet, Arthur, « Rapport sur le concours pour le prix Audiffred ouvrages », 10 septembre 1913, *Séances et Travaux de l'ASMP*, t. 180, p. 358-359.

Dauphin Cécile, « Femmes seules », *in* Georges Duby et Michelle Perrot (dir.), *Histoire des femmes en Occident*. 4 : *Le XIXe siècle*, Paris, Plon, 1991, chap. 16, p. 445-460.

Delmas, Corinne, *Les Rapports du savoir et du pouvoir : l'Académie des sciences morales et politiques de 1832 à 1914*, thèse dactylographiée, Paris, Université Paris-Dauphine, 2000, 2 vol.

1. Sur les femmes dans l'enseignement supérieur, la féminisation tardive de disciplines professionnelles comme le droit, ou qui exigent un fort investissement intellectuel en raison de leur technicité croissante, *cf.* Charle, 1999. Comme on l'a souligné, l'entrée des femmes dans les professions supérieures n'a jusqu'à présent fait l'objet que d'études éparses. Or, les professions supérieures apparaissent comme un véritable laboratoire pour observer les mouvements de différenciation du travail, des métiers, des carrières entre hommes et femmes (Battagliola, 2000).

Drouyn de Lhuys, Edouard, « Rapport sur le concours pour le prix Halphen pour l'année 1867 », *Séances et Travaux de l'ASMP*, 1867, p. 328.

Duprat, Catherine, *Usages et politique de la philanthropie*, Paris, Ministère des Affaires sociales et du Travail, 1994-1997, 3 vol.

Fraisse, Geneviève, *Clémence Royer, philosophe et femme de science*, Paris, La Découverte, 1985.

Fugier, Anne-Marie, *La Vie élégante et la formation du Tout Paris*, Paris, Fayard, 1988.

Goodman, Dena, *The Republic of letters. A cultural history of the French enlightenment*, Ithaca and London, Cornell-University Press, 1990.

Goodman, Dena, « Public sphere and private life : toward a synthesis of current historiographical approaches to the old Regime », *History and Theory,* 31, 1992, p. 1-20.

Haussonville, Othenin d', « Rapport sur le concours pour le prix Tanesse à décerner en 1910, lu dans la séance du 30 juillet 1910 », *Séances et Travaux de l'ASMP,* 1910, t. 174, p. 433-439.

Klejman, Laurence et Rochefort, Françoise, *L'Égalité en marche. Le féminisme sous la IIIe République*, Paris, Presses de la FNSP, 1989.

Knibiehler, Yvonne, « Les Orientations en formation sociale (1890-1914) », *in* Georges Duby et Michelle Perrot (dir.), *Histoire des femmes en Occident.* 4 : *Le XIXe siècle*, Paris, Plon, 1991, p. 159-163.

La Gorce, Pierre de, « Rapport sur le prix Tanesse à décerner en 1916, lu dans la séance du 28 octobre 1914 », *Séances et Travaux de l'ASMP*, 1916, t. 186, p. 508-513.

Lehmann, Andrée, « Réunions et conférences. Meeting de protestation du 27 juin 1928 », *Le Droit des Femmes*, juillet-août 1928, p. 552-557.

Lévy, Raphaël-Georges, « Rapport sur le concours pour le prix Tanesse à décerner en 1925, lu dans la séance du 11 juillet 1925 », *Séances et Travaux de l'ASMP*, t. 204, 1925, p. 371-372.

Lévy-Bruhl, Lucien, « Rapport sur le concours pour le prix Carlier à décerner en 1923, lu dans la séance du 8 décembre 1923 », *Séances et Travaux de l'ASMP*, 1924, t. 201, p. 115-116.

Luchaire, Achille, « Rapport prix Audiffred », 1897, *Séances et Travaux de l'ASMP*, t. 21, 1897, p. 229-245.

Lyon-Caen, Charles, « Rapport sur le concours du prix Tanesse pour l'année 1913 », *Séances et Travaux de l'ASMP*, 1913 (vol. 2), p. 273-282.

Malaterre-Sellier, Germaine, *Conférence sur le « vote des femmes », faite à Vannes*, 1925.

Malaterre-Sellier, Germaine, « Le suffrage des femmes à l'étranger », *in* : *Les Problèmes de la famille et le féminisme, conférences faites à la Ligue française d'éducation morale* par Gustave Belot, Gaston Richard, Dominique Parodi, Célestin Bougle, I. Guy-Grand, Mme Malaterre-Sellier, Mme Yvonne Netter, Sens-Paris, Société générale d'imprimerie et d'édition-Fernand Nathan, 1930, p. 115-151.

Martha, Benjamin, « Rapport sur le concours relatif aux éléments moraux nécessaires au développement régulier de la démocratie dans les sociétés modernes », 28 janvier 1882, *Mémoires*, t. XV, p. 603-619.

Perrot, Michelle, « Sortir », *in* Georges Duby et Michelle Perrot (dir.), *Histoire des femmes en Occident*. 4 : *Le XIXe siècle*, Paris, Plon, 1991, p. 467-494.

Pomairols, Charles de, « Comptes rendus critiques. *Essai sur l'esprit public dans l'histoire*, par le vicomte Ph. d'Ussel, Hachette, 447 p. », *Revue Historique*, mai-août 1880, p. 382.

Rebelliau, Alfred, « Rapport sur le concours : le droit électoral doit-il être accordé aux femmes ? Dans quelles matières et dans quelle mesure ? Historique et application en France et dans les pays étrangers », *Séances et Travaux de l'ASMP*, 1913, t. 180, p. 162-171.

Risler, Georges, « Rapport sur le concours pour le prix Tanesse à décerner en 1931 », *Séances et Travaux de l'ASMP*, t. 215, 1931, p. 422-424.

Risler, Georges, « Rapport sur le concours pour le prix Tanesse à décerner en 1937, lu dans la séance du 17 juillet 1937 », *Séances et Travaux de l'ASMP*, 1937, p. 767-769.

Rocquain, Félix, « Rapport sur le concours pour le prix Maisondieu », *Séances et Travaux de l'ASMP*, t. 172, 1907, p. 563-564.

Roquain, Félix, « Rapport sur le prix Audiffred (actes de dévouement) à décerner en 1909 », *Séances et Travaux de l'ASMP*, 1909, p. 67-84.

Sertillanges, Antoine-Gilbert, « Rapport sur le prix Tanesse pour l'année 1919 », *Séances et Travaux de l'ASMP*, t. 191, 1919, p. 561.

Souchon, Alfred, « Rapport sur le concours pour le prix Ernest Thorel à décerner en 1920 », *Séances et Travaux de l'ASMP*, t. 194, 1920, p. 447-452.

Ussel Philibert d', *Essai sur l'esprit public*, Paris, Hachette et Cie, 1877.

Le savoir vécu comme une passion : le combat des femmes pour l'enseignement supérieur au XIXe siècle en Russie*

Irina Sirotkina et Roger Smith

L'amour du savoir

Beaucoup de femmes qui ont lutté pour leur éducation sont devenues des personnages héroïques, presque légendaires. Jeune femme issue des provinces reculées de la région de Kazan, Vera Nikolaevna Figner, écrit :

> Je pense que l'Université n'est valable que si une femme peut tout sacrifier pour elle… Mais, en Russie, cette voie est fermée aux femmes ; les portes de l'Université leur sont fermées comme celles d'un autel… Ce projet [d'étudier] n'est pas le produit de mon imagination débridée, mais de ma chair et de mon sang, et les aiguillons de mon activité seront les trois besoins ou les trois objectifs de mon existence : l'indépendance financière, la formation de mon esprit, et l'utilité, c'est-à-dire le fait d'être utile aux autres. (Cité *in* Meijer, 1955, p. 48).

Ayant réussi à persuader ses parents de la laisser voyager à l'étranger, elle alla rejoindre la large communauté estudiantine russe de Zurich au début des années 1870 :

> J'avais dix-neuf ans, mais je comptais renoncer à tous les plaisirs, même minimes, dans le but de ne pas perdre une seule minute d'un temps précieux. Je suivis des cours, lus des manuels et fis des exercices pratiques avec une ardeur qui ne se relâcha jamais durant trois ans. (*Ibid.*).

Les souvenirs prennent une forme mythique. Ils furent écrits rétrospectivement, par une grande figure de la mouvance révolutionnaire, qui survécut au choc d'une période de vingt-deux ans de réclusion solitaire sous les tsars et qui, âgée, vécut sous les bolcheviks. Il n'est pas possible de soutenir simplement que cette voix qui oppose les plaisirs personnels à

* Traduit de l'anglais par l'éditeur ; révisé par les auteurs.

l'utilité corresponde à la voix authentique des pionnières à la fois sur le plan de l'enseignement supérieur et du radicalisme politique durant la période clé des décennies postérieures à 1855. Cependant, cette insistance de Figner sur l'auto-apprentissage permettant de servir le peuple fut un des leitmotive parmi les revendications parcourant les écrits des femmes portant sur leur quête d'éducation. Mais la situation politique changea dans les décennies qui suivirent les années 1860, et l'« utilité » devint une question complexe et controversée.

Dans cet article, nous examinerons les liens entre l'idée de la « science », le dévouement à l'« utilité » et l'idéal d'un accomplissement grâce au savoir. À première vue, notre titre peut sembler suggérer que nous envisageons la recherche de savoir par les femmes comme un substitut de passion ; les critiques russes de l'émancipation féminine firent en effet cette raillerie. Mais notre raisonnement est différent. Nous cherchons à montrer que, dans leur quête de savoir, les femmes voulaient trouver les moyens de vivre selon un idéal, et que cet idéal était en même temps utile et romantique. Cela fut rendu possible par l'interprétation faite par les femmes du concept de l'« utilité » : il s'agit d'avoir soi-même de la valeur, d'être une personne qui contribue à l'accomplissement moral, intellectuel ainsi que matériel de la civilisation. Selon les femmes, le savoir représentait le moyen de devenir un sujet de valeur. Nous décrirons également la place qu'occupaient les sciences humaines — dans le cas présent, l'histoire, la philologie, le droit et la philosophie — dans la vision idéale d'un enseignement supérieur. La notion de passion, telle que nous la concevons, repose sur la croyance passionnée dans la valeur du savoir.

Le projet de voir les femmes accéder à l'enseignement supérieur, question apparue en Russie au cours de la deuxième moitié du XIXe siècle, provoqua des débats animés. Toutes les parties engagées arguèrent en premier lieu du rôle traditionnel des femmes en tant qu'épouses, mères et bien-aimées, et le débat se concentra souvent sur des questions telles que : l'apprentissage empêche-t-il les femmes de remplir leurs devoirs familiaux ; atteint-il la moralité ; la réelle motivation des femmes pour aller à l'université est-elle la quête du savoir ? Les critiques supposèrent parfois que les femmes suivaient des cours car elles étaient à la recherche d'une liberté politique ou sexuelle, en tout cas de relations plus libres entre les deux sexes. Ainsi, ces débats étaient parsemés de termes et de phrases portant sur les relations sexuelles et maritales, et faisant allusion aux sentiments ainsi qu'aux passions. Les partisans d'un enseignement supérieur pour les femmes tout comme ses opposants tenaient le même discours, mais les premiers décrivaient la motivation pour l'apprentissage comme un

« amour du savoir », et les derniers comme une « passion morbide » (Johanson, 1987, p. 97).

En particulier, les références romantiques à la « lutte pour le savoir » justifient l'introduction des sciences humaines dans le cursus des cours supérieurs pour femmes. Les fondateurs des cours supérieurs réservés aux femmes à Moscou, qui, au début des années 1870, mirent au point un programme presque exclusivement consacré aux sciences humaines (l'histoire, la philologie et les arts), opposèrent la « recherche désintéressée du savoir » et « l'amour de la science » à la motivation de « servir le peuple ». À cette époque, l'expression « servir le peuple » était étroitement reliée au mouvement révolutionnaire russe, à l'égard duquel les organisateurs des cours voulaient prendre leurs distances tout comme ils voulaient en éloigner leurs étudiantes.

La question des motivations pour enseigner et apprendre mérite une attention particulière.

Les débuts

Comme l'historienne Cynthia Whittaker l'a observé, le domaine de l'éducation des femmes était le seul, lors du règne d'Alexandre II, dans lequel la Russie avait un avantage comparativement au reste de l'Europe (Whittaker, 1976, p. 60). Dans la deuxième moitié du XIXe siècle, la Russie comptait en effet plus de femmes ayant un diplôme universitaire ou équivalent que n'importe quel autre pays européen. C'est la raison pour laquelle les historiens russes et occidentaux ont étudié en détail le mouvement féminin pour un enseignement supérieur. Les femmes font partie intégrante de l'histoire soviétique officielle des origines de la révolution, étant donné que le mouvement pour l'enseignement supérieur était étroitement relié au radicalisme, auquel les femmes contribuèrent sans aucun doute. Il existe de multiples descriptions de la manière dont, durant les années 1860, le « nihilisme » — c'est-à-dire le rejet par une femme ou un homme de toutes les conventions n'étant pas fondées sur la raison éclairée — prit place sur la scène politique russe. Ainsi, l'historien américain Richard Stites a fait une remarquable étude du mouvement féministe (Stites, 1978). Les historiens des sciences, quant à eux, ont fait état des réalisations de quelques femmes d'exception, notamment la mathématicienne Sofia Kovalevskaia et la première femme en Europe à avoir obtenu un diplôme de médecine, Nadezhda Suslova (Koblitz, 1988). Les historiens russes ont aussi étudié l'histoire sociale et institutionnelle des célèbres « cours supérieurs pour femmes », dispensés dans les grandes villes de manière discontinue dès le début des années 1870 (Ivanov, 1999). À partir de ces cours furent créées des institutions dans une certaine mesure comparables aux universités lesquelles, officiellement, n'acceptaient pas les femmes. C'est grâce à ces cours que la majorité des femmes ayant reçu une instruction supérieure purent acquérir leurs connaissances dans les décennies précédant 1914. Des hommes à l'esprit large, souvent des professeurs d'Université, dispensaient ces cours, tandis que les femmes formaient leurs propres réseaux de soutien matériel et moral. Durant toute cette période, cet enseignement fut exposé aux exigences des politiques qui, durant la période tsariste, réprimèrent les aspirations aussi bien masculines que féminines.

La relation des femmes à la « science » était inséparable d'une aspiration séculaire pour les Lumières dans la Russie tout entière. La quête des femmes pour un enseignement scientifique subit des variations en fonction des passages de périodes de réforme à des périodes de réaction dans l'ensemble du pays. Avant 1855, les femmes ne pouvaient exprimer leur potentiel que dans la sphère privée ou sur le plan de la philanthropie locale ; mais il n'en était de pas beaucoup mieux pour les hommes.

Femme de « condition moyenne », Praskovia Tatlina écrit :

> L'homme russe n'a même pas la conscience de soi en tant qu'individu. Parallèlement, par certains aspects, la femme russe a largement dépassé son compagnon sur le plan de la prise de conscience de sa propre humanité. Lui poursuit son existence servile dans les rangs au service du gouvernement, tandis que la femme doit agir en esclave mais tout en pouvant philosopher librement. (Clyman et Vowles, 1996, p. 255)

L'écrivain russe A.I. Herzen, sympathisant de la cause de l'émancipation, démontra qu'« une femme tenue, gardée chez elle avait le loisir de lire, et quand elle comprenait que George Sand ne faisait pas bon ménage avec *Domostroi* [les prescriptions patriarcales concernant la vie familiale], elle perdait patience » (Saraskina, 1994, p. 32). Lorsque, après 1855, il devint plus facile de voyager et d'étudier ailleurs en Europe, le désir de « philosopher » laissa la place au désir d'instruction formelle. Le besoin de soutien matériel rejoignit la question plus large de l'autonomie financière des femmes et de l'indépendance de leur choix. Si, pour beaucoup de femmes, le but, en suivant une formation, était en partie d'atteindre l'indépendance économique, la période de formation même correspondait à une étrange combinaison d'indépendance morale et intellectuelle d'un côté et de dépendance financière de l'autre.

Elena Shtakenshneider, auteur de mémoires du milieu du XIXe siècle, livre ses réflexions sur l'avenir de l'une des premières femmes à avoir fréquenté une Université, avec « ses cheveux tondus, et sa robe noire » :

> Où, mais où vas-tu?… Tu t'attends à quelque résultat merveilleux, mais tout ce que tu verras sera soit une immense marche dépouillée, soit une éternelle fête fatigante ; tu te briseras et abandonneras. Qui n'a pas roulé dans son propre vieux taudis, comme poussé par le destin ? (Shtakenshneider, 1934 : 280).

La très contraignante vie des femmes durant la première partie du XIXe siècle a été amplement rapportée. Le recul des provinces, la répression politique et la stagnation sous Nicolas Ier s'ajoutèrent à l'assurance que l'identité des femmes résidait dans le mariage et la maternité. Nadezhda Sokhanskaia, revenant à son ancienne condition étriquée après quelques années passées dans une école pour filles à Khar'kov, explose :

> Ce petit ruisseau crasseux qui ne s'est même pas écoulé mais qui a traîné derrière moi, vaseux et embourbé, limoneux, et un siècle de moisissure, était-ce cela, le courant de la vie ? Et pas une seule éclaboussure, pas une seule goutte d'eau vive sur mon visage, pour glisser comme la rosée sur mon âme ! (Clyman et Vowles, 1996, p. 57)

Durant la période d'espoirs libéraux sous Alexandre II, qui atteint son apogée avec la fin longtemps attendue du servage en 1861, un certain nombre de femmes sortirent de l'ombre, exigeant un enseignement supérieur, et dans certains cas, parvenant à en bénéficier.

L'intensité du désir d'acquérir un savoir personnel et de l'esprit était réelle et vive, mais encore et toujours, à cette époque, les femmes exprimaient surtout leur désir de se rendre utiles avant tout. Cela faisait écho aux points de vue des réformateurs pour qui l'une de leurs tâches consistait à faire des femmes des assistantes et des soutiens.

K.D. Ushinsky, de son côté, dit à ses élèves d'une institution pour femmes, peu après l'abolition du servage, que l'ère de la libération exigeait que les femmes russes « se libèrent elles-mêmes des préjudices et acquièrent une plus grande instruction » afin de payer aux paysans « une partie de leur dette, même la plus infime » (Vodovozova, 1987, 1, p. 465).

Dans le célèbre récit de Varvara Kashevarova-Rudneva, laquelle suivit réellement une formation médicale à Saint-Pétersbourg dans les années 1860, l'héroïne déclare : « J'étais prête à aller aux confins du monde pourvu que je puisse gagner ma croûte honnêtement et être utile en quoi que ce soit à la société » (Clyman et Vowles, 1996, p. 163). Orpheline de naissance, elle fit des études de sage-femme, avant de réussir — « Dieu ne m'avait rien refusé en me donnant une volonté forte et une grande détermination » (*ibid.*, p. 167) — à persuader l'armée de la soutenir jusqu'à ce qu'elle fût suffisamment qualifiée pour travailler auprès des musulmanes de la région de Bashkirie. Même s'il s'agit là d'une vie exceptionnelle, elle met en relief l'attrait général des femmes pour la médecine. Ainsi, la médecine était la discipline préférée entre toutes, et de loin, car elle combinait l'espoir d'un emploi indépendant, l'exercice de son intelligence et la possibilité de se rendre utile au peuple. Ainsi, de 1870 à 1873, période où il existait une forte communauté d'étudiants russes à Zurich (en mai 1873, 182 hommes et 104 femmes), les femmes y choisirent la médecine avec un ratio de trois pour un. Comme Figner le note, « la majorité choisit la médecine afin de détenir entre les mains un instrument d'activité sociale » (cité *in* Meijer, 1955, p. 51). En 1878, la Russie comptait plus de physiciennes que n'importe quel autre pays d'Europe. Dans le contexte d'un État tsariste, toutefois, il existait un débat, souvent violent : être « utile », par exemple en pratiquant la médecine, servait-il la société ou ne faisait-il que la subvertir ? Les hommes politiques conservateurs continrent l'éducation féminine, en particulier dans les domaines scientifique et médical, en raison des connotations radicales du concept d'« utilité ».

La vie étudiante

Les femmes fréquentèrent d'abord l'Université en tant qu'auditrices libres, grâce à l'autorisation ponctuelle de professeurs. À l'automne 1859, K.D. Kavelin, juriste et historien distingué, accueillit sa première auditrice, Natalia Korsini (Johanson, 1987, p. 17). Des femmes vinrent écouter I.M. Sechenov, célèbre physiologiste, tout comme d'autres professeurs à l'Académie médico-chirurgicale de Saint-Pétersbourg. Mais la société n'y était pas préparée : on ne s'attendait pas à voir des femmes dans les chambres et dans les bibliothèques universitaires ; la bibliothèque publique de Saint-Pétersbourg n'eut même pas de toilettes pour femmes avant 1861 (Likhacheva, 1901, p. 470). Encore quarante ans plus tard, travailler dans les bibliothèques représentait toujours un problème pour les femmes. Les étudiantes des Cours supérieurs pour femmes de Saint-Pétersbourg, par exemple, devaient recourir à l'aide d'étudiants pour emprunter un livre qui ne se trouvait pas dans la bibliothèque des Cours (Diakonova, 1905, p. 37 ; et *cf.*, comparativement, Dyhouse, 1995, p. 34, 227). Très tôt, dès le début des années 1860, le gouvernement bannit les femmes des chambres universitaires, en partie par crainte puritaine de mauvaises conduites sexuelles. L'éducation mixte n'était pas acceptée dans les hautes classes de la société. Lorsque, une décennie plus tard, des étudiantes assistant à de nouveaux cours médicaux commencèrent à partager les locaux avec des étudiants, beaucoup furent choqués. Des critiques indignées parvinrent aux autorités, se plaignant du fait que, entre les cours, des femmes et des hommes se promenaient ensemble dans les longs couloirs sombres de l'établissement de l'institution médicale. Officiellement, il était interdit aux étudiantes et aux étudiants de se parler.

Pour une bonne partie de la société, les femmes qui bravaient les conventions sur le plan de l'éducation n'étaient pas loin de braver les conventions morales. Peu après qu'une première auditrice eut assisté à un cours à l'Université, un académicien remarqua : « Nous savons pourquoi vous voulez aller à l'Université. Vous cherchez des fiancés ! » (Johanson, 1987, p. 18). Quelque quarante ans plus tard, le stéréotype d'une étudiante de peu de moralité était toujours aussi répandu. Pour accéder à l'enseignement supérieur, les femmes devaient fournir une autorisation de leurs parents tout comme un certificat de bonne conduite politique de la part de la police. Elisaveta Diakonova, étudiante en histoire dans les années 1890 aux Cours supérieurs pour femmes de Saint-Pétersbourg, fut la première à venir étudier sans cette autorisation, car sa mère croyait que ces cours équivalaient à un bordel (Diakonova, 1905, p. 112). Même dans les cercles de bonne éducation, beaucoup de parents préféraient les traditionnels cours particuliers à la maison à l'enseignement public pour femmes. Varvara Kharuzina, qui fut plus tard une ethnographe renommée, se souvint à quel point sa mère répugna à la laisser assister à des cours (Kharuzina, 1999, p. 399). Objets de suspicion, les étudiantes avaient peu de chance de trouver du travail dans des établissements privés en tant qu'enseignantes ou qu'institutrices (Likhacheva, 1901, p. 527).

En réalité, les jeunes femmes qui étaient séparées de leurs familles et qui vivaient seules ou en communauté adoptaient souvent un comportement réservé et s'habillaient de manière ascétique. Malgré cela, ce mode de vie non conventionnel pouvait demeurer tout aussi choquant. V.V. Rozanov, un écrivain de tendance conservatrice, croyait, lui, que toutes les femmes qui allaient à l'Université ou assistaient à des cours étaient des lesbiennes (Ivask, 2000, p. 188). Les mariages de convenance, qui permettaient aux femmes de suivre des cours supérieurs, terrifiaient de la même façon les contemporains. En effet, nombre d'étudiantes utilisèrent ainsi les liens maritaux. Les femmes non mariées âgées de moins de vingt et un ans étaient légalement sous l'autorité de leurs pères, les femmes mariées, sous celle de leurs maris. Certaines femmes désireuses de suivre un enseignement supérieur étaient issues de familles libérales, lesquelles partageaient les mêmes idéaux éclairés, et il existait parfois une entente entre les femmes et les hommes pour contourner les restrictions portant sur les études des femmes. Parfois aussi, dans le cas de familles récalcitrantes, des hommes compatissants épousaient des jeunes femmes simplement pour les aider à s'échapper et à assister à des cours. Ainsi, des femmes de moins de vingt et un ans cherchaient un ami, habituellement un étudiant, qui accepterait une relation que chacun voulait fraternelle, mais qui, grâce à la couverture légale du mariage, les libérerait du contrôle parental. Emilia Pimenova, fille d'un gouverneur militaire en poste au Turkménistan, fit de cette façon le parcours libérateur de la mer Caspienne à Saint-Pétersbourg. À l'âge de dix-huit ans, elle rompit ses fiançailles avec l'homme choisi par sa famille, afin de se marier avec un étudiant jusque-là inconnu qui lui avait été recommandé par un ami. Cet ami l'avertit :

> Cela sera mieux pour toi de faire un mariage de convenance pour quitter cet endroit [...] C'est la meilleure voie que tu puisses choisir. C'est un homme bon, gentil et généreux ; je le connais bien. Il ne mettra aucun obstacle sur ton chemin et il sera ton ami. Sois courageuse et saisis cette opportunité. (Clyman et Vowles, 1996, p. 315, 319)

À Saint-Pétersbourg, elle étudia la médecine, vécut avec son ami de mari, avec lequel elle finit par avoir des enfants. Elle eut ensuite une carrière de journaliste et de femme de lettres. Plus tard, elle partagea l'opinion d'une autre étudiante, une femme âgée de trente ans qui avait quitté son mari à Tachkent pour étudier dans la capitale :

> C'est la seule porte qui s'est ouverte devant nous et toutes celles d'entre nous qui avons attendu que les eaux s'écoulent s'y sont ruées [...] [mais] je suis certaine que très peu d'entre nous ont véritablement la vocation médicale. (*Ibid.*, p. 325).

Nombre de femmes méprisèrent les conventions en changeant radicalement d'apparence : elles se faisaient couper les cheveux courts, portaient des lunettes bleues, revêtaient des habits sombres en laine brute et fumaient cigarette sur cigarette.

Voici comment l'Allemande Franziscka Tiburtius décrit une étudiante en philosophie à Zurich âgée de dix-sept ans, Ol'ga Lyubatovich :

> Derrière la table était assis un être énigmatique, dont, tout d'abord, je ne pus déterminer clairement les caractères biologiques : un visage rond, ressemblant à celui d'un garçon, des cheveux courts, de côté, d'énormes lunettes bleues, un visage plutôt jeune, de couleur tendre, une veste grossière, une cigarette se consumant entre ses lèvres [...] Cet être ne prêta pas du tout attention à ma présence et demeura absorbé par son grand livre, se roulant de temps à autre une cigarette, laquelle était fumée en quelques bouffées. (Cité *in* Meijer, 1955, p. 59)

Le personnage provocant de l'indépendante « femme nihiliste », la *nihilistka*, fit l'objet de beaucoup de débats et de craintes dans les années 1860 et 1870. L'opinion publique qualifiait de « nihilistes » aussi bien les étudiantes que les terroristes. Beaucoup de parents, en Russie, seraient plutôt morts que de laisser leurs filles suivre des études supérieures, qui risquaient de leur faire « perdre leur féminité » ainsi que tout espoir d'une vie familiale « normale ».

L'apparence de la *nihilistka* était si redoutée que, dans les années 1870, les lunettes et les pince-nez furent interdits dans un lycée moscovite respectable, et les jeunes filles qui avaient une mauvaise vue durent se contenter d'utiliser occasionnellement de moins effrayantes lorgnettes (Kharuzina, 1999, p. 440). Les étudiantes en médecine, quant à elles, étaient obligées d'avoir les cheveux longs. A.N. Beketov, professeur aux Cours supérieurs pour femmes de Saint-Pétersbourg, estima nécessaire de noter que « les excentricités, la négligence vestimentaire et une conduite relâchée affectées étaient exceptionnelles » (Likhacheva, 1901, p. 608). Même en 1886, K.N. Bestuzhev-Riumin, directeur des Cours de Saint-Pétersbourg, dut persuader le public qu'ils n'avaient aucun lien avec les *nihilistka* et qu'ils ne diminuaient pas les chances de se marier qu'avaient les femmes. Au contraire, il avançait que, depuis la création des cours, les *nihilistka* avaient complètement disparu du paysage russe (Bestuzhev-Riumin, 1886, p. 866). Mais le stéréotype de la femme savante effrayait toujours les hommes, y compris l'empereur de Russie, qui fut embarrassé lorsqu'on le présenta aux diplômées des Cours supérieurs. Il fut sauvé par les femmes ayant auparavant fréquenté l'Institut impérial des filles de la noblesse : elles furent en mesure de trouver un sujet de conversation (Clyman et Vowels, 1996, p. 330).

Les cours supérieurs pour femmes

Suite aux soulèvements d'étudiants, le gouvernement, après 1861, interdit aux femmes d'assister aux cours à l'Université. Au cours de la décennie suivante, un nombre croissant de femmes mais aussi d'hommes partit étudier à l'étranger. L'établissement le plus fréquenté fut l'Université de Zurich, où se forma une grande colonie russe et où de nombreuses femmes préparèrent des thèses de médecine. Hors de tout contrôle policier, la communauté devint un vivier d'activité révolutionnaire. Puis, en 1873, le gouvernement mit fin à cette situation en obligeant les femmes à retourner en Russie. Il publia un communiqué officiel menaçant les femmes qui désobéiraient et qui resteraient à l'Ouest de ne jamais pouvoir être embauchées dans la fonction publique. Cette lettre injurieuse laissait entendre que les femmes à l'étranger avaient comme objectif final la liberté sexuelle, et elle accusait les étudiantes en médecine de vouloir apprendre à faire des avortements afin de pouvoir les pratiquer illégalement. La lettre concluait que « deux ou trois diplômes de docteur » ne pouvaient pas contrebalancer la « corruption de la moralité » des plus jeunes générations. Parallèlement, la lettre spécifiait que les jeunes femmes russes avaient la possibilité d'étudier dans leur propre pays, notamment aux Cours supérieurs de Moscou qui venaient d'être créés (« Razlichnye », 1883, p. 23).

En donnant son accord pour cette création de cours réservés aux femmes à Moscou en 1872, le gouvernement espérait rompre les liens, qui s'étaient tissés la décennie précédente, entre l'éducation, la science et l'activité révolutionnaire. Une moyenne de 160 femmes par an étudia dans cet établissement jusqu'à ce que celles-ci n'eussent plus le droit d'y accéder, en 1886. Toutefois, la société restait ambivalente quant à la possibilité qu'avait une telle éducation de renforcer le radicalisme, ambivalence qui se refléta dans la suppression des sciences naturelles du cursus. Les femmes elles-mêmes partageaient cette attitude ambivalente ; elles se demandaient si leur éducation leur permettrait d'apporter leur contribution à la société ou de comprendre si l'accomplissement de l'être humain ne passait que par la chute de celui-ci.

Le fondateur de ces cours, V.I. Guerrier, professeur d'histoire à l'Université de Moscou, partageait la même préoccupation que le gouvernement à propos des femmes qui partaient étudier à l'étranger. Sa stratégie, qui lui permit de créer ses cours, consistait à aller à l'encontre de la crainte générale de voir l'enseignement supérieur des femmes engendrer la « corruption de la moralité ». C'est pourquoi Guerrier fit la promotion de son projet en opposant l'enseignement général, qu'il comptait prodiguer, aux études spécialisées médicales ou scientifiques. Les matières enseignées seraient essentiellement l'histoire, la philologie et les arts — trois domaines dans lesquels, d'après lui, la créativité humaine pouvait le mieux s'exprimer. Il avançait l'argument qu'étudier les productions de l'esprit humain constituait le meilleur moyen de cultiver l'esprit individuel. Il considérait aussi que le programme des études secondaires, tel qu'il était, ne permettait pas d'atteindre cet objectif ; il revendiquait le fait que le savoir, qui avait par le passé apporté à la femme la réputation de « savante », était à présent tout juste capable d'en faire une personne « éduquée ». S'il était nécessaire que quelques hommes choisis étudient les sciences naturelles, il fallait que tous, y compris les femmes, puissent bénéficier d'une instruction générale (« Publichnye », 1873, p. 112). Les cours moscovites remportèrent un tel succès que le gouvernement les recommanda comme un modèle à suivre pour de telles institutions, y compris pour les cours de Saint-Pétersbourg, Kiev et Kazan. Ceux-ci commencèrent, comme les cours de Guerrier, par ouvrir des départements d'histoire et de philologie.

Guerrier exprima sa préoccupation à l'égard des jeunes diplômées âgées de seize ou dix-sept ans qui n'étaient pas préparées au contact avec la dure réalité. L'école n'était pas parvenue à affermir les attitudes des jeunes femmes, à leur apporter des capacités ou un savoir plus approfondi, lequel, à une période où elles étaient particulièrement susceptibles d'être mal influencées, les aurait aidées à trouver leur chemin dans la vie. S.M. Solov'ev, historien réputé et recteur de l'Université de Moscou, qui soutenait les cours, démontra également que les femmes poursuivant leurs études après le lycée formeraient un contre-courant sain et susceptible d'émettre des critiques à l'égard des radicaux. De ce point de vue, les femmes qui se jetaient dans la vie sociale sans avoir la conscience d'elles-mêmes, sans aucun savoir ni aucune capacité étaient même pires que des femmes sourdes et aveugles aux problèmes sociaux. L'enseignement supérieur, d'après lui, permettait de transformer une « femme agitée, à l'esprit obscurci » par la propagande radicale, en un membre de la société respecté et se respectant soi-même, en une mère et une épouse.

De même, A.N. Beketov, premier dirigeant des Cours de Saint-Pétersbourg, promit de manière optimiste que les cours favoriseraient « l'élimination de tant de maux dans la société qu'[ils] deviendraient les principaux leviers de l'ordre et du bien-être, du relèvement de la moralité et d'une véritable religiosité » (Likhacheva, 1901, p. 608). De tels arguments permettaient de mettre fin aux craintes parentales de voir leurs filles devenir des bas-bleus et ne jamais se marier, ou, pire, se transformer en nihilistes et révolutionnaires. Les professeurs conservateurs persuadèrent le public que les études supérieures étaient la suite logique des études secondaires, et que les cours étaient indispensables à la formation de femmes jeunes et immatures.

Dans les années 1860 et au début des années 1870, les quelques femmes qui, contrairement aux attentes, partirent étudier à l'étranger ou fréquentèrent les cours supérieurs eurent parfois à faire face à un cruel dilemme entre leur propre désir d'apprentissage et l'obligation de servir le peuple. Ainsi, Stites écrit :

> S'il y eut une question brûlante qui tarauda les femmes au début des années 1870, ce ne fut pas la question des femmes mais la difficile relation l'éducation et la révolution. (Stites, 1978, p. 127).

En effet, au cours des années 1870, il était largement affirmé dans les cercles radicaux que la « question de la femme » était du passé, résolue dans le contexte d'un engagement révolutionnaire plus important. Ce qui donne, poétiquement : « Remuez-vous ! faites montre de courage/À la science nous ne devons plus songer/Mais aller vers le peuple » (*ibid.*, p. 138).

Cette vague d'activité révolutionnaire eut son point d'orgue, l'assassinat d'Alexandre II en 1881, qui fut suivi de la suppression simultanée des cercles radicaux et des cours supérieurs pour femmes. Lorsque tous deux furent réorganisés et relancés dans les années 1890, les femmes furent confrontées au même dilemme. Sofya Dubnova, qui fut plus tard une importante Menchevik,

> rapporte que le dilemme le plus douloureux pour les jeunes gens de son cercle fut de résoudre le conflit entre leurs deux principaux intérêts intellectuels : la politique (c'est-à-dire, pour eux, le socialisme) et l'âge d'argent. Ces derniers, d'un point de vue philosophique, semblaient s'opposer dès qu'il s'agissait de traiter de l'un des principaux aspects de la vie. (*Ibid.*, p. 172).

L'acquisition des capacités permettant d'être utile — pour faire face aux situations de la vie quotidienne — et l'acquisition d'un savoir scientifique avaient parfois un lien très ténu. En effet, ce lien se situait davantage au niveau d'un point de vue global ou d'une disposition de l'esprit, que sur le plan de l'effet d'un savoir scientifique d'expertise sur la pratique. Le savoir scientifique était important car il était « éclairé » ; il correspondait aux lumières de la vérité au cours d'une ère assombrie par la répression officielle et une superstition immémoriale. Cela créait souvent de grands conflits entre la quête d'une science en tant que possibilité de progrès individuel, et la quête d'une science permettant de réformer la société. Sous l'influence de ces idées, même une étudiante en médecine comme Varvara Nekrasova pouvait ressentir de la culpabilité à « dépenser tant de temps, d'efforts et d'argent pour sa propre éducation », alors que les gens autour d'elle étaient si malheureux (Nekrasova, 1903, p. 29). Varvara Nekrasova devint docteur dans l'armée russe et mourut alors qu'elle était en service en Bulgarie. Ainsi, les femmes percevaient leur formation scientifique, particulièrement médicale, comme la préparation à une activité éclairée dans le domaine social plutôt que comme le développement d'une expertise spécialisée. Parallèlement, cet engagement dans une « pratique éclairée » correspondait aussi à une valeur personnelle, à la réalisation d'une forme idéale de vie, tout comme à un engagement permettant de se rendre utile.

La signification d'une pratique éclairée choisie en opposition à un savoir spécialisé devient particulièrement nette si l'on observe la vie quotidienne des médecins. Certains d'entre eux optèrent pour la médecine publique auprès des pauvres. Ekaterina Slanskaia travailla ainsi en tant que médecin de la *Duma*, employée par la ville, dans un quartier pauvre de Saint-Pétersbourg. Dans sa description d'une journée de tournée, elle fait état d'une incessante lutté menée contre l'ignorance, la pauvreté et la stupidité, et non de l'application d'une science. Elle décrit comment, dans une chambre nauséabonde située sous un toit, elle force physiquement un homme à enlever les vieux chiffons qui entourent sa jambe douloureuse et à les brûler. Elle combat l'habitude des paysans qui croient au pouvoir de guérison de chiffons marinant dans du pus. Par ailleurs, le docteur invective ainsi une patiente :

> Donc, vous avez l'air d'avoir essayé toutes sortes de traitements [...] et d'avoir écouté les conseils de tout le monde, mais les gens que vous avez écoutés sont des ignorants [...] Maintenant, vous allez m'écouter, et je ferai en sorte que vous alliez mieux. [...] Je vous traiterai à une condition : vous n'écouterez plus les conseils de personne excepté les miens. (Clyman et Vowles, 1996, p. 202)

C'est cette détermination à être directement utile dans la lutte contre la crasse ignorance, plutôt que n'importe quel enthousiasme pour la science — activité elle-même justifiée —, qui mena de nombreuses femmes à la médecine. Elle mena aussi nombre de femmes à une activité politique radicale, puisqu'une révolution au sein de la société semblait pour beaucoup incontournable ; de la sorte, il devenait possible de triompher des conditions entretenant une telle ignorance.

Les fondateurs des cours supérieurs pour femmes à Moscou et ailleurs créèrent alors une nouvelle philosophie de l'éducation des femmes : il s'agissait de contrer cette idéologie de l'utilité au peuple, si populaire parmi les étudiantes de médecine et celles des autres écoles professionnelles. Il s'agissait également de remplacer l'idée révolutionnaire : « nous n'avons pas le droit d'étudier aux dépens du peuple », par la volonté de cultiver un savoir pur. Le savoir était présenté comme une fin en soi et non comme une forme de préparation à la dangereuse entreprise de libération du peuple.

C'est pourquoi les fondateurs des cours affirmèrent que la quête désintéressée du savoir était la principale force pouvant conduire les femmes à l'enseignement supérieur.

À leur ouverture, les cours de Guerrier dispensaient l'enseignement de la littérature russe et mondiale, celui du russe et d'autres langues, de l'histoire de la civilisation, des cours initiaux (mais non approfondis) en physique, en mathématique, en cosmogonie et en astronomie. Plus tard seulement, une fois la réputation des cours établie, furent mis en place un cours approfondi en mathématique (comme option) et des cours de botanique, de minéralogie et de chimie. Guerrier souligna le caractère « scientifiquement sérieux » de ses cours (cité *in* Likhacheva, 1901, p. 595) : d'un côté, il voulait éloigner ces derniers du « matérialisme » associé aux sciences physique et médicale ; de l'autre, il voulait mettre en valeur leur aspect discipliné et sérieux, mais non pratique. Il se vantait, avec la direction des Cours supérieurs, du fait que, les cours ne délivrant ni diplôme ni aucun autre avantage pratique, les femmes qui y étudiaient détenaient des motivations supérieures, telles que l'amour du pur savoir ou « le frisson de la vérité » (Diakonova, 1905, p. 185). Les inscriptions relativement importantes aux cours moscovites (une moyenne de 160 par an) démontraient, d'après un observateur, que « nous avons plus que quelques femmes capables de faire preuve d'un intérêt sincère pour l'éducation scientifique, libéré de toute considération à propos des diplômes et des situations » (« Zametka », 1878, p. 270).

L'idée du savoir pur, qui conduisait à mettre l'accent sur l'étude de la culture, était plus qu'une simple question de rhétorique. Assurément, les professeurs d'Université croyaient que les libertés académiques seraient remises en cause si la science devait servir des objectifs extérieurs. Mais l'idéal du savoir détenait aussi un sens aux yeux des étudiantes attirées par les cours. À l'ouverture des cours moscovites, de jeunes femmes enthousiastes croyaient ainsi qu'elles « accèderaient [finalement] à une nouvelle libération, plus irrécusable que toutes les autres ! » (Ekaterina Nekrasova, cité *in* Johanson, 1987, p. 28). Une étudiante des cours de Saint-Pétersbourg décrivit dans son journal un sentiment similaire :

> Je me sens parfois si à l'aise, je respire si librement… Je sens la marée montante d'une force extraordinaire dans ma poitrine. J'ai envie de luttes héroïques, je veux aller n'importe où, je veux agir ! J'ai envie de voir le monde entier, et un profond, profond sentiment de libération joyeuse inonde mon âme. (Diakonova, 1905, p. 112).

Même si elle eut plus tard une réputation en tant que révolutionnaire, Vera Figner n'avait pas, de son côté, au début de sa carrière, d'idéal politique. Au départ, elle ne ressentit ni le sens du devoir, ni « la conscience réfléchie de ceux qui se repentent » ; ces deux idées ne lui vinrent qu'après avoir lu des livres. Son désir d'étudier la médecine avait pour origine « une abondance d'énergie vitale » et un « irrésistible sentiment de joie au premier contact avec la vie ». Cette particulière disposition d'esprit poussa Figner à agir ; il lui « semblait impensable » de vivre sans développer sa propre personnalité (Figner, 1964, p. 100). Comme beaucoup de ses sœurs, elle mettait sur le même plan le savoir et la liberté d'agir, la recherche du sens de la vie et le fait d'être une personne. C'est à cette conception du savoir que nous nous référons en utilisant le terme « passion ». Certaines étudiantes, en effet, préféraient des professeurs qui, outre le fait qu'ils étaient de brillants conférenciers, proposaient une ligne de conduite morale, un enseignement sur la vie en général (Tyrkova-Williams, 1998, p. 202).

C'est cette idéalisation du savoir qui sous-tendait l'engagement de beaucoup d'hommes et de femmes dans des études supérieures. Les cours attiraient les femmes car ceux-ci étaient porteurs du même idéal fondamental que les universités, « temples de la science » ; ils finirent par être connus comme des « universités pour femmes ». Les professeurs qui enseignaient dans ces cours étaient les plus progressistes ; ils avaient parfois été obligés de quitter le poste qu'ils occupaient au sein d'universités d'État. Ces cours attiraient aussi les femmes car ils leur permettaient de partager les valeurs universelles des Lumières, de la liberté et du progrès. S'y ajoutaient le désir d'occuper une place plus significative dans la société ainsi que le projet à long terme d'obtenir le droit de travailler au même titre que les hommes.

Lorsque les cours réouvrirent leurs portes dans les années 1890 (les cours Bestuzhev à Saint-Pétersbourg n'avaient été qu'à moitié fermés), la discipline la plus prisée restait la médecine. Mais l'attitude à l'égard de la science n'était pas tout à fait la même dans les années 1890 que durant les années 1860. Au cours des années 1860, les défenseurs de la science estimaient que le savoir portant sur les lois naturelles mènerait plus ou moins directement à une pratique éclairée ; que le savoir scientifique était en lui-même suffisant pour libérer l'humanité et pour modifier les conditions de vie.

On pensait que la décision individuelle d'étudier les sciences constituait en elle-même une contribution au progrès. Le roman de Nikolai Chernyshevskii, publié en 1863, *Que faut-il faire ?*, décrit et renforce cette croyance ; ce roman eut ensuite une influence importante. Le radicalisme de son héroïne, Vera Pavlovna, la conduisit tout d'abord à organiser un collectif de femmes ayant pour objectif l'indépendance économique ; mais elle remit à plus tard l'accomplissement de ses idéaux pour étudier la médecine.

Au cours des années 1890, la sensibilité au rôle médiateur, entre la nature et l'action, de la dimension sociale était plus grande que dans les années 1860. Les étudiantes accordaient plus d'attention aux sciences sociales et à l'histoire, tout comme aux organisations politiques, permettant d'approcher scientifiquement les problèmes humains. Le gouvernement lui-même mit quelque peu de côté ses craintes à l'égard des sciences naturelles et autorisa les femmes à les étudier. Les cours Bestuzhev étaient organisés en départements de mathématiques et sciences naturelles d'un côté, et d'histoire et de philologie de l'autre. Le droit était aussi enseigné, et tout d'abord beaucoup d'étudiantes suivirent ces cours, espérant ainsi se préparer à la vie publique. Dans les années 1900, il y avait même certaines femmes qui prodiguaient des cours.

Parmi les femmes radicales du début du XXe siècle, Anna Milyukova, fille du recteur de l'Académie théologique de Moscou, étudia l'histoire aux cours de Guerrier à Moscou ; Alexandra Kollontai quitta son mari en 1897-1898 afin de pouvoir étudier l'économie à Zurich. De telles femmes contribuèrent à l'intensité des débats sur les conséquences du savoir scientifique, y compris le marxisme, sur l'avenir de la Russie.

Des cours supérieurs pour femmes existaient à Khar'kov, Kiev et Kazan, mais ce n'est que dans les « deux capitales », Moscou et Saint-Pétersbourg, qu'il y avait un soutien réel, notamment financier, de la part de la société. Par conséquent, beaucoup de femmes suivirent des cours avec à l'esprit des visées pratiques, plutôt que pour faire une carrière scientifique. Par exemple, les femmes pouvant étudier le droit mais n'étant pas autorisées à le pratiquer, il existait à Moscou une forte proportion de femmes suivant les cours de statistiques. En effet, une formation en statistique permettait aux femmes de travailler pour les services administratifs du recensement, ce qui à la fois leur procurait un emploi et la sensation de contribuer au fondement scientifique empirique de la politique sociale rationnelle.

Les conservateurs continuaient à accuser les étudiantes de préférer s'engager dans un mouvement d'agitation politique plutôt que d'apprendre. En réponse, une proclamation des femmes des cours Bestuzhev spécifiait, en 1904 :

> Ils disent que nous ne faisons pas grand cas de l'apprentissage et que nous n'apprécions pas notre école. Ce n'est pas vrai : la science est précieuse à nous toutes, mais nous estimons que l'apprentissage et la vie doivent tous deux être menés de front. (cité *in* Stites, 1978, p. 172).

Cela était représentatif de l'opinion d'un large groupe de femmes (« les politiques »), pour lesquelles l'idéal de se rendre « utile » était aussi l'idéal d'un accomplissement personnel et d'une ouverture de la société au progrès sur le plan de la morale et de la culture.

Cependant, il existait un autre groupe de femmes (« les académiciennes »), qui s'opposait fermement à cette position. L'objectif principal de ces femmes était d'achever leur éducation ; elles étaient épouvantées par le radicalisme dogmatique et craignaient la fermeture des cours pour des raisons politiques. De telles femmes pouvaient paraître libérales, mais elles avaient aussi une attitude conservatrice qui s'opposait à la direction que prenait l'éducation des femmes. Une des premières femmes à avoir bénéficié d'une instruction approfondie, dans son cas en philologie, devint l'une des plus ferventes critiques conservatrices. Natalia Grot, très bien éduquée et fort lue, épousa son professeur, I.K. Grot, et se dévoua à lui. Élevée à la campagne dans la première partie du siècle, elle se lia aux cercles de la cour. Elle pensait qu'il existait une éducation appropriée à la place dans la vie de chaque personne. Elle ne concevait pas la science comme un moyen de transcender l'ordre social :

> En oubliant qu'une véritable éducation ne se mesure pas à la quantité de savoir, mais plutôt à de bons travaux et à la lutte pour se perfectionner, dans les limites de nos propres obligations, nous servons très pauvrement la vie en Russie. […] Dieu Lui-même et la nature ont sommé la femme de répondre non pas à l'appel étroit du savoir abstrait, mais plutôt à celui, plus exalté, plus esthétique, du cœur et du sentiment. (Clyman et Vowles, 1996, p. 240).

Conclusions

Les conservateurs opposés à l'émancipation des femmes confrontèrent le savoir et la passion, tous deux constituant des alternatives dans la vie morale des femmes. Clairement, ce point de vue défendait le rôle traditionnel de la femme, et il présupposait que sa quête du savoir, ou de la science, ne survivrait pas à son désir de trouver sa place en tant qu'épouse et que mère. Des mariages de convenance qui finissaient par être consommés suscitaient ainsi beaucoup de commentaires. Mais nous employons le terme « passion » de manière plus large ; pour nous, il se rapporte à un mode de vie caractérisé par la poursuite d'idéaux.

Pour beaucoup de femmes russes, les objectifs de la lutte pour accéder aux sciences humaines et naturelles étaient multiples, mais pas incompatibles : il s'agissait de gagner une autonomie personnelle, de fuir un contexte contraignant pour conquérir le vaste monde et de se former afin de contribuer pratiquement à la vie des autres. Par conséquent, la quête d'une éducation scientifique correspondait à la quête d'un mode de vie où le savoir favoriserait une libération personnelle et collective. Les femmes cherchaient à acquérir un savoir scientifique pour que leur vie permette de faire la différence dans le monde alentour. Dans de nombreux cas, cela mena aux études de médecine, mais aussi au dévouement à l'idée que l'apprentissage détenait une valeur en tant que tel. Les femmes ne faisaient pas de différence entre la science comme apprentissage et la science comme moyen de se rendre utile ; du moins, elles n'en firent pas jusqu'à ce que les circonstances politiques et les critiques des conservateurs imposent cette distinction. Pour beaucoup d'étudiantes, les sciences humaines, dont l'histoire, la philologie et les arts, devinrent alors aussi « utiles » que les sciences naturelles et la médecine, étant donné que le concept d'utilité avait une signification aussi bien morale et culturelle que matérielle.

Par ailleurs, la volonté des femmes d'établir une différence supposait un idéalisme très prononcé, et l'histoire de l'idéalisme ainsi que ses vicissitudes sont proches de l'univers de la passion. Les vies personnelles des femmes russes furent souvent héroïques, fréquemment tragiques ; elles exprimèrent d'ardentes passions pour des idéaux transcendant le monde terrestre. La réalité a souvent mis fin à ces espoirs ; mais parallèlement, cette époque des cours supérieurs a été une période rare, passionnante, où les femmes ont pu vivre suivant leurs idéaux.

Enfin, il n'est peut-être pas si difficile de voir que ce sont nous, les historiens, qui ont étudié la vie de ces femmes russes à travers le prisme de la notion de passion. En effet, l'esprit et l'intensité avec lesquels ces femmes, en s'octroyant le droit d'étudier, tentèrent de changer le monde qui les entourait sont profondément attirants. Comme l'historienne des femmes révolutionnaires, Barbara Engel, qui admirait l'esprit de ses héroïnes, les historiens de l'éducation des femmes ont souvent fait preuve dune affection particulière pour les femmes qu'ils étudiaient (Engel, 1983). L'un des premiers à avoir écrit sur ce sujet, M. Peskovsky, fit l'éloge de ces pionnières désintéressées qui périrent pour le salut des générations futures d'hommes et de femmes (Peskovsky, 1882, p. 78). Un siècle plus tard, l'historienne Christine Johanson pleura les femmes qui firent « le sacrifice ultime » pour la cause (Johanson, 1987, p. 64). L'historien contemporain du féminisme russe, Richard Stites, se référa à son livre comme étant « une histoire de la moralité ou celle d'un éthos » (Stites, 1978, p. XIX). Les historiens ont emprunté la voix romantique des femmes afin d'imaginer une époque où l'ouverture de son esprit à la science était l'expression directe d'un « oui » à la vie.

Remerciements

Cette recherche a été soutenue par l'INTAS, programme de l'Union européenne, allocation n° 97-30631.

RÉFÉRENCES

Bestuzhev-Riumin K.N., 1886, « Prekrashchenie priema na vysshie zhenskie kursy ; neskol'ko slov o proshedshem i nastoiashchem etikh kursov », *Vestnik Evropy*, n° 6, p. 861-869.

Clyman Toby W. et Vowles Judith, eds., 1996, *Russia through women's eyes : Autobiographies from Tsarist Russia*, New Haven, Yale University Press.

Diakonova E., 1905, *Dnevnik na vysshikh zhenskikh kursakh (1885-1899)*, Saint-Pétersbourg, Kushnerev.

Dyhouse Carol, 1995, *No distinction of sex ? Women in British Universities, 1870-1932*, Londres, University College of London Press.

Engel Barbara Alpern, 1983, *Mothers and daughters : Women of the intelligentsia in Nineteenth-Century Russia*, Cambridge, Cambridge University Press.

Figner V.N., 1964, *Zapechatlennyi trud. Vospominaniia*, Moscou, Mysl', t. 1.

Ivanov A. E., 1999, *Studenchestvo Rossii kontsa XIX – nachala __ veka : sotsial'no-istoricheskaia sud'ba*, Moscou, Rosspen.

Ivask Iurii, 2000, « Rozanovoravnaia Vera », *Literaturovedcheskii zhurnal*, 13-14 (2), p. 186-191.

Johanson Christine, 1987, *Women's struggle for higher education in Russia, 1855-1900*, Kingston-Montréal, McGill-Queen's University Press.

Kharuzina V.N., 1999, *Proshloe : Vospominaniia detskikh i otrocheskikh let*, Moscou, NLO.

Koblitz Ann Hibner, 1988, « Science, women, and the Russian intelligentisia : The generation of the 1860s », *Isis*, 79, p. 208-226.

Likhacheva E., 1901, *Materialy dlia istrorii zhenskogo obrazovaniia v Rossii, 1856-1880*, Saint-Pétersbourg, Stasiulevich.

Meijer J. M., 1955, *Knowledge and Revolution : The Russian colony in Zürich (1870-1873) : A contribution to the study of Russian populism*, Assen, Van Gorcum.

Nekrasova E., 1903, *Zhizn' studentki*, Moscou, Kushnerev.

Peskovsky M., 1882, « Ocherk istorii vysshego zhenskogo obrazovaniia v Rossii », *Nabliudatel'*, 1 (4), p. 74-92.

« Publichnye », 1873 : « Publichnye vysshie kyrsy v Moskve », *Zhurnal Ministerstva narodnogo prosveshcheniia*, 165, p. 112-123.

« Razlichnye », 1873 : « Razlichnye uchebnye kursy dlia zhenshchin », *Zhurnal Ministerstva narodnogo prosveshcheniia*, 168, p. 22-37.

Saraskina Liudmila, 1994, *Vozliublennaia Dostoevskogo. Apollinariia Suslova. Biografiia v dokumentakh, pis'makh, materialakh*, Moscou, Soglasie.

Shtakenshneider E. A., 1934, *Dnevnik i zapiski (1854-1886)*, Moscou, Academia.

Stites Richard, 1978, *The Women's liberation movement in Russia : Feminism, nihilism, and bolshevisim 1860-1930*, Princeton, Princeton University Press.

Tyrkova-Williams Ariadna, 1998, *To, chego bol'she ne budet : Vospominaniia, 1869-1962* (1954), Moscou, Slovo.

Vodovozova E.N., 1987, *Na zare zhizni*, Moscou, Khudozhestvennaia literatura, 2 vol.

Whittaker Cynthia H., 1976, « The Women's movement during the reign of Alexander II : A case study in Russian liberalism », *Journal of Modern History*, 48 (2, June), On Demand Supplement, p. 35-70.

« Zametka », 1878 : « Zametka o vysshikh zhenskikh kursakh v Moskve », *Zhenskoe obrazovanie*, 3, p. 270-281.

L'autobiographie des psychologues au féminin et au masculin : Bianka et René Zazzo, un couple de psychologues dans le siècle (1930-2000)

Annick Ohayon

Ce texte est né d'un étonnement, d'une émotion et d'une rencontre, mais d'abord de l'achat d'un livre. Pourquoi achète-t-on un livre ? Dans le cas présent, deux raisons : un titre et une photo. La photographie accroche d'abord mon regard, inhabituelle dans ce rayon consacré aux nouveautés en psychologie (fin 2000). Un jeune couple, enlacé, amoureux, regarde l'objectif en souriant, on dirait un « Doisneau » ; je reconnais vaguement le jeune homme, mince et brun, pas du tout la jeune femme, blonde et rieuse, en manteau de fourrure. Le nom de l'auteur me donne la clé : Bianka Zazzo… Ainsi, Zazzo, le très sérieux psychologue de l'enfance, a été jeune et amoureux. Le titre aiguise ma curiosité : *Une mémoire pour deux* (Zazzo B., 2000). Un beau titre, mais ambigu : l'un des deux n'aurait-il pas eu de mémoire qu'il ait fallu que l'autre en ait pour deux ? Ou bien s'agit-il de célébrer la mémoire du grand homme récemment disparu ?

Il arrive souvent qu'on achète un livre et qu'on ne le lise pas, ou peu, en diagonale. Celui-là, je l'ai lu d'un trait, comme un roman, accrochée et parfois bouleversée. Car il faut le dire d'emblée, c'est d'une histoire d'amour qu'il s'agit, celle d'un couple qui s'est formé dans les années 1930, en 1933 précisément, et que la mort a séparé en 1995 ; soixante-deux ans de vie commune, et qui ne fut pas un long fleuve tranquille. En refermant le livre, je pense : « elle est arrivée comme une tornade dans sa vie et elle a tout bousculé. Mais quelle chance il a eu de la rencontrer ! » C'est aussi l'histoire d'un couple de psychologues dans le siècle : lui, le spécialiste des jumeaux qui cherche à travers eux à comprendre la genèse de la personne singulière et « l'effet-de-couple » ; elle, la psychologue de l'adolescence, des grands passages dans le système éducatif, des garçons et des filles à l'école. C'est également l'histoire de deux vies traversées par l'histoire collective, celle du siècle qui vient de s'écouler, de deux militants du Parti communiste français et des conflits et contradictions auxquels ces engagements les ont confrontés. Et enfin, c'est un travail de deuil. Si l'histoire est « le travail des vivants pour calmer les morts », comme le disait Michelet, en voilà un qui doit dormir tranquille.

Cette lecture me renvoie à une autre. Je me souviens d'avoir lu l'autobiographie de René Zazzo dans l'ouvrage dirigé par Françoise Parot et Marc Richelle, *Psychologues de langue française* (Parot et Richelle, 1992). Ce texte m'avait alors frappée par sa retenue, sa réserve. Son contexte de production explique en partie cette dimension. L'autobiographie institutionnelle représente un genre convenu : les événements relatés sont sélectionnés en fonction de leur parenté avec la trajectoire intellectuelle et le statut de l'auteur, selon un modèle qui s'apparente plus au curriculum vitæ détaillé, genre « titres et travaux scientifiques », qu'aux histoires de vie ou à l'autoanalyse. Il n'en demeure pas moins qu'à partir de ce canevas commun, on pouvait observer des différences tout à fait significatives dans les témoignages ainsi produits. Je relis alors le texte de René Zazzo et mon sentiment se confirme : cette énumération pointilliste de ses travaux conduits avec des collaborateurs(trices) ou personnels ne nous apprend strictement rien sur le personnage qui en est l'auteur. C'est tellement vrai que l'un des responsables de l'ouvrage, Marc Richelle, a fait suivre, à la demande de R. Zazzo lui-même, cette autobiographie d'une « Lettre à René Zazzo pour servir d'ébauche à une étude de son style[1] », témoignage et hommage d'un ami et confrère, ce qui n'est le cas pour aucun des autres contributeurs. Il ne doit donc pas s'agir d'une impression personnelle.

Me voici en face de deux écrits, de statut différent certes, dont l'un émane d'un homme et l'autre d'une femme. Ils évoquent une histoire largement commune, qui concerne tout un pan de l'histoire de la psychologie française contemporaine ; le paradoxe est qu'à les lire, cette communauté n'apparaît pas, bien au contraire, et que le second, le livre de Bianka Zazzo, loin de compléter le premier, ce qui pourrait être le cas, l'interroge plutôt sur ses silences et ses oublis.

La suite s'enchaîne logiquement : une rencontre avec Bianka Zazzo, qu'elle accepte aussi spontanément que je l'ai sollicitée. Elle ressemble tout à fait à son livre, l'accent polonais en plus ! Elle est vivante, passionnée, directe et, dans sa tête, aussi jeune que l'amoureuse de la photographie. Je voudrais la remercier ici pour cette rencontre, aussi précieuse pour

1. Lettre initialement parue dans un numéro d'hommage à René Zazzo du *Bulletin de Psychologie* en 1987 (tome XL, n° 381, p. 655-659).

moi d'un point de vue personnel que du point de vue de l'historienne de la psychologie, et dire aussi à quel point je suis consciente que les sentiments qu'elle a provoqués en moi ne sont pas sans peser sur le contenu du présent écrit.

À partir de l'étude des trajectoires croisées de René et Bianka Zazzo, j'aborderai principalement deux questions : celle des couples dans la science — ici, d'un couple de psychologues — et celle de l'autobiographie, de sa fonction et de ses pièges, dans l'édification de la mémoire d'une discipline. C'est par ce dernier aspect que je commencerai.

Les psychologues au risque de l'autobiographie

Dans l'avant-propos de leur ouvrage, *Psychologues de langue française. Autobiographies*, Françoise Parot et Marc Richelle inscrivent leur démarche dans une tradition largement partagée dans la communauté scientifique, qui postule que « le récit d'une carrière fait par celui qui l'a vécue est de nature à éclairer l'histoire de sa discipline ». Cette tradition a été inaugurée par Carl Murchinson en 1930 (Murchinson, 1930) pour la psychologie et poursuivie par Boring et Lindsey, en faisant une place croissante à la psychologie américaine. Pour Parot et Richelle, il s'agit de proposer une contribution sur le même modèle, mais spécifiquement consacrée aux psychologues de langue française, souvent ignorés dans la littérature anglo-américaine.

Pour sélectionner les psychologues pressentis, leurs critères ont été les suivants :

– Un critère d'âge : être admis à la retraite académique au moment de la publication (1992). Cela délimite un échantillon de sujets nés entre 1910 et 1925, mise à part l'autobiographie d'Henri Piéron, décédé en 1964, et déjà parue en anglais dans le Murchinson (en 1952), exception justifiée par les auteurs du fait de sa place éminente dans la psychologie française : il serait, en quelque sorte, leur père à tous.

– Des critères qualitatifs, dont les auteurs assument la responsabilité : contribution scientifique incontestable, réputation internationale — et ce pas exclusivement dans le monde anglo-saxon —, rôle éminent dans le développement de la psychologie en France et/ou dans son pays.

Cela donne seize autobiographies : 11 Français, 3 Suisses, un Belge et un Canadien ; 14 hommes et 2 femmes. Ces deux femmes sont Hélène Gratiot-Alphandéry et Bärbel Inhelder. Le sous-titre de l'autobiographie de la première pourrait être « Dans l'ombre d'Henri Wallon » et, pour la seconde, « Dans l'ombre de Jean Piaget ». S'agit-il d'un échantillon représentatif des personnages éminents de la psychologie de langue française en

1990 ? On peut en douter. Concernant les femmes et en respectant le critère d'âge, on peut s'étonner de l'absence de Juliette Favez-Boutonier, fondatrice avec Daniel Lagache de la psychologie clinique en France, ou de Colette Chiland ; et pour les hommes de Serge Moscovici, de Jean Laplanche ou de Jean Maisonneuve, par exemple. Un autre critère éditorial non explicité par les auteurs a donc probablement joué : celui de privilégier la psychologie scientifique sur son versant expérimental, dans la filiation de Piéron. En effet, si l'on s'en tient aux Français, Didier Anzieu incarne la psychologie clinique à lui tout seul ! À titre de comparaison, dans l'ouvrage de Daniel Hameline et Honoré Lesage, *Anthologie des psychologues français contemporains* (Hameline et Lesage, 1969) (dont le propos est un peu différent, mais le public visé semblable), paru en 1969 et réalisé à la demande d'Henri Piéron entre 1964 et 1969, 18 personnes sont classées sous la rubrique « Approche impliquée » (entendre psychologie clinique) et 21 sous celle d'« Approche détachée » (psychologie expérimentale). Donc, soit les orientations de la psychologie française ont notablement changé en trente ans, soit les choix éditoriaux des auteurs sont différents. Du point de vue du sexe, il n'y a également que deux femmes dans le Hameline et Lesage (sur 41 personnes) : Juliette Favez-Boutonier et Suzanne Pacaud, une dans chaque camp. On peut considérer qu'il y a un progrès de ce point de vue : de une pour vingt à une pour huit !

Mais laissons les querelles de chiffres pour revenir à la démarche elle-même. Dans leur avant-propos, Parot et Richelle avertissent : « L'autobiographie n'est pas un exercice auquel se livrent spontanément tous les scientifiques de quelque réputation, fussent-ils psychologues. » À la lecture des textes qui suivent, on a plutôt envie de dire : surtout s'ils sont psychologues. Ils mentionnent ensuite qu'ils n'ont fourni ni consigne précise ni canevas aux auteurs, et qu'ils ont été frappés par la diversité de ton, d'accent, de contenu des autobiographies. Il s'avère en tout cas que, pour des psychologues, cet exercice de dévoilement de soi-même, de présentation publique de sa vie professionnelle, sociale et/ou privée ne va pas de soi. Ils n'oublient pas le public visé : leurs pairs, leurs successeurs potentiels, les étudiants en psychologie et les historiens à venir. Ils défendent la cause de leur discipline, ce qui conduit une majorité d'entre eux à suivre un plan type qui pourrait s'énoncer comme suit :

– mes racines et les circonstances qui m'ont amené à la psychologie ;

– ma formation et mes activités de chercheur, d'enseignant et de praticien ;

– ce que je pense avoir laissé de durable à ma discipline.

Ils n'ignorent cependant pas les pièges et les risques de l'exercice, dont le principal est ce que Pierre Bourdieu a nommé « l'illusion biographique » (Bourdieu, 1986), c'est-à-dire l'illusion qu'une vie est un ensemble cohérent et orienté dont l'autobiographie pourrait rendre raison, en dégageant une logique à la fois rétrospective et prospective, une consistance, une constance, une cohérence interne (« enfant déjà... », « depuis mon plus jeune âge... », « dès lors, je me consacrai à... », etc.). En d'autres termes, plus freudiens, on peut évoquer les effets d'après-coup, les souvenirs-écrans, l'auto-fiction, tous les pièges du narcissisme ou, au contraire, de l'historicisme ou du sociologisme. Enfin et surtout, se pose la question cruciale des limites du dévoilement.

Pour illustrer la démarche propre de René Zazzo par rapport à celle de ses collègues, j'analyserai rapidement ces autobiographies à partir de trois dimensions :

– ce qu'ils disent de l'exercice lui-même ;

– ce qu'ils disent de leur vie familiale (enfance et vie conjugale) ;

– ce qu'ils disent de leur vie politique. Je m'attarderai sur quelques exemples particulièrement significatifs.

Ce qu'ils disent de l'exercice lui-même

– Henri Piéron n'en dit rien. La chose, compte tenu de sa stature et de sa posture, lui paraît parfaitement naturelle, n'appelant ni explication ni justification. Bärbel Inhelder, Didier Anzieu, François Bresson et Maurice Reuchlin font de même et choisissent une entrée en matière chronologique et linéaire : « Je suis né... mes parents... »

– Hélène Gratiot-Alphandéry est perplexe :

> Une autobiographie me paraît œuvre malaisée... On imagine difficilement ce qui, dans une vie ainsi racontée, mérite de retenir l'attention du lecteur. Trop personnelle, elle est impudique, naïve. Trop distante, elle perd de son authenticité. Ce retour sur sa propre existence implique des choix dont on a du mal à discerner la règle. (Parot et Richelle, 1992, p. 31).

– René Zazzo pourrait faire croire au lecteur inattentif qu'il est né en 1942, date qu'il choisit de mettre en exergue car elle correspond à l'édition de son premier livre. Il a fait ce choix « pour sortir de l'embarras où je m'étais mis en acceptant de rédiger ma biographie » (*ibid*., p. 51) — embarras dont on constate à la lecture du livre de Bianka Zazzo qu'il était en effet considérable. Plus loin, à propos de ses recherches sur les jumeaux, il évoque ses « préoccupations les plus personnelles », mais poursuit immédiatement : « Ce n'est pas le lieu de procéder à une auto-analyse ».

– Paul Fraisse est « beauvoirien » : « On ne naît pas psychologue, on le devient ». Et de nous expliquer comment.

– Pierre Oléron est le plus péremptoire, le plus lucide, mais peut-être aussi le plus défensif :

> Lecteur, vous le savez, mais l'auteur tient à vous dire qu'il le sait aussi : se pencher sur son passé, c'est le reconstituer. Une autobiographie peut se présenter à la manière d'un journal où les événements sont présentés comme et dans l'ordre où ils se sont déroulés. Mais elle est écrite aujourd'hui ; elle traduit un regard qui impose ses perspectives, pénètre le passé d'interprétations, de choix, de déformations, d'amplifications [...] et que de silences aussi — mais de toute façon, chacun ne parle ici que de ce qui concerne sa vie professionnelle. (*Ibid.*, p. 135)

– Jacques Paillard est militant :

> Bien que l'autoportrait soit un exercice qui ne me convienne guère, je persiste à me sentir trop solidaire des idées que nous avons communément défendues et des batailles institutionnelles que nous avons menées ensemble pour la promotion de nos disciplines, pour envisager de me soustraire à l'invitation qui m'est faite… (*Ibid.*, p. 177)

– Jean-François Le Ny, comme René Zazzo, est né en 1945, en suivant les cours du certificat de psychophysiologie à la Sorbonne. Auparavant, il ne s'est rien passé dans sa vie qui mérite d'être relaté.

– Georges Thinés n'a certainement pas lu Bourdieu :

> Je me suis souvent demandé ce qui m'avait amené à entreprendre des études de psychologie [...] Dès cette époque, qui se situe dans les années trente, quelque chose me sollicitait, qui allait au-delà des promesses d'avenir, de réussite scolaire… (*Ibid.*, p. 288)

– Pierre Karli met en avant la différence qui existe entre faire son « examen de conscience » ou son « bilan de vie professionnelle » pour soi-même ou pour et face aux autres.

> Ne faut-il pas craindre que l'examen ressortisse plus alors du jeu de rôle qu'à l'examen critique et qu'il tende à recomposer une histoire particulière pour la présenter sur la scène de notre « théâtre d'ombres » commun, plutôt qu'à cerner le sujet qui en est à la fois l'acteur et le produit ? (*Ibid.*, p. 331-332)

Pour conclure sur cet aspect, on pourrait dire que l'exercice relève d'une sorte de devoir, d'obligation professionnelle, à laquelle ils se sont soumis, contraints et flattés à la fois, sans en avoir toujours mesuré les implications personnelles (on ne remue pas le passé impunément, car il vous remue en retour !), même si la volonté de contrôle des limites de cette implication est évidente.

Ce qu'ils disent de leur enfance et vie familiale

Le cas le plus significatif est ici celui de Didier Anzieu qui livre à ses pairs psychologues une autobiographie aussi sèche et précise que celle de son collègue Zazzo, particulièrement en ce qui concerne son enfance, qu'il expédie en deux lignes :

> Je suis né le 8 juillet 1923 à Melun, de parents postiers. Ma mère venait du Cantal, mon père de Sète dans l'Hérault. Le hasard des affectations administratives les avait faits se rencontrer à Melun. (*Ibid.*, p. 253)

(Et d'enchaîner sur sa scolarité.) Il est pourtant bien plus précis dans *Les voies de la Psyché*, recueil d'articles coordonnés par René Kaës en forme d'hommage pour son 70e anniversaire (Kaës, 1994), où il propose ce qu'il appelle des « fragments d'autobiographie ». Après avoir rappelé dans un entretien avec Kaës que, pour lui, « l'autobiographie est une des méthodes fondamentales de la psychologie » (Anzieu a fait sa thèse sur l'autoanalyse de Freud et, en élève de Lagache, considère que la rédaction de l'autobiographie est une des méthodes « testimoniales » en psychologie clinique), il évoque la nécessité de transmettre, de se transmettre et en même temps sa difficulté et sa douleur puisqu'elle confronte celui qui s'y risque à l'infinitude, à l'inachèvement et à la mort. Pour introduire ces fragments de vie, il a choisi ce titre : *Un homme, deux femmes, un enfant*[1].

> L'histoire semble banale. Un homme, une femme se sont rencontrés, se sont *aimés*, se sont fait souffrir, se sont détestés. Il en a *aimé* une autre, avec laquelle il a élevé l'enfant qu'il avait eu de la première. Devenu homme, celui-ci a *aimé* et a été *aimé* [c'est moi qui souligne] ; il a souffert et a fait souffrir ; mais il s'est consacré à comprendre les souffrances des autres. Je suis l'enfant de cette histoire banale. (Kaës, 1994, p. 49)

Histoire, ô combien banale en effet, lorsqu'on sait ce qu'il développe ensuite :

– La mère de substitution de l'enfant était la sœur aînée de la mère biologique, au foyer de qui elle vivait depuis son veuvage.

– La mère de cet enfant, Didier, était « l'Aimée » de Lacan, Marguerite Pantaine, épouse Anzieu, postière de son état, qui, dans une crise de délire paranoïaque, avait tenté d'assassiner la comédienne Huguette Duflos en 1931. Lacan l'avait rencontrée et suivie à Sainte-Anne où elle avait été internée et en avait fait le cas princeps de sa thèse *De la psychose paranoïaque dans ses rapports avec la théorie de la personnalité* (1932).

---

1. Il précise dans un autre écrit qu'il a mis plusieurs fois en chantier son autobiographie, jamais achevée, et que la première version commençait par « je suis un mal-aimé, fils de mal-aimés ».

– Didier Anzieu ignorait ce « détail », alors que, devenu psychologue, il s'était allongé sur le divan de Lacan, ce qu'il n'aurait absolument pas fait s'il avait su la vérité (c'est sa mère qui la lui révéla). Voilà en effet de bonnes « manières » et de bonnes « raisons » de devenir psychologue, puis psychanalyste, mais de tout cela, à ses collègues psychologues, Didier Anzieu ne souffle mot.

L'enfance de René Zazzo n'est pas banale non plus. Il en livre quelques éléments, comme à regret, précédés de cette phrase :

> De toute façon, il faut bien que je parle ici de ce qui a déterminé mon entrée en psychologie, et, même, de ce qui a précédé. Mais à partir de quand et de quel événement ? Le plus facile est de respecter l'usage : commençons donc par le commencement, celui de mon état civil. (Parot et Richelle, 1992)

Notons ici le terme d'état civil, volontairement distancié (Paul Fraisse, quant à lui, choisit de nommer cela : « les données objectives de mon enfance »).

Je cite maintenant intégralement Zazzo :

> Je suis né à Paris le 27 octobre 1910. Ma mère était fille d'un petit artisan de Beaune. Mon père, « un enfant assisté du département de la Seine », portant le nom d'une mère célibataire qu'il n'a jamais connue. De sa position d'ouvrier, de « métallo », il rêvait pour moi, son fils unique, d'une promotion sociale : j'étais voué à devenir ingénieur. Aussi fut-il déçu, déconcerté quand, à seize ans, j'abandonnai mes études techniques pour entreprendre des études classiques. Et il ne comprit jamais que la psychologie pût être un métier. (*Ibid*., p. 52)

Il complète les quelques lignes consacrées à son état civil de la manière suivante :

> Faut-il ajouter, comme dans un Who's who, que je suis marié et père de trois garçons : Marc, Jean-Fabien, Jacques ? Cette dernière information n'est sans doute pas négligeable dans la « bio » d'un psychologue de l'enfant. (*Ibid*.)

Certes, mais la première ne l'est peut-être pas non plus dans celle d'un psychologue de l'« effet-de-couple ». En tout cas, à ce point de son récit, il ne nous dit pas avec qui il est marié, ce qu'il fait brièvement quelques lignes plus loin :

> 1933. L'année où le hasard, les circonstances auront déterminé en grande partie la suite de mon existence. L'année où j'ai rencontré celle qui allait devenir ma femme : Bianka. L'année où je suis parti pour l'Amérique et où j'ai opéré là-bas ma conversion à la psychologie de l'enfant. Mais comment et pourquoi ce départ ? (*Ibid*.)

Le jeune homme avait obtenu une bourse pour un séjour d'études à l'étranger peu de temps avant de rencontrer la jeune fille. Il projetait d'aller à Vienne pour y rencontrer Freud. Il était alors, selon ses propres termes, « freudo-marxiste » et suivait avec assiduité les conférences de René et Yvonne Allendy (encore un couple dans la science, mais aussi dans l'art[1]) du Groupe d'études philosophiques pour la diffusion des idées nouvelles de la Sorbonne. On peut d'abord s'interroger sur ce que peut signifier « rencontrer Freud ». Freud ne concevait pas la formation autrement que sous la forme d'une psychanalyse personnelle. Il était alors âgé et malade et ne prenait pratiquement plus de nouveaux patients. Et il ne semble pas que telle fut l'intention du jeune Zazzo (entretien avec B.Z.). Quoi qu'il en soit, celui qu'il considérait comme son maître, Henri Wallon, le dissuada de partir pour Vienne à cause du contexte politique, l'arrivée au pouvoir de Hitler, mais aussi sans doute à cause de ses grandes réticences à l'égard de la psychanalyse. Wallon lui conseilla plutôt de partir aux États-Unis, à Yale, chez Arnold Gesell. Gesell était un pionnier de l'étude longitudinale et de l'observation des enfants à l'aide du cinéma (il a réalisé les premiers films sur les réactions des bébés face au miroir), et c'est à son contact que Zazzo apprit tout simplement à voir, à observer les enfants. Son départ était prévu et organisé lorsqu'il rencontra Bianka et, sous le choc amoureux, il le différa d'ailleurs d'un mois et raccourcit son séjour aux États-Unis. Mais qui est cette jeune fille qui vint ainsi bousculer sa vie ? Nous ne le saurons pas vraiment en le lisant. En effet, il ne mentionne le nom de son épouse que deux fois lorsqu'il retrace son parcours : pour la période 1952-1954, lors d'une recherche commune sur le film pour enfants, et lorsqu'il présente son équipe du laboratoire de psychologie de l'hôpital Henri-Rousselle, où il a succédé à Jean-Maurice Lahy.

Considérons brièvement ce que font ses confrères en semblable posture.

Henri Piéron, trente ans auparavant, a rencontré une jeune étudiante dans des circonstances assez similaires. C'était au moment de l'affaire Dreyfus et le jeune homme, dreyfusard, se livrait à de nombreuses bagarres avec les étudiants de droite.

> Dans notre clan républicain se trouvaient deux femmes, deux sœurs, dont je devais épouser l'une, cependant que l'autre devenait la femme d'un de mes camarades et fidèles compagnons. [Encore deux qui gardaient les lunettes et les cartables ; *cf. infra*, p. 267 !] (Parot et Richelle, 1992, p. 11)

Il l'épouse en 1902 et elle lui apporte dès lors « son plein et entier concours, renonçant à toute vie mondaine, à tous spectacles, à toutes distractions ». Et il conclut ainsi son autobiographie :

---

1. René et Yvonne Allendy font paraître en 1932 un livre écrit en commun, *Capitalisme et sexualité*, « freudo-marxiste » avant l'heure en effet.

> Vivant avec ma femme en communion d'idées et de goûts et en collaboration constante, sans charges de famille, je me suis entièrement consacré, sur un terrain scientifique, à la recherche. (*Ibid.*, p. 29)

C'est ainsi que Mathilde est devenue, dans la psychologie française et pour l'éternité, « Madame Henri Piéron », collaboratrice fidèle en effet, puisqu'elle a contribué à de nombreuses recherches sur l'étalonnage des tests au laboratoire de Piéron à la Sorbonne et qu'il l'a nommée responsable du service des tests à l'Institut national d'orientation professionnelle.

Que disent les autres psychologues de leur conjoint et du rôle qu'il a pu jouer dans leur carrière ? La palme du comique involontaire revient sans conteste à Philippe Mueller, qui évoque certains travaux menés en collaboration avec « *notre* musicienne de femme ». Jean-François Le Ny, qui n'a eu ni enfance ni jeunesse, n'a pas non plus de femme ni d'enfants, du moins dans son autobiographie. Hélène Gratiot-Alphandéry mentionne brièvement qu'elle a divorcé à la Libération et a dû élever seule ses enfants, et on devine clairement que le grand homme de sa vie a été Henri Wallon (lequel était marié avec une dénommée Germaine, collaboratrice fidèle comme Mathilde Piéron et qui, comme elle, perdit très vite son prénom pour devenir Mme Henri Wallon). Bärbel Inhelder ne parle que de la fascination qu'elle a éprouvée pour l'œuvre de Jean Piaget et de leurs travaux communs initiés par lui, excepté un seul moment de sa carrière : en 1959, elle part aux États-Unis, où commence la révolution cognitive. Travaillant avec Jerome Bruner[1] et avec d'autres collègues, elle se sent enfin avec ses pairs et non dans un rapport maître-disciple. Piaget a senti le vent, puisqu'il va la chercher à l'aéroport et lui avoue que jusqu'au dernier moment il avait eu peur qu'elle choisisse de rester définitivement aux États-Unis. Pierre Oléron est le plus sobre, mais finalement le plus chaleureux : de sa rencontre avec Geneviève Clairouin, aux TP de Fraisse (Geneviève Oléron deviendra la collaboratrice principale de Paul Fraisse et lui succédera à la tête de son laboratoire), il dit : « ce fut l'événement le plus important de ma vie ». Maurice Reuchlin mentionne simplement qu'il a épousé, à 20 ans, la fille aînée de celui qui était son « père idéal », un professeur de français. Paul Fraisse « a vécu en grande harmonie avec sa femme, agrégée de lettres », dont il a eu quatre enfants et six petits-enfants. Il évoque aussi la vie communautaire (avec d'autres ménages dont celui d'Emmanuel Mounier) dans leur propriété des « Murs blancs » à Châtenay-Malabry. Didier Anzieu mentionne avec affection et fierté son épouse, Annie, qui « s'est fait connaître par ses publications sur le bé-

---

1. Qu'elle appelle à un moment familièrement Jerry.

gaiement, sur la féminité et par son rôle actif dans le *Journal de la psychanalyse de l'enfant*. »

Enfin, pour clore ce chapitre concernant la vie privée de ces psychologues, j'ai été surprise de constater que la majorité d'entre eux relatent qu'ils ont été des enfants fragiles, parfois gravement malades (Paul Fraisse, René Zazzo, Didier Anzieu, Jacques Paillard et Maurice Reuchlin, tous deux tuberculeux). Maurice Reuchlin nous apprend à cette occasion (ce que rien ne l'obligeait à faire) qu'au sanatorium où il séjournait il s'était acoquiné avec une bande de joyeux ivrognes et qu'ils faisaient un usage immodéré des boissons alcoolisées, pour s'étonner de ce que « cette vie dissolue avait sur sa santé le plus heureux effet » (on voit bien qu'il n'est pas psychologue clinicien). Il est devenu par la suite un abstinent rigoureux. Philippe Mueller, quant à lui, mentionne « la longue psychanalyse à laquelle il s'est soumis », et il est le seul à le faire, mis à part Didier Anzieu bien sûr, qui intègre logiquement cette dimension dans son parcours de formation d'analyste.

Ce qu'ils disent de leur vie politique

Dans la période qui correspond, pour la plupart de ces contributeurs, à leurs années de formation, c'est-à-dire la fin de l'entre-deux-guerres, la psychologie scientifique est globalement ancrée à gauche. Si l'on considère uniquement les onze psychologues français, cinq d'entre eux font spontanément référence à leurs engagements politiques et sociaux. Henri Piéron, en tout premier, qui affiche ses opinions progressistes et républicaines ; puis Hélène Gratiot-Alphandéry, qui, dans la proximité de Wallon, se passionne tout d'abord pour « toutes les actions sociales en faveur des jeunes », avant d'adhérer au Parti communiste en 1935 ; Reuchlin, qui mentionne « avoir été un moment le compagnon de route un peu réticent des communistes » (Parot et Richelle, 1992, p. 216), puis s'en être éloigné après l'affaire Lyssenko et les positions anti-tests mentaux qu'elle avait suscitées chez plusieurs de ses collègues communistes, période où il se situait comme un « intermédiaire déchiré » entre Piéron et ces mêmes collègues. Paul Fraisse, quant à lui, évoque son ancrage dans le catholicisme social et son attachement au personnalisme d'Emmanuel Mounier. Jean-François Le Ny rappelle sa jeunesse résistante et ses amis « psychiatres progressistes » de la revue *La Raison*, mais tait son appartenance au Parti communiste. Il en va de même pour René Zazzo, dont à lire l'autobiographie, on ne pourrait aucunement imaginer qu'il a été membre du Parti communiste pendant plus de quarante ans. Il décrit sa jeunesse « freudo-marxiste », ses activités de résistant pendant la guerre, évoque le

« dégel encore fragile » qu'il a pu constater en 1955 dans la psychologie soviétique, lors de son voyage à Moscou avec Piaget et Fraisse. Cela est d'autant plus frappant que la psychologie, à partir du milieu des années 1930 et jusqu'à la fin des années 1950, se situe en première ligne du combat qui oppose les « sciences bourgeoises » aux « sciences prolétariennes » (Ohayon, 2001), et que René Zazzo, tout comme Le Ny dans une moindre mesure, du fait de ses choix théoriques, va se trouver au cœur même de ces débats, tout particulièrement dans la période de la guerre froide. Il n'est certes pas facile d'être un psychologue communiste et de défendre et promouvoir la méthode des tests « bourgeoise et antiscientifique », d'affirmer l'importance de l'hérédité dans la genèse de l'intelligence, et surtout de consacrer son œuvre entière à « s'employer à comprendre l'homme, depuis ses hérédités les plus strictes, les plus irrévocables, jusqu'à cette émergence d'autonomie, de conscience, de liberté, qui fait de lui une personne » (*France Nouvelle*, 1960). Car c'est bien cela qui fonde sa démarche de psychologue : expliquer l'homme à la fois dans ses conditions d'existence (biologiques et sociales) et dans ses raisons d'existence (finalités et valeurs) pour construire une psychologie intégrale, dont le paradigme est la genèse de la personne. Il ne déviera jamais de ce parti pris fondamental, même lorsque la psychologie scientifique courra le risque d'être engloutie entre le pavlovisme d'un côté et le sociologisme marxiste de l'autre (Ohayon, 1999), et continuera obstinément d'affirmer la spécificité de la psychologie. Il ne sera donc jamais un intellectuel de parti, mais plutôt un homme à double vie, au sens de David Caute (Caute, 1967) : le psychologue d'un côté, le militant communiste de l'autre. Ce thème de la double vie est d'ailleurs évoqué par lui-même ainsi :

> C'est en rédigeant cette biographie, en faisant retour sur mon passé, que j'ai pris clairement conscience que j'avais eu, au plan scientifique, une double vie : celle que j'ai menée en équipe et celle de mes recherches strictement personnelles. (Parot et Richelle, 1992, p. 63)

Double vie en effet, de scientifique, de citoyen et de conjoint, comme en atteste le livre de Bianka Zazzo, celle d'un homme aux « vérités multiples », dont certaines lui demeurèrent inconnues, car cachées. Il n'élude cependant pas le débat avec ses camarades communistes. Dans l'entretien qu'il accorde à *France Nouvelle* après la parution de sa thèse, *Les Jumeaux, le couple et la personne*, il expose sa démarche. Ce qui l'a d'emblée frappé, c'est que les jumeaux monozygotes élevés ensemble n'étaient pourtant pas identiques. Il a échappé au piège de la similitude, à la fascination qu'elle exerce et a cherché, à travers l'analyse de la dynamique du couple gémellaire, à répondre à la question : comment peut-on être soi-même ? Comment le devient-on ? Les jumeaux vrais nous mettent au pied du mur. Hérédité semblable, milieu semblable et pourtant différents. Alors ?

> Ou bien il faut admettre une âme, un principe mystérieux d'individuation : c'est la capitulation de la science au profit d'une métaphysique spiritualiste ; ou bien il faut supposer que l'individualité s'élabore bien à propos des conditions organiques et sociales, mais qu'elle s'en dégage, qu'elle émerge comme une création originale : la conscience de soi. (*France Nouvelle*, 1960, p. 26)

Et, à un camarade qui lui demande pourquoi dans ce travail il n'a pas cité Marx et Lénine, il répond ironiquement : « C'est un travail de recherche scientifique, pas une exégèse », et un peu plus loin :

> Il est de très mauvais goût [sous-entendu, dans l'univers du Parti communiste français] de parler de conscience, de personne, de liberté [sans se faire taxer d'idéalisme]. Et pourtant, quel serait l'intérêt d'une psychologie qui n'aborderait pas ces problèmes ? (*Ibid.*)

Bianka Zazzo : « une mémoire pour deux »

J'ai déjà mentionné le statut différent des deux écrits que je compare. L'ouvrage de Bianka Zazzo est composé de trois parties d'inégale importance, sous la forme de trois lettres : à ses petits-enfants, à ses enfants et à lui, l'absent, le disparu. À ses petits-enfants, elle raconte sur le mode du « il était une fois » : « Comment étaient vos grands-parents » lorsqu'ils étaient eux-mêmes des enfants et des adolescents. À ses fils, elle transmet ce qu'ils savaient déjà, sans vraiment le savoir, sur le couple qu'ont formé leurs parents, leurs engagements politiques, professionnels, amoureux (elle s'y montre d'une surprenante franchise), leurs déchirements et leurs doutes ; et à « l'absent si présent », enfin, elle dit ce qu'elle n'a pas pu lui dire avant qu'il disparaisse. Ce texte se présente ainsi comme une biographie familiale, une « histoire de famille », et on pourrait se demander ce que nous, lecteurs, venons faire là-dedans[1], s'il ne s'agissait, selon les propres termes de l'auteur, d'une histoire au double sens du terme. Celle du monde (l'histoire avec un grand H) et celle du couple, celle de deux vies traversées et marquées par l'histoire collective dont, pour elle, les périodes clés sont le Front populaire, la guerre d'Espagne, la « drôle de guerre », la défaite, l'Occupation, la guerre froide, la guerre d'Algérie et bien d'autres encore. Il ne s'agit donc pas d'un texte « savant », soumis à des critères d'usage, mais de la biographie d'un couple, du récit d'une

1. Bianka Zazzo m'a d'ailleurs confié qu'elle ne pensait pas d'abord le publier et qu'elle l'avait fait sur les conseils de Marc Richelle.

longue aventure commune, vie publique et vie privée. L'une et l'autre font mieux comprendre la singularité et le devenir d'une personne, que le simple exposé de son trajet scientifique peut laisser dans l'ombre.

Voici ce qu'elle raconte à ses petits-enfants de sa jeunesse. Elle est née en 1915 à Lodz, en Pologne, dans une famille juive bourgeoise et cultivée. Une famille nombreuse, chaleureuse, pleine d'attentions, parfois un peu envahissante. Elle écrit :

> Être fille, juive et benjamine dans cette Pologne d'après la Première Guerre mondiale vous impose un choix : être une petite fille modèle ou désobéir le plus souvent possible. (Zazzo B., 2000, p. 21).

Elle opte résolument pour la deuxième solution, et s'y tiendra. Il faut souligner ici un point important : la place et la valeur accordées à l'éducation — pour les filles comme pour les garçons — dans ces familles juives polonaises, en tant que viatique face aux aléas de la vie sociale, ce qui explique que ces jeunes filles furent des pionnières dans bien des domaines des sciences de l'homme (psychanalyse, médecine, psychologie de l'enfant).

Bianka est une bonne élève, mais indisciplinée, une « rebelle sans cause ». Elle la cherche et la trouve à l'adolescence dans une organisation clandestine scolaire animée par le Parti communiste polonais, ce qui lui vaut d'être arrêtée et emprisonnée à 16 ans. Son père se démène pour la faire libérer et finit par prendre la décision de l'envoyer à Paris avant que d'autres malheurs du même type ne s'abattent sur sa tête blonde. Elle tombe immédiatement amoureuse de Paris, se met au service du Parti communiste polonais, puis de l'Union fédérale des étudiants, proche du Parti communiste français (elle ne parvient pas alors à adhérer aux Jeunesses communistes de France, car elle est étrangère). C'est là qu'elle rencontre René, à qui elle lance son premier défi, qu'il accepte : ne manquer aucun bal du 14 juillet entre la Porte d'Orléans et la Porte de la Villette.

> Il ne me prévient pas que ses qualités de danseur sont limitées, s'habille de façon qu'il croit élégante (son pantalon rose sera vite arrosé par ma limonade) et vers trois heures du matin me demande « ma main ». Fou-rire de ma part, je lui donne *la* main, qu'il ne lâchera pas de la nuit. (*Ibid.*, p. 27)

Ainsi commence une histoire d'amour qui ressemble au *Tourbillon* chanté par Jeanne Moreau : on s'est connus, on s'est reconnus, on s'est perdus de vue, on s'est retrouvés, et puis la mort nous a séparés.

Voici maintenant ce qu'elle conte à ses petits-enfants de la jeunesse de leur grand-père. Comme pour Didier Anzieu, s'y dessine un portrait bien plus vivant et significatif que celui que son mari a cru bon de relater dans son autobiographie. Elle le construit à partir des carnets intimes de René Zazzo, qu'elle a consultés après sa mort, mais aussi à partir de ce qu'elle savait en tant qu'épouse et en tant que bru.

Le jeune René a été placé en nourrice dès l'âge de huit jours, puis repris par ses parents à l'âge de 2 ans et demi, en 1913. C'est alors que pour la première fois, il « identifie son père ». Expérience peu concluante : l'enfant tombe gravement malade, doit être hospitalisé et repart chez sa nourrice, la « mémène », femme tendre et affectueuse, bon objet maternel, avec qui il reste en contact sa vie durant. Retour chez ses parents à l'âge de 5 ans, à Paris où ils vivent alors, mais séjours de vacances chez « mémène » jusqu'en 1920.

Sur les parents de René, Bianka est réservée dans sa description car consciente de sa position de belle-fille, propice aux désaccords et aux conflits. Ce sont des gens conventionnels, peu aimants, coincés dans leur désir de promotion sociale et ayant souffert tous les deux d'une généalogie compliquée. La mère, élevée par la deuxième femme de son père, n'a appris qu'à l'âge de 15 ans que sa vraie mère était morte à sa naissance, et fut blessée par ce secret. Quant au père, un double secret pèse sur ses origines. Dans cet univers, René grandit, enfant sage, rêveur et solitaire, de santé fragile, écolier puis lycéen brillant mais dont les projets sont aux antipodes de ceux de son père : il veut écrire et faire du théâtre. Du coup, il apprend la dissimulation, les cachotteries, les tricheries, une attitude dont les mémoires de Bianka attestent qu'il la gardera — à l'occasion — ultérieurement. En 1927, cependant, à 17 ans, il a le courage de poser un acte qui va déterminer son avenir : abandonner le cursus technique, préparer le baccalauréat (philosophie), s'inscrire à l'Université, quitte à pourvoir tout seul à ses besoins. Il réussit à sortir ainsi de ce qu'il nomme dans ses carnets « les années les plus déprimantes de ma vie ». Il revit, tout le tente. Il s'inscrit simultanément à la Sorbonne en lettres (il suit des cours de sociologie et de philosophie), en droit et prépare l'entrée au Conservatoire d'art dramatique. Il participe aussi à toutes sortes d'associations : les Amis du mouvement surréaliste, l'Association des étudiants pauvres, le Groupe d'études de philosophie, le Groupe d'études de sociologie, l'Union fédérale des étudiants. Il se fait enfin des amis : Henri Pastoureau, Jacques et Jean-Pierre Vernant, Victor Leduc, tous de gauche, vivement intéressés par le marxisme, avec ou sans la carte du Parti communiste. (René Zazzo prend la sienne en 1933, juste avant de partir en Amérique, sur l'injonction pressante de Bianka.) Pour l'heure, ces jeunes gens font régulièrement « le coup de poing » avec les étudiants de droite dans la cour de la Sorbonne, sous l'œil admiratif de leurs condisciples féminines qui leur tiennent lunettes et cartables !

Si, dans l'ouvrage de Parot et Richelle, nous avons pu constater que mesdames Piéron et Wallon avaient été des épouses exemplaires, on ne peut en dire autant de Bianka Zazzo. Elle raconte, avec humour, qu'à son retour des États-Unis, elle lui a fait, littéralement, rater l'agrégation de philosophie. « Trop de place pour Lalande, et pas assez pour moi ! » Sommé de choisir entre Lalande et elle, il échoue à l'examen. Tant mieux, estime-t-elle, car sinon il serait devenu professeur de philosophie dans un lycée, alors que son échec et le soutien de Wallon l'orientent vers la psychologie.

Leur double destin professionnel de psychologues de l'enfance se déroule d'ailleurs sous le patronage de Wallon, qui joue dans leur vie à la fois le rôle du maître, du compagnon politique et de l'ami. Mais si René Zazzo passe à la Libération du statut de disciple préféré à celui de successeur, il faut à Bianka plusieurs années pour n'être plus seulement l'épouse de René Zazzo, et devenir Bianka Zazzo, spécialiste reconnue de la psychologie différentielle des sexes et de l'adolescence.

Elle entre dans la recherche par une voie toute nouvelle : la filmologie, et se consacre à l'étude des réactions des enfants et des adolescents devant le cinéma. Grâce à Henri Wallon, elle devient à partir de 1950 responsable de l'Institut de filmologie. Sociologues, psychosociologues, psychologues et psychiatres se penchent alors avec intérêt sur ce rapport des jeunes au cinéma : constitution d'une nouvelle culture à travers les modèles idéaux qu'incarnent les stars, valeur de rêverie collective, rôle documentaire ou pédagogique du film, mais aussi source d'inadaptation ou de délinquance, de confusion entre le réel et l'imaginaire, nécessité de la censure, tous ces domaines nouveaux offrent un vaste champ d'exploration aux chercheurs. Bianka Zazzo conduit ses premières recherches entre 1952 et 1956, d'abord sur les réactions des jeunes enfants face au film, puis sur celles des adolescents, garçons et filles. Elle cherche ainsi à explorer les préoccupations, les rêves et les attitudes sociales de la jeunesse, en prenant en compte deux variables : le sexe et le milieu social. Deux publications en rendent compte (Zazzo B., 1958a et 1958b). Elle montre d'abord qu'il faut se méfier des généralisations hâtives : le cinéma n'est pas source de désaffection pour la littérature, les grands lecteurs sont aussi de grands amateurs de cinéma ; ensuite, que les deux revendications fondamentales des jeunes portent sur le droit de choisir sa profession et le droit à l'amour ; enfin, et c'est là le résultat le plus significatif à partir duquel vont se développer tous ses travaux ultérieurs, qu'il y a peu de différences radicales entre les aspirations des adolescents des différents milieux sociaux. L'âge joue un rôle homogénéisateur, alors que le sexe demeure très différenciateur : les garçons privilégient l'audace, l'action, la liberté ; et les filles, la beauté, l'amour, la générosité et le désintéressement. C'est chez les lycéennes qu'elle repère le décalage le plus important entre l'aspiration à l'autonomie et la dépendance par rapport à la famille. Elle fait référence à ce propos au *Deuxième sexe* de Simone de Beauvoir paru en 1949.

Mais le couple formé par René et Bianka Zazzo ne fonctionne pas alors de manière analogue à celui de Jean-Paul Sartre et de Simone De Beauvoir, c'est-à-dire selon un principe d'égalité et d'indépendance réciproques. En effet, en 1956, elle se présente, quoiqu'il l'en ait expressément dissuadée, au CNRS : « une candidature de son épouse le gêne. Je passe outre et ne tiens pas compte de ses réticences » (Zazzo B., 2000, p. 93).

Cela donne une scène comique : Zazzo et Chombard de Lauwe, dans les mêmes affres que lui, attendant dans le couloir pendant les délibérations de leurs collègues, auxquelles ils n'ont pas voulu assister (on les imagine fumant comme des pompiers, tels de futurs papas à la maternité), et pour elle un poste d'attachée de recherches au CNRS où elle peut développer ses recherches personnelles sur la psychologie différentielle de l'adolescence et des sexes.

Celles-ci aboutissent à sa thèse, soutenue en 1966 : *Psychologie différentielle de l'adolescence* (Zazzo, B., 1966). Elle est la première femme chercheur en France à comparer systématiquement les carrières scolaires des filles et des garçons, et à montrer ainsi qu'à âge et intelligence identiques, les filles réussissent mieux que les garçons. Elle attribue ce phénomène à des facteurs non cognitifs : meilleure adaptation des filles aux exigences du milieu scolaire, meilleure participation, motivation plus forte à réussir, stabilité affective et maturité plus précoces. Cet écart entre les sexes étant retrouvé dans tous les milieux sociaux, la variable sexe lui paraît aussi importante que celle du milieu social dans la réussite ou l'échec scolaire. Cependant, la supériorité dans le rendement scolaire est plus marquée chez les filles d'origine modeste ; chez les écoliers « bien nés », elle tend à diminuer au fil de la carrière scolaire, puis à s'inverser, du fait des choix d'orientation proposés. La supériorité scolaire des filles se trouve ainsi contrariée par l'infériorité sociale, qui perdure. On peut constater ici encore l'originalité de sa démarche, qui sera reprise et continuée par les sociologues de l'éducation (Baudelot et Establet, 1992). Dans les années 1980, ses recherches ultérieures porteront principalement sur l'étude des périodes critiques d'adaptation, lors des « passages » d'une collectivité scolaire à une autre (Zazzo B., 1978 et 1982, 1993). Travail de terrain, bien éloigné des investigations en laboratoire de René Zazzo. Elle exprime ainsi ce qui différencie leurs curiosités scientifiques :

> Le « singulier » pour ta part, l'individu, ses progrès et son unicité ; le « pluriel » pour moi. *Pas comme les autres* est ton objectif, *avec les autres* est ma priorité.

Finalement, sur toute son œuvre, au-delà de sa rigueur scientifique, souffle l'esprit de l'adolescente rebelle qui n'a jamais disparu et qui a trouvé sa cause.

Si les curiosités scientifiques de Bianka et René Zazzo sont différentes, leurs attitudes politiques le sont aussi, malgré une apparente proximité. C'est Bianka qui a incité René à adhérer au Parti communiste en 1933 (juste avant son départ pour les États-Unis !), mais elle le quitte la première. Contrairement à lui, elle ne sépare jamais vie personnelle et vie militante. Elle est bouleversée et révoltée par le pacte germano-soviétique, alors que René Zazzo « cherche à comprendre », troublée par le procès Kravtchenko[1] en 1949. Au moment de la guerre froide, elle ne supporte pas les exclusions du parti qui touchent ses amis proches. « Je cesse d'être croyante, mais demeure pratiquante », alors que son mari reste réservé et sceptique, bien moins atteint qu'elle. « Je suis depuis bien trop longtemps dans l'incertitude pour être bouleversé aujourd'hui », note-t-il dans ses carnets (p. 86). Après le rapport Khrouchtchev puis la révolte de Budapest et l'approbation par le Parti communiste français de l'intervention soviétique, il signe cependant la « lettre des dix[2] », réclamant la convocation d'un congrès extraordinaire du Parti (cette démarche ne sert à rien mais a le mérite de porter une dissidence interne sur la place publique). Pendant la guerre d'Algérie, il signe également le « manifeste des 121 » appelant à l'insoumission (parmi les autres signataires : Maud Mannoni et Jean-Bertrand Pontalis ; René Zazzo est le seul psychologue).

Bianka Zazzo rend sa carte du parti en avril 1968, après l'entrée des chars soviétiques dans Prague. Sans hésitation, mais non sans tristesse et amertume. René Zazzo, lui, cherche toujours à comprendre. Il met dix ans pour opérer cette démarche, après la rupture de l'Union de la gauche, avec beaucoup plus de détachement, sur le mode du « ça suffit comme ça », alors que pour elle, une période de désintoxication fut nécessaire, « comme pour une droguée après tant d'années de militantisme ».

Dans son autobiographie, René Zazzo remarque que, de tous ses travaux, un seul a suscité une question sur sa genèse, toujours la même : pourquoi les jumeaux ? Et que sa réponse est : « Je n'en sais rien ». La lecture croisée des deux parcours de René et Bianka Zazzo pourrait cependant

---

1. Il avait écrit un livre faisant clairement référence au Goulag. Accusé d'être un espion à la solde de la CIA par *Les Lettres Françaises*, il leur intente un procès et le gagne.
2. Parue dans *Le Monde* du 22 novembre 1956 et signée par dix intellectuels ou artistes : Georges Besson, Marcel Cornu, Francis Jourdain, Dr Harel, Hélène Parmelin, Pablo Picasso, Édouard Pignon, Paul Tillard, Henri Wallon, René Zazzo. Sous la pression du parti, deux d'entre eux retirent leur signature : Henri Wallon et Francis Jourdain.

suggérer une hypothèse. Il analyse le processus de différenciation des jumeaux par ce qu'il nomme « l'effet-de-couple ». Dans un couple, chacun est le révélateur de l'autre. Le couple oscille, dans une balance incertaine, entre affirmation de soi et aliénation dans l'autre. Le couple gémellaire est ainsi l'analyseur privilégié de n'importe quel couple. Les jumeaux ne sont pas des couples exceptionnels, mais bien plutôt des couples excessifs. C'est peut-être dans ce « couple excessif » qu'il a formé avec Bianka pendant toutes ces années que se trouve la clé de cette inspiration. Il en a sans doute pris conscience tardivement, puisqu'il lui dédicace ainsi son dernier livre, *Reflets et autres doubles* (Zazzo, 1993) : « À Bianka, mon double et ma moitié, mais pas mon reflet, Dieu merci ». En effet…

RÉFÉRENCES

Baudelot Christian et Establet Roger, 1992, *Allez les filles !*, Paris, Le Seuil.

Bourdieu Pierre, « L'illusion biographique », 1986, *Actes de la recherche en sciences sociales*, n° 62-63, repris dans *Raisons pratiques*, 1994, Paris, Le Seuil, p. 81-89.

Caute David, 1967, *Le Communisme et les intellectuels français. 1914-1966*, Paris, Gallimard.

France Nouvelle, 25 mai 1960, n° 762. « Débat avec René Zazzo à propos de sa thèse : Les jumeaux, le couple et la personne ».

Hameline Daniel et Lesage Honoré, 1969, *Anthologie des psychologues français contemporains,* Paris, PUF.

Kaës René (dir.), *Les Voies de la Psyché*, 1994, Dunod.

Murchinson Carl, 1930, *History of psychology in autobiography*, Worcester, Clark University Press.

Ohayon Annick, 1999, *L'Impossible rencontre : psychologie et psychanalyse en France. 1919-1969*, Paris, La Découverte.

Ohayon Annick, 2001, « Fondements et usages des tests. Une histoire critique », *Journal des Psychologues*, avril.

Parot Françoise et Richelle Marc, 1992, *Psychologues de langue française. Autobiographies*, Paris, PUF.

Zazzo Bianka, 1958a, « La Jeunesse et le cinéma », *Courrier du Centre International de l'Enfance*, avril 1958, p. 185-198.

Zazzo Bianka, 1958b, « L'Image de soi chez l'adolescent », *Enfance*, n° 4-5, septembre-décembre 1958, p. 353-379.

Zazzo Bianka, 1966, *Psychologie différentielle de l'adolescence*, Paris, PUF.

Zazzo Bianka, 1978, *Un grand passage : de l'école maternelle à l'école élémentaire*, Paris, PUF.

Zazzo Bianka, 1982, *Les 10-13 ans : garçons et filles en CM2 et en 6ème*, Paris, PUF.

Zazzo Bianka, 1993, *Féminin-Masculin à l'école et ailleurs*, Paris, PUF.

Zazzo Bianka, 2000, *Une mémoire pour deux*, Sprimont, Mardaga.

Zazzo René, 1960, *Les Jumeaux, le couple et la personne*, Paris, PUF.

Zazzo René, 1993, *Reflets et autres doubles*, Paris, PUF.

Savoirs des marges, savoirs concurrents

Écriture et relecture de l'histoire par les « féministes » du Second Empire

Alice Primi

> […] nous l'avons dès longtemps senti, il manque à notre époque des matériaux pour apprécier les grands faits sociaux, qui se sont accomplis par ou avec les femmes. De loin en loin quelques noms, illustres entre tous, nous ont été transmis […], mais quelle richesse est cachée encore sous ces ruines du passé ! Que de noms à exhumer de ces catacombes antiques ! (Eugénie Niboyet, *Le Conseiller des Femmes*, 1834, p. 524-525)

> […] l'histoire est tout à refaire, car nous n'avons guère que les apparences quand ce n'en est pas la parodie même. […] Un scepticisme cruel et un profond découragement s'empareront de la femme le jour où, ayant sous les yeux les matériaux épars et dédaignés de son histoire, elle voudra les considérer et s'interroger sur leur haute signification. (Henriette, *La Voix des Femmes*, 20 avril 1848)

> […] la femme nous dit-on, existe à peine dans l'histoire, et l'on se sert de cet argument contre elle. Son absence de l'histoire équivaut à un brevet d'incapacité. (Juliette Lamber, *Idées antiproudhoniennes sur l'Amour, la Femme, le Mariage*, 1858 ; éd. de 1861, Paris, Dentu, p. 67)

Ces trois citations illustrent bien l'intérêt que des femmes désireuses de revendiquer leurs droits ont porté à l'histoire tout au long du XIXe siècle. Elles révèlent aussi l'échec répété de leurs tentatives pour transmettre la mémoire de leurs actes et pour imposer leur présence dans l'histoire écrite et enseignée. De génération en génération, les femmes se heurtent à leur invisibilité dans l'histoire.

Cette situation résulte en partie d'un processus global de mise à l'écart, que l'on peut observer notamment après 1848. Alors que la révolution avait donné l'occasion à de nombreuses femmes d'exprimer publiquement leurs convictions politiques, d'élaborer des projets sociaux, de revendiquer collectivement leur droit à la liberté et à l'égalité, la réaction qui survient les disperse et les fait taire. Leur participation à l'avènement de la IIe République est niée ou déformée ; leurs noms tombent immédiatement dans l'oubli[1] ou bien sont discrédités par le ridicule[2]. Lorsque, marginalement, on leur attribue un rôle dans le récit de cette période, c'est, comme pour la Révolution de 1789, en tant qu'agitatrices incontrôlables ou conservatrices bornées[3].

Ce travestissement quasi immédiat de l'histoire participe de la réaffirmation de l'ordre patriarcal qui triomphe sous le Second Empire. La dissociation idéologique des sphères publique et privée se renforce, en même temps que l'assimilation du domestique au féminin et du public au masculin. Privées de la citoyenneté, les femmes se retrouvent vouées à la procréation, confinées au foyer. Durant cette période cependant, certaines s'indignent de leur infériorité civile et de leur exclusion civique. Le terme, certes anachronique mais utile, de « féministes » permet de désigner ces femmes qui ont conscience de l'oppression de l'ensemble de leur sexe et qui revendiquent des droits pour recouvrer une certaine dignité, voire parvenir à l'égalité. À partir de la fin des années 1850, elles s'attaquent ainsi ouvertement au système de pensée qui implique leur disparition de l'espace public ; dans leurs textes et leurs discours, elles analysent le processus de leur exclusion et, pour le comprendre, se tournent vers le passé. Confrontées à leur absence de l'histoire, elles la dénoncent comme l'un des moyens de leur mise à l'écart. Conscientes de l'importance que cela représente pour elles, elles cherchent alors à situer leur lutte dans la longue durée, à inscrire leurs revendications dans une logique historique et politique.

À la lumière des écrits de ces « féministes », et notamment ceux de Juliette Lamber, Jenny P. d'Héricourt, Maria Deraismes et André Léo, je voudrais essayer de comprendre comment les questions posées par le présent les ont amenées à repenser le passé, à réfléchir aux enjeux de son

1. Les noms des femmes qui se manifestent en 1848 sont rarement cités — ou sont alors déformés — par les contemporains ; *cf.* Michèle Riot-Sarcey, *La Démocratie à l'épreuve des femmes*, Paris, Albin Michel, 1994, p. 205-206.
2. Eugénie Niboyet, présidente du Club des femmes, est la risée de la presse, notamment de *Charivari* en mai et juin 1848 ; Jeanne Deroin est l'emblème des femmes « saucialistes » caricaturées par Daumier dans *Charivari* d'avril à juin 1849, et mises en scène par MM. Varin et Roger de Beauvoir.
3. Même Jean Macé, pourtant proche de Jeanne Deroin, déplore que les femmes n'aient pas compris la révolution de février et leur attribue une certaine responsabilité dans son échec ; *cf. L'Opinion des Femmes*, n° 1, 28 janvier 1849.

écriture, à explorer l'histoire dans la perspective de l'avenir qu'elles veulent construire.

Jenny P. d'Héricourt[1], la seule de ces quatre femmes qui ait joué un rôle en 1848, est la première à reprendre une plume engagée après la fin de la IIe République. Fréquentant certains réseaux de l'opposition républicaine, elle publie à partir de 1855 dans des revues de libres penseurs rationalistes : *La Ragione* (Turin) puis la *Revue Philosophique et Religieuse* (Paris). Elle y critique notamment les discours des réformateurs sociaux contemporains, « maîtres à penser » des républicains et des socialistes, qui réduisent les femmes à une catégorie abstraite, dont la place serait dictée par la « nature ». Ses articles donnent lieu en 1860 à un essai intitulé *La Femme affranchie*[2]. Liée aux mêmes réseaux, Juliette Lamber[3] se joint à la polémique en 1858 : quelques mois après la parution du nouveau livre de Proudhon[4], elle réagit avec ses *Idées antiproudhoniennes sur l'Amour, la Femme, le Mariage*. André Léo[5], commence par écrire des romans plaidant la cause des femmes, puis fait paraître en 1869 *La Femme*

1. Jenny P. d'Héricourt est le pseudonyme de Jeanne Marie Poinsard (1809-1875). Elle est en mars 1848 secrétaire de la Société pour l'émancipation des femmes, et sympathisante de Cabet. Sous le Second Empire, elle est sage-femme et femme de lettres, toujours républicaine. Elle part en 1864 aux États-Unis où elle fréquente des militantes des droits des femmes. *Cf*. Karen Offen, « Qui est Jenny P. d'Héricourt ? », *Bulletin de la Société d'Histoire de la Révolution de 1848*, n° 3, 1987 ; Caroline Arni, « Jenny P. d'Héricourt et les novateurs modernes », *Clio*, n° 13, 2001.
2. *La Femme affranchie. Réponse à MM. Michelet, Proudhon, de Girardin, Comte et autres novateurs modernes,* par Mme Jenny d'Héricourt, Bruxelles, Paris, Lacroix, 1860, 2 tomes.
3. Juliette Lamber (1836-1936), née Lambert, est initiée au socialisme de Proudhon par son père, et au positivisme de Comte par son premier époux, La Messine. Sous le Second Empire, elle fréquente des cercles républicains et des salons à la fois politiques, mondains et littéraires tels que ceux de Daniel Stern et de George Sand. *Cf*. Juliette Adam, *Mes premières armes littéraires et politiques*, Paris, 1904.
4. Pierre-Joseph Proudhon, *De la Justice dans la Révolution et dans l'Église. Nouveaux principes de philosophie pratique*, Paris, Garnier Frères, 1858. Plusieurs chapitres du livre sont consacrés à l'amour et au mariage, et justifient la subordination de la femme à l'homme.
5. André Léo est le pseudonyme de Léodile Champseix, née Béra (1824-1900). Épouse d'un républicain exilé en Suisse, elle s'installe à Paris après l'amnistie de 1860 et y commence une carrière littéraire. Démocrate et socialiste, elle écrit à partir de 1867 pour divers journaux républicains et socialistes. En 1868, elle fonde une Ligue pour les droits des femmes, et lance en avril 1869 une pétition pour la revendication des droits civils. *Cf*. Alain Dalotel, *André Léo, La Junon de la Commune*, Chauvigny, Éditions Cahiers du Pays Chauvinois, 2004. Alice Primi, « André Léo, une voix critique de la démocratie française à la fin du second Empire », *Histoire et Sociétés. Revue Européenne d'Histoire Sociale*, n° 12, octobre 2004, p. 104-120.

et les mœurs. Monarchie ou liberté[1]. Elle y réfute à son tour les conceptions misogynes de Proudhon, dont elle constate l'influence persistante auprès des socialistes contemporains, tout en interpelant avec virulence l'ensemble des démocrates. Enfin, Maria Deraismes[2] obtient une rapide notoriété à la fin des années 1860 par ses conférences et ses articles dans lesquels elle analyse la société contemporaine, en critiquant le régime impérial et en dénonçant la situation faite aux femmes. Quelle que soit la diversité de leurs approches et de leurs priorités, toutes ont estimé que leur réflexion sur la place des femmes dans la société actuelle et à venir était indissociable de l'analyse du passé. Il est pour elles indispensable de modifier l'écriture et la lecture de l'histoire en accordant aux femmes la place qui leur revient ; la signification accordée au passé s'en trouve ainsi transformée, ce qui permet de poser de nouvelles bases pour bâtir rationnellement un avenir de progrès. Cette démarche s'oppose radicalement à la représentation partagée par la majorité de leurs contemporain(e)s, selon laquelle les femmes forment une catégorie définie par une immuable « nature féminine », une catégorie au statut social éternel d'épouse et de mère, qui est par essence hors de l'histoire, uniquement déterminée par le temps cyclique de la reproduction.

Construire une histoire qui n'existe pas

Les « féministes » qui entreprennent de déconstruire la figure de « la Femme » en s'efforçant de redonner un passé à l'ensemble des femmes doivent pour cela partir à la recherche de traces éparses, qui n'ont jamais été consignées de façon cohérente et continue. Elles veulent ainsi réécrire l'histoire humaine en lui restituant sa moitié ignorée, en s'intéressant aussi à l'histoire des sociétés sous l'aspect habituellement occulté des rapports de pouvoir entre les sexes. Elles sont alors amenées à remettre en question l'histoire de leur temps — écrite et enseignée par et pour des hommes — : essentiellement structurée autour du récit des événements publics, celle-ci met en scène presque exclusivement des hommes, en vertu de l'assimilation des femmes à la sphère privée. Juliette Lamber remarque d'ailleurs :

1. André Léo, *La Femme et les mœurs. Monarchie ou liberté*, Paris, 1869, éd. de 1990, Tusson, Du Lérot, présenté par Monique Biarnais.
2. Maria Deraismes (1828-1894), républicaine, commence par écrire des pièces de théâtre, des pamphlets et des articles, puis débute en 1866 une carrière d'oratrice, à l'invitation des libres penseurs de *L'Opinion Nationale*. Elle fait partie des rédacteurs qui fondent le journal *Le Droit des Femmes* en avril 1869, et soutient la Revendication pour les droits civils lancée par André Léo. *Cf.* Maria Deraismes, *Ève dans l'humanité*, préface de Laurence Klejman, Paris, Côté-Femmes Éditions, 1990.

L'histoire de l'humanité existe-t-elle ? C'est l'histoire des mâles dans l'humanité qu'il faudrait dire. Aussi, qu'y a-t-il dans cette histoire ? Des batailles, des massacres, des flots de sang, oppressions, injustices, trahisons, reculades ; révolutions stériles, réactions honteuses [...][1].

Par la nature même des faits jugés dignes de la postérité, l'histoire qui est ici dénoncée reflète en effet les rapports de domination existants : la violence exercée par les hommes est valorisée, tandis que ce qui concerne le domaine privé et le rôle des femmes est passé sous silence. Une telle critique rappelle celle exprimée — à un autre sujet — dans la première moitié du XIXe siècle par les historiens « libéraux » qui ambitionnent d'écrire une histoire « totale », vue « d'en bas », donnant enfin à voir le « peuple » jusqu'alors effacé derrière la chronique des cours[2]. Mais de Thierry[3] à Michelet[4], le « peuple » dont il est question reste une catégorie souvent bien abstraite et en tout cas éminemment masculine. Si ces historiens « réformateurs » manifestent de l'intérêt pour la vie populaire dans ses divers aspects, ils n'en viennent guère pour autant à reconsidérer le rôle des femmes[5] : les « femmes du peuple » apparaissent fréquemment non pas comme membres elles-mêmes de cette entité mais plutôt comme la propriété des hommes qui la composent ; plus ou moins associées à leurs agissements, elles sont généralement représentées comme un groupe anonyme ou comme des archétypes[6].

La frustration ressentie par les « féministes » face aux « oublis » des historiens met donc en cause une certaine conception historique, mais pose aussi le problème de la constitution et de la transmission de la mémoire collective féminine. Celle-ci peut être délibérément tronquée, en fonction

1. Juliette Lamber, *Idées anti-proudhoniennes sur l'amour*..., *op. cit.*, 1861, p. 66.
2. Citons ici un autre extrait de l'article d'Henriette évoqué en exergue : « l'histoire est toute à refaire [...] la vérité n'y paraîtra que quand l'observation et l'intelligence féminines y prendront part et surtout y rattacheront les intérêts féminins [...] ». Une telle déclaration peut être mise en rapport avec ces propos d'Augustin Thierry : « L'histoire de France, telle que nous l'ont faite les écrivains modernes, n'est point la véritable histoire du pays, l'histoire nationale, l'histoire populaire [...] ; il nous manque l'histoire des citoyens, l'histoire des sujets, l'histoire du peuple. », « Première lettre sur l'histoire de France », *in Dix ans d'études historiques*, Paris, Garnier, 1834, 2e partie, chap. XI, p. 302-305.
3. Augustin Thierry, *Lettres sur l'histoire de France*, 1827, *in Œuvres complètes*, Paris, Garnier, 1867.
4. Jules Michelet, *Le Peuple*, Paris, Hachette, 1846.
5. Les travaux de Michelet sur la Révolution française représentent un cas particulier, *cf.* plus loin.
6. Pour Michelet, la femme du peuple « c'est la vertu » (*Le Peuple*, *op. cit.*, p. 103) ; les femmes du peuple sont « obligées d'être la providence de la famille » (*ibid.*, p. 200-201), etc.

des enjeux du présent, comme le fait par exemple Eugénie Niboyet[1] dans *Le Vrai Livre des Femmes* qu'elle publie en 1863. Celle qui se plaignait en 1834 de n'avoir à sa disposition qu'une histoire incomplète, privée des noms des femmes qui l'ont faite, refuse de transmettre ceux de ses compagnes de 1848. Alors qu'elle cherche à rentrer en grâce en atténuant sa propre implication dans le mouvement révolutionnaire, elle présente les femmes qui l'entouraient à ce moment comme une masse anonyme et exaltée, conforme à la caricature qui en était faite. Les contemporains et la génération suivante ne peuvent davantage s'instruire à ce sujet en lisant les témoignages qui font autorité sur la période ; même celui dû à une femme, Daniel Stern[2], n'évoque que de manière vague, et sans jamais citer aucun nom, les clubs, banquets et journaux féminins, ainsi que les tentatives de Pauline Roland et Jeanne Deroin pour participer aux élections. Il ne s'agit pour l'auteure que de « choses bizarres » et d'un « tapage extérieur », qui ne peuvent être intégrés à l'analyse des événements[3]. Ainsi des « féministes » qui, telles que Juliette Lamber et Maria Deraismes, n'ont pas vécu la révolution, ne font aucune allusion aux luttes des femmes de 1848, soit qu'elles ne les connaissent pas, soit qu'elles estiment qu'une référence si peu honorable desservirait leur cause. Hormis Jenny d'Héricourt, qui a été l'une des protagonistes de ces luttes — mais qui s'abstient de raconter son expérience personnelle —, la seule qui en parle est André Léo, sans doute instruite par les anciens révolutionnaires qu'elle fréquente[4]. Malgré son grand esprit critique, son propos reste néanmoins influencé par la version dominante :

> Il y eut en 48 un mouvement féminin ; mais peu sensible, un club dont on se moqua, bien qu'il ne fût pas plus ridicule, probablement, que les autres[5].

La réécriture constante de l'histoire entreprise aussi bien par les hommes au pouvoir que par des femmes soucieuses de respectabilité prive donc de racines celles qui, sous le Second Empire, essaient de reconstituer le passé propre des femmes. Elles cherchent en vain la trace d'actions et d'efforts communs, et sont confrontées là aussi à un silence qui met en question la légitimité même de leur démarche. Ne retrouvant que des per-

---

1. Sur Eugénie Niboyet, *cf.* Michèle Riot-Sarcey, *La Démocratie à l'épreuve des femmes*, *op. cit.*
2. Daniel Stern (Marie d'Agoult), *Histoire de la Révolution de 1848*, Paris, 1850-1853, 3 vol.
3. Daniel Stern, *Histoire de la Révolution de 1848*, Paris, éd. de 1862, t. 2, p. 35-36.
4. Elle est notamment en relation avec Jenny P. d'Héricourt lorsque celle-ci est aux États-Unis. *Cf.* la lettre de André Léo à Léon Richer datée du 8 juin 1869, fonds Bouglé, Bibliothèque Historique de la Ville de Paris.
5. André Léo, *La Femme et les mœurs. Monarchie ou liberté*, *op. cit.*, p. 43.

sonnes isolées, les « féministes » doivent répondre à cette question : comment envisager l'histoire d'un groupe qui n'existe pas ? Si elles sont souvent tentées par les solutions traditionnelles qu'offrent l'histoire des femmes célèbres ou l'histoire de « la Femme », cela est en partie dû à leur propre isolement social et politique : il leur est d'autant plus difficile de reconstituer un passé collectif qu'elles-mêmes ne peuvent pas réellement se penser dans le présent en tant que groupe.

Par conséquent, la reconstruction historique qu'elles entreprennent apparaît forcément artificielle, dans la mesure où elles cherchent à présenter malgré tout les femmes comme une catégorie cohérente, auquel on peut attribuer une histoire collective. L'approche classique, qui considère l'ensemble des femmes victimes d'une même domination multiséculaire, conduit en fait à entreprendre une histoire de « la Femme » qui projette dans le passé les représentations normatives en cours au XIXe siècle. Le livre *Les Femmes, leur passé, leur présent, leur avenir*, publié par Mlle de Marchef-Girard[1] en 1860, retrace ainsi une fresque de la condition féminine où les femmes restent entièrement passives face aux évolutions successives. Les deux seules exceptions sont Olympe de Gouges et Mme de Staël, cas uniques et isolés qui finissent par échouer lamentablement.

Mettre en évidence le rôle actif des femmes dans l'histoire ne semble en somme être possible que si l'on quitte le temps long de leur oppression pour privilégier au contraire les événements ponctuels lors desquels elles ont pu manifester leur volonté de contribuer elles-mêmes aux changements. Les « féministes » qui tentent cette approche sont alors confrontées à un passé très fragmenté, constitué d'interventions brèves et sans lendemain. La quasi-totalité des ouvrages qui envisagent l'histoire des femmes révèlent, dans leur structure même, les problèmes que pose cette histoire discontinue. Ils traitent ainsi les périodes qui précèdent 1789 à travers l'énumération chronologique, mais fort hétéroclite, de personnalités dont le seul trait commun est d'être des célébrités de sexe féminin. Dans la plupart des cas, c'est Ève qui ouvre une liste s'achevant avec les salonnières du XVIIIe siècle, après avoir cité les illustres souveraines de différents pays. Puis survient la Révolution : l'histoire racontée se transforme en une suite d'événements auxquels les femmes ont pris part ou ont dû une évolution de leur statut. À partir de là, les femmes deviennent le plus souvent anonymes dans le récit ; elles n'apparaissent plus sur la scène pu-

1. Mlle J. de Marchef-Girard (née vers 1830 ?) est institutrice et revendique le titre de pédagogue. En 1861, elle ouvre à Paris l'École centrale pédagogique pour jeunes filles, qu'elle dirige et co-administre. *Cf.* le *Discours d'ouverture prononcé par Mlle J. de Marchef-Girard le deux décembre 1860*, École Centrale Pédagogique, quai Malaquais, librairie Guillaumin, 1861.

blique que collectivement, en tant que catégorie. En même temps, il devient évident que leur intervention publique n'a pu se produire que de manière éphémère, à la faveur de courts désordres politiques. Face à cette spécificité, la démarche d'André Léo est particulièrement intéressante. D'un côté, elle reconnaît que la prise de conscience politique des femmes et leur mobilisation publique correspondent à un mouvement irrégulier, entrecoupé d'immobilisations et de retours en arrière ; son récit souligne les reflux survenus entre la Révolution et les Trois Glorieuses, entre les années 1830 et 1848 puis à la suite du coup d'État, qui « fit le silence sur toutes les questions vitales ». D'un autre côté, elle tente de donner une apparence de continuité et de progrès à ce qu'elle présente comme une succession d'étapes : « Tout voyage a ses repos, mais de halte en halte, on avance ». Elle s'efforce également d'établir une certaine filiation entre la participation des femmes à la Révolution française et les revendications de ses contemporaines ; elle cite ainsi les noms et les écrits de Julie Daubié (1824-1874)[1], Juliette Lamber et Jenny P. d'Héricourt, afin de prouver le retour des femmes dans un débat public entamé depuis 1789 et toujours poursuivi malgré diverses interruptions[2].

Ce passage de *La Femme et les mœurs* montre la difficulté majeure que constitue pour les « féministes » l'impossibilité de reconstruire une histoire cohérente, continue : leur passé politique est restreint à une énumération d'événements sans suite. Malgré cela, elles ne peuvent se dispenser de recourir à l'histoire ; si elles ne peuvent en changer le récit, elles s'efforcent d'en faire une nouvelle lecture qui doit permettre de servir leur démonstration présente, et d'en donner une interprétation renouvelée, en fonction de leurs revendications pour le futur.

Réinterpréter le passé selon les enjeux du présent et de l'avenir

Dans cette perspective, l'une des priorités est de démentir l'histoire officielle qui, par ses silences ou ses déformations, confirme la « loi naturelle » donnant aux hommes le monopole de la vie publique. Il s'agit donc de contredire les historiens contemporains qui, comme s'en indigne Maria

1. Julie-Victoire Daubié (1824-1874), institutrice, est en 1861 la première bachelière française. Avec le soutien d'anciens saint-simoniens tels qu'Arlès-Dufour, elle publie des mémoires proposant la transformation de l'instruction primaire, l'amélioration du sort des femmes pauvres. Elle collabore à partir de 1862 au *Journal des Économistes*, à *L'Économiste français* puis au journal *Le Droit des Femmes*.
2. André Léo, *La Femme et les mœurs*, *op. cit.*, p. 37-45.

Deraismes, ne manquent jamais de reporter sur des femmes la responsabilité de tous les maux du passé[1]. Il faut aussi soutenir les revendications des femmes grâce à des exemples unanimement reconnus. De la philosophe Hypathie à l'écrivain George Sand, ces personnalités constituent, selon la formule de Mlle de Marchef-Girard, des « preuves entre les mains de la femme pour réclamer *plus tard* sa place dans la société[2] ». Une démarche semblable a déjà été entreprise dans les années 1830 : saluant dans son journal la parution d'une *Histoire des Femmes*, Eugénie Niboyet veut « trouver dans le passé des termes de comparaison qui [...] servent de guide[3] » ; en 1835, *Le Citateur Féminin* recense les figures célèbres susceptibles de revaloriser l'ensemble du sexe féminin[4]. Malgré cela, une trentaine d'années plus tard, il semble toujours urgent de doter les femmes d'« ancêtres » leur redonnant une dignité, notamment face aux écrits d'historiens tels que Michelet, toujours prompt à dénigrer les femmes ayant joué un rôle public[5]. Les « féministes » veulent bien sûr par là rendre les femmes visibles dans l'histoire, mais aussi réagir contre l'absence de passé commun, contre leur sentiment d'isolement dans l'histoire. Elles expriment également le désir de s'inscrire elles-mêmes dans une filiation bien précise, en citant des personnalités dont elles estiment l'image conforme à leurs propres convictions. Paradoxalement, mais suivant la logique de l'écriture de l'histoire évoquée plus haut, celles qui professent des opinions démocrates se retrouvent contraintes de puiser une bonne partie de leurs exemples parmi les aristocrates de l'Ancien Régime.

Cette énumération de femmes célèbres permet de montrer les capacités réelles des femmes, comme le fait Jenny P. d'Héricourt qui oppose des faits aux théories de Proudhon, et contredit ses catégories préconçues au moyen d'exemples individuels :

> Vous dites [...] : elle ne peut être chef politique... Et l'histoire nous montre un grand nombre d'impératrices, de reines, de régentes, de princesses souveraines qui ont gouverné avec sagesse, avec gloire, et se sont montrées très supérieures à beaucoup de souverains... à moins que Marie-Thérèse, Catherine II, Isabelle et Blanche de Castille et beaucoup d'autres ne soient que des mythes. La femme ne peut être législateur... toutes les femmes que je viens de citer l'ont été et beaucoup d'autres encore. Les femmes ne peuvent être ni philosophes ni

1. Maria Deraismes, *Ève dans l'humanité*, *op. cit.*, p. 115.
2. Mlle J. de Marchef, *Les Femmes, leur passé, leur présent, leur avenir*, Paris, Louis Chappe, 1860.
3. Eugénie, Niboyet, *Le Conseiller des Femmes*, 1834, p. 525.
4. Michèle Riot-Sarcey, *La Démocratie à l'épreuve des femmes*, *op. cit.*, p. 93.
5. Thérèse Moreau, *Le Sang de l'Histoire, Michelet, l'histoire et l'idée de la Femme au XIXe siècle*, Paris, Flammarion, 1982.

professeurs..., Hypathie [...] professait la philosophie avec éclat, [...] en France à l'heure qu'il est, des polytechniciens font grand cas de la géomètre Sophie Germain qui s'avisait de comprendre Kant. [...] La thèse soutenue par M. Proudhon est, comme nous venons de le voir, contredite par la science et par les faits[1].

Cherchant dans le passé des preuves rendues irréfutables par la reconnaissance historique, elle s'en sert également afin de rappeler le caractère passager de nombreux phénomènes et combattre tout immobilisme qui serait justifié par la tradition :

> Jusqu'ici, ne s'est-on pas servi de classifications basées sur des caractères qu'on a reconnus purement transitoires plus tard, pour opprimer, déformer et calomnier ceux que l'on reléguait dans les rangs inférieurs ? L'histoire est là pour nous donner ce salutaire enseignement. La *vile pédaille, la gent taillable et corvéable à merci*, n'était bonne qu'à battre les étangs et à se laisser tondre jusqu'au vif ; où est-elle aujourd'hui ? elle invente, gouverne, légifère et transforme peu à peu notre globe [...][2].

Le recours à l'histoire permet donc aussi de revendiquer et justifier la transformation du statut des femmes dans l'avenir. Pour cela, certaines « féministes » du Second Empire s'emploient à démontrer l'historicité du statut inférieur des femmes et des rapports sociaux entre les sexes. Elles suggèrent par là qu'une évolution est réalisable et affirment qu'il faut faire sortir les femmes de l'état de nature auquel les vouent la plupart des théoriciens du XIXe siècle. Conscientes de l'urgence qu'il y a à briser la représentation qui enferme les femmes dans le rythme cyclique de la biologie, elles veulent les réintroduire enfin dans le temps historique du politique et dans le mouvement linéaire du progrès. Dans sa conférence sur « La Femme et le Droit » (1868), Maria Deraismes remonte aux origines bibliques et « géologiques » de l'humanité pour prouver que :

> L'infériorité des femmes n'est pas un fait de nature [...] c'est une invention humaine, c'est une fiction sociale[3].

Elle démontre que la « distribution des fonctions » entre les sexes repose sur « l'ignorance » ou le « préjugé », et se révèle non seulement totalement « arbitraire » mais également nocive :

> L'élimination de la femme dans la gestion des intérêts généraux, cause un dommage considérable aux nations et entrave leur marche. Et, hormis certaines écoles socialistes, et en tête le saint-simonisme et le fouriérisme, les hommes d'État réputés les plus fameux n'ont été ni assez observateurs ni

---

1. Jenny P. d'Héricourt, *La Femme affranchie*, *op. cit.*, t. 1, p. 182.
2. *Ibid.*, t. 2, p. 123.
3. Maria Deraismes, *Ève dans l'humanité*, *op. cit.*, p. 39.

d'assez bonne foi pour reconnaître par où leur système pèche. C'est à croire qu'ils ignorent l'histoire[1].

Et Jenny P. d'Héricourt affirme :

> Les fonctions, pour être convenablement remplies, doivent être le résultat des aptitudes : or, la nature, excepté en ce qui touche la reproduction de l'espèce, ne paraît pas les avoir sériées selon les sexes. Depuis l'origine des sociétés, nous avons tenté de le faire ; mais l'histoire est là pour nous révéler qu'en agissant ainsi, nous ne sommes parvenus qu'à tyranniser les minorités vigoureuses qui donnent un démenti à de telles prétentions[2].

En mettant en évidence la construction historique d'un statut social dit « naturel », les « féministes » tirent de l'histoire des leçons montrant non seulement la possibilité mais aussi la nécessité absolue d'une évolution des rapports entre les sexes. Elles procèdent à une relecture du passé qui les amène à cette constatation : le mouvement de l'histoire n'est pas le même pour les deux sexes et, par conséquent, retrouver la signification du passé propre aux femmes permet d'attribuer à l'histoire entière un nouveau sens.

Une histoire décalée qui souligne l'imposture du « progrès »

Chercher à retrouver l'intervention des femmes depuis la Révolution implique d'adopter la périodisation évoquée plus haut, centrée autour de 1789, 1830 et 1848. Celle-ci a l'avantage de souligner la dimension révolutionnaire de la lutte des femmes pour leurs droits, et offre l'occasion de décrire ces révolutions successives du point de vue des femmes, privées des acquis libéraux et victimes des réactions qui s'ensuivent. De cette manière apparaissent des décalages flagrants avec ce qu'ont vécu et obtenu les hommes, ceci soulignant les non-dits et les contradictions de l'histoire officielle.

Au cœur de cette réinterprétation historique se trouve bien sûr la Révolution française. Revendiquer son héritage est pour les « féministes » démocrates du Second Empire un moyen de légitimer leur engagement en l'inscrivant dans une filiation politique. Toutes présentent ainsi la Révolution et la Déclaration universelle des droits de l'Homme comme un bouleversement décisif. André Léo prend cependant soin de souligner le caractère paradoxal de cette rupture historique, qui marque pour les femmes à la fois le point de départ d'un processus irréversible d'émancipation et l'échec brutal de leur mouvement pour l'égalité des droits :

1. « La Femme dans la société », *ibid.*, p. 90.
2. Jenny P. d'Héricourt, *La Femme affranchie*, t. 1, *op. cit.*, p. 88.

> [La question des femmes] est née de la Révolution française, qui créa ou renouvela toutes les questions par le principe nouveau qu'elle a proclamé et où l'égalité de la femme, comme toutes les autres, est contenue. [...] Dans cet élan passionné, qui fit tomber tant de chaînes, qui reconnut l'homme dans l'esclave et fit du serf un citoyen, la femme, qui le partagea, fut oubliée ; on n'y songea pas [...][1].

En effet, si la Révolution demeure une référence commune à tous les démocrates et républicains contemporains, les « féministes » l'utilisent de manière bien particulière, dénonçant, comme André Léo, la trahison que représente l'héritage officiel de 1789 :

> Quand on a mis en poudre le droit divin, c'était pour que chaque mâle (style proudhonien) en pût avoir une parcelle [...]. La démocratie croit exister ; elle n'est qu'à l'état de rêve dans le vieux corps monarchique où elle gît encore [...][2].

Pour ces femmes, la Révolution ne saurait être considérée comme le commencement de la démocratie : c'est le moment où l'histoire des femmes s'est brutalement dissociée de celle des hommes, dans un processus contredisant les principes égalitaires alors proclamés. L'évocation récurrente de la Révolution de 1789, comme de celles de 1830 et 1848, suggère par ailleurs que ce sont les « féministes » les vraies héritières de ces principes, voire les vraies républicaines, alors que ceux qui se disent tels ne sont que des imposteurs. Cette approche permet aussi de renverser la vision traditionnelle des rôles tenus respectivement par les hommes et les femmes dans l'histoire, telle que la véhicule notamment Jules Michelet : celui-ci déplore tout au long de son œuvre le comportement réactionnaire de la gent féminine[3]. Jenny P. d'Héricourt, qui rappelle le choc que fut pour les « femmes de 48 » leur exclusion du droit de cité, décide de mesurer la sincérité des convictions républicaines et de l'attachement au progrès à l'aune des droits accordés aux femmes ; elle s'adresse ainsi aux « novateurs modernes » :

> Nous séparons de vous la Révolution. Nous protestons contre vos doctrines Moyen Âge. Nous, femmes du progrès, nous voulons réagir contre le monde social et moral que votre incurie a laissé s'organiser[4].

À partir de leur relecture de l'histoire, les « féministes » du Second Empire parviennent donc à dénoncer les contradictions et les impasses du

1. André Léo, *La Femme et les mœurs*, *op. cit.*, p. 37.
2. *Ibid.*, p. 104-108.
3. *Cf.* par exemple le chapitre sur « Les Vendéennes » dans Jules Michelet, *Les Femmes de la Révolution*, Paris, Delahays, 1854.
4. Jenny P. d'Héricourt, *La Femme affranchie*, t. 2, *op. cit.*, p. 288.

système politique de leur temps et cherchent à convaincre l'ensemble de la société de la nécessité d'affranchir les femmes. Dans ce but, elles proposent une nouvelle interprétation de l'histoire nationale comme de celle de l'humanité entière, démontrant que le progrès n'est possible que si l'égalité des sexes est reconnue. Maria Deraismes l'affirme clairement dans sa conférence sur « La Femme et le droit » :

> Les révolutions libérales se sont succédées [*sic*] ; l'égalité devant la loi a été proclamée pour tous ; mais la femme n'a pas eu sa part intégrale. [...] Notre affranchissement est encore à faire ; et tant qu'il ne se fera pas, le progrès sera enrayé[1].

Si ces femmes se fondent sur l'idée commune d'une loi du progrès qui serait à l'œuvre dans l'histoire, elles donnent de ce progrès une version bien différente de celle que diffusent la plupart des historiens et hommes politiques de leur époque. Elles reprennent en effet à leur compte cette réflexion de Charles Fourier selon laquelle :

> Les progrès sociaux et changements de période s'opèrent en raison du progrès des femmes vers la liberté, et les décadences d'ordre social s'opèrent en raison du décroissement de la liberté des femmes[2].

Elles s'empressent d'illustrer cette théorie en expliquant combien l'oppression des femmes, comme celle de tout autre groupe, constitue une menace constante pour la société, et une entrave à son évolution. S'adressant aux « prétendus disciples des doctrines de 89 », Jenny P. d'Héricourt raconte ainsi pourquoi les femmes révolutionnaires, comprenant qu'elles ne seraient pas citoyennes, ont alors cessé de soutenir leur cause, et enchaîne :

> Savez-vous pourquoi en 1848 tant de femmes, surtout parmi le peuple, se déclarèrent pour la Révolution ? C'est qu'elles espérèrent que l'on serait plus conséquent à leur égard que par le passé. Lorsque, dans leur sot orgueil et leur inintelligence, les représentants non seulement leur interdirent de se réunir mais les chassèrent des assemblées d'hommes, les femmes abandonnèrent la Révolution, en détachèrent leurs maris et leurs fils, et vous savez encore ce qu'il advint. L'esprit révolutionnaire a rendu la femme indépendante : il faut en prendre son parti [...] sous peine de voir la civilisation moderne périr par la minorité de la femme, comme la civilisation ancienne a péri par l'esclavage[3].

Cette relecture du passé fait apparaître une histoire au mouvement double : d'un côté les acquis politiques progressifs des hommes, la modernité dont ils sont les artisans et les bénéficiaires ; de l'autre l'exclusion

---

1. Maria Deraismes, *Ève dans l'humanité*, *op. cit.*, p. 32.
2. Charles Fourier, *Théorie des Quatre mouvements*, 3e éd., 1846.
3. Jenny P. d'Héricourt, *La Femme affranchie*, t. 2, *op. cit.*, p. 45.

politique, l'immobilisme voire la régression du statut social des femmes. La mise en évidence de cette dualité permet de dénoncer le caractère faux et illusoire du sens généralement attribué à l'histoire : tant que les temporalités masculine et féminine divergent, il ne saurait être question de progrès pour l'humanité. Or il est urgent de reconnaître la vraie « loi historique », ce que Jenny P. d'Héricourt appelle « le mouvement progressif et parallèle du prolétariat, de la femme et de l'industrie vers l'affranchissement ».

Ces quelques « féministes » du Second Empire ébauchent donc une histoire militante, qui répond à la fois à un besoin de définition identitaire et de reconnaissance publique et à une revendication égalitaire. Il leur est nécessaire de reconstituer une mémoire féminine collective afin d'essayer de susciter chez leurs contemporaines une prise de conscience solidaire. Enfin, ces femmes refusent la vision dominante qui les exclut du mouvement de l'histoire et veulent y participer, en analysant le passé des femmes et en leur imaginant un nouveau rôle dans l'avenir.

Pour cela, elles cherchent à retrouver des personnes et des événements qui sont restés dans l'ombre des faits retenus par les livres d'histoire, notamment en insistant sur la marginalisation des femmes lors des révolutions. Elles rappellent en effet sans cesse combien elles tiennent à l'héritage révolutionnaire, mais en revendiquant dans la Révolution française ce qui aurait pu, ce qui aurait dû advenir. Dans cette perspective, elles donnent une signification particulière à la notion de sens de l'histoire et à celle de progrès[1]. En cherchant à rendre les femmes visibles en tant qu'actrices de l'histoire, elles dévoilent d'une part le caractère mensonger du progrès communément admis[2], d'autre part combien la domination masculine nuit à l'accomplissement du mouvement de l'histoire. Critiques envers l'idée de progrès qui, pour elles, ne signifie rien tant qu'il ne concerne pas l'ensemble des êtres humains, elles gardent cependant foi dans ce principe : si plusieurs historiens, perturbés par 1848 et le coup d'État, s'interrogent sur le sens qu'il faut désormais donner à l'histoire[3],

1. *Cf.* Anne Rasmussen, « La Gauche et le progrès », *in* Jean-Jacques Becker et Gilles Candar (dir.), *Histoire des gauches en France*. 1 : *L'héritage du XIXe siècle*, Paris, La Découverte, 2004, p. 342-361.
2. Même si l'idée de progrès est réinterrogée par certains historiens, notamment après 1848 et après 1851 ; *cf.* par exemple Edgar Quinet, *La Philosophie de l'Histoire de France*, troisième volume des *Œuvres complètes de Edgar Quinet*, publiées par Alfred Dumesnil, Paris, Pagnerre, 1857.
3. *Ibid. Cf.* Nathalie Richard, « Coup d'État politique et révisions historiographiques : des conséquences du 2 Décembre sur la philosophie de l'histoire », *in Comment meurt une*

les « féministes » du Second Empire expliquent que les sociétés ne peuvent évoluer normalement, que les révolutions ne peuvent aboutir, tant que seule une moitié de la population peut en tirer profit. Elles restent persuadées que le véritable progrès est encore à venir, à la condition de reconnaître enfin l'égalité des droits de toutes et tous.

En définitive, il est essentiel pour ces femmes de révéler l'histoire vue du côté des exclus, ce qui les amène à placer leurs contemporains devant le choix suivant, qui concerne aussi bien les femmes que toutes les autres catégories opprimées : ou bien perpétuer le passé, en continuant d'imposer et d'accepter l'oppression ; ou bien cheminer vers l'avenir, grâce à la réalisation pleine et entière des principes de la Révolution. C'est la conclusion que résume André Léo :

> [...] Invoquer l'ordre comme argument pour légitimer la compression, la violation d'un droit, l'étouffement d'une volonté [...] c'est embaumer ce cadavre du vieux monde qui pèse si cruellement sur le nouveau ; puisque c'est au nom de l'ordre que s'impose encore la tyrannie. [...] L'ordre dans sa vieille signification, n'a jamais été que le silence des opprimés, c'est-à-dire l'hypocrisie du désordre. L'ordre véritable, c'est celui que nous cherchons. Il est dans la réalisation complète des trois grands termes : liberté, égalité, fraternité, et non dans les voies du despotisme[1].

République ? Autour du 2 Décembre 1851, Société d'histoire de la révolution de 1848, Paris, Créaphis, 2004, p. 63-74.

1. André Léo, *La Femme et les mœurs*, *op. cit.*, p. 112-113.

Les miraculées de Lourdes

Ruth Harris

Il peut paraître étrange, à première vue, d'estimer que les miraculées de Lourdes ont leur place dans l'histoire de la science. Après tout, les légions de femmes marchant vers la grotte et les piscines du sanctuaire étaient celles-là mêmes qui avaient explicitement rejeté les progrès de la médecine scientifique. Elles personnifiaient la religion « au féminin » du catholicisme du XIXe siècle[1], incarné par le culte de la Vierge Marie et par le Sacré Cœur de Jésus[2], et exprimaient leur piété à travers ce pèlerinage et ces rituels eucharistiques extravagants. Ces miraculées qui, participant en 1897 à la procession célébrant le 50e anniversaire des apparitions, se proclamèrent elles-mêmes guéries, représentent tous les stéréotypes qui faisaient par-dessus tout l'objet du mépris des Républicains et des anticléricaux. Il s'agissait de femmes et de jeunes filles membres des enfants de Marie, de Tertiaires de Saint François, d'employées d'œuvres de charité catholiques, et de femmes pieuses, toutes souffrant de maladies qui les rongeaient depuis des mois ou même des années, et jusque-là sous l'influence de prêtres.

1. Sur cette efflorescence institutionelle et sur le rôle particulier de la spiritualité féminine dans son développment, *cf.* Olwen Hufton, *The Prospect before her : A history of women in Western Europe 1500-1800*, vol. 1, p. 366-396 ; pour un examen original des ressorts spirituels de ce mouvement et de ses bases intellectuelles, *cf.* Linda Timmermans, *L'Accès des femmes à la culture (1598-1715)*, Paris, Honoré Champion, 1993, p. 393-811. Sur l'histoire au XIXe siècle, *cf.* Claude Langlois, *Le Catholicisme au féminin : Les Congrégations françaises à supérieure générale au XIXe siècle : le fémininsme « en religion »*, Paris, Nouvelle Cité, 1989, et Odile Arnold, *Le Corps et l'Âme : la vie des religieuses au XIXe siècle*, Paris, Le Seuil, 1984. Sur l'importance de ce type de spiritualité dans le monde bien pensant des femmes qui n'étaient pas religieuses, *cf.* Bonnie Smith, *Ladies of the leisure class : The Bourgeoises of Northern France*, Princeton, Princeton University Press, 1981, et Hazel Mills, « Negotiating the divide : women, philanthropy and the « Public Sphere » in Nineteenth-century France », *in* Franck Tallet et Nicholas Atkin, ed., *Religion, society and politics in France since 1789*, Londres, Hambledon Press, 1991, p. 29-54.
2. *Cf.* Ralph Gibson, *A Social history of French catholicism 1789-1914*, Londres, Routledge, 1989 ; Philippe Boutry, « Marie, la grande consolatrice de la France au XIXe siècle », *L'Histoire*, n° 50 (1982), p. 31-39 ; Raymond A. Jonas, « Monument as ex-voto, monument as historiography : The Basilica of Sacré-Cœur », *French Historical Studies*, vol. 18, 1993, p. 482-502.

Et pourtant ce furent ces mêmes femmes qui amenèrent certains médecins à se détourner du positivisme doctrinaire et même agressif de leur jeunesse dans les années 1860 et 1870, pour reconsidérer les bases thérapeutiques et épistémologiques de la médecine qu'ils pratiquaient dans les années 1880 et 1890[1].

Charcot et Zola

Même le tout-puissant Jean Martin Charcot prit part à cette transformation. En 1892, il reconnut, dans un article célèbre intitulé « La Foi qui guérit », qu'il avait envoyé à Lourdes une femme souffrant d'une tumeur cancéreuse[2]. Dans ce travail, il note que tout un groupe de maladies, comme par exemple les ulcères, les tumeurs et les fièvres, qui n'avaient pas jusque-là été considérées comme d'origine hystérique et dont on pensait par conséquent qu'elles n'étaient pas sensibles au pouvoir de la suggestion, se trouvaient cependant améliorées par Lourdes. Il reconnaissait le rôle très important de ce qu'il était à la mode d'appeler *faith healing*, et notait également que, dans de tels cas, la « suggestion » religieuse était de loin plus efficace que sa propre autorité clinique.

Cette reconnaissance par Charcot des effets thérapeutiques possibles de Lourdes ne l'empêcha pas néanmoins de donner un rôle plus important à l'hystérie et à la suggestion, propre, selon lui, aux hystériques, dans l'apparition de la maladie et de la guérison. Pour ses adversaires catholiques, de tels arguments n'étaient ni plus ni moins qu'une invention scientifique, qui ne faisait que nier un peu plus subtilement que d'autres la réalité d'une intervention surnaturelle[3]. Le point de vue de Charcot fut repris sous une forme plus littéraire par Zola dans son roman à sensation, *Lourdes*, dont les ventes dépassèrent celles de tous ses autres ouvrages. Publié en 1893, à un moment où le naturalisme en littérature était menacé par la conversion au catholicisme d'écrivains comme Bourget et Huysmans, et infiltré par l'« existentialisme » de Dostoïevski, ce roman de

1. *Cf*. Régine Plas, *Naissance d'une science humaine : la psychologie : les psychologues et le « merveilleux psychique »*, Rennes, Presses Universitaires de Rennes, 2000.
2. Jean Martin Charcot, « La Foi qui guérit », *Revue Hebdomadaire*, 3 decembre 1892, p. 112-132.
3. *Cf*. l'excellent ouvrage de Mark Micale sur l'évolution de la discussion sur l'hystérie et le rôle central de Lourdes dans le débat, *Approaching hysteria : disease and its interpretation*, Princeton, Princeton University Press, 1995, p. 260-284. Sur la polémique entre médecine et Église au XIXe siècle, *cf*. Pierre Guillaume, *Médecins, église et foi*, Paris, Aubier, 1990.

Zola[1] cherchait à reprendre l'avantage moral et intellectuel en faisant la chronique du pèlerinage national à Lourdes.

Mais bien que son but ait été initialement très clair, il se trouve que sa visite à Lourdes ébranla même Zola. La lecture de son journal montre à quel point Lourdes le toucha. Les autorités responsables du sanctuaire étaient convaincues que ses protestations de bonne foi finiraient par leur gagner le célèbre écrivain[2]. Certains allèrent même jusqu'à espérer une conversion. Mais pour finir, Zola retrouve, en regagnant Paris, les convictions naturalistes qui lui avaient valu la gloire[3]. Il n'avait vu dans ces processions et ces foules qui chantaient rien de plus qu'un énorme laboratoire de suggestion. L'héroïne de son roman, Marie de Guersaint, est une jeune vierge hystérique guérie au cours de la procession eucharistique ; ce passage du livre se lit comme la description d'une rencontre sexuelle orgasmique ; cette description insulte le rite le plus sacré du pèlerinage en donnant à une rencontre spirituelle une pulsation physique. Zola décrit la guérison comme une sorte de frénésie, une « folie sacrée ». Quand l'Eucharistie passe devant Marie de Guersaint, celle-ci se met à « ...se lever brusquement, se tenir toute droite dans son chariot [...] Tout son corps de vierge restait en proie à des secousses profondes[4]. » Elle dit :

> Ce sont d'abord les jambes que la Sainte Vierge a délivrées... j'ai eu la sensation très nette que les liens de fer qui les nouaient glissaient le long de ma peau, comme des chaînes brisées... Puis le poids qui m'étouffait toujours, là, dans le flanc gauche, a remonté... Mais il a dépassé ma gorge, et je l'ai eu dans la bouche, et je l'ai craché violemment... C'était fini, je n'avais plus mon mal, il s'était envolé[5].

Il est étonnant de voir à quel point, dans ce récit imaginaire, Zola est fidèle aux déclarations des miraculées elles-mêmes. Son récit, comme le leur, se concentre sur l'importance centrale de la procession eucharistique et sur les principales caractéristiques de leur expérience : expulsion, tourments corporels et spasmes. Mais un monde de différences séparait la façon dont le romancier et les malades interprétaient ces expériences. Zola

---

1. Sur son itinéraire intellectuel et sur ce roman, *cf.* Jean Marsal, *Lourdes : Un roman d'Émile Zola, genèse et signification*, Diplôme d'études approfondies de théologie, Université des sciences humaines de Strasbourg, Faculté de Strasbourg, Faculté de théologie catholique, 1992.
2. *Cf.* Edmond et Jules de Goncourt, *Mémoires de la vie littéraire 1891-1892*, Paris, 1956-1959, vol. 18, 26 juillet 1892, p. 220.
3. Émile Zola, *Mes voyages : Lourdes, Rome, journaux inédits*, René Ternois, ed., Paris, Fasquelle Éditeurs, 1958. Sur ce même thème, *cf.* René Ternois, *Zola et son temps. Lourdes, Romes, Paris*, Paris, Société des Belles Lettres, 1961, p. 193-250.
4. *Lourdes*, Paris, Bibliothèque Charpentier, 1912, p. 405-406.
5. *Ibid.*, p. 410.

n'y voyait que le résultat combiné d'une pathologie de la dégénérescence et d'un anachronisme culturel. Son verdict est résumé par Pierre, le prêtre qui accompagne Marie, son ancien admirateur, qui se souvient d'une remarque entendue en passant : « C'est le diable qu'elle a craché[1]. » Ce qu'a connu Marie la relie au monde de la folie religieuse et de l'exorcisme, à une sexualité déviante que Zola condamne sans équivoque.

Zola et Charcot partageaient une interprétation analogue des guérisons de Lourdes : c'était une sorte de suggestion, ce que nous appellerions un « effet *placebo* », une notion qui implique dans le processus de guérison une sérieuse manipulation de la crédulité des malades. À l'instar du sujet sous hypnose qui n'est pas conscient des suggestions de l'hypnotiseur et qui constate en se réveillant qu'il a exécuté ses ordres, les femmes de Lourdes, sans s'en rendre compte, supposent qu'une intervention divine et non les incitations de leur esprit malade sont responsables de l'amélioration de leur état. De même que les ordres reçus sous hypnose, l'effet placebo donne au malade l'impression qu'un médicament a été administré, alors qu'en fait il n'en est rien. Mais j'aimerais soutenir que, même si l'on rejette l'idée d'une intervention surnaturelle, la manipulation suggestive est une interprétation trop réductrice, une vue de la guérison qui ne fait aucun effort d'imagination pour entrer en sympathie avec le monde physique et psychique engendré par le pèlerinage[2].

L'expérience des miraculées

Ce qui, pour Zola, était pathologie pure et simple était pour ces femmes une rencontre existentielle avec un Autre infini. Les malades racontaient leur sentiment d'avoir été recréées, d'être re-nées ou ressuscitées, re-définies de s'être ainsi approchées d'une grâce et d'une puissance infinies. Les changements extraordinaires qui avaient eu lieu montraient leur capacité de se transformer, de vivre avec de nouveaux processus inconscients et de nouvelles habitudes corporelles, autant d'actes créateurs revêtus d'une signification cruciale. C'étaient ces transformations qui allaient impressionner d'autres médecins et investigateurs de l'« inconscient », des hommes qui cherchaient à se débarrasser du carcan que constituait la vision étroite et négative d'une suggestion associée à l'hystérie, qui occupait tant Charcot et Zola.

---

1. *Ibid.*, p. 411.
2. Pour ces aperçus, *cf.* Thomas J. Csordas, *The Sacred self : A cultural phenomenology of charismatic healing*, Berkeley, University of California Press, 1994, surtout p. 2-3 ; *cf.* aussi Joyce McDougall, *Theatres of the body : A psychoanalytic approach to psychosomatic illness*, Londres, Free Association Books, 1989.

En vérité, les Mémoires des miraculées nous fournissent une somme précieuse de témoignages au sujet des maladies et de leur guérison à la fin du XIXe siècle, où il est souvent fait très peu de distinction entre les aspects physiologiques et les aspects psychologiques de la maladie. L'essentiel est que les femmes voyaient leurs maladies sous un aspect holistique aux antipodes de l'analyse cause-effet de la médecine contemporaine. Inlassablement, elles parlaient de l'impact du travail, des tensions conjugales et du chagrin lorsqu'elles cherchaient les causes de leurs misères physiques. Léonide Calmels décrit ainsi comment elle a perdu la voix après avoir crié trop fort contre les élèves de l'atelier pour jeunes orphelins dont elle était la directrice. Madame Hugot ne sait pas pourquoi pendant neuf ans elle n'a pas pu parler d'une voix audible, mais elle est convaincue que sa guérison permettra à son mari de se reconvertir[1]. Et, de fait, cette guérison à Lourdes et la gratitude de son mari ont bien eu le résultat escompté, et ont aussi fait disparaître une éternelle cause de mésentente conjugale. Dans un cas dont la lecture fait penser à celui de « Anna O. » dans Les *Études sur l'hystérie* de Breuer et Freud (1895), mademoiselle Bedogni explique comment elle est restée 62 nuits au chevet de son père mourant, contractant pendant qu'elle le soignait une fièvre qui a duré un an, puis se cassant la cheville. Elle déclare que les longs mois passés alitée l'ont affligée d'une myélite incurable jusqu'à son voyage à Lourdes, où le passage du Saint Sacrement et son immersion dans les piscines finissent par la guérir[2].

Le voyage à Lourdes était un moyen de mettre la foi au-dessus de la science, surtout quand la science s'était révélée si inefficace, et certains se moquaient de l'incapacité et de la cruauté des thérapeutiques « modernes ». Une femme récite presque joyeusement la liste des « pointes de feu (1200), injections du docteur Brown-Sequart, piles électriques, lotions d'eau froide, draps mouillés, et autres emplâtres… de belladone[3] » employées en pure perte contre les douleurs de la myélite. Ce type de description est devenu de plus en plus fréquent, à mesure que de nouveaux pèlerins, qui s'étaient d'abord tournés vers la médecine et son répertoire thérapeutique, affluent vers le sanctuaire, plus cruellement déçus que ne l'avaient été les premiers pèlerins de la région de Lourdes, trop pauvres pour aller voir un médecin. Leurs fréquents et intenses sentiments de communion avec le Christ et avec la Vierge révèlent leur soif d'une pré-

1. Archives de la Grotte 6H22, Paris, diocèse de Paris, paralysie et aphonie [et muette], guérie en 1890, au pèlerinage de Séez. Aucune indication d'âge.
2. 6H22, Château de Capiguet, près de Caen [Calvados], diocèse de Bayeux, myélite chronique, guérie en 1887, à l'âge de 27 ans, au pèlerinage national.
3. 6H22, Paris, diocèse de Reims, myélite, paralysie, guérie en 1893, à l'âge de 32 ans, au pèlerinage national.

sence attentionnée et de réconfort que les médecins semblaient incapables de leur offrir en administrant leurs traitements.

L'attention que manifestait la Vierge dans de tels cas était ferme et même autoritaire, aussi souvent qu'elle était douce et bonne. Il est intéressant de noter que c'était l'incarnation maternelle qui prévalait, et non celle de la jeune fille belle et douce que la visionnaire Bernadette avait d'abord vue. Les Mémoires parlent d'une fermeté qui dément le sentimentalisme souvent associé à la Vierge de la fin du XIXe siècle. Par exemple, Mlle Crosmier, souffrant d'astigmatisme aux deux yeux, décrit le dysfonctionnement physique généralisé qui la tortura effroyablement dans les instants qui précédèrent sa guérison :

> Loin de m'effrayer, je me consolais en pensant que la Sainte Vierge voulait me faire acheter ma guérison par la souffrance, et que, du reste, cette souffrance était le signe avant-coureur de la guérison[1].

Ce mélange de force et de douceur fut également ressenti par Jeanne Delasalle, qui arriva avec « une confiance inébranlable au point de tout braver pour venir l'implorer en son sanctuaire » ; elle vint à Lourdes deux fois, en 1893 et l'année suivante, mais ne vit qu'une mince amélioration de son arthrite tuberculeuse. Tandis qu'elle préparait avec sa famille « une neuvaine de neuvaines », pour la fête de l'Immaculée Conception, elle fit une mauvaise chute et se blessa. Malgré cela, elle garda la foi et, au bout de quelque temps, dit-elle, recouvra la santé ; elle était persuadée que la Vierge avait causé sa chute, ses souffrances et sa guérison finale[2].

Comme bien des bonnes mères, la Vierge avait une voix forte et pénétrante. Angèle Lesbroussard, au milieu de terribles souffrances dues à la fois à sa maladie et aux remèdes qu'on lui administrait, explique qu'alors qu'elle était en train de lire *Notre-Dame de Lourdes* de Lasserre, elle entendit « une voix secrète » lui dire de se rendre à Lourdes[3]. Hermine Jumeau, elle, comprit qu'elle devait faire le voyage quand elle reçut une communication directe : « Va, me disait-elle, va à Lourdes ; tu y seras guérie[4] ». Ces femmes utilisèrent toute leur volonté pour obéir et elles durent souvent, pour ce faire, vaincre l'opposition de leurs parents et de leurs amis qui craignaient que le voyage ne les tue. Marceline Duchesne

1. 6H22, Paris, diocèse de Paris, astigmatismes dans les deux yeux, guérie en 1895, à l'âge de 17 ans, au pèlerinage national.
2. 6H22, Tourcoing [Nord], diocèse de Cambrai, arthrite tuberculose, guérie en 1893 [*sic*], à l'âge de 19 ans, au pèlerinage national.
3. 6H22, Auneuil [Oise], diocèse de Beauvais, moelle épinière, guérie en 1874, à l'âge de de 21 ans, au pèlerinage national.
4. 6H22, La Loupe [Eure-et-Loir], diocèse de Chartres, ulcère de l'estomac, guéri en 1896, à l'âge de 19 ans, au pèlerinage national.

dit : « Mais confiante en Marie, je m'abandonnai complètement à la volonté de Dieu[1] », une pensée dont se fait l'écho Élise Delahaye : « Je me mets entre les mains de ND, que sa volonté se fasse[2] ». Dans ces récits, la résignation, paradoxalement, apportait la force ; l'acceptation d'une perte momentanée du « moi » était le début d'un chemin qui menait à une plénitude baignée d'une santé et d'une jeunesse retrouvées.

Une telle résignation pouvait mener les malades aux portes de la mort. Avant sa guérison, Blanche Meurat vit la Vierge qui lui souriait. Puis son corps trembla et sembla craquer jusqu'à ce qu'elle entende :

> « Pars ! Mon enfant ! N'hésite plus, tu es bien guérie » et comme j'hésitais encore, une force invincible que je ne puis décrire me poussa fortement hors de mon brancard et je marchai[3].

Le cas de Blanche Meurat fournit un exemple parfait de la façon dont le « moi » — une somme d'imagination, de sensations, de posture et de mouvement corporels — était réorienté à travers un processus existentiel qui dépendait entièrement de la croyance en la présence maternelle mais ferme et décidée de la Vierge. L'humanité de Blanche Meurat, avec ses limites corporelles, se trouve mise en contraste avec un sentiment d'infini ; l'étroitesse des préoccupations psychologiques — je pense donc je suis —, qui favorisaient l'esprit plus que le corps, et la pensée plus que l'être, se trouvait rejetée en faveur d'une conception unifiée du moi.

Les rites mêmes du sanctuaire rejetaient le dualisme du cartésianisme. Le bain, par exemple, était un rite physique qui amenait une transformation à la fois physique et spirituelle. Les pèlerins semblaient associer le bain à l'idée d'une présence maternelle, océanique et protectrice. Mais c'était aussi une chose dangereuse, une épreuve qui plongeait des femmes vulnérables et pleines d'espoir dans une eau de montagne glacée. Nues, mouillées, transies et malades, elles dépendaient des gens qui les aidaient dans un moment d'intense vulnérabilité physique et psychique. Les « hospitalières » plaçaient les invalides dans les piscines, enfreignant de la sorte toutes les règles conventionnelles de l'étiquette et du savoir-vivre au XIXe siècle. En soumettant la surface du corps au froid, à la nudité et au contact physique des autres, les rites du bain à Lourdes préparaient les malades à un moment d'une grande intensité dramatique. En voici un exemple :

---

1. 6H22, La Marolle [Loir-et-Cher], diocèse de Blois, paralysie des deux jambes, guérie en 1895, à l'âge de 43 ans, au pèlerinage national.
2. 6H22, à l'hospice de Beauvais [Oise], hypertrophie du foie et de la rate, guérie en 1893, à l'âge de 23 ans, au pèlerinage national.
3. 6H22, Lille, diocèse de Cambrai, bronchite chronique, guérie en 1887, à l'âge de 30 ans, au pèlerinage national.

Au contact de l'eau : « Mon Dieu, que votre volonté soit faite », dit la malade. Il lui semble que ses membres se détendent, que les forces reviennent. Pourtant, elle n'ose croire encore et ne cesse de répéter : « Sainte Marie, priez pour moi ! Sainte Vierge, guérissez-moi ! » Les dames qui assistent à la scène sont émues jusqu'au fond de l'âme. Sur leur invitation et sans aucun signe qui trahisse la gêne ou la souffrance, madame Godet fait quelques pas hors de la piscine, puis, seule, se plonge encore une fois. « Mais vous êtes guérie ! s'écrient ces dames. – Ah ! Mesdames, aidez-moi à remercier la Sainte Vierge ! » Et puis la femme, Virginie Godet, fit dit-on trois pas seule vers la piscine, en tenant ses béquilles, et tandis qu'elle se jetait aux pieds de la statue de la Vierge le visage « transfiguré », les spectateurs qui étaient autour de la piscine entonnaient le Magnificat[1].

D'une façon similaire aux rites du bain, le processus de l'Eucharistie qui se terminait par l'ingestion de l'hostie, transcendait les limites entre le physique et le spirituel. Comme pour leurs ancêtres du Moyen Âge, pour les malades, l'Eucharistie constituait la nourriture qui les sustentait et apportait le salut. Les femmes communiaient fréquemment au cours du pèlerinage, et pour celles qui souffraient de maladies digestives aiguës et de certains autres problèmes de santé, avaler l'hostie était en soi un tourment et en même temps un exploit qui leur permettait de survivre.

Les histoires de miracles à Lourdes tournaient ainsi encore et toujours autour des qualités bénéfiques de l'Eucharistie : on voyait, on mangeait, et on touchait ; en particulier on touchait, quand l'ostensoir était posé sur la malade comme forme de bénédiction. Mademoiselle Bedogni explique de quelle manière la vue de l'Eucharistie a finalement accompli sa guérison :

Pendant ce temps, la procession s'avançait lentement, venant de la grotte où plusieurs malades s'étaient levées au passage de Jésus. Deux brancardiers m'aidèrent à sortir de ma petite voiture : Jésus s'avançait, bénissant et guérissant les âmes et les corps ! Une force surnaturelle me fit marcher, fendre la foule et me placer derrière le dais !... Puis, ferme et droite, sans l'ombre de souffrances ni de fatigue, je suivis la procession jusqu'à la Basilique, toute pénétrée d'amour et de reconnaissance pour Celui qui, d'un regard, m'avait rendue à la vie[2] !

Inlassablement, les pèlerins malades ont fait remarquer que la présence de l'Eucharistie les faisait se mouvoir, forcés qu'ils étaient par un « je ne sais quoi » à se lever et à suivre. Ici, Jésus comme guérisseur trouvait une place primordiale dans leur imaginaire. Cependant, le processus de guéri-

---

1. 6H22, Virginie Gordet, Henrichemont [Cher], diocèse de Bourges, ovaro-salpingite, guérie en 1892, à l'âge de 32 ans, au pèlerinage national.
2. 6h22, Château de Capiguet, près de Caen [Calvados], diocèse de Bayeux, myélite chronique, guérie en 1890, à l'âge de 27 ans, au pèlerinage national.

son était rarement agréable, car l'immersion dans les piscines et l'ingestion de l'Eucharistie impliquaient potentiellement des changements physiques torturants et cataclysmiques. La guérison était souvent décrite comme une espèce d'expulsion démoniaque : Sœur Marie Eugène du Saint Cœur explique comment « il me semblait qu'on déchirait tout mon corps en lambeaux », et continue en ajoutant que, lorsqu'elle mit la tête dans l'eau, « il me sembla qu'on m'ôtait une calotte de fer[1] », une vision qui suggérait un instrument de torture. Les femmes parlaient toujours de craquements et de déchirements, utilisant même parfois des images tirées du monde de l'électricité ou du magnétisme populaire pour décrire leurs douloureuses sensations « électriques ». Marie Lemarchand, célèbre parce qu'elle apparaît dans le roman de Zola comme le personnage de la jeune fille affligée d'un lupus horrible qui la défigure, dit de son expérience dans la piscine :

> Je souffrais des tortures par tout le corps, il me semblait qu'on me broyait les os puis, ô miracle, plus de souffrances[2].

D'autres ont décrit cette sensation physique comme une sorte d'accouchement difficile :

> Je voyais mon ventre diminuer, puis tout à coup grossir. Je me mets entre les mains de N-D, que sa volonté se fasse. Je sentais les grosseurs, plus petites, on aurait cru que l'on me coupait, par petits endroits, je ne puis expliquer le travail que cela me faisait[3].

La cérémonie du bain, en particulier, résonne d'images du baptême, associées explicitement à l'exorcisme dans la doctrine sacramentelle du catholicisme. En de tels cas, la douleur de l'exorcisme (expulsion) et du baptême (purification) était associée à l'accouchement ; les femmes se sentaient déchirées, secouées, tout leur corps « travaillant » pour l'expulsion finale. C'était une autre vision d'une guérison qui unissait la souffrance et le renouvellement.

De nouveaux regards sur l'expérience religieuse

On peut classer en deux catégories les réactions de la médecine face à ces extraordinaires phénomènes de guérison. À un certain niveau, on constate un conflit assez simple, somme toute peu surprenant, entre les médecins

1. 6H22, Paris, diocèse de Paris, tuberculose, guérie en 1880, à l'âge de 36 ans, pèlerinage Lorraine joint au pèlerinage national.
2. 6H22, Lion-sur-Mer [Caen], diocèse de Bayeux, lupus de la face et de la jambe, guérie en 1893, à l'âge de 19 ans, au pèlerinage national.
3. 6H22, Élise Delahaye, demeurant à l'Hospice de Beauvais [Oise], hypertrophie du foie et de la rate, guérie en 1893, à l'âge de 23 ans, au pèlerinage national.

catholiques de Lourdes, notamment le docteur Boissarie, et les partisans de la médecine scientifique confrontés aux excès « superstitieux » du sanctuaire. Gustave Boissarie a régné sur le Bureau médical de Lourdes entre 1891 et 1914 ; c'était un jeune médecin talentueux qui avait fait ses études à Paris ; il hésita longtemps avant de reprendre un cabinet médical de province dans sa ville natale de Sarlat, et profita pleinement des possibilités de recherche et des ressources cliniques de la capitale. Une fois réinstallé dans le Sud-Ouest, il rencontra Lourdes sur son chemin à deux reprises : deux enfants survécurent à des maladies graves pour lesquelles lui-même et leurs familles avaient sollicité l'intercession de la Vierge[1].

Boissarie fut choisi pour être à la tête du Bureau médical précisément parce qu'il pouvait affronter les sceptiques parisiens sur leur propre terrain. Tandis que les sécularistes l'accusaient de crédulité, les catholiques, au sanctuaire, au contraire, le trouvaient souvent excessivement dur, peu disposé à accepter la véracité de leurs récits. Il faut rappeler que, dans ses écrits, il accepte la distinction entre des troubles « fonctionnels » et des troubles « organiques », proclamant que si les premiers se trouvaient améliorés au sanctuaire, il ne s'agissait pas à proprement parler de « miracles ». Ce faisant, il acceptait dans ses termes les plus larges la médecine scientifique, et passait avec ses adversaires un marché consternant pour les fidèles, qui eux ne se souciaient guère de distinctions aussi obscures.

C'était un homme de combat parfait. Après la publication du roman de Zola, par exemple, il organisa une conférence à Paris, montra au monde ce qu'il jugeait être la duplicité de l'auteur, prenant grand plaisir à faire admirer au public Marie Lemarchand, qui avait servi de modèle pour l'une des héroïnes du roman (l'Élise Rouquet de *Lourdes*), dont la charmante apparence et la guérison apparemment complète étaient en contraste frappant avec l'horrible description faite par le romancier. Il rendit publiques les guérisons, dans des journaux et dans des colloques, et fut l'instigateur de la seconde vague des décisions épiscopales sur les miracles pendant la première décennie du XXe siècle. Finalement, il empêcha que n'aboutisse une campagne médicale boiteuse qui, en 1905-1906, tenta de faire fermer le sanctuaire pour des raisons d'hygiène ; il montra en toutes ces occasions son courage et sa détermination. Il prit les armes sans hésiter contre les sécularistes et les sceptiques, chercha ouvertement à convertir des médecins au catholicisme, et développa des rapports durables avec les miraculés, auxquels il ne laissait pas la possibilité de retourner à une vie

---

1. Pour son histoire et celle du Bureau des constatations médicales à Lourdes, *cf*. Ruth Harris, *Lourdes. La grande histoire des apparitions, des pèlerinages et des guérisons* Paris, Jean-Claude Lattès, 2001, p. 441-444.

d'obscurité paisible, et qui étaient priés de rejoindre les rangs de son armée évangélique.

À un autre niveau cependant, ces querelles et ces combats — surtout ceux qui tournaient autour du roman de Zola — masquaient un changement de climat intellectuel dans lequel les critiques rigides des naturalistes se trouvèrent adoucies par les avantages thérapeutiques offerts par Lourdes.

Tout d'abord, un nombre important de médecins catholiques avaient envoyé des malades à Lourdes bien avant que Charcot ne le fasse. Les médecins de campagne et des villes de province ne pensaient pas qu'il y eut nécessairement conflit entre leur art médiéval et les interventions miraculeuses, et certains membres du corps médical travaillaient avec les sœurs des ordres soignants, fournissant de concert avec elles une expertise médicale et les consolations de la religion[1].

De plus, les tenants de la thèse sécularise finirent par élaborer sur la suggestion des conceptions la débarrassant de ces liens avec la pathologie hystérique qui avaient terni son image. Hippolyte Bernheim, médecin de Nancy qui avait si longtemps travaillé au cours des années 1880 à prouver les importants effets thérapeutiques de l'hypnotisme en opposition avec ce que faisait Charcot, admettait les limites de ses pratiques cliniques et reconnaissait la force de la foi religieuse, dont Lourdes apportait la preuve :

> La foi soulève des montagnes, la foi fait des miracles, parce que la foi est aveugle, parce qu'elle ne raisonne pas, parce qu'elle supprime le contrôle et s'impose à l'imagination sans détour, sans arrière-pensée modératrice[2].

La foi était si forte et, en comparaison, l'autorité médicale si limitée que Dumontpallier, un autre médecin hypnotiseur éminent de la capitale, décrivait le cas d'une femme atteinte de paralysie hystérique qui était allée à Lourdes, précisément parce qu'elle avait résisté aux traitements par hypnose proposés par ses médecins, les frères Jules et Pierre Janet, alors que ce dernier était le grand pionnier de l'analyse psychologique en France[3].

De telles constatations menèrent certains médecins comme Félix Régnault à l'ethnologie. Il se rendit à Paray-le-Monial pour les fêtes du bicentenaire des visions du Sacré Cœur par Marguerite-Marie Alocoque qui avaient eu lieu entre 1673 et 1675 ; il alla à Calcutta pour y observer les bains de purification dans le Gange, et il défendit la « supériorité

---

1. Jacques Léonard, « Femmes, religion et médecine. Les Religieuses qui soignent en France au XIXe siècle », *Annales, ESC*, vol. 32, 1977, p. 887-907.
2. Hippolyte Berheim, *Hypnotisme, suggestion et psychothérapie. Études nouvelles*, Paris, Doin, 1891, p. 50-51.
3. Félix Régnault, « De l'hypnotisme dans la genèse des miracles », *Revue de l'Hypnotisme*, 1894.

marquée » de Lourdes comme sanctuaire de guérison. Sensible aux différences culturelles, il reconnut les origines rurales et provinciales de la foule et il nota la façon dont les gens « chantent les cantiques dans leur patois, qui est évidemment bien plus suggestif pour eux que la langue nationale ». Par-delà le dialecte de leur région, les foules étaient enthousiasmées par la poésie, par la musique et par les illuminations de la Grotte. Il demande, presque avec envie : « Quel médecin peut déployer une telle mise en scène ? », surtout quand des fidèles en extase, étendus sur le sol les bras en croix, augmentent encore l'intensité de l'émotion[1]. Régnault reprenait l'idée de suggestion, mais dans une perspective beaucoup plus respectueuse, et il en rendait l'idée élastique et en étendait le sens presque au-delà de la définition du mot.

D'autres allèrent plus loin encore et cherchèrent à établir un nouveau cadre de références pour comprendre ces phénomènes. Inspiré par les ouvrages des frères Myers, *Mind-cure faith-cure and the miracles of Lourdes* (1903), Marcel Magnin déclarait que ce qui arrivait à Lourdes ne pouvait être considéré comme étant de la suggestion ou de l'autosuggestion dans un sens clinique, les forces déclenchées étant sans commune mesure. Au lieu de cela, Magnin parlait de l'« inconscient subliminal », une force aussi puissante qu'une transe médiumnique. Il citait le célèbre cas de Gabriel Gargam, qui, blessé dans un accident de chemin de fer, estropié et physiquement brisé pendant des années, avait en fin de compte été radicalement guéri à Lourdes. Cette guérison avait été l'une des plus notoires de la fin du siècle, et pourtant Gargam n'avait pas été déclaré « miraculé » sous prétexte qu'il avait le dos toujours un peu fragile. Malgré tout, il était devenu un symbole des possibilités thérapeutiques de la Grotte, parce qu'il avait popularisé le sanctuaire et était devenu un « hospitalier » dévoué travaillant dans les piscines. Magnin analysa soigneusement le récit de Gargam, faisant particulièrement attention au moment où ce dernier communiait à la Grotte. Soudain, ce jeune homme qui ne croyait pas aux miracles avait ressenti un irrésistible désir de prier et s'était très vite trouvé étouffé par les sanglots. Pour les apologistes, le manque de sentiment religieux de Gargam suffisait à prouver que la suggestion n'avait joué aucun rôle, et que ce qui était arrivé relevait du miracle. Magnin, lui, était d'avis que des causes naturelles s'étaient trouvées mises en jeu, et que Gargam était simplement entré en contact avec son « inconscient subliminal » :

> Dans les couches les plus profondes de sa mentalité, un travail sourd s'est fait à l'insu de la conscience normale, et il a fallu l'accomplissement de la méta-

1. *Ibid.*, p. 270.

morphose physiologique pour que l'éruption de la nouvelle mentalité dans la conscience supraliminale se produise[1].

Un autre mécanisme psychophysiologique est énoncé, vague et pourtant créatif, et clairement différent à la fois de la « suggestion » de Charcot et de la « divine intervention » des apologistes catholiques.

Ces théories pouvaient apparaître comme des illustrations des thèmes de la contingence philosophique et du pragmatisme que l'ouvrage de William James, *Varieties of religious experience* (1902), avait rendus célèbres. Le philosophe de Harvard y examinait l'impact écrasant de l'expérience religieuse, et, sans s'intéresser à ses origines et à ses causes, adoptait plutôt une attitude « pragmatique » à l'égard de ces phénomènes. À la fin de siècle, un nombre important de médecins réputés étudiaient la « psychologie du merveilleux », dont il faut rappeler qu'il constitua une base épistémologique de la psychologie expérimentale à cette époque[2]. En dépit du ton plus respectueux de ces investigateurs, du point de vue d'un homme comme Boissarie (mort en 1919), leurs idées exprimaient un refus persistant et entêté d'admettre le rôle du surnaturel. Il lutta contre ces nouvelles formulations aussi farouchement qu'il l'avait fait contre les précédentes : il n'y voyait que de nouvelles théories « occultes », auxquelles il fallait s'opposer. Par contraste, pour ceux qui étaient engagés dans ces nouvelles recherches, les phénomènes de guérison à Lourdes étaient révélateurs d'un processus de réorientation qui transformait irrévocablement les liens entre le corps et l'esprit[3].

Conclusion

Lourdes semblait devoir faire du débat entre la science et la religion une bataille entre des opposants irréductibles. Et pourtant, au moment même où la science positiviste paraissait régner sans conteste, des intellectuels et des médecins se rendaient au sanctuaire pour mettre en question leurs propres techniques d'investigation, leurs procédés thérapeutiques et les bases philosophiques de leur travail. Ces hommes rejetaient le positivisme simpliste de leur jeunesse et, de plus en plus, se mettaient à prendre au sérieux les expériences religieuses, magiques et spirites. Ce moment se

1. Marcel Magnin, « Les Guérisons de Lourdes et les phénomènes métapsychiques », *Annales des Sciences Psychiques*, décembre 1907, p. 842. Pour le récit classique et laudatif de Gargam, *cf.* Georges Bertrin, *Histoire critique des événements de Lourdes, Apparitions et guérisons*, Lourdes, Imprimerie de la Grotte, 1905, p. 543-550.
2. Régine Plas, *Naissance d'une science humaine*, *op. cit.*
3. *Cf.* Ruth Harris, *Lourdes*, *op. cit.*, chap. 10.

révéla essentiel à l'émergence de l'idée d'inconscient et à la psychanalyse. En se débarrassant des hommes d'Église et de la foi qu'ils servaient, en rejetant les croyances religieuses pour mettre l'accent sur un rapport thérapeutique et sur l'investigation des phénomènes de l'imaginaire, la psychanalyse semble être caractéristique de la vision séculière du XXe siècle.

Cependant, les différentes traditions de la psychanalyse reposent sur des bases religieuses, sur des tentatives faites au XIXe siècle pour apporter une nouvelle interprétation des dimensions physiques et psychologiques de l'imagination religieuse. Ainsi, la façon dont Charcot envisage l'hystérie dériva des représentations de l'extase et de l'iconographie catholique telles qu'on les voit dans les tableaux et les gravures des XVIe, XVIIe et XVIIIe siècles[1]. Certains médecins anti-cléricaux examinèrent des stigmatisés du XIXe siècle[2] et élaborèrent le lexique pathologique de l'hystérie à partir des manifestations corporelles de l'extase et de la souffrance spirituelles. Enfin, les recherches fondatrices de Pierre Janet furent centrées sur les préoccupations mystiques de la très catholique « Madeleine Lebouc », sujet de son livre, *De l'angoisse à l'extase*[3]. Tandis que Vienne et d'autres grandes villes européennes — Genève, Zurich, pour n'en citer que deux — mêlaient de façon caractéristique préoccupations scientifiques et religieuses pour faire l'étude de plus en plus poussée du « moi », les troupes anti-cléricales et catholiques disposaient en France d'une panoplie spécifique de traditions.

Or, au centre de ces débats, il y avait l'extraordinaire expérience des guérisons. Les miraculées de Lourdes incarnèrent de façon intense des liens fusionnels entre l'âme et le corps, et elles confortèrent une médecine catholique à la fois respectueuse des sciences séculières et soucieuse d'affirmer sa spécificité. Mais les miraculées ouvrirent aussi la voie à des investigations laïques. À ce titre, elles furent les instigatrices de nouvelles approches de la religion et du psychisme, et elles contribuèrent ainsi à l'édification ou au renouvellement de savoirs sur l'homme.

1. *Cf.*, pour donner un exemple parmi tant d'autres, Jean Martin Charcot et Paul Richer, *Les Démoniaques dans l'art*, Paris, Adrien Delahaye et Émile Lecrosnier, 1887.
2. Désiré Magloire Bourneville, *Science et miracle : Louise Lateau ou la stigmatisée belge*, Paris, Delahaye, 1875, et, sur la réaction éloquente et systématique d'un neurologue catholique, *cf.* Antoine-Imbert Gourbeyre, *La Stigmatisation, l'extase divine et les miracles de Lourdes : réponse aux libres-penseurs,* Clermont-Ferrand, Librairie Catholique, 1894.
3. Pierre Janet, *De l'angoisse à l'extase. Études sur les croyances et les sentiments*, Paris, Alcan, 2 vol., 1926-8. Sur l'extraordinaire découverte de la véritable identité de Madeleine en tant que Pauline Lair, *cf.* Jacques Maître, *Une inconnue célèbre : la Madeleine Lebouc de Janet*, Paris, Anthropos, 1993.

Mathilde Frigard, femme savante et criminelle

Lorsque l'histoire des sciences croise celle des faits divers

Jacqueline Carroy et Nathalie Richard

Le 13 mai 1867, un cocher découvre dans la forêt de Fontainebleau un cadavre de femme partiellement décomposé. Ni le commissaire de police appelé sur les lieux, ni les médecins ne peuvent se prononcer sur la cause de la mort. L'enquête autorise cependant le procureur impérial à requérir une information pour meurtre. La victime, identifiée comme Sidonie Mertens, s'est rendue à Fontainebleau accompagnée d'une amie, Mathilde Frigard, qui seule est revenue à Paris. Le juge d'instruction de Fontainebleau, Hippolyte Bouilly, donne ordre de chercher Mme Frigard à Paris. La perquisition menée chez elle permet de découvrir un revolver et une bibliothèque contenant des ouvrages de médecine. Lors de ses dix-neuf interrogatoires de mai à juillet 1867, Mme Frigard toutefois n'avoue rien. Elle affirme que le but du voyage de Mme Mertens était de se rendre à Melun pour subir un avortement et accuse Williams, un homme mystérieux.

L'incertitude qui subsiste à l'issue de l'enquête est essentielle dans cette affaire. Mathilde Frigard apparaît certes comme la coupable très probable, car de nombreux indices viennent contredire son récit. L'autopsie de Mme Mertens montre qu'elle n'était pas enceinte et personne n'atteste de l'existence de Williams. Surtout, l'enquête révèle que le meurtre a pu avoir le vol comme mobile. En effet, l'inculpée a acheté un fonds de comestibles pour faire vivre sa famille, alors qu'elle semblait ne pas avoir d'argent auparavant. Elle justifie son enrichissement par le fait d'avoir tenu un salon spirite et surtout d'avoir servi de proxénète à son amie. Mais le compte en banque de cette dernière a été vidé grâce à des faux en écriture qu'un expert attribue à Mme Frigard. Malgré ces indices, rien ne vient prouver directement la culpabilité de cette dernière dans le meurtre : aucun témoin n'a assisté au crime ; le corps médical, en dépit de trois autopsies de la victime, est incapable de conclure sur la cause de la mort. Il se prononce pour l'asphyxie. Mais l'absence de signes de lutte reste un problème et la question de l'usage d'un poison demeure suspendue.

C'est pourquoi, lorsque s'ouvre le procès le 9 août à Melun, l'accusation doit s'efforcer d'apporter le plus de preuves indirectes possible de la culpabilité de l'accusée. À cet effet, l'insistance est mise sur les personnalités de la victime et de la criminelle, et une affaire vieille de trois ans est réactivée. Mme Frigard a effectué des fouilles dans un château de Normandie, à Crèvecœur-en-Auge, pour y trouver un trésor en magnétisant une domestique normande, Léonie Leboulanger. Les recherches ayant échoué, le propriétaire du château s'est senti grugé et a porté plainte contre la fouilleuse pour ne pas avoir rebouché les excavations laissées dans le jardin. Ruinée par cette affaire, cette commerçante jusque-là respectable, laissant mari et enfants, est ensuite venue à Paris chercher fortune et c'est à cette occasion qu'elle a rencontré Mme Mertens.

Le procès fait grand bruit. Il se termine le 14 août par une condamnation à perpétuité, très lourde condamnation pour une femme à l'époque (Shapiro, 1996), alors même que Mme Frigard est défendue par un ténor du barreau, Charles Alexandre Lachaud[1], spécialiste des causes délicates qui s'est rendu célèbre par ses plaidoiries lors des affaires Lafarge en 1841 et Troppmann en 1869 (Perrot, 1981 ; *Plaidoyers*..., 1885). Pourtant, Mme Frigard refuse de faire appel, réclame le procureur à la prison de Melun et lui révèle deux secrets : sa grossesse (elle accouche en prison en décembre 1867) et la manière dont elle aurait tué Mme Mertens en lui faisant respirer de l'acide prussique.

L'affaire, devenue cause célèbre, a laissé de multiples traces. Le dossier d'instruction presque complet est conservé aux archives départementales de Seine-et-Marne[2]. Le procès a été commenté dans de nombreux journaux nationaux ou locaux, destinés au public éduqué ou populaire. Il a donné lieu à des comptes rendus très détaillés, tels ceux du chroniqueur judiciaire Jérôme Baïssas dans la *Situation* et dans le *Temps*. Il a provoqué aussi l'intérêt de la presse satirique qui a publié une complainte (*La Vie parisienne*, 7 septembre 1867). Le procès a suscité aussi une littérature postérieure. Baïssas prolonge ses comptes rendus par un feuilleton centré sur les fouilles du château de Crèvecœur-en-Auge (*La Situation*, 8 septembre-5 octobre 1867 ; Baïssas, 1867). L'affaire Frigard figure dans les mémoires apocryphes de M. Claude, chef de la sûreté du Second Empire (*Mémoires*..., 1881-1882, IV, p. 42-74). Elle fera par la suite l'objet d'un récit judiciaire intitulé *La Femme à l'ombrelle* (Bouchardon, 1930).

---

1. T. de Morembert, « Lachaud (Charles Alexandre) », *Dictionnaire de biographie française*, t. 18, p. 1502.
2. AD 77, cartons UP 51 639 et UP 51 640.

Malgré leur grande disparité, ces sources convergent sur la culpabilité et les motivations du crime. Elles construisent donc, de façon analogue à ce qui se passa pour l'affaire Vidal (Artières et Kalifa, 2001), un discours cohérent. Les arguments qui furent mis en avant peuvent apparaître toutefois peu convaincants. Le mystère demeure et semble appeler une contre-enquête que des sources foisonnantes rendent possible. De l'historien au détective, le pas se franchit sans peine et nous pourrions aisément nous prendre pour un personnage des romans d'Émile Gaboriau, contemporain de l'affaire. Il est difficile de résister à la tentation de proposer une nouvelle solution à l'énigme, et comme Pierre Bayard à propos du *Meurtre de Roger Ackroyd* (1998), nous céderons au plaisir intellectuel de suggérer à tout le moins des pistes allant à l'encontre de l'acte d'accusation. Ce jeu de spéculations n'est toutefois pas aussi gratuit qu'il y paraît, car il ouvre sur d'autres lectures des sources. Situées hors de la logique judiciaire, ces lectures permettent de proposer un portrait différent de celui du monstre criminel brossé lors de l'affaire, celui d'une femme prise dans des cultures et dans des codes propres à son époque et par là même traversée par des contradictions. Ces lectures autorisent aussi à chercher dans ce dossier des indices sur le statut ambigu de certains savoirs comme le magnétisme et l'archéologie. Ainsi l'histoire d'un fait divers et celle des sciences humaines se croiseront-elles ici.

Portrait de criminelle en femme savante

Les accusateurs de Mathilde Frigard s'efforcent par divers moyens de produire l'image d'une femme potentiellement criminelle parce que savante.

Dans la presse, les chroniqueurs insistent sur le mystère du crime de Fontainebleau. « Il semble planer quelque chose de mystérieux sur cette affaire », écrit le correspondant du *Droit*, le 10 août 1867. « Dans une affaire où les preuves directes et matérielles font absolument défaut » (Le *Figaro*, 14 août 1867), tous signalent l'importance de l'examen de la personnalité et du passé de l'accusée auquel l'audience du 12 août 1867 est tout entière consacrée. Reprenant des éléments sur lesquels s'était déjà arrêté le juge d'instruction, le président attire l'attention du tribunal sur certains faits qui sont présentés comme des indices de la nature criminelle de l'accusée. Les malaises de Mme Mertens avant sa mort, suggérant un empoisonnement, font ainsi l'objet d'une attention particulière (*La Situation*, 14 août 1867 ; *Le Temps*, 14 août 1867). De ce fait, l'accusation s'intéresse tout particulièrement au savoir médical de Mme Frigard. Le docteur Bergeron est chargé par le juge d'instruction d'examiner les livres de médecine qui ont été découverts chez elle et dont elle dit avoir hérité de son père. Dans son rapport du 2 juillet 1867 (UP 51 640), le médecin tente d'éclairer « le but que pouvait avoir la femme Frigard en se procurant et lisant ces ouvrages ». Il insiste sur le fait qu'elle possédait un dictionnaire de toxicologie et un traité de l'art de formuler avec une marque à la page des stupéfiants et des calmants. Par ailleurs, il signale qu'il s'agit d'ouvrages destinés aux praticiens « que ne lisent pas habituellement les gens du monde ». Est ainsi suggéré que Mme Frigard aurait tenté indûment d'avoir accès à un savoir réservé aux spécialistes.

Un même intérêt est porté à sa pratique du magnétisme. L'accusation met en avant la légitimité discutable de ce savoir, qualifié par le président du tribunal de « science surnaturelle » (*Le Figaro*, 11 août 1867). L'audition de la somnambule Léonie fournit par ailleurs l'occasion d'insister sur les abus magnétiques de Mme Frigard, qui aurait endormi trop fréquemment la jeune femme au mépris de sa santé. Sur ces points, l'accusée se défend vigoureusement. Par exemple, elle répond au président : « Je ne sais si ces sciences sont, comme vous dites, surnaturelles » (*Le Figaro*, 11 août 1867). De la même manière, la possession d'un revolver est portée au discrédit de Mme Frigard. L'arquebusier qui lui a vendu l'arme est appelé à témoigner et le bruit court qu'on l'aurait vue tirer sur des fleurs et sur des chats, ce dont, questionnée par le président, elle se défend (*La Situation*, 14 août 1867). Le parallèle est aisé entre l'accusation de posséder des armes (qui restent le privilège du citoyen) et les affirmations faites à propos de l'usurpation de savoirs réservés aux spécialistes masculins.

Ces argumentaires aboutissent à la présentation de Mme Frigard comme femme « virile », dénaturée, véritable « maître de la maison », « homme de la famille » (*Le Droit*, 10 août 1867 ; *Le Figaro*, 15 août 1867), dont les « habitudes ne sont pas celles de toutes les femmes » (*Le Figaro*, 11 août 1867). Les savoirs qu'elle possède sont tous présentés comme dangereux et illégitimes : dangereux parce qu'ils sont en eux-mêmes des instruments possibles de meurtre ou d'escroquerie ; illégitimes parce qu'ils sont imparfaitement maîtrisés par une personne à laquelle ni son sexe, ni son éducation n'en autorisent l'accès. En l'absence de preuves plus directes de culpabilité, tel semble donc être un des arguments centraux de l'accusation, condensé par le président du tribunal à l'issue de son résumé des débats :

> C'est une femme virile. C'est aussi un esprit livré à tous les appétits, à toutes les ambitions, à toutes les chimères mêmes, pour arriver au but de ses désirs, la fortune. Pour elle, il n'y a rien d'impossible ; si la terre lui refuse les trésors qu'elle recèle, elle les cherchera dans la mer, et pour réussir, elle appelle à son aide tous les moyens, même les moyens surnaturels, le magnétisme, le spiritisme. (*Gazette des Tribunaux*, 15 août 1867)

Dans cette affaire, les choix faits par l'accusation et par les commentateurs du procès peuvent sembler étranges. Des arguments alors plus classiques dans les procès de femmes criminelles auraient pu être avancés telles la passion amoureuse ou la dépravation des mœurs — la prostitution, le proxénétisme ou l'abandon du foyer conjugal, entre autres (Shapiro, 1996).

Dans ces choix, il faut faire la part d'un jeu sur le sensationnel lié au magnétisme et à l'archéologie. Les journalistes, cherchant à attirer le lecteur, fabriquent du spectaculaire en sélectionnant et en amplifiant sans doute certains éléments du dossier. Ainsi en est-il du feuilleton de Baïssas ; dans sa « comédie sérieuse » (1867, p. 63), plusieurs curiosités liées à plusieurs énigmes se conjuguent et se renforcent, le mystère d'un crime et d'une criminelle, celui d'un trésor caché et celui d'un fluide et de dons extraordinaires.

Par ailleurs, le scénario retenu lors du procès nous semble partiellement suscité par les silences et les provocations de l'accusée elle-même. D'un côté, l'attitude de Mme Frigard, lorsqu'elle « révèle » qu'elle a utilisé de l'acide prussique, prend sens de défi aux médecins incapables de comprendre comment son amie est morte lorsqu'elle « révèle » qu'elle a utilisé de l'acide prussique. L'hypothèse d'une provocation est confortée par la médecine légale actuelle, qui accrédite la vraisemblance de l'aveu de Mme Frigard. Le docteur Emmanuel Lemettre, auquel nous avons soumis le dossier, conclut en effet que « l'hypothèse d'un empoisonnement par l'acide cyanhydrique (nom actuel de l'acide prussique) [...] paraît moins fantaisiste que celle formulée par les légistes de l'époque[1]. » Cela montre à tout le moins que Mme Frigard possédait de bonnes connaissances toxicologiques et qu'elle était capable de décrire, sinon de réaliser, un scénario scientifiquement vraisemblable de meurtre.

D'un autre côté, l'attitude impénétrable de l'accusée a renforcé la thèse de l'accusation. Pour expliquer cette attitude, on pourrait suggérer qu'elle cherche avant tout, tout au long de la procédure judiciaire, à cacher sa grossesse illégitime. De ce fait, il est possible qu'elle ait fait obstacle, lors des interrogatoires, à toute interprétation de son crime qui aurait mis en avant des éléments liés à la nature féminine telle qu'on la concevait à l'époque. Prise dans cette stratégie à court terme, Mme Frigard a peut-être préféré être condamnée lourdement pour meurtre plutôt que de faire savoir qu'elle attendait un enfant, y compris lorsque l'aveu de sa grossesse lui

---

1. Emmanuel Lemettre, « Affaire Mertens », texte manuscrit, Institut de médecine légale de Lille, octobre 2000. Nous remercions Emmanuel Lemettre et Joël Blondiaux pour leur collaboration.

aurait permis d'atténuer sa condamnation. Ainsi, après la lecture du verdict de culpabilité, au moment où la cour va se prononcer sur la durée de la sentence, Mme Frigard refuse d'avancer des arguments, apparemment connus de son avocat, susceptibles d'alléger la peine (*Le Figaro*, 16-17 août 1867). Figée dans son secret, elle réussit à tromper les juges et les journalistes qui décrivent pourtant longuement son aspect physique. Tous notent sa manière étrange de se tenir courbée, et surtout le masque impénétrable qu'elle semble porter sur son visage, mais l'interprètent comme un signe d'indifférence. Même après l'annonce de sa grossesse dans la presse, le portrait d'une femme froide et asexuée, « virile », savante et coupable persiste.

Si l'on suit cette interprétation, Mme Frigard apparaît au moins tout autant comme une femme prise dans les conventions morales et sociales de son époque, que comme une meurtrière, contestataire d'un ordre masculin. Ce double portrait comporte sans doute une part de vraisemblance, mais il n'est pas le seul possible. En nous écartant de la logique judiciaire, nous pouvons dresser en effet un autre portrait, peut-être plus conforme aux représentations du temps : celui d'une femme intéressée par la médecine, participant d'une « culture magnétique » et dont la vision des rapports humains est tributaire des catégories propres à cette culture.

Une fille de médecin, magnétiseuse et médium

Au fil des interrogatoires, Mme Frigard engage avec le juge d'instruction une joute verbale complexe, où elle se révèle comme fille de médecin possédant des éléments de savoir médical. Elle y apparaît surtout comme imprégnée d'une culture magnétique, utilisant un langage que son vis-à-vis ne peut ou ne veut entendre et qui, de ce fait, la rend suspecte.

Ainsi, elle décrit presque cliniquement les symptômes de la supposée grossesse de Mme Mertens, évoquant ses « yeux cerclés » (14e int., 26 juin 1867). Lorsqu'Hippolyte Bouilly l'interroge sur les « éblouissements » de Mme Mertens, elle parle d'une « attaque de nerf » rappelant l'« épilepsie », ainsi que d'une tentative de suicide (6e int., 4 juin). Elle mobilise à cette occasion un diagnostic médical pour contrer l'accusation d'empoisonnement. Pure parade et pure invention ? Ce n'est pas si sûr, car dans certaines lettres à sa mère, Sidonie Mertens se décrit en termes analogues et, lors du procès, un témoin dira qu'il l'a vue avoir une crise de « catalepsie ». Ces exemples donnent à penser que Mathilde Frigard dispose d'un savoir médical non négligeable. L'usage provocant qu'elle en fait lors du procès vise les médecins parisiens investis du titre d'expert qui ne sont pas, comme son père, des praticiens de campagne.

Pour rendre compte de ces éléments de savoir médical, les comptes rendus du procès mettent en avant l'importance du modèle paternel. Le seul moment où Mme Frigard a manifesté de l'émotion est celui où ont été mentionnés le décès de son père, Alexandre Lebouis, et l'excellence de sa réputation de médecin philanthrope. C'est à lui qu'elle-même et ses accusateurs réfèrent son savoir médical. Comme pour beaucoup de femmes du XIXe siècle, son goût du savoir est rattaché à une figure masculine et familiale. Si l'on en croit la *Gazette des Tribunaux*, elle semble toutefois regretter que son éducation soit restée « médiocre », ce que le président du tribunal n'accepte pas, qui insiste pour sa part sur le fait que cette éducation a été « bien développée » et « égale à son intelligence » (10 août 1867). Éduquée à l'école du village puis chez elle, Mme Frigard n'a, semble-t-il, pas reçu l'éducation plus bourgeoise, voire plus cohérente, des couvents. En ce sens, elle est représentative d'une petite bourgeoisie provinciale, et en aucun cas son rapport au savoir n'en fait un personnage d'élite, semblable à ces premières étudiantes en médecine de la fin du Second Empire[1].

Plus profondément, Mathilde Frigard participe d'une culture médico-magnétique qui se révèle dans les entretiens avec le juge d'instruction Bouilly.

Le défi à la médecine installée est congruent avec son adhésion au magnétisme qui se présente à l'époque comme une thérapeutique alternative face à l'*establishment* (Carroy, 1991 ; Méheust, 1998 ; Peter, 1999). Cette adhésion est alléguée et montrée à plusieurs reprises au cours du procès. Les interrogatoires concernant Léonie amènent l'accusée à se présenter comme une magnétiseuse au fait des techniques et efficace. Elle insiste notamment sur l'importance de la volonté dans la magnétisation, ce qui la rattache au courant néo-mesmérien (Deleuze, 1825, p. 7 ; Du Potet, 1846, p. 24-25). Sa singularité est évidemment de se revendiquer comme une magnétiseuse, alors qu'à l'époque ce sont très majoritairement des hommes qui magnétisent et des femmes qui sont endormies.

Mais à l'inverse de mesmériens rigoureux, comme par exemple son compatriote de Caen le docteur Édouard Perrier qui, dans le *Journal du magnétisme* de du Potet (1854, p. 79), refuse l'appel aux esprits et le juge contradictoire avec une science du fluide, elle se présente aussi comme une adepte du spiritisme. Elle se situe donc dans un syncrétisme courant à son époque (Edelman, 1995) qui, par-delà les orthodoxies doctrinales, est en quête d'un merveilleux scientifique multiforme. Si les interrogatoires d'audience lui font revendiquer d'avoir tenu un salon spirite pour expli-

1. *Cf. supra* l'article de Nicole Edelman, p. 68.

quer ses rentrées d'argent, le rôle qu'elle aurait pu y jouer est cependant laissé dans l'ombre et éclairé par des sources plus intimes ou plus rares qui nous donnent de Mathilde Frigard une vision assez différente. Ainsi, le 8 avril 1867, son mari lui écrit que, compte tenu de « la position bien précaire » de la famille et « comme il faut bien vivre avant tout », il accepte son projet de tenir un « salon de spiritisme » à Paris : « Cela t'irait bien, j'admets toutefois que tu aies encore la vertu de médium, va voir le Baron Du Potet, peut-être ne demanderait-il pas mieux que de te seconder dans cette intention et de t'y aider même » (UP 51 640). Son mari lui reconnaît donc des dons de médium somnambule, amalgamant quant à lui mesmérisme et spiritisme. Baïssas impute également assez brièvement à Mme Frigard d'avoir joué les médiums et de s'être targuée de pouvoir parler avec son père et son petit garçon morts (1867, p. 71-72). Plusieurs indices pourraient ainsi amener à voir Mathilde Frigard sous un jour différent de celui de la magnétiseuse mesmérienne « volontaire » qui s'imposa au procès et dont Baïssas força ensuite les traits dans son feuilleton. On la découvre là dans un rôle plus « féminin » et plus banal selon les critères de l'époque.

La culture magnétique de Mme Frigard a des incidences profondes, puisqu'elle oriente les récits qu'elle fait au juge d'instruction et les rend en grande part incompréhensibles à ce dernier. C'est probablement l'une des raisons pour lesquelles Bouilly l'a traitée comme une adversaire énigmatique, à tous les coups menteuse et, donc, coupable. Or plusieurs de ses « étrangetés » ou de ses « mensonges » prennent sens s'ils sont replacés dans un monde de représentations qui n'apparaissaient probablement au juge que comme de simples duperies. Lors du 12e interrogatoire du 22 juin, l'inculpée raconte un enlèvement dont elle aurait été victime en avril 1867, approximativement au moment où il s'avérera ensuite qu'elle a conçu un enfant. Deux individus la suivent. On lui passe « quelque chose de très doux, comme un foulard », autour du cou ; elle ne peut crier. « Du reste, ajoute-t-elle, quand j'ai une émotion un peu forte j'en suis là ». Elle est ensuite enlevée et transportée, « presque privée de connaissance ». On lui met un mouchoir mouillé sous le nez, qu'elle repousse parce qu'il a une odeur désagréable. Le témoignage fait une ellipse sur ce qui se passe ensuite, et le récit reprend : « ...ayant repris connaissance, je dis aux deux individus qui étaient restés avec moi de me dépouiller, si c'était leur idée. » Le plus grand dit s'intéresser à Mme Mertens, il la reconduit chez elle, il la menace de représailles si elle parle, il enlève sa barbe, et elle reconnaît Williams (UP 51 640).

Ce récit comporte et combine plusieurs registres : policier, sexuel et magnétique. C'est une « arrestation », comme Mathilde Frigard le dira plus tard au juge. C'est aussi une scène réaliste de séduction ou de racolage, comme il pouvait s'en passer dans les rues de Paris à l'époque et comme en racontent plusieurs témoins à propos de Mme Mertens. Mais cette fois-ci, ce n'est pas la femme légère qui est suivie et accompagnée, c'est bel et bien Mathilde Frigard, son « chaperon ». En son début enfin, l'histoire se déroule comme un viol magnétique ou sous chloroforme, scénario vulgarisé par des romans à succès, comme *Le Magnétiseur* de Frédéric Soulié, et qui commence, dans les années 1860, à être pris au sérieux par la médecine et la justice et à donner lieu à quelques affaires médico-légales : une femme perdrait connaissance et découvrirait ensuite, incrédule, qu'elle attend un enfant dont elle ne comprend pas l'origine (Carroy, 1992). Cette intrigue nous est familière actuellement, surtout grâce à *La Marquise d'O*, la nouvelle de Kleist, qui était lui-même adepte du magnétisme. Comme celui de Kleist, le récit transcrit dans l'interrogatoire repose sur l'ellipse d'une scène de conception, que Mathilde Frigard comblera après son procès en affirmant qu'elle a été violée par Williams. Le juge d'instruction refuse sur le moment de croire à cet attentat. Il objecte à l'inculpée qu'elle « n'a pas peur des hommes », et il conclut : « Votre Williams est un mythe » (16e int. , 29 juin). Il refuse comme mensongère l'image de la femme passive, terrorisée et en proie à une « répulsion indicible » que Mme Frigard donne d'elle-même et qui la fait ressembler à l'héroïne séduite d'un roman noir magnétique.

On pourrait de même repérer les traces d'une culture magnétique dans un autre épisode. Bouilly s'acharne à prouver à Mme Frigard que ce n'est pas Mme Mertens, comme elle le soutient, mais bien elle qui a proposé d'aller en excursion à Fontainebleau. Elle finit par protester : « Mais elle avait toujours la rage de parler de ce qu'elle faisait et alors elle disait que c'était moi qui l'entraînais » (14e int. , 26 juin). Or l'attitude qu'elle attribue à la morte est précisément celle qu'elle tient elle-même secrètement. En effet, au début de l'interrogatoire, elle lui a imputé une grossesse début avril, alors que c'est elle-même qui est tombée enceinte vers cette date. On pourrait évoquer, pour comprendre ce jeu d'imputations, ce que, dans le vocabulaire magnétique, on désignait sous les termes de sympathie, d'identification et de rapport. Le magnétiseur ressent sympathiquement ou indirectement ce que ressent son magnétisé, tandis que le magnétisé, identifié directement au magnétiseur, est comme une partie du corps de celui-ci ; et l'on dit alors qu'ils sont en rapport, pour reprendre un livre, classique à l'époque, de Joseph Deleuze (1825, p. 9). Le rapport magnétique est souvent utilisé comme métaphore d'autres types de rapports humains. On peut supposer que Mathilde Frigard met en œuvre cette analogie pour se décrire elle-même par un jeu d'identifications.

À analyser précisément ses réponses aux interrogatoires, on s'apercevrait ainsi que les multiples récits qu'elle oppose au juge sont parcourus d'« identifications » qui brouillent les identités, font fusionner des personnages qui portent des masques et changent de nom, et amènent parfois Bouilly à s'y perdre. L'un des *leitmotive* des magnétiseurs, repris par Mme Frigard à son procès (*Le Temps*, 11 août 1867), consiste à revendiquer, comme dans l'*Art poétique* de Boileau, que le vrai puisse n'être pas vraisemblable. Cet invraisemblable vrai, qui se retrouve dans bien des traités ou des romans magnétiques, donne aux histoires de Mathilde Frigard un tour tout à la fois réaliste et étrange et les affecte souvent d'un caractère indécidable entre le vrai et le faux, entre le risible et l'angoissant.

À considérer cet invraisemblable vrai, on pourrait être tenté de jouer plus avant les lecteurs psychanalystes, de parler d'identification au sens moderne et de fantasmes. Ce serait oublier que si ces textes résonnent à nos oreilles, c'est que la culture magnétique a elle-même été l'un des terreaux de la psychanalyse. Tout au plus l'affrontement en huis clos de l'instruction nous permet-il d'entrevoir ce que pouvait être au XIXe siècle une culture magnétique intériorisée, façonnant une subjectivité, un imaginaire, une manière de parler de soi et des autres et de se défendre dans un interrogatoire. Mal ou pas comprise par le juge d'instruction, cette subjectivité fait paraître l'inculpée comme une dissimulatrice maladroite, assurément coupable.

Le dossier d'instruction permet ainsi de dresser le portrait d'une femme qui détient des savoirs et des savoir-faire médico-magnétiques, immergée dans une culture au sein de laquelle elle se vit et se présente comme actrice et femme de volonté mais aussi comme sujet passif et comme victime. Le livre de Baïssas entraîne pour sa part le lecteur vers d'autres reconstructions, qui mettent en avant un personnage de femme archéologue lié à celui de la magnétiseuse. Il introduit, d'une autre manière, une réflexion sur des pratiques « parallèles » à celles de la science officielle.

Une archéologue magnétiseuse

À l'issue du procès, et plus encore à la lecture de Baïssas, il ne fait pas de doute que le fait qu'une femme use ou maîtrise des savoirs dénature la femme elle-même ; mais à l'inverse, le fait que les savoirs soient utilisés par une femme dénature ces savoirs. Il en est ainsi de l'archéologie. À son propos, les sources fournissent des informations sur des pratiques particulières, liées à une science d'amateur, pittoresque et spectaculaire, dont les formes recoupent parfois celle de l'archéologie savante, mais qui, pour une grande part, n'a pas laissé d'empreintes dans la littérature scientifique

« officielle », et dont les traces seraient à rechercher du côté de la littérature populaire, qu'elle soit de fiction ou de vulgarisation, ainsi que dans les sources judiciaires, comme le montre le dossier Frigard.

L'archéologie que pratique Mme Frigard au château de Crèvecœur-en-Auge recoupe partiellement l'archéologie savante qui, elle aussi, au XIXe siècle, est une science d'amateurs (Levine, 1986) réunis en sociétés savantes, comme, à Caen, la célèbre Société des antiquaires de Normandie (Bercé, 1997 ; Chaline, 1998). Dans le récit que propose Baïssas, on voit la future criminelle respecter la plupart des procédures légitimes des fouilles médiévales. Elle tente de combiner l'information purement archéologique avec celle qui figure dans les documents historiques et se rend à cet effet aux archives de Londres pour consulter des parchemins portant sur l'occupation du château par les Anglais (Baïssas, 1867, p. 99). Dans les fouilles elles-mêmes, elle procède, comme on le fait toujours alors, par sondages et par tranchées (*ibid.*, p. 38-39 ; pour les sondages, p. 33). Les travaux sont bien organisés : Mme Frigard en fixe l'avancement de manière précise par des mesures et elle en dresse même un plan pour tenir le propriétaire des lieux informé de leur avancée (*ibid.*, p. 78-81). Elle semble par ailleurs prendre grand soin de l'interprétation des découvertes, faisant analyser certains dépôts par des chimistes (*ibid.*, p. 59), examinant la nature des couches archéologiques (*ibid.*, p. 46) et les datant par les vestiges qu'elles contiennent (*ibid.*, p. 62), consacrant de longs moments à la reconstitution des objets découverts (*ibid.*, p. 62). Sur tous ces plans, Mme Frigard apparaît comme une bonne archéologue et Baïssas prend soin de rappeler qu'elle interprète avec justesse les vestiges qu'elle découvre ; elle date par exemple avec exactitude une voûte maçonnée de l'époque gallo-romaine (*ibid.*, p. 36), ce qui sera confirmé par les fouilles ultérieures poursuivies par Le Masquerier (*ibid.*, p. 113). Rien ici qui relève d'une science qu'on pourrait appeler des marges…

De même, que cette archéologie soit tout orientée vers la quête d'un trésor ne suffit pas à la ranger hors de la science officielle et légitime. Car la science de l'époque regorge de chasses aux trésors, celle de Schliemann à Troie n'étant que la plus célèbre. Baïssas en cite lui-même quelques exemples (*ibid.*, p. 130), et la trouvaille de monnaie d'or et d'argent des XVe et XVIe siècles faite dans un vieux manoir des environs d'Avranches en mars 1864, au moment où commencent les fouilles de Crèvecœur, en fournit une autre preuve (*Bulletin de la Société des Antiquaires de Normandie*, 5e année, t. III, 1864, p. 132). Aussi la quête d'un trésor, qui organise toute l'action archéologique de Mme Frigard, n'a-t-elle rien d'illégitime ou d'étrange. Sur ce point, elle est une « chercheuse » — comme la désigne Baïssas (Baïssas, p. 62) — que rien ne distingue, si ce n'est son sexe, de ces autres chercheurs poussés par un goût partagé d'antiquaires[1]. Le thème du trésor, qui traverse aussi la littérature savante, construit toutefois une frontière perméable entre archéologie scientifique et science populaire, puisqu'il met en jeu une esthétique et un merveilleux qui fascinent un large public, comme le montre quelques années plus tard le cas paradigmatique de Schliemann. Comme on le sait, au XIXe siècle, le Moyen Âge fournit les thèmes stéréotypés d'une esthétique à la mode, faite de ruines et de donjons, d'oubliettes et de squelettes emmurés, d'or et d'armes cachés. Tous ces ingrédients sont mis en œuvre dans le récit de l'épisode de Crèvecœur.

Dans sa quête, Mme Frigard ne se distingue d'un « chercheur » légitime que sur quelques points. Le premier, essentiel pour l'accusation, est que sa motivation serait moins la gloire scientifique que l'argent. Lors du procès, le rappel de l'affaire de Crèvecœur a en effet pour fonction principale de présenter l'accusée comme une femme dont l'unique but serait de faire fortune et qui, pour arriver à ses fins, serait prête à mettre en œuvre les moyens les plus irrationnels et les plus malhonnêtes.

Les qualités d'archéologue que révèle Baïssas sont ainsi laissées dans l'ombre, au profit du recours au magnétisme. Pour le juge, qui n'y croit pas, il constitue une preuve supplémentaire de la malhonnêteté foncière de l'accusée. Chez Baïssas toutefois, le jugement est plus complexe. Ce recours est présenté comme un indice ambigu soit de la crédulité soit de la malhonnêteté d'une femme prête à tout. L'auteur met en contraste la croyance sincère de Mme Frigard pour le magnétisme et le spiritisme (Baïssas, 1867, p. 27 et 93) avec le flou et la fausseté de plus en plus manifeste des visions somnambuliques ; il met en scène l'obstination toujours plus irrationnelle qui la fait insensiblement passer de la sincérité à la malhonnêteté. Mais ce que révèle aussi ce récit, c'est que le recours au magnétisme dans les fouilles archéologiques est une pratique qui n'a alors rien d'*a priori* malhonnête. La famille Le Masquerier, propriétaire du château, est curieuse du magnétisme qu'elle pratique dans son salon de Caen avec des amis médecins, ainsi que de phrénologie (*ibid*., p. 31). Avant que Mme Frigard ne propose d'intervenir avec Léonie, une dame Le Masquerier s'était rendue à Paris pour interroger le célèbre somnambule Alexis[2] sur la position du trésor (*ibid*., p. 12). Dans l'histoire de Crèvecœur, les pratiques magnétiques ou mystiques de l'archéologie ne sont donc pas réservées à la seule Mme Frigard. Absentes de la littérature ar-

1. Au XIXe siècle, le terme est un équivalent approximatif d'archéologue.
2. Alexis Didier (1824-1886) fut l'un des plus célèbres somnambules magnétiques du XIXe siècle (Carroy, 1991, p. 65-69 ; Méheust, 2003).

chéologique officielle, ces pratiques ne semblent pas avoir été exceptionnelles. La littérature magnétique en porte les traces, notamment lorsque certains auteurs les condamnent pour épurer de tout charlatanisme ce qu'ils considèrent comme une science (par exemple Morin, 1860, p. 338). De même, les sources judiciaires en font mention, lorsque l'échec des fouilles donne lieu à un procès. Tel fut le cas pour Mme Frigard en 1865[1], mais aussi pour d'autres, ainsi que le suggère le récit d'une autre affaire dans *Le Droit* du 18 janvier 1867. Ces sources permettent de repérer des pratiques relativement codifiées de consultations magnético-archéologiques, chez le somnambule ou sur le terrain. Dans un cas, le consultant apporte avec lui un objet ou de la terre ; le (la) somnambule voit de l'or, des bijoux et des armes, parfois aussi des cadavres, et donne des indications chiffrées en mètres ou en pieds de la situation du trésor. Lorsque la consultation à lieu sur place, le (la) somnambule se déplace et désigne directement l'endroit où il faut fouiller (Baïssas, 1867, p. 89).

Ainsi l'affaire Frigard n'entraîne-t-elle pas seulement l'historien des sciences vers les espaces sociaux où se situent principalement les femmes, marginaux par rapport aux espaces publics de la science ; elle le met aussi en présence de savoirs parallèles, mal connus parce que les traces qu'ils ont laissées ne figurent pas dans la littérature savante classique. Les pratiques magnético-archéologiques peuvent bien avoir été marginalisées par la science officielle, elles semblent toutefois avoir pesé sur leur époque plus qu'il n'y paraîtrait au premier abord, en participant du développement d'un thème important de l'imaginaire scientifique de la fin du XIXe siècle, bien connu chez Freud : celui du parallèle entre l'examen psychologique (ou psychanalytique) d'un sujet et la fouille archéologique. Baïssas met en scène le double scénario d'une recherche dans les profondeurs de la terre et de la révélation des profondeurs psychologiques de son personnage principal. Cette double clé permet de comprendre son destin de criminelle : « Son rêve de fortune, écrit-il significativement, c'était *son trésor caché* à elle » (*ibid*., p. 21, nous soulignons). Sa démarche d'auteur est d'ailleurs redoublée, et comme mise en abyme, par le personnage de la somnambule qui peut tout à la fois voir sous la terre et ressentir par « identification » la psychologie souterraine de sa magnétiseuse.

Par-delà les péripéties du fait divers, l'affaire Frigard plonge donc l'historien dans un chapitre obscur de l'histoire des sciences, où se dé-

1. Archives départementales du Calvados. Jugements de la cour correctionnelle, du 2 janvier 1865 au 11 décembre 1865. Première section. Cahier n° 1. Jugement n° 278, du 16 août 1865.

voilent des pratiques parallèles mal connues qui ont pu informer des représentations collectives.

Épilogue : un impossible personnage de l'histoire des sciences

Les fouilles du château de Crèvecœur n'ont mis au jour aucune découverte majeure. Point ici de trésor spectaculaire qui justifierait que les noms du lieu et de la chercheuse aient été conservés dans l'histoire de l'archéologie. En revanche, Léonie est devenue un personnage dans l'histoire de l'hypnotisme et de la psychologie. De ce fait, il est resté trace de l'affaire de Crèvecœur dans l'histoire des sciences. Mais Mathilde Frigard en est disparue.

Pourtant, elle aurait pu faire presque figure de précurseur. Dans les années 1860, l'hypnotisme et la suggestion, un nouveau mot et une nouvelle pratique venus d'outre-Manche, commencent à apparaître en France comme la vérité scientifique qui viendrait expliquer et supplanter le vieux magnétisme animal discrédité aux yeux des gens sérieux. En 1866, dans *Du sommeil et des états analogues,* un livre peu remarqué sur le moment, le docteur Liébeault nie l'existence d'un fluide et recommande de ne plus laisser divaguer les somnambules et de pratiquer au contraire la suggestion hypnotique impérative. Il acquerra, à la fin du siècle, un statut de précurseur. Or Mme Frigard, nous dit Baïssas, est blâmée par les magnétiseurs locaux pour la raison suivante : « Au lieu d'exercer sur Léonie l'influence de son opinion personnelle, elle eut mieux fait d'abandonner la somnambule à ses propres inspirations » (1867, p. 33). Sa pratique jugée déviante s'apparente donc à certains égards à celle de Liébeault. Elle aurait pu apparaître ultérieurement, à partir de la fin du XIXe siècle, au temps de la suggestion triomphante, comme ayant été innovante et pionnière en son temps.

Mais ce fut Léonie qui prit la vedette dans l'histoire de l'hypnotisme et de la psychologie. Dans son ouvrage, Baïssas lui consacre une annexe intitulée « Pour terminer le portrait de Léonie » (1867, p. 123-128). Le portrait qu'il donne est plus conforme à l'image classique de la femme somnambule, qui peut devenir, dans un langage médical, une femme nerveuse et hystérique. On comprend ainsi pourquoi, dans un compte rendu du livre de Baïssas, Émile Zola affirme que ce n'est pas Mme Frigard, la « créature étrange et supérieure », mais plutôt la somnambule à la « machine nerveuse [...] détraquée » qui l'a « empoigné » (1868, p. 725).

Par la suite, Léonie eut une longue carrière de « sujet scientifique » puisqu'elle fut redécouverte au Havre vers 1885 et décrite finalement comme une hystérique à double personnalité par le psychologue Pierre Janet en 1889. Elle devient ainsi un cas internationalement célèbre, qu'elle soit présentée comme une malade hystérique, ou bien comme ayant réellement des dons paranormaux (Plas, 2000). Entre 1895 et 1897, elle fut domestique chez Mathieu Dreyfus qui tenta d'utiliser ses dons d'enquêtrice somnambulique pour faire justice à son frère. La révélation de cette histoire fit scandale (Carroy et Plas, 1995), comme le montre la caricature antidreyfusarde de Caran d'Ache, « Magie », parue dans *Pstt...!* le 8 avril 1899. Or, sur le mur de la pièce dans laquelle consulte une voyante, on aperçoit le tableau d'un manoir médiéval normand...

Lorsque, au début du XXe siècle, Pierre Janet rassembla des documents sur l'histoire du magnétisme et de l'hypnotisme, il accorda à Léonie une place importante. Parmi les documents la concernant, il citait le livre de Baïssas, mais celui-ci était relégué au statut de « petit livre bien singulier » (1919, p. 173). Oubliant Mathilde Frigard, magnétiseuse de Léonie, Janet accordait au docteur Perrier, dont il faisait un précurseur de l'hypnotisme, le statut d'initiateur magnétique de Léonie.

Dans cette tradition historiographique, l'affaire de Crèvecœur n'est jamais, au mieux, qu'un détail singulier, et la véritable « carrière » de sujet scientifique de Léonie commence postérieurement. Quant à la magnétiseuse devenue « criminelle », elle n'est pas même un personnage de cet épisode. Son cas ne relève par la suite que du genre de l'histoire des causes célèbres, ainsi que l'atteste l'ouvrage de Pierre Bouchardon (1930), tandis que les fouilles de Crèvecœur ressortissent à l'histoire locale, ainsi qu'en témoigne la réédition récente du livre de Baïssas[1].

RÉFÉRENCES

Artières Philippe et Kalifa Dominique, 2001, *Vidal le tueur de femmes : une biographie sociale*, Paris, Perrin.

Baïssas Jérôme, 1992 (1867), *Les Trésors du château de Crèvecœur-en-Auge*, Paris, Res Universis.

Bayard Pierre, 1998, *Qui a tué Roger Ackroyd ?*, Paris, Minuit.

Bercé Françoise, 1997, « Arcisse de Caumont et les sociétés savantes », *in* Nora Pierre (dir.), *Les Lieux de mémoire*, 1, Paris, Gallimard, coll. « Quarto », p. 1545-1573.

Bouchardon Pierre, 1930, *La Femme à l'ombrelle*, Paris, Albin Michel.

1. Paru dans une collection intitulée « Monographies des villes et villages du monde entier », l'ouvrage est amputé de son sous-titre renvoyant à l'affaire Frigard. Le titre de l'édition originale était en effet *Les Trésors du château de Crèvecœur, épisode de l'affaire Frigard*.

Carroy Jacqueline, 1991, *Hypnose, suggestion et psychologie. L'invention de sujets,* Paris, PUF.

Carroy Jacqueline, 1992, « Immaculées conceptions », *Nouvelle Revue de Psychanalyse*, XLVI, p. 175-190.

Carroy Jacqueline et Plas Régine, 1995, « Dreyfus et la somnambule », *Critique*, 572-573, p. 36-59.

Chaline Jean-Pierre, 1998, *Sociabilité et érudition : les sociétés savantes en France, XIXe-XXe siècles*, Paris, CTHS.

Deleuze Joseph, 1825 (1846), *Instructions pratiques sur le magnétisme animal,* Paris, Dentu.

Du Potet de Sennevoy Jean, 1846 (1868), *Manuel de l'étudiant magnétiseur,* Paris, G. Baillière.

Edelman Nicole, 1995, *Voyantes, guérisseuses et visionnaires en France 1785-1914*, Paris, Albin Michel.

Janet Pierre, 1973 (1889), *L'Automatisme psychologique. Essai de psychologie expérimentale sur les formes inférieures de l'activité humaine,* Paris, Société Pierre Janet.

Janet Pierre, 1986 (1919), *Les Médications psychologiques. Études historiques, psychologiques et cliniques sur les méthodes de la psychothérapie*, I, Paris, Société Pierre Janet.

Levine Philippa, 1986, *The Amateur and the professional. Antiquarians, historians and archaeologists in Victorian England (1838-1886)*, Cambridge, Cambridge University Press.

Liébeault Ambroise-Auguste, 1866, *Du sommeil et des états analogues considérés surtout au point de vue de l'action du moral sur le physique,* Paris, Masson.

Méheust Bertrand, 1998, *Somnambulisme et médiummité. 1 : Le défi du magnétisme animal,* Le Plessis-Robinson, Synthélabo.

Méheust Bertrand, 2003, *Un voyant prodigieux. Alexis Didier, 1826-1886*, Paris, Les Empêcheurs de penser en rond.

Mémoires de Monsieur Claude, Chef de la police de sûreté sous le Second Empire, 1881-1882, Paris, Jules Rouff, 10 vol.

Morin André-Saturnin, 1860, *Du magnétisme et des sciences occultes*, Paris, Baillière.

Perrier Alfred, 1854, « Recherches médico-magnétiques. Médecine spiritualiste – Illuminisme », *Journal du Magnétisme*, 13, p. 65-80 et 97-112.

Perrot Michelle, 1981, « L'Affaire Troppmann », *L'Histoire*, 30 : 28-37.

Peter Jean-Pierre, 1999, « Puységur et l'enfant fou, ou la raison originelle », *in* Puységur Armand Marc Jacques de Chastenet de, *Un somnambule désordonné ? Journal du traitement magnétique du jeune Hébert,* Le Plessis-Robinson, Synthélabo, p. 9-88.

Plaidoyers de Ch. Lachaud, recueillis par Félix Sangnier, 1885, Paris, G. Charpentier et Cie, 2 vol.

Plas Régine, 2000, *Naissance d'une science humaine : la psychologie. Les psychologues et le merveilleux psychique,* Rennes, Presses Universitaires de Rennes.

Shapiro Ann-Louise, 1996, *Breaking the codes. Female criminality in fin-de-siècle Paris*, Stanford, Stanford University Press.

Soulié Frédéric, 1834, *Le Magnétiseur,* Bruxelles, Hansen.

Zola Emile, 1968 (1868), « Livres d'aujourd'hui et de demain », extrait du *Globe,* 23 janvier 1868, *Œuvres complètes,* Paris, Cercle du livre précieux, X, p. 723-726.

Les auteurs

Valeria Paola Babini est professeur d'histoire de la psychologie, département de philosophie, Université de Bologne, Italie.

Jacqueline Carroy est directrice d'études à l'École des hautes études en sciences sociales, membre du Centre Alexandre Koyré et présidente de la Société française pour l'histoire des sciences de l'homme (SFHSH).

Élisabeth Chapuis-Ménard est maître de conférences en psychologie à l'Université Paris 13, et présidente du Groupe d'études pluridisciplinaires d'histoire de la psychologie (GEPHP).

Jean-Christophe Coffin est maître de conférences à la faculté de médecine de l'Université Paris V (éthique médicale et médecine légale) et chercheur associé au Centre d'histoire des sciences et des techniques Alexandre Koyré.

Françoise Couchard est professeur de psychologie clinique et pathologique, Université Paris X-Nanterre.

Corinne Delmas a soutenu en 2000 à l'Université Paris IX-Dauphine une thèse pour le doctorat de sciences politiques intitulée « Les rapports du savoir et du pouvoir : l'Académie des Sciences Morales et Politiques de 1832 à 1914 ».

Nicole Edelman est maître de conférences en histoire contemporaine à l'Université Paris X-Nanterre, habilitée à diriger des recherches.

Catherine Fussinger est chargée de recherche à l'Institut universitaire d'histoire de la médecine et de la santé publique de Lausanne, Suisse.

Ruth Harris est professeur titulaire à New College, Oxford et historienne à la Faculté d'histoire de l'Université d'Oxford, Grande-Bretagne.

Annick Ohayon est maître de conférences en psychologie à l'Université Paris VIII, et membre du Centre de recherche Psychotropes, santé mentale, société.

Dominique Ottavi est maître de conférences en sciences de l'éducation, Université Paris VIII.

Annie Petit est professeur de philosophie à l'Université Paul-Valéry, Montpellier III.

Alice Primi est ATER au département d'histoire de l'Université Paris VIII-Saint-Denis et prépare une thèse d'histoire sous la direction de Michèle Riot-Sarcey.

Nathalie Richard est maître de conférences en histoire à l'Université de Paris I-Panthéon-Sorbonne.

Antoine Savoye est professeur des universités, Université Paris VIII.

Irina Sirotkina est chercheur à l'Institute for the History of Science and Technology, Russian Academy of Sciences, Moscou, Russie.

Roger Smith a pris sa retraite en 1998 de l'Université de Lancaster, Grande-Bretagne, et est dorénavant chargé d'enseignement émérite en histoire de la science. Il est aussi consultant pour l'Institute for the History of Science and Technology, Moscou, Russie.

Annette Vogt est chercheur au Max Planck Institute for the History of Science, Berlin, Allemagne, et chargée d'enseignement à la Faculté de Philosophie de l'Université Humboldt, Berlin.

Kaat Wils est chargée de cours en histoire culturelle au département d'histoire de l'Université de Leuven, Belgique

louisjean
IMPRIMEUR
59, Av. Émile Didier
05003 Gap Cedex
Tél. 04 92 53 17 00
Dépôt légal : 235
Avril 2005
Imprimé en France